线索
与
痕迹：真的 假的 虚构的

Il Filo e Le Tracce:
Vero falso finto

Carlo Ginzburg

[意] 卡洛·金茨堡 著

鲁伊 译

上海三联书店

目 录

中文版前言

1. 是怎样的一根线索，贯穿了这些探讨不同主题、但却全都以破译痕迹为中心的随笔？如今，在本书首个意大利文版（2006 年）问世多年之后，我会毫不犹豫地给出答案：这条一以贯之的线索，便伏于对 20 世纪 70 年代提出的某种学术观点的批判中。该观点认为，鉴于想象是历史叙事和小说叙事中共有的元素，那就不妨将两者都视为虚构。海登·怀特在他的《元史学：19 世纪欧洲的历史想象》（1973 年）中，提出了这种受后现代主义新怀疑论（un neo-scetticismo post-moderno）启发而产生的学术观点。它获得了巨大的成功，并因为互联网的助力，以或隐或现的不同形式一直延续到了现在。肇源于孕育了这种观点的美国学术环境，"真实（vero）"、"虚构（finto）"无从区分的观点已经在全球范围内广为流传，从而削弱了对"虚假（falso）"（假新闻）的抵抗力。

2. 上面的这些话，可以充当作为本书焦点的那篇随笔——

《孤证：对犹太人的灭绝与真实性原则》——的宏观背景。简单介绍一下塑造了这篇随笔样貌的微观背景，或许亦不无小补。

多亏了阿纳尔多·莫米利亚诺一篇文章的提醒，我才后知后觉地意识到海登·怀特所持新怀疑论观点的重大意义（参见本书附录:《证明与可能性——〈马丁·盖尔归来〉意大利文版后记》）。1989年，海登·怀特到访加州大学洛杉矶分校，主持了一场学术会议，并在会上就自己对历史意识及其局限性的观点畅所欲言。我也列席了这次会议（当时我已经在加州大学洛杉矶分校教了几个月的书）。会议结束时，我挺身而出，提出了一系列措辞文明但却内容尖锐的批评意见。与海登·怀特的针锋相对持续了很长时间。当天晚上，我遇到了绍尔·弗里德兰德（Saul Friedländer）。他是研究大屠杀的史学大家，当时正执教于加州大学洛杉矶分校，并和我成了很好的朋友。他对我说:"我们需要组织一场会议，与支持那种新怀疑论立场的人讨论一下大屠杀。"

《孤证》一文，就是我提交给该会议的报告，它当时被发表于题为《探寻呈现的局限》（1991）的会议公报中。在文中，我强调指出，正如海登·怀特所身体力行的，那种认为大屠杀否定论从道德上和政治上都令人反感、但却难以驳倒的看法，充分表明了其学术观点可能带来的严重后果。我将此文题献给普里莫·莱维，以表明对大屠杀记忆的捍卫，在此之外，我还借助一个极端案例——一个通过单一证人的证词（孤证）才为我们得知的事件——分析了那些可能的后果。

　　3. 当我开始反思海登·怀特的学术观点之时，我突然意识到，在《狱中札记》某篇关于西欧共产主义革命前景的文章中，安东尼奥·葛兰西曾阐述过一个不同的观点：一方面，要展开一场堑壕对堑壕的阵地战；另一方面，也要展开一场运动战。借用这个比喻来解释我的研究，两种作战形式便意味着两种可能性：一方面，要深挖堑壕，与海登·怀特展开对垒，反复强调历史叙事不同于虚构叙事的立场；另一方面，则要侵入敌方阵地，从不同的角度改写海登·怀特所使用的那些范畴（历史叙事、虚构叙事）。我毫不犹豫地选择了第二种。

　　马克·布洛赫在《历史学家的技艺》中建议我们运用虚假或伪造的文献来构建历史真实。收录于《线索与痕迹》中的随笔，就是我在此基础上的发散之作。《巴黎，1647：关于虚构与历史的对话》分析了一份书证，它揭示了早期从这个意义上进行的尝试。此种视角可能带来的认知和政治后果，在《对敌人的呈现：〈锡安长老会纪要〉的法国前史》中清晰地浮现出来。《锡安长老会纪要》是一个假造的文本（un falso），这是我们已经知之颇久的事。这个被信以为真、流传甚广、直至今日仍阴魂不散的关于犹太人密谋统治世界的传说，其开端很大程度上源自一部19世纪中期匿名出版于布鲁塞尔的对话录《马基雅维利与孟德斯鸠在地狱中的对话》——从标题便可清晰看出，它是一部纯粹出自想象的作品。对话录的作者莫里斯·若利，是拿破仑三世的反对者，他在对话中将"坏的新事物"（马基雅维利）与"好的旧事物"（孟德斯鸠）进行了对比。（这个借自贝托尔特·布莱希特的表述，我在第一篇随笔中也曾引用过）。在《锡安长老会纪要》这个假文本（il falso）之后，浮现出了《地狱对话》这个虚构的文本（il finto）：正如我在文章中试图展示的，二者均可视为有关事实真相的文献（documenti del vero）。

4. 任何叙事——真的、假的、虚构的——都暗含着某种与真实的关系。因此，自古以来，各种各样的叙事便交织在一起，彼此杂糅，互相指斥，矛盾相向。我试着通过一系列案例来表明这种关系，而这指向了我的微观史学研究轨迹。我的两篇随笔——《细节、特写与微观分析：写在西格弗里德·克拉考尔身后之作的页边》和《微观史：我所了解的二三事》——就对这种史学视角进行了分析。阅读托尔斯泰的《战争与和平》以及布洛赫的《国王神迹》，对我的微观史学研究有着重要的意义，而这再一次指向了本书的副标题：真的、假的与虚构的。

博洛尼亚，2024 年 5 月

由衷感谢中文版译者鲁伊和我的表弟、汉学家乐唯（Jean Lévi）提出的宝贵建议。

意大利文版前言

1. 希腊人说，忒修斯（Teseo）接受了阿里阿德涅（Arianna）馈赠的一条线索。靠着这条线索，忒修斯在迷宫中确定了自己所处的方位，找到弥诺陶洛斯（Minotauro）并杀掉了他。在忒修斯于迷宫之内逡巡摸索的过程中，他到底留下了哪些痕迹？这个神话并不曾提及。

将本书中主题各异的各个章节联系在一起的，正是线索——帮我们在真相迷宫（labirinto della realtà）中自我定位的叙事线索——与痕迹之间的关系。[1]我之成为一名历史学家，已经颇有一段时日：利用这些痕迹，我试图去讲述一些真实的故事（而这些故事有时以弄虚作假为其目的）。今时今日，这

---

[1] F. La Mothe Le Vayer, *Discours sur l'histoire*, in Œuvres, 15 voll., Paris 1669, vol. II, p. 152："是时候对何为历史线索做一解析了。这是因为，编年史是一张亟需从历史叙述中拆解出来的网，这种必要性甚至超过了忒修斯在迷宫中绕来绕去时紧拽那根线索的必要性。"

些定义术语（讲述、痕迹、故事、真实、虚假）在我看来，多少都要打些折扣。但在 20 世纪 50 年代末，当我初窥历史学门径之时，学术圈里的主流态度却是完全不同的。书写——讲故事——并不被当成一个严肃的史学反思对象。我只记得一个例外，那就是阿塞尼奥·弗鲁戈尼（Arsenio Frugoni）。他在自己开设于比萨大学的研讨班中，会时不时地反思自己几年前写作《布雷夏的阿纳尔多》(*Arnaldo da Brescia*) 时遇到的叙事性素材的主观性问题，而这是我后来才领悟到的。[①] 弗鲁戈尼建议当时读大二的我准备一次关于年鉴学派的答辩，于是我便开始读马克·布洛赫（Marc Bloch）。在《历史学家的技艺》(*Mestiere di storico*) 中，我偶然读到了一页文字，尽管我当时并未充分意识到其重要性，它却在多年后我反思证据痕迹问题时帮了大忙。[②] 不过，在那些年里，历史学家们是绝口不提痕迹问题的。

2. 我之所以提及当初这种学术风气，是为了帮我自己搞清楚，在我写下第一本书最初几行字时感受到的那种没来由的欣喜若狂（euforia），到底是怎么回事。[③] 在我看来，我研究的那些文献（宗教法庭审判记录）开启了一个包括各种叙事可能的广阔天地。这种想要做点儿实验的主观倾向，当然是受我自身

---

① A. Frugoni, *Arnaldo da Brescia nelle fonti del secolo XII*, Roma 1954（附有 G. 塞尔吉撰写序言的新版，Torino 1989）。

② M. Bloch, *Apologia della storia, o Mestiere di storico*, tr. it. di G. Gouthier, Torino 1998, pp. 48 以下页码，尤其是 pp. 50—51。

③ C. Ginzburg, *I benandanti. Stregoneria e culti agrari tra Cinquecento e Seicento*, Torino 1966.

家庭影响使然，不过，它既得力于那些原始资料，也受限于它们。但我坚信（直至今日依然如此），在叙事性和非叙事性的证词与其见证的真实事件之间，存在着某种关系，而这种关系必须被时不时地加以分析。但那种某个人挺身而出、对这种关系进行激烈质疑的可能性，根本就不曾出现在我的脑海中。

所有这些，都是这本书的前史。20 世纪 60 年代后半段，学术风气开始变化。没过多久，"历史学家书写（历史）"的说法便被大张旗鼓地提出来了。一开始的时候，我似乎对这种启示之论所带来的超建构主义（ipercostruttiviste）后果（事实上是怀疑主义的后果）依然漠不关心。证据是《线索：一种证据范式的根源》（*Spie: Radici de un paradigma indiziario*）这篇文章中的某一段：它讨论了解读痕迹与叙事之间的联系，但却没有提到任何怀疑论的反对意见。[①] 我的个人立场转变，是在有幸读到阿纳尔多·莫米利亚诺（Arnaldo Momigliano）的某篇论文之后，我意识到了，这种实质上相当于不再对历史叙事和虚构叙事进行区分的主张，将会带来何种道德上、政治上以及认知上的后果。我为娜塔莉·戴维斯（Natalie Davis）的《马丁·盖尔归来》（*Il ritorno di Martin Guerre*）意大利文版撰写的后记（本

---

① 参见《线索：一种推定性范式的根源》（*Spie. Radici di un paradigma indiziario*, 1979），后收录于《线索、神话与史学方法》（*Miti emblemi spie*, Torino 1986, pp. 158—209，尤其是 pp. 166—167）。另参见同一作者的《孤岛不孤：世界视野中的英国文学四论》（*Nessuna isola è un' isola. Quattro sguardi sulla letteratura inglese*, Milano 2002, pp. 13—14；中文版：文涛译，华东师范大学出版社，2014）。

书附录），便记录下了我的这个终究有些姗姗来迟的醒悟。

　　本书读者倘若有兴，不妨先从这几页读起，你将会在那里发现对一个研究项目及其富有争议的研究目标的概要介绍。更确切地说，它是一个反向立论（l'inverso）（先破后立，或许向来便是如此）。后现代怀疑主义以虚构叙事与历史叙事均包含建构元素（elemento costruttivo）的名义，倾向于模糊二者之间的界限，对此表示反对的我提出了一种设想，那就是将这二者之间的关系视为对真相呈现的一种竞争。但这并不是各据一方的堑壕战，我设想的这种冲突，是由相互挑战、彼此借鉴和混杂糅合构成的。倘若按照这种交战规则，我们在与新怀疑论（neoscetticismo）作斗争时，就不能再重弹老调。为了更有效地与敌人对抗，我们必须向他学习。

　　在过去的二十年中，这些设想指导了本书中收入的各项研究。① 布莱希特口中那些"坏的新事物（cattive cose nuove）"（参见第 1 章）所带来的挑战之意义，以及对在哪个阵地上与其正面相对的选择，这些都是我一点一点才慢慢明晰的。今时今日，后现代主义者似乎不那么吵吵嚷嚷、自信满满了：或许，

---

① 这也适用于与本书密切相关的另外三本书：《木头眼睛：关于距离的九个反思》（*Occhiacci di legno. Nove riflessioni sulla distanza*, Milano 1998）；《权力关系：历史、修辞与证据》（*Rapporti di forza. Storia, retorica, prova*, Milano 2000）；前引《孤岛不孤：世界视野中的英国文学四论》（*Nessuna isola è un' isola*）。在我记忆中，安东尼·格拉夫顿（Anthony Grafton）和休·马钱德（Sue Marchand）组织的"历史中的证明与信念（Proof and Persuasion in History）"研讨会（普林斯顿大学戴维斯历史研究中心，1993 年）是一个重要的史学反思契机。

此刻的风尚已经来自别的地方。但这并不重要。从这种讨论中浮现出的种种困难，以及试图解决这些困难的努力，都依然存在。

3. 对历史叙事之科学性的怀疑论攻击，一直强调这种叙事的主观特性——据说，这会让它们与虚构叙事沆瀣一气。据说，历史叙事不会告诉我们真相，最多也就能告诉我们造史者为谁。以所谓的"硬"科学中也在某种程度上存在建构元素为由对此加以反驳，是徒劳无功的：它们同样面对着前面提到的那些批评。[①] 我们倒不如就此讨论一下历史书写（storiografia）的问题。历史书写具有主观成分，这是众所周知的：但怀疑论者从这一事实中得出的断然结论，却并未考虑到马克·布洛赫在其身后出版的、关于方法论的史学回顾作品中提到的一个根本性转折点。布洛赫写道："（在1942年到1943年的）今天……即便是在那些刻意做出的证供中，文本告诉我们的那些事，也不再是我们最关注的对象。"布洛赫接着指出，无论是《圣西门回忆录》（I Mémoires di Saint-Simon），还是中世纪早期圣徒传记，最让我们感兴趣的并非其中提及的事实——它们经常是向壁虚构出来的——而是对这些文本作者心态的披露。"尽管不可避免地臣服于过去，我们却至少能实现某种程度的自我解放，那就是说，就算注定永远只能在昔日留痕的基础上了解过去，我们设法了解到的东西，却远比它以为该让我们知道的那些东西为

---

① 最出名的就是P.费耶阿本德的例子：参见前引本书作者的《木头眼睛》（Occhiacci di legno, pp. 155—159）。

多。"他最后得出结论,"细细端详,这是心智对那些枯燥事实的伟大复仇。"[1] 在《历史学家的技艺》中,布洛赫也对那些抱怨不可能确定单一历史事件真相为何——比如,引发了1848年巴黎革命的枪声,到底是在何种情形之下鸣响的?——的人做出了答复。布洛赫指出,这种怀疑主义并没有触及隐藏于历史事件之下的那些东西,也就是说心态、技术、社会以及经济:"在历史上最影响深远的事,可能也是最证据确凿的事。"[2] 针对那种动辄质疑某个文献可信度的实证主义怀疑论,布洛赫的应对策略是一方面依托于那些并非有意提供的证词,另一方面则要寻求一种可能性,从有意提供的证词中分离出某个并非有意提供的、埋藏更深的内核。

针对那种攻击此类文本可援引性的激进反实证主义怀疑论,我们可以用与布洛赫类似的论证来加以反驳。深挖文本,逆着这些文本生产者的主观意图,我们可以让那些不受控制的声音浮现出来:例如,在巫术审判中,那些女性或男性的声音,便脱离了宗教法庭审判官给出的刻板套路(第14章)。在中世纪传奇小说中,通过从虚构中分离出真实的碎片,我们可以追踪到那些并非有意给出的、关于风俗习惯的历史证词:这是一种

---

[1] M. Bloch, *Apologia della storia*, cit., pp. 50—51(但我使用的是译本,参见 C. Pischedda, Torino 1969, p. 69)。

[2] 出处同上,p. 80(tr. di C. Pischedda, p. 99)。关于这段文字,参见本书作者的《马克·布洛赫史学随笔的收集整理》(*A proposito della raccolta dei saggi storici di Marc Bloch*, in "Studi medievali", terza serie, VI 1965),pp. 335—353,尤其是 pp. 338—340。

今时今日看起来几为陈词滥调的发现，但在即将进入 17 世纪中期的巴黎，当它第一次被明确地表述出来之时（第 4 章），却带着某种自相矛盾的意味。这种解读策略，与布洛赫指出的、对中世纪早期圣徒传记的解读策略并无太大不同。这种对于昔日文献既疏离又参与的态度，开辟了一条道路，而它带来了深远的、出乎意料的结果。在这条道路上，我们在三个世纪后遇上了一位杰出学者——埃里克·奥尔巴赫（Erich Auerbach）——他在分析伏尔泰和司汤达的文字时，并未把《哲学书简》（*Lettres philosophiques*）和《红与黑》（*Le Rouge et le Noir*）当成历史文献来解读，但却视其为被历史所渗透的文本。诠释是无穷无尽的，即便诠释的内容并非不受限制：利用奥尔巴赫无意间留下的痕迹，我们也可以从一个不同的角度对他的那些诠释进行解读，考察其作者的主观意图和视角（第 6 章和第 9 章）。被历史滋养的虚构作品，于是便成为了史学回顾或衍生虚构作品的材料。这种出乎意料的纠缠牵连，可以被收紧为一个绳结，或系于一个名字（第 8 章）。

遵循瓦尔特·本雅明（Walter Benjamin）的建议，逆向解读历史证据，与这些历史证据生成者的主观意图背道而驰（即便这些主观意图肯定也会被我们纳入考虑），意味着假定每一个文本都包含着许多不受控制的元素。[①] 这也适用于那些旨在呈现自身所见真相的文学性文本。一些并非显而易见的东西，也混

---

① 参见 *Rapporti di forza*, cit., pp. 47, 87—108。

入了这些文本，这就像是走马观花而未解其意，或是没有感情的照相机镜头。克拉考尔（Kracauer）从普鲁斯特（Proust）那里拿来了这个主题，而他反过来又对《圣西门回忆录》中的一段文字进行了再加工（第 12 章）。这些并非显而易见的地方，是一个文本（任何一种文本）留下的蛛丝马迹。我在隔了一段时间（还有一次是隔了一段空间）后试图以实验形式对自己的研究进行反思时，便重新发现了它们（第 13 章和第 15 章）。

4. 想要对以虚构呈现真相的各种形式加以全面盘点，显然是不可能的。出于人性和智识上的包容大度，蒙田写下了关于巴西食人族的随笔，但其中却也包含着一种风格主义的、追求奇异怪诞的猎奇趣味（第 3 章）。《青年阿纳卡西斯希腊游记》（*Voyage du jeune Anacharsis en Grèce*）的那条细长的叙事线索，让巴泰勒米（Barthélemy）得以将大量古文物材料组织起来，在一个多世纪的时间里为广大欧洲读者所阅读（第 7 章）。蒙田被视为一个例外，而巴泰勒米最多不过是一个异类。然而，这两个人都指向一个选择，尽管我一开始并未意识到这一点，但正是这个选择，很大程度上塑造了本书当前所呈现的样貌。历史叙事与虚构叙事之间的关系，是一个被陈词滥调和浮言虚论所污染的领域，它需要以一种最扎实的方式来面对，通过一系列事例来阐明。宣称要重新建构"规则而非例外"的第 5 章，就是这一观点的体现。但是，它恰恰便是一个例外。回头看去，我意识到，我在其中讨论的大部分问题，都不是对某个预先存在的范式的证明（illustrazioni）或举例（esempi），而是各种

各样的案例（casi）：按照安德烈·若勒（André Jolles）的定
义，它们是一些提出问题但却没有提供答案的微观形态的历史
（storie in miniatura），从而标示出了某个未得到解决的难题。①
当我开始研究某位犹太幸存者（他所在的社群遭到了灭绝，而
他是唯一一个活下来的目击证人）的证词文献时，我想到，这
样的案例充分表明了，那些实际上将虚构叙事和历史叙事并为
一谈的怀疑论者，其立场是多么的不可靠。如果一个叙述基
于一份单一文献，怎么可能避免对其真实性产生质疑（第 11
章）？几乎与此同时，我发现，自己对一份 5 世纪的文献提出了
同样的问题，这个文本是梅诺卡主教塞韦罗（vescovo Severo di
Minorca）的一封信，其中讲述了基督徒和犹太人之间彼此敌视
的早期案例（第 2 章）。在这里，唯一幸存下来的证据——一个
孤证（unus testis）——是一份文献，而不是一个人，正如在中
世纪的法学著作中，某个虚构的、仅有一个幸存者的案例，反
映出了一个社群的诸般特征（*universitas*）。②

　　5. 从虚构与真实的盘根错节之中，我们看到了浮现而出的

---

①　A. Jolles, *Forme semplici*, cap. "Il caso", in *I travestimenti della letteratura. Scritti critici e teorici*（*1897—1932*）, a cura di S. Contarini, Milano 2003, pp. 379—399, 尤其是 p. 393。

②　参见 Y. Thomas, *L'extrême et l'ordinaire. Remarques sur le cas médiéval de la communauté disparue*, in J.-C. Passeron, J. Revel（a cura di）, *Penser par cas*, Paris 2005, pp. 45—73。霍布斯在《论物体》（*De corpore*）中提议进行一项思想实验，从一个例外幸存者的角度描述世界的消亡（参见 G. Paganini, *Hobbes, Gassendi und die Hypothese von Weltvernichtung*, in M. Mulsow, M. Stamm［a cura di］, *Konstellationsforschung*, Frankfurt a.M. 2005, pp. 258—339），这可能源自一个真实案例。

第三项：虚假的，不实的，假冒为真的。①这是一个让怀疑论者深感不安的主题，因为它其中暗含真相：那种即便在上面打上引号也无法消除其罪孽的外在真相（第11章）。当然，在马克·布洛赫的《国王神迹》（*Les rois thaumaturges*）和乔治·勒费弗尔的《1789年大恐慌》（*La grande peur de 1789*）之后，不再会有人认为，研究假的传奇故事、假的历史事件和假的档案文献是没用的了：但是，每一次都要对这些东西的虚假性或真实性预设立场，却是必不可少的。关于这一点，就那份臭名昭著的反犹主义的《锡安长老会纪要》（第10章）而言，我已经没什么要补充的了。我给自己设了限，只对这份伪造的纪要——以及作为其原始素材的、凭空想象出来的莫里斯·若利（Maurice Joly）对话录——进行校读。从这种比对之中，除了许多坏的旧事物，一些"坏的新事物"也浮现了出来：那是一些值得反思的、令人不快的真相。

亚里士多德曾写道，历史学家讲述过去已经发生的事，讨论何为真相，而诗人讲述本可发生的事，讨论有何可能（《诗学》，51b）。但是，真相当然是一个终点，而非起点。历史学家所做的事（还有诗人，只不过是以不同的方式），与每个人生命的某些部分息息相关：那就是解开那些有关我们存在本质的、

---

① 正如语法学家迈尔里的阿斯克勒庇阿德斯（Asclepiade di Mirlea）所说，"历史可以是真的，也可以是假的，还可能是'看似真实的'：真的历史，其目的是记录那些的确发生过的事实；假的历史，是以虚构和神话为目的的；'看似真实的'历史，则是存在于喜剧和滑稽剧之中的。"（Sesto Empirico, *Contro i matematici*, I, 252; tr. it. di A. Russo, Bari 1972, p. 82）另参见本书第3章。

真假虚实交相缠绕的故事线索。

博洛尼亚，2005 年 12 月

我想向那些尽职尽责且充满善意地协助我进行研究的图书馆员表示感谢，尤其是博洛尼亚阿奇吉纳西欧图书馆（Archiginnasio）和洛杉矶大学 YRL 图书馆的馆员。

在此呈现给大家的，是《线索与痕迹》意大利文首版（米兰，2006）的重印版，并对部分内容进行了订正。这本书迄今为止已被翻译成多种语言版本，包括葡萄牙文（2007）、日文（2003 和 2008；节译本）、西班牙文（2010）、法文（2010）、韩文（2011；节译本）、英文（2012）和德文（2012；节译本）。其中几篇随笔也被译成了上述语言之外的其他语言版本：第 2 篇，加泰罗尼亚文；第 4 篇，丹麦文；第 6 篇，中文；第 9 篇，匈牙利文；第 11 篇，瑞典文、希伯来文、中文、丹麦文、芬兰文、匈牙利文；第 12 篇，匈牙利文；第 13 篇，俄文、冰岛文、丹麦文、中文、阿拉伯文、匈牙利文、格鲁吉亚文；第 14 篇，瑞典文、匈牙利文、捷克文、丹麦文、格鲁吉亚文；第 15 篇，中文和土耳其文；附录，瑞典文、匈牙利文、芬兰文和格鲁吉亚文。

博洛尼亚，2023 年 1 月

第1章　描述与引用

——献给阿纳尔多·莫米利亚诺

1. 今时今日，倘若不在写作时加注引号或谈到时以手势示意，真实 / 真相（verità）或现实 / 实在（realtà）一类的字眼，在一些人看来已经变得说不出口。[①] 这种充满仪式感的实践先是在美国学术圈中广为流传，随即变成了一种不假思索的风尚，仿佛如此便能被除幼稚实证主义（positivismo ingenuo）的幽灵：那种认为实在可以被直接感知、无需借助中介的态度。在这个表面的争议背后，通常藏着一个言人人殊的怀疑论立场。从道德、政治和智识的角度对它的驳斥，已经被系统地阐述出来，甚至连本文作者也曾参与其中。但是，自命清高地远离实证主义者和怀疑论者的夸大其词，却不会有任何结果。正如贝托尔特·布莱希特曾对好友瓦尔特·本雅明所说，"我们一定不能从

---

① 关于这一点，参见本书第 11 章《孤证：对犹太人的灭绝与真实性原则》，尤其是关于雷纳托·塞拉的那部分内容（pp. 222—223）。

那些好的旧事物开始，而应当从坏的新事物入手。"[①] 怀疑论者和
解构主义者在回应着真正的问题，尽管他们的回应几乎总是存
在着有目共睹的不足。我在其他地方已经对他们的回应提出了
异议。[②] 但在这里，我想着力于探讨一下他们提出的某些问题。

2. 一个虚假的陈述、一个真实的陈述和一个虚构出来的陈
述，从表现形式的角度看，其实并无任何不同。当埃米尔·本
维尼斯特（Benveniste）分析法语动词时态的时候，他毫不犹豫
地一并从小说和历史著作中选取例句。[③] 在一篇名为《本丢·彼
拉多》（Ponzio Pilato）的短篇小说中，罗歇·凯卢瓦（Roger
Caillois）十分巧妙地探讨了这种等而视之可能产生的后果。[④]
这时候是晚上。次日清早，耶稣将被审判。彼拉多尚未决定，
他要宣读何种判决。为了说服他给耶稣定罪，某个人物预言了
耶稣死后的一连串事件：有些相当重要，有些无足轻重——但
正如读者所知，所有这些都真有其事。第二天早上，彼拉多决
定宣布被告无罪。耶稣的门徒与他断绝了关系；世界历史走上
了另一条道路。虚构与历史之间的这种接近性（contiguità），让
人联想起马格利特（Magritte）的那些画作，在画中，风景与其

---

① W. Benjamin, *Avanguardia e rivoluzione. Saggi sulla letteratura*, tr. it. di A. Marietti,
　　Torino 1973, p. 233（但我依据的是法文版：*Essais sur Bertolt Brecht*, Paris 1969,
　　p. 149）。
② 参见本书第 11 章。
③ E. Benveniste, "Les relations de temps dans le verbe français", in *Problèmes de
　　linguistique générale*, Paris 1966, vol. I, pp. 237—250.
④ R. Caillois, *Ponzio Pilato*, tr. it. di L. De Maria, Torino 1963.

映射在破碎镜子中的影像得到了并行描绘。

　　说某个历史叙事很像虚构叙事，是显而易见的老生常谈。在我看来，更值得一问的，是为什么我们会把一本历史著作中讲述的事件当成是真的。这通常是超文本要素与文本要素（elementi sia extratestuali sia testuali）共同生成的结果。我将重点关注后者，试图表明，某些与文学传统手法联系在一起的叙事常规手法，如何被古代和现代的历史学家运用，以传递出那种被他们视为一项重要使命的"真实感"。①

　　3. 我将从斯特拉博内（Strabone）摘引自《波里比阿历史》（*Storie di Polibio*, XXXIV, 4, 4）的一段文字开始。为了证明荷马的真实可靠，波里比阿写道：

　　　　历史追求的目的，就是真实：因为这个原因，我们在
　　船只目录（Catalogo delle Navi）②中发现，诗人提到了每个
　　地方的具体特征，他说一座城市是"重岩峻拔的"，另一座
　　城市"位于交界接壤之处"，一座城市"蓄鸽众多"，还有

①　这个表达是从罗兰·巴特所说的"真实的效果（effet du réel）"一词中借鉴而来的，但角度却与他恰好相反。巴特将真实和语言等为一谈，"事实无非是一种语言学的存在"，而带有引号的"真实"被等同于对"实在主义（realismo）"的激烈批判（tr. it. "Il discorso della storia", in *Il brusio della lingua. Saggi critici IV*, Torino 1988, pp. 138—149, 尤其是 pp. 147 和 149；另参见 pp. 151—159）。我认为，事实也拥有超语言学的存在，而真实这种说法，是一段很可能与人类历史同步的漫长历史的一部分。但是，用来控制真实和传播真实的步骤方法，却是因时而变的。

②　译者注：荷马史诗《伊利亚特》第二卷中的一段文字，详细列出了出征特洛伊的希腊各部落船只及其率领者。

一座城市"在海之滨";这些细节的目的,是传递出一种生
动性,正如在那些战斗场面描写中一样;然而,神话的目
的则是令人愉悦惊奇……

在这种历史与神话的对立之中,荷马因此便坚定地站在了
历史和真实的这一边:他的诗作追求的目的(*telos*),实际上是
"*生动描述*"(*enargeian*)。

在一些抄本中,我们看到的是"*energeian*"而不是
"*enargeian*",但从上下文推断,第二个词才是更值得采信的文
本。[1] 类似的混淆,也出现于亚里士多德《修辞学》(*Retorica*)
中某段文字(1411b,33—44)的抄本传统中,它影响了许多更
晚近的文本,一直沿袭至今。[2] 这两个词其实没有任何共同之处:

[1] 参见 F. W. Walbank, *A Historical Commentary on Polybius*, Oxford 1979, vol. III,
p. 585,其依据为 P. Pédech, *La méthode historique de Polybe*, Paris 1964, p. 583
nota 389。另参见 F. W. Walbank, *A Historical Commentary*, cit., Oxford 1967, vol. II,
p. 496, e P. Pédech, *La méthode*, cit., p. 258 nota 19。此外可参考:A. Roveri, *Studi
su Polibio*, Bologna 1964,索引中"*enargeia*"相关条目,以及 G. Schepens,
Emphasis *und* enargeia *in Polybios' Geschichtstheorie*, in "Rivista storica dell'
antichità", 5(1975), pp. 185—200。对波里比阿《历史》第 34 卷第 3 章(拼写
为 *energeia* 而不是 *enargeia*)的不同解读,参见 K. Sachs, *Polybius on the Writing
of History*, Berkeley 1981, p. 154 nota 8。

[2] 参见 T. Cave, *The Cornucopian Text*, Oxford 1979, p. 28 nota 39; A. Wartelle,
Lexique de la "Rhétorique" d'Aristote, Paris 1982, pp. 142—144; P. Pirani, *Dodici
capi pertinenti all'arte historica del Mascardi*, Venezia 1646, pp. 56, 84(或许是出于
印刷错误); S. Leontief Alpers, *Ekphrasis and Aesthetic Attitudes in Vasari's Lives*,
in "Journal of the Warburg and Courtauld Institutes", 23(1960), p. 194 nota 18,他
受到了 F. Junius, *The Painting of the Ancients*, London 1638, p. 300(*Energia*)的
误导:但可参见原文 *De pictura veterum*, Amstelaedami 1637, p. 185(转下页)

energeia 的意思是"行为，行动，活力"；*enargeia* 的意思则是"明晰，生动"。[①] 第一个词在对欧洲智识阶级所使用的专门词汇有决定意义的亚里士多德学派语汇中十分重要，这也就解释了，为什么 *energeia* 在许多语言中都得到了保留：比如葡萄牙语的"*energia*"、英语的"*energy*"和法语的"*énergie*"等等。而在另一方面，*enargeia* 却是一个湮灭的旧词。但是，依然有可能重新建构它的意义：更确切地说，是围绕着它的一个意义集群（constellazione di significati）。[②]

　　在经常被视为生动之典范的荷马史诗中，*生动描述*（*enargeia*）这个词并未出现。[③] 我们发现了 *enargēs*，它与众

　　（接上页）（*enargeia*）。我未能读到 C. Nativel, *La théorie de l'enargeia dans le "De pictura veterum" de Franciscus Junius: sources antiques et développements modernes*, in R. Démoris（a cura di）, *Hommage à Elizabeth Sophie Chéron. Texts et peintures à l'âge classique*, Paris 1992, pp. 73—85。

① 这一词语混淆已经被人指出，参见 Agostino Mascardi（1636）：详见 p. 36, nota 70。

② 接下来第 3 节到第 6 节的内容，基本上与本文初稿（1988）保持不变。在注释中，我加入了一些后来发表的关于 enargeia 问题的参考文献（许多引自 B. Vouilloux, *La description des œuvres d'art dans le roman français au XIXe siècle*, in *La description de l'œuvre d'art. Du modèle classique aux variations contemporaines*, Atti del colloquio organizzato da O. Bonfait, Roma 2004, pp. 153—184，尤其是 p. 179 nota 13；但整部作品都很重要）。我认为尤其有帮助的一些参考文献：C. Calame, *Quand dire c'est faire voir: l'évidence dans la rhétorique antique*, in "Études de lettres", 4（1991）, pp. 3—20; A. D. Walker, *Enargeia and the Spectator in Greek Historiography*, in "Transactions of the American Philological Association", 123（1993）, pp. 353—377; P. Galand-Hallyn, *Les yeux de l'éloquence. Poétiques humanistes de l'évidence*, Orléans 1995。

③ 参见 G. M. Rispoli, *Phantasia ed enargeia negli scolî all' Iliade*, in "Vichiana", 13（1984）, pp. 311—339; G. Zanker, *Enargeia in the Ancient Criticism of Poetry*, in "Rheinisches Museum", nuova serie, 124（1981）, pp. 296—311，尤其是 pp. 304 nota 29 和 310 nota 57。

神的"现身（presenza manifesta）"有关（《伊利亚特》，XX，
131；《奥德赛》，XVI, 161），还有一个关系形容词 argos，意思
是"白色的，光辉夺目的"——如鹅的，如牛的——或是"急
行如飞的"。根据皮埃尔·尚特赖纳（Pierre Chantraine）的说法，
"我们可以认定，这个词最开始同时表达了耀白如电和迅急如飞这
两重意思。"[①] 依据上下文，enargēs 则可以被翻译为"清晰的"或
"可触知的"。和 enargeia 一样，这是一个与直观体验领域联系在
一起的词，便如波里比阿在另一段文字（XX, 12, 8）中所言："借
助道听途说而得出的判断，与亲眼目睹所得出的判断不是一回事，
二者存在巨大的差异。基于目击证词的看法（hē kata tēn enargeian
pistis）总是要比任何其他看法更有价值。"[②] 这段文字和前面引
用过的那段关于荷马的文字，全都指向历史认识（conoscenza
storica）。在这两处，生动描述（enargeia）都被当成真实的保证。

　　这位古代历史学家不得不借助生动描述（enargeia）来传
播他所陈述的真相，以此打动和说服他的读者。据《论崇高》
（Del sublime, XV, 2）一文作者所说，生动描述（enargeia）这
个术语专指演说家追求的目的，而这与试图令公众为之倾倒的
诗人的目的不同。人们曾反复尝试在拉丁修辞学传统中找到与

---

① 参见 P. Chantraine, *Dictionnaire étymologique de la langue grecque*, Paris 1968, vol.
　　I, p. 104。另参见 D. Mülder, *Götteranrufungen in Ilias und Odyssee*, in "Rheinisches
　　Museum", 79（1930), pp. 7—34，最重要的是 p. 29。*Enargēs* 一词不见于查尔
　　斯·穆格勒编纂的《希腊古籍光学术语辞典》(Ch. Mugler, *Dictionnaire historique
　　de la terminologie optique des Grecs*, Paris 1964)。

② 参见 A. Roveri, *Studi su Polibio*, cit., pp. 76—77。

生动描述（*enargeia*）相当的词语。昆体良在《雄辩术原理》（*Institutio Oratoria*, VI, 2, 63）中提出了"叙事为证（*evidentia in narratione*）"的观点。他指出，"铺陈叙事中的证据在我看来确有极大价值，尤其是在那种没什么必要谈及，但却能以某种特定方式表明其真实性的时候。"① 在另一段文字中（VI, 2, 32），昆体良注意到，西塞罗曾把"表明与证实（*inlustratio et evidentia*）"当成*生动描述*（*enargeia*）的同义词，"似乎关键不在于说，而在于表明一样事物；因为这会让我们生出一种仿佛亲眼见证事实自行呈现出来的感觉"。② 的确，对于西塞罗而言，"绘声绘色的……演说（*inlustris...oratio*）"意味着"在演讲过程中将事实摆在人们眼前"。③《献给赫伦尼厄斯的修辞学》（*Rhetorica ad Herennium*）一书的不知名作者，使用了相似的话来定义"展示（*demonstratio*）"这个词："当这件事以这些词句表达出来时，事实似乎就展现于我们眼前……他披露了一件事，也就是说，将其置于我们眼前。"④

---

① Marco Fabio Quintiliano, *L'istituzione oratoria*, a cura di R. Faranda, Torino 1968, I, p. 489: "Evidentia in narratione est quidem magna virtus, cum quid veri non dicendum, sed quodammodo etiam ostendendum est".

② 参见前引，I, p. 719: "Quae non tam dicere videtur quam ostendere, et adfectus non aliter quam si rebus ipsis intersimus sequentur"；另参见 Quintiliano, *Institution Oratoire*, a cura di J. Cousin, Paris 1977, vol. IV, libri VI e VII, pp. 194—195 注释部分，其中讨论了希腊和罗马史学思想中 *enargeia* 的重要性。

③ Cicerone, *Partitiones Oratoriae*, 20: "Haec pars orationis, quae rem constituat paene ante oculos".

④ *Rhetorica ad Herennium*, IV, 68: "Demonstratio est, cum ita verbis res exprimitur, ut geri negotium et res ante oculos esse videatur [...]. Statuit enim rem totam et prope ponit ante oculos".

展示（*Demonstratio*）。现代欧洲语言中与这个词对应的那些词语——意大利文的 *dimostrazione*、英语的 *demonstration* 和法语的 *démonstration* 等等——全都将其修辞学内核藏在了一层欧几里得面纱之下。展示（*Demonstratio*）这个词，专指演讲者在形容一个不可见的对象时所使用的手势，从而令听众产生一种可触知——*enargēs*——的感觉，而这要归功于他的话语近乎神奇的力量。[1] 以相似的方式，历史学家也能够将自身体验——或是作为目击证人的直接体验，或是间接体验——传递给读者，将看不见的真实事件置于他们眼前。*生动描述*（*Enargeia*）是一个借助文体风格来传递即视感（*autopsia*）的工具。[2]

4. 甚至连名著《论风格》（*Sullo stile*）的作者德梅特里奥——他在很长一段时间里被错认为德梅特里奥·法莱雷奥（Dometrio Falereo）[3]——也曾长篇大论地讨论过 *enargeia* 这个词。将其形容为一种从并不浮夸的描述中自然流露出的风格感（*effetto stilistico*）。在引用了一段荷马史诗（《伊利亚特》，XXI, 257）后，他指出："在这里，*生动描述*［*enargeia*］有赖于一个事实，那就是周遭一切都被提到了，什么都没漏掉。"[4]

---

[1] 参见 J. de Romilly, *Magic and Rhetoric in Ancient Greece*, Cambridge（Mass.）1975。

[2] 关于这一点，参见 G. Schepens, L'"autopsie" dans la méthode des historiens grecs du Ve siècle avant J.-C., Bruxelles 1980。

[3] 译者注：即法勒鲁姆的德米特里，雅典著名演说家和政治家，早期逍遥学派成员之一，曾为雅典僭主。

[4] Demetrio, *Dello stile*, prefazione di D. M. Schenkeveld, tr. it. di A. Ascani, Milano 2002, §§ 209—220, pp. 173—179. 参见 W. R. Roberts, *Demetrius on Style*（1902）, Hildesheim 1969, pp. 209 及其后页码。另参见 B. Weinberg, *Translations*（转下页）

然而，在后文中，我们见到了一个更宽泛的定义，它将荷马使用的那些描述嘈杂声音的词语（cacofonia）和拟声词（parole onomatopeiche）也当成了"*生动描述*"的范例。我们似乎偏离了一开始时对史学方法的讨论，但其实只是表面看起来如此而已。将*生动*定义为细节铺陈的做法，让我们以一种意想不到的方式去看待希腊历史学家反复强调的主张，即他们记录下了全部事件，至少是关乎大局的全部事件。[①] 在一个档案稀缺、口头文化依然处于支配地位的社会中，荷马给历史学家提供了一个榜样，它既是风格典范，也是认知模型。

在《摹仿论》第一章，埃里克·奥尔巴赫对比了两种不同的叙事：以荷马为代表的条分缕析、情文并茂；以《圣经》为代表的切中肯綮、简明扼要。荷马的叙事风格一方面在希腊催生出了一种全新的表现人体的方式，另一方面也使历史著作成为了一种文学体裁，其重要意义已分别被恩斯特·贡布里希和埃尔曼·施特拉斯布格尔着重强调。[②] *生动描述*可能产生的种

（接上页）and Commentaries of Demetrius "On Style" to 1600: A Bibliography, in "Philological Quarterly", XXX, 4（ottobre 1951），pp. 353—380; D. M. Schenkeveld, Studies in Demetrius on Style, Amsterdam 1964, p. 61; P. O. Kristeller e F. E. Cranz（a cura di），Catalogus translationum et commentariorum ..., Washigton D.C. 1971, vol. II, pp. 27—41（B. Weinberg）; G. Morpurgo-Tagliabue, Demetrio: dello stile, Roma 1980。

① 参见 L. Canfora, Totalità e selezione nella storiografia classica, Bari 1972。

② 参见 E. H. Gombrich, Art and Illusion, London 1962, pp. 99 及其后页码（tr. it. Arte e illusione, Torino 1965, pp. 143 及其后页码）; H. Strasburger, Die Wesensbestimmung der Geschichte durch die antike Geschichtsschreibung, Wiesbaden 1978（"Sitzungsberichte der wissenschaftlichen Gesellschaft an der Johann Wolfgang Goethe Universität Frankfurt/Main", vol. V, 3, 1966），pp. 78 nota 1, 79 nota 3。

种理论影响，已经得到了包括施特拉斯布尔格在内的一些学者的有效关注，而他指出，这个词在希腊化时代的技术意味更重，当时，像萨摩岛的杜里德（Duride di Samo）[1] 及其追随者菲拉尔科（Filarco）这样的历史学家，创造出了一种历史书写的新类型，其灵感便来自诗体悲剧，而目的则是达成一种拟态感。[2]

5. 到目前为止，*生动描述*这个概念，已经在历史书写与修辞学的交界处成形。但是，我们还应当向这个语义域（ambito semantico）中加入绘画。这是一个摘引自柏拉图对话录《政治家篇》（*Politico*）的隐喻："我们的话语，就像是一个活物的画像，它看似相当不错地再现了外部特征，但却没有达到那种生动描述的效果，而这要靠晕染和混色来实现。"[3]

---

[1]　译者注：即 Duris of Samos，古希腊历史学家。

[2]　参见 H. Strasburger, *Die Wesensbestimmung*, cit. In una prospettiva più limitata, cfr. E. Burck, *Die Erzählungskunst des T. Livius*, Berlin 1934; G. Avenarius, *Lukians Schrift zur Geschichtsschreibung*, Meisenheim a.G. 1956, pp. 130 及其后页码。*Enargeia* 一词在 J. Martin, *Antike Rhetorik*, München 1974, pp. 252—253, 288—289 中曾被提及。更全面的考察，参见 H. Lausberg, *Handbuch der literarischen Rhetorik*, München 1960, §§ 810—819；另参见 P. Galand, L'"enargia" chez Politien, in "Bibliothèque d'Humanisme et Renaissance", XLIX, 1（1987）, pp. 25—53（二者均大有助益，尽管它们并未触及与历史书写的关系）。关于 *enargeia* 对哲学的潜在影响，参见 A. A. Long, *Aisthesis, Prolepsis and Linguistic Theory in Epicurus*, in "Bulletin of the Institute of Classical Studies, London", 18（1971）, pp. 114—133。关于杜里德，除了前面引用的 H. Strasburger, *Die Wesensbestimmung*，相关讨论还可参考 G. Schepens, *Emphasis* 和 K. Sachs, *Polybius*, cit., pp. 149 及其后页码。此外，J. R. Morgan, *Make-Believe and Make Believe: The Fictionality of the Greek Novels*, in Ch. Gill, T. P. Wiseman（a cura di）, *Lies and Fiction in the Ancient World*, Austin（Tex.）1993, pp. 175—229 的参考书目值得一读，尤其是 p. 184 nota 15。

[3]　Platone, *Politico*, tr. it. di E. Martini, in *Tutte le opere*, a cura di G. Pugliese Carratelli, Firenze 1974, p. 296.

几个世纪后，*生动描述*的这些潜在影响，在一段文字中充分显露了出来。这段文字，出自小菲洛斯特拉托的《画记》（*Immagini*），这是一本著名的艺术作品描述（*ekphraseis*）文集，但所描述的作品很可能是想象出来的。其中一段对某幅描绘皮洛士之盾的画作的描述，灵感源自《伊利亚特》中对阿喀琉斯之盾的描述、这一文学体裁的典范。我们在其中读到了这段文字：

> 倘若你也曾观察过牛群前往草场、后面跟着牧人的景象，或许你不会为其颜色惊叹称奇，尽管它们皆以金、锡制成。但你几乎可以听见它们发出哞哞的叫声，虽然它们是画出来的，你会以为自己听见了牛群身边那条小河的水声喧喧——这难道不是*生动描述*（*enargeia*）的极致表现吗？①

这个修辞性问句可以与演说家的手势相比较：它是一种展示（*Demonstratio*），目的在于指向某个不可见的对象，借助描述（*ekphraseis*）的力量令其栩栩如生、几乎触手可及。在这一点上，我们可以理解，为什么普鲁塔克会在短篇论文《论雅典人的名声》（*Sulla fama degli Ateniesi*, 347a）中，将欧弗拉诺描绘曼提尼亚之战的画作与修昔底德描述同一场战役的文字相比较。普鲁塔克赞扬了修昔底德"如画般的生动（*graphikē*

---

① Filostrato il Giovane, *Immagini*, 10（我所采用的底本为 V. Lancetti, *Le opere dei due Filostrati*, Milano 1831, vol. II, 但对几处文字有校订）。

enargeia）"；随后，他阐明了这种比较可能产生的理论影响：

> 诚然，西莫尼德将画定义为无声的诗，将诗定义为会
> 说话的画：事实上，画家表现出的那些行动仿佛正在发生，
> 而故事展现和描述的那些行动仿佛已经发生过了。然而，
> 如果说画家用颜色和图样表现同样的对象、而作家用名字
> 和词语来展现它们的话，他们使用的材料和摹拟技法或有
> 不同，但二者都有同一个目的，而一个最值得称道的历史
> 学家，是一个在叙事中描述情感、勾勒个性的人，仿佛他
> 的作品是一幅画作。因此，修昔底德总是力求在他的文字
> 中实现这种富于表现力的效果，热切地渴望让听众成为观
> 众，将目击者亲眼见到的那些令人激动和震惊的事件活生
> 生地展现给读者。①

6. 一些研究希腊和罗马历史书写的学术权威和普鲁塔克一样，认识到了体现于描述（*ekphraseis*）中的历史叙事目的。埃尔曼·施特拉斯布格尔写道，描述这个概念所涵盖的领域极广，其中包括悲苦交集的战斗场景，修昔底德提到的雅典疫情，以及对风土人情的描述（*ekphraseis tou topou*）。② 如果说

① Plutarco, *La gloria di Atene*, a cura di I. Gallo e M. Mocci, Napoli 1992, p. 51.
② 参见 H. Strasburger, *Die Wesensbestimmung*, cit., pp. 80, 87 nota 3. Calame 认为，*ekphrasis* 一词与描述扯不上什么关系：但广义的 *ekphrasis* 包括了详尽阐释的意思（参见 *Quand dire*, cit., pp. 5, 13—14）。

*生动*是*描述*的目的的话，真实就是*生动*带来的效果。[①] 我们可以想象一个这样的序列：历史叙事——描述——生动性——真实。存在于我们的历史观念与古人的历史观念之间的不同，可以被总结如下：对于希腊人和罗马人来说，历史真相基于*举证*（昆体良认为，拉丁文中的 *evidentia* 这个词就相当于希腊文中的 *enargeia*）；对我们来说，历史真相基于证据（英文中的 evidence）。[②]

　　这并非是过度简化。在《雄辩术原理》(IV, 2, 64—65)的一段文字中，昆体良指出，一些人反对*叙事为证*的做法，"因为按照他们的观点，在某些情形下，真相必须被掩盖起来。这是荒谬的：不管是谁想要掩盖真相，他都得展示虚假而非真实，这样一来，他必须得汗湿重衣，才能让那些最显而易见的事情看起来若有其事。"[③] 鉴于历史与修辞学之间的紧密联系，这个对律师惯常表现丝毫不留情面的描述，也可以被扩展到历史学家身上。判断真相的决定性标准，与公众的反应并不重合。然而，真实却首先被视为一个说服受众的问题，与对各种事实进行客观核对关系甚微。

[①]　这些概念也存在于当代的美学讨论中，论证参见 M. Krieger, *Ekphrasis. The Illusion of the Natural Sign*, Baltimore 1992（关于 *enargeia* 的内容见 pp. 67—112）。

[②]　同样的对比也曾被 T. P. Wiseman 独立提出过，参见 T. P. Wiseman, *Lying Historians: Seven Types of Mendacity*, in Ch. Gill, T. P. Wiseman (a cura di), *Lies and Fiction*, cit., pp. 122—146，尤其是 pp. 145—146。

[③]　"Quia in quibusdam causis obscuranda veritas esset. Quod est ridiculum; nam qui obscurare vult, narrat falsa pro veris, et in iis quae narrat debet laborare ut videantur quam evidentissima"（Quintiliano, *L'istituzione*, cit., I, p. 489；译文略有修正）。

7. 对于 16 世纪之后那些自视为希罗多德、修昔底德和李维后继者的历史学家来说，这个结论本该显而易见。断裂是后来才出现的。只有到了 17 世纪下半叶，我们才开始系统分析第一手资料与第二手资料之间的区别。阿纳尔多·莫米利亚诺在他的著名论文《古代史与古文物研究者》(*Storia antica e antiquaria*) 中表明，这个对史学方法的决定性贡献，来自古文物研究者，他们使用非文学证据，重新建构了与宗教、政治制度、行政制度以及经济相关的事实：这些领域并未被以政治和军事史为导向、以当前为导向的历史书写所触及。像拉莫特·勒瓦耶这样的怀疑论者，对希腊和罗马的历史学家进行了尖酸刻薄的批判，有时甚至到了自相矛盾的程度，面对这种批判，古文物研究者给出的反对意见是，奖章、硬币、雕像和碑铭提供了更坚实的文献素材，而且与被谬误、迷信或谎言污染的叙事资料相比，也要更加可靠。现代史学正是诞生于伏尔泰的《历史哲学》(*histoire philosophique*) 和古文物研究这两种不同智识传统的交汇之中，而这种交汇，最早发生于爱德华·吉本的作品中。①

---

① A. Momigliano, *Ancient History and the Antiquarian*, in "The Journal of the Warburg and Courtauld Institutes", 19 (1950) (tr. it. "Storia antica e antiquaria", in *Sui fondamenti della storia antica*, Torino 1984). 但也请参阅同一作者的 *The Rise of Antiquarian Research*, in R. Di Donato (a cura di), *The Classical Foundations of Modern Historiography*, Berkeley-Los Angeles 1990 (Sather Lectures, 1961—1962), cap. 3, pp. 54—79 (tr. it. *Le radici classiche della storiografia moderna*, Firenze 1992, 新增的编者导言见 pp. 59—83)。

8. 但是，莫米利亚诺所勾勒出的这一发展轨迹，应当再向前推一个世纪。16 世纪中期，一位才华横溢的语文学家和古文物研究者、乌迪内人弗朗切斯科·罗博泰洛，就已经对古文物研究领域中的怀疑论危机及其解决办法做出了清晰阐述。如今，罗博泰洛尤以其在古代文本校订方面的开创性著作（1557）而闻名，这部作品已经得到了广泛且充分的讨论。[①] 但他篇幅较短、艰深晦涩的史论著作《论历史之所能》（*De historica facultate disputatio*, 1548），命运却截然不同。这部著作在 16 世纪时曾大获成功，从其在作者身故后被收入第一部史学方法论文集《史艺珍萃》（*Artis historicae penus*, 1579）便可得知，但在离我们更近的年代中，它却经常遭到牵强附会和肤浅的解读。[②]

[①] F. Robortello, *De convenientia supputationis Livianae Ann. cum marmoribus Rom. quae in Capitolio sunt. Eiusdem de arte, sive ratione corrigendi veteres authores, disputatio. Eiusdem Emendationum libri duo*, Patavii 1557. 参见 A. Carlini, *L'attività filologica di Francesco Robortello*, Udine 1967（"Atti dell' Accademia di Udine", settima serie, vol. VII［1966—1969］, pp. 53—84）; E. J. Kenney, *The Classical Text*, Berkeley 1974, pp. 29—36（S. Timpanaro 评价说，罗博泰洛的作品"值得被纪念，而无需带着那种不合时宜的故作庄重"，他暗指的可能就是这篇文章: *La genesi del metodo del Lachmann*［1963］, Torino 2003, p. 13 nota 1）。关于个人传记，G. G. Liruti, *Notizie delle vite ed opere scritte da' letterati del Friuli*, Venezia 1762, vol. III, pp. 413—483 值得时时参考: 但罗博泰洛将切利奥·塞孔多·库廖内（Celio Secondo Curione）斥为异端之事，需要进一步调查，并考虑下面一条注释中的内容。

[②] F. Robortello, *De historica facultate, disputatio. Eiusdem Laconici, seu sudationis explicatio. Eiusdem de nominibus Romanorum. Eiusdem de rhetorica facultate. Eiusdem explicatio in Catulli Epithalamium...*, Florentiae 1548.《论历史之所能》后被转载收录于库廖内的弟子、波兰人 Stanislao Ilovius 编纂的两卷本中: 参见 Dionigi di Alicarnasso, *Nonnulla opuscula...*, ex officina Roberti Stephani, Lutetiae 1556（pp. 42—62; 其后附有一封写给库廖内的信）; Demetrio（转下页）

　　罗博泰洛深知这些文字的原创性。他当时三十出头，在比萨学堂（Studio di Pisa）[①] 教书，是语文学大家皮耶尔·韦托里（Pier Vettori）的朋友。在致莱利奥·托雷利（Lelio Torelli）——一位语文学法学家，不久后发表了著名的首部《学说汇纂》（Pandette）佛罗伦萨抄本——的题献中，他以一贯桀骜不驯的口气宣称，他为自己设立了一个全新目的：揭示历史写作的艺术和隐秘方法。

　　罗博泰洛一开始写道，历史学家的目的是叙事；但他马上就明确指出，历史学家是一个"叙述并解释"的人。这之后，是进一步的澄清：历史学家解释"人们的自发行动（quas ipsi homines gerunt）"。他并不虚构杜撰，而是解释阐明（non est effictor rerum, sed explanator）。历史不同于诗，而且在举例说明何为对、何为错这一点上，更胜于哲学。最后这个陈述的重要性，在后文中罗博泰洛提及一则批评意见时显现了出来。被罗

（接上页）Falereo, *De elocutione liber*, per Ioannem Oporinum, Basileae 1557（pp. 226—246）。后面一部文集中收入了一个 Ilovius 的文本，紧接在罗博泰洛的文章之后（*De historica facultate libellus*, cit., pp. 215—226）。Francesco Patrizi 重新唤起了对罗博泰洛之理念的兴趣，他将后者称为"大师（maestro）"（*Della historia, diece dialoghi*, Venezia 1560, c. 6r），关于这一点，我将另行论述。罗博泰洛和 Patrizi 的文章都被收入了 *Artis historicae penus*, a cura di J. Wolff, Pietro Perna, Basileae 1579。罗博泰洛《论历史之所能》一文的重要性（以及 Speroni 和 Patrizi 在其中发挥的作用），未能被下面这篇文章认识到，参见 G. Spini, *I trattatisti dell' arte storica nella Controriforma italiana*, in *Contributi alla storia del Concilio di Trento*, "Quaderni di Belfagor", I（1948），pp. 109—136（另参见 nota 47）。即便受到了前文的部分影响，G. Cotroneo, *I trattatisti dell'"ars historica"*, Napoli 1971, pp. 121—168（关于罗博泰洛）依然是一篇更优秀的文章。

① 译者注：即比萨大学的前身。

博泰洛视为前所未见的该观点，其阐述者是塞克斯都·恩披里柯，"一位对皮浪主义者（pirronisti）[①]的所有观点予以详述的希腊作家"。这之后，是一段很长的引文，它被翻译成了拉丁文，但其中夹杂着一些希腊文的短语和词汇。该段引文摘自塞克斯都·恩披里柯的论文《反对学问家》（*Adversus mathematicos*, I, 252—260）。这位希腊哲学家，是有关希腊怀疑论的主要资料来源，在某些方面甚至是唯一的来源。

　　罗博泰洛有足够理由因这段引文的前所未见而感自豪。当时，塞克斯都·恩披里柯依然只不过是个人名而已。1562 年，亨利·艾蒂安将《皮浪学说概要》（*Schizzi pirroniani*）译成了拉丁文，恩披里柯这才昂首步入了欧洲哲学的殿堂。[②]在那之前，据说塞克斯都·恩披里柯只有一位现代读者，那就是《异教学说虚空考》（*Examen vanitatis doctrinae gentium*）的作者詹弗朗切斯科·皮科（Gian Francesco Pico）。这篇批判文章奉宗教起义领袖萨伏那洛拉（Savonarola）[③]所倡导的基督教义而作，皮

---

① 译者注：即极端怀疑主义者。古希腊哲学家皮浪曾提出，对一切皆应持怀疑态度，这一派学说的追随者由此得名。译文中为与 scettici 区分，统一译为皮浪主义者。

② *Sexti philosophi Pyrrhoniarum hypotipwseon libri III ... latine nunc primum editi, interprete Henrico Stephano*, Parisiis 1562. 关于这个问题，参见 R. Popkin, *The History of Scepticism. From Savonarola to Bayle*, edizione rivista e ampliata, Oxford 2003, 尤其是 pp. 17 及其后页码。另参见 A. Seifert, *Cognitio historica*, Berlin 1976, pp. 17—18; L. Floridi, *Sextus Empiricus: The Transmission and Recovery of Pyrrhonism*, Oxford 2002, p. 31。

③ 译者注：生于 1452 年的意大利宗教、政治改革家，多明我会传教士，曾领导 1494 年的佛罗伦萨人民起义，失败后于 1498 被宗教法庭定为异端，并处以绞刑与火刑。

科本人便是该派教义的追随者。在这部依据塞克斯都尚未发表的文字写成、涉及诸多方面的作品中，也出现了差不多 30 年后被罗博泰洛引用的那些段落。① 但是，罗博泰洛或许并未曾亲见它们：即便他的确见过，他参考的或许也是 1465 年的洛拉抄本85.11（ms. Laur. 85, 11）中的希腊文本。该抄本中收入了塞克斯都的两部作品，《皮浪学说概要》和《反对学问家》。②

后一部作品的第二部分，是与语法学家有关的。其中一些语法学家——大名鼎鼎的狄俄尼索斯·特拉克斯（Dionisio Trace）也在其中——曾主张，语法中有历史成分。③ 塞克斯都·恩披里柯反对称，历史并无方法，它不是一门*技艺*（*technē*，拉丁文：*ars*），只不过是彼此不相关的、无法确定或故弄玄虚的事实的简单堆砌。反对恩披里柯这一观点的罗博泰洛试图表明，确实存在某种 "*历史的艺术（ars historica）*"。这是一个引发论战的表述，《史艺珍萃》（*Artis historicae penus*）这本旨在回应怀疑论的史论文集，其书名灵感便源自于此，而这本书同样也引发了激烈的论战，促成了历史怀疑论的传播。④

---

① G. F. Pico, *Examen vanitatis doctrinae gentium, et veritatis Christiane disciplinae, distinctum in libros sex*, impressit Mirandulae Joannes Maciochius Bundenus, c. LXXXII r（libro III, cap. 3: "Quid sceptici contra grammaticam soleant disputare: ubi et quaepiam ex aliis auctoribus"）. 参见 Ch. Schmitt, *Gian Francesco Pico della Mirandola（1460—1533）and His Critique of Aristotle*, Den Haag 1967, p. 49。

② H. Mutschmann, *Die Überlieferung der Schriften des Sextus Empiricus*, in "Rheinisches Museum", nuova serie, LXIV（1909）, pp. 244—283.

③ 关于这一点，参见本书第 3 章。

④ 塞克斯都·恩披里柯的《反对学问家》首版问世于 1569 年；《史艺珍萃》出版于十年后。

罗博泰洛在论证开始时指出，历史的方法论要素与修辞学同属一类。他承认，的确像西塞罗在《论演说家》（*De Oratore, II*）中所说，古人撰写编年史时完全方法欠奉，没有任何修辞上的考虑。但如果某个人像修昔底德那样，虚构（*effingantur*）出了可信且得体的话语和行为，他便清楚地看到了，修辞乃是历史之母。

罗博泰洛的立场，以前被认为与这个本身并不以原创性见长的回应相一致。① 人们并没有注意到，坚持有可能虚构（*effingere*）话语的观点，与之前关于历史学家并不虚构杜撰、而是解释阐明（*non est effictor rerum, sed explanator*）相抵触。毕竟，人们也没有注意到，在这之后罗博泰洛的文风陡变。

历史学家在意的是行动，公开行动和私下行动都包括在内：那些动作执行者的名字因此才值得一提。罗博泰洛指出，这正是亚里士多德所指出的、与诗的普遍性相对的历史的个别性——"亚西比德的所为与所历（*ciò che Alcibiade fece o subì*）"。藏在这一陈述背后的，是罗博泰洛同一年——1548年——进行的针对两本书的研究工作：对亚里士多德《诗学》（*Poetica*）的评注，以及对《论罗马人的名字》（*De nominibus Romanorum*）的学术考据。名字——也即作为编年史这种体裁

① 例如 E. Kessler, *Theoretiker humanistischer Geschichtsschreibung*, München 1971（十分肤浅）。完全误入歧途的一篇，参见 J. Jehasse, *La Renaissance de la critique. L'essor de l'humanisme érudit de 1560 à 1614*, Paris 2002, p. 101，该文把罗博泰洛当成一个 "主观主义激进分子"，这就排除了确定事实真相的可能性。

之骨架的事实——承载着对历史叙事通例的反思。在亚里士多德对荷马于事态进行中（*in medias res*）开始叙事的赞美里，罗博泰洛读出了一种对历史学家的含蓄邀请，那就是采取相反的做法，按照年代次序讲述"经年累月的事件"。罗博泰洛认为，即便某些哲学家所阐述的周期性重启假说是真的，历史学家无论如何也必须以原原本本地讲述故事为其目的，从已经被诗人描述过的那些粗糙的、质朴的开头说起："但是，如果说历史学家必须转向这种经年累月的事件的话，很明显，他的能力必须足以包容古代的一切：从风俗习惯，到民之生计，从城市的建立，到民族的迁徙。"

　　因此，对于罗博泰洛来说，历史是古文物研究的同义词，尽管这与被塞克斯都·恩披里柯讽刺为胡乱堆砌事实的那种历史截然不同。他随后这样写道：

　　　　让修昔底德成为一个榜样吧，他在第六本书①中详尽而如实地解释了整个西西里地区各个城市及其人口的古代状况。因为古代建筑的遗迹和大理石碑、金器、青铜器和银器上的铭刻对于了解这些古代事迹十分有益，他必定也将其考虑在内。还是修昔底德（在这样一位杰出的历史学家之外，还需要再求诸其他权威吗？），依据卫城中一座大理石碑上警示后代子孙的铭文，向读者展示（*probat*）了被许多人否认

———————————
① 译者注：指《伯罗奔尼撒战争史》的第六卷。

的一些事：希比亚是一位雅典僭主，而他有五个儿子。[1]

目光敏锐的罗博泰洛，在修昔底德的著作中选择了最适合自己的一页（VI, 54—55）：运用推理，将残缺的铭文转化为证据。随后，他发出了一个将研究框架拓宽的邀请。作为修辞学一部分的历史，必须欣然接受修辞学所涉及的一切：政治体制，地方官员的选举，法庭的职能工作，以及军事艺术。故事必须描述"河流、湖泊、沼泽、山峦、平原和城郭"——这一处是在暗指琉善，他的话在这篇文章的结尾得到了直接引用："出色的历史作家必须具备下面两大必要条件：政治头脑和表述能力。"[2]

罗博泰洛的这些话，并不是置身事外的劝诫。作为语文学家和古文物研究者的他，依据碑铭校订了李维作品中的一系列段落：这是他与卡洛·西戈尼奥多年激烈争斗中的重要章节。[3]

---

[1] "Thucydides nobis exemplo sit, qui libro sexto omnem antiquitatem urbium, ac populorum Siciliae diligentissime ac verissime explicit. Et quoniam adhanc antiquitatem cognoscendum multum nos iuvant vetustorum aedificiorum reliquiae, atque aut marmoribus, aut auro, aere, et argento incisae literae haec quoque teneat oportet. Idem Thucydides（quid enim opus est ab huius tanti praeclari historici authoritate discedere?）ex inscriptione marmoris, quod in arce fuerat positum, ut posteris esset monimentum, probat, quod multi aliter recensebant: Hippiam Atheniensium fuisse tyrannum, et liberos quinque suscepisse."

[2] Luciano, *Come si deve scrivere la storia*, a cura di F. Montanari e A. Barabino, Milano 2002, §§ 19, 34.

[3] 参见 F. Robortello, *Emendationum libri duo*（nella raccolta *De convenientia*, cit.）, cc. 34v—37r；另参见 c. 22v 等处。对这场论战的详细再现，参见 W. McCuaig, *Carlo Sigonio: The Changing World of the Late Renaissance*, Princeton 1989, pp. 28 及其后页码，43 及其后页码。

但他悄悄地放弃了自己在《论历史之所能》中概述的宏大计划，那个将政治史与古文物研究相结合的计划。

9. 罗博泰洛的文字中充满了各种想法和自相矛盾。他为历史辩护，反对塞克斯都·恩披里柯因为历史与修辞学相关而缺乏方法论的指控：但罗博泰洛口中的"修辞学"到底是什么意思，却并不清楚。一开始，他将"修辞学"等同于修昔底德虚构出来的讲话：后来，他依然以修昔底德为例，又将其等同于从古文物研究的角度对非文学证据的解读。修辞学的这两个含义并不一定是互不相容的：在亚里士多德的《修辞学》中，证据十分重要。[①]但在这一点上，罗博泰洛却似乎有些犹疑。在附和西塞罗的意见、对风格粗陋的编年史加以拒绝后，罗博泰洛瞒天过海地改变了这些编年史的用途，将其作为一部本应从远古讲起的古文物研究史的编年框架。这种带着迟疑向前推进的对编年史的重新改造，在帕多瓦这个环境中得到了意想不到的发展，而这个城市，已经成为罗博泰洛和西戈尼奥的交锋现场。

根据某个传统定义，编年史被认定为一种介于历史和古文物研究之间的体裁。[②]奥卢斯·革利乌斯在《阿提卡之夜》（*Noctes Atticae*, V, 18）中引用了语法学家韦里奥·弗拉科说

---

① 我对这一主题的探讨，参见 *Rapporti di forza*, Milano 2000。Cotroneo（参见前引 *I trattatisti dell'"ars historica"*）坚持认为，在罗博泰洛的《论历史之所能》中有亚里士多德哲学和修饰学的成分，但却未能把握住修辞与证据之间的联系。

② 我未能参阅 G. Lloyd, *Annalen, Geschichten, Mythen*, in M. Teich, A. Müller（a cura di），*Historia Magistra Vitae?*, in "Österreichische Zeitschrift für Geschichtswissenschaften", XVI, 2（2005），pp. 27—47 一文。

过的一段话："'历史'与'编年史'之间的不同,用某些人的话来说,正在于此:那就是尽管二者都叙述了已经完成的事件,历史本身却是由叙事者参与制造的事实构成的。"[1] 几个世纪后,这种区分(弗拉科对此曾有疑问)在一本百科全书式的巨著中得到了应和,那就是塞维利亚的伊西多尔所著的《词源》(*Etymologiae*, I, 44):"历史与编年史之间的不同在于,历史关注的是我们可以看见的时期,而编年史关注的是我们这个时代不了解的岁月。"[2] 当然,历史被认为是一种比编年史复杂得多的体裁。正如革利乌斯依仗着森普罗尼奥·阿塞利奥(Sempronio Asellio)的权威而秉笔直书的,历史所展示的不仅是已经发生过的事,还有它的"事前计划和事发原因(quo consilio quaque ratione)"。

必须谨记这些定义,才能对斯佩罗内·斯佩罗尼(Sperone Speroni,1500—1588)在未完成的《历史对话录》(*Dialogo della Istoria*)中所提观点引发的各种争议作出评估:他为这部作品投入了大量心力,直至去世。[3] 分为上下两部分的这部

---

[1]　"'Historiam' ab 'annalibus' quidam differre eo putant, quod, cum utrumque sit rerum gestarum narratio, earum tamen proprie rerum sit 'historia' quibus rebus gerendis interfuerit is qui narret"(tr. it. Aulo Gellio, *Le notti attiche*, a cura di G. Bernardi-Perini, Torino 1992, I, p. 523).

[2]　"Historia est eorum temporum quae vidimus, annales vero sunt eorum annorum quos aetas nostra non vidit"(tr. it. Isidoro di Siviglia, *Etimologie o origini*, a cura di A. Vilastro Canale, Torino 2004, vol. I, p. 183).

[3]　参见 S. Speroni degli Alvarotti, *Dialogo della Istoria*, in *Opere ... tratte de' mss. originali*, Venezia 1740, vol. II, pp. 210—328. 两位编辑 Natale delle Laste 和 Marco Forcellini 认为之前的一个版本是"极端可怕的"(*Dialoghi*, Meietti, Venezia 1596, pp. 361—502; M. Pozzi[a cura di], *Trattatisti del Cinquecento*,(转下页)

对话录，内容为一次假定发生在罗马的讨论。参与讨论者有
一位著名威尼斯印刷商的儿子、学者保罗·马努齐奥（Paolo
Manuzio），自 1568 年起担任枢机主教团秘书的西尔维奥·安东
尼亚诺（Silvio Antoniano 1568），以及帕多瓦人吉罗拉莫·萨瓦
雷拉（Girolamo Zabarella）。① 在第一部分中，萨瓦雷拉提到了
一本关于历史的"小册子（libretto）"中的内容，这部蓬波纳
齐（Pomponazzi）的未发表作品，如今已无从查证。它不是一
部"完整的独立之作，不像这位作者发表过的其他作品，而是

（接上页）Milano-Napoli 1978, vol. I, p. 503 转引了这段话）。事实上，正如
J. L. Fournel 注意到的（ *Il Dialogo della Istoria: dall'oratore al religioso*, in *Sperone
Speroni*, "Filologia Veneta", II［1989］, pp. 139—167，尤 其 是 pp. 150—151），
1596 年由 Meietti 印刷发行的这部对话录的第一部分，依据的是一个今天已经无
从得见的抄本，并由此繁衍出了一个十分不同的早期版本。（Fournel 接下来提到
了一个可能的版本次序，但对此并不确定，在我看来，他有些过分小心了。参见
Les dialogues de Sperone Speroni: libertés de parole et règles de l'écriture, Marburg
1990, p. 235。）这个相对排序得到了《历史对话录》第一部分结尾的一系列注释
（ *Dialoghi*, cit., pp. 411—412）的佐证，在后来的修订本中又有所扩展，即最后
一版（ *Opere*, cit., vol. II, pp. 250 及其后页码）。Alvise Mocenigo 在 1585 年 8 月
27 日和 1587 年 10 月 11 日之间写给斯佩罗尼的信（ *Opere*, cit., vol. V, pp. 378—
381），告知了后者《历史对话录》的誊抄进展，其中提到倒数第二个修订本。文
中还提到（后来被隐藏起来了），蓬波纳齐的一个旧日门生——即斯佩罗尼本
人——生于 1500 年，并将他描述为"一位年逾 86 岁的老者"（p. 373）。在 1587
年 10 月到 1588 年 6 月 2 日（斯佩罗尼去世的那一天）之间，斯佩罗尼提起精
神重写了一版《历史对话录》的上半部分。这个被错误地断定为写作于 1542 年
的版本，被描述为一部启迪之作，"另一位 16 世纪的大学问家弗朗切斯科·罗
博泰洛"正是从中获得灵感，写下了论历史书写的《论历史之所能》（G. Spini,
I trattatisti dell'arte storica cit., pp. 113—114）。一个小学问家或许会重构一下这
两部作品的年代次序以及相互关系。

① 关于这些人物，参见 M.Pozzi 在《历 史 对 话 录 》第 二 部 分 前 言 中 的 评 论
（ *Trattatisti del Cinquecento*, cit., pp. 725—727）。

一篇评论"。[1] 蓬波纳齐把这本"小册子"交给了他的一名弟子誊抄，这位弟子当时是 21 岁或 22 岁；这个人依然住在帕多瓦，如今"已经年逾 86 岁"，他把自己的抄本给了萨瓦雷拉。自然，这位弟子便是斯佩罗尼本人，而蓬波纳齐的"小册子"必定写于 1520 年或 1521 年。[2]

小彼得（Peretto）——这是熟人们对蓬波纳齐的昵称——的这篇论文十分简单，推翻了可以一直追溯至西塞罗的轻蔑论断。小彼得坚持认为，尽管编年史文风粗糙，但却比历史更有价值，因为前者是后者的基础。在《历史对话录》第一部分倒数第二个修订本中，斯佩罗尼在吉罗拉莫·萨瓦雷拉的发言中，为旧日恩师的观点论断留足了空间。萨瓦雷拉评论道，尽管"编年史仅以零碎片段的形式出现，就像公民的雕像，以及城市的拱门和庙宇"，但"如果你对它们知之甚稔，以教学为目的加以研学，那看起来就没什么损失"。包含在编年史中的叙事"在我的小册子中，被认定为是人类用手记载下来的最信实、最有益、最可贵的一种。我的意思是用手，而不是凭借勤勉或心智，意在表明他们的行为是如此的简单、纯粹、清晰和公开，以至于

---

[1] S. Speroni, *Opere*, cit., vol. II, p. 222. 这一记述并未引起研究蓬波纳齐作品的一众学者（从 Bruno Nardi 到 Paul Oskar Kristeller）的好奇心。这本"小册子"如今已无从查证一事，参阅 A. Daniele, *Sperone Speroni, Bernardino Tomitano e l'Accademia degli Infiammati di Padova*, in *Sperone Speroni*, cit., p. 16。

[2] 参见 S. Speroni, *Dialoghi*（ed. 1596, cit.），p. 373。这一段未出现于 *Opere* 中，但这并未妨碍 Fournel 认出这位旧日门生的身份（*Il Dialogo della Istoria: dall'oratore al religioso*, cit., p. 163）。

几乎可以不必说出、不假思索，就能形诸笔端"。①

　　简单、纯粹、清晰和公开：借助萨瓦雷拉之口，斯佩罗尼表露了对修辞学及其游辞巧饰的公然反对。在另一部作品《维吉尔对话录二辑》(*Dialogo secondo sopra Virgilio*)中，斯佩罗尼把类似的不宽容态度放在了亚里士多德学派哲学家彼得罗·特拉波利诺（Pietro Trapolino）——特拉波林（Trapolin）——身上。在指出《埃涅阿斯纪》(*Eneida*)"本质上是历史，但包含大量诗的成分"之后，特拉波林明确表示，"提图斯·李维（Tito Livio）的罗马史前十卷（le deche di Tito Livio）当然是历史，尽管其中包含了许多夸大其辞的演说，很不幸，它们听起来太刻意修辞和自圆其说了。"② 身为帕多瓦人的斯佩罗尼，借助身为大师和蓬波纳齐旧日门生的另一位帕罗瓦人特拉波利诺之口，对这座城市的荣耀发起了攻击，而在其中，我们再一次辨识出了蓬波纳齐在他的"小册子"里对编年史之优越性的论述。③

　　但是，斯佩罗尼作品中的其他段落表明，他的态度要更加

---

① S. Speroni, *Dialoghi* (ed. 1596, cit.), pp. 386, 392.

② 作者同上，*Opere*, cit., vol. II, p. 201。这部对话录于 1596 年作者身故后以 *Dialoghi* 之名首次出版。被归于特拉波利诺口中的这段话，后来被 Giulio Cesare Scaligero 以更激进的方式表达出来，后者将李维定义为一名诗人，因为他和修昔底德一样，在作品中掺入了完全虚构出来的演说（参见 G. C. Scaligero, *Poetices libri septem*, Genevae 1561, p. 5 ）。

③ 关于特拉波利诺，参见 B. Nardi, *Studi su Pietro Pomponazzi*, Firenze 1965, pp. 104—121; E. Garin, *Storia della filosofia italiana*, Torino 1966, vol. II, pp. 564—565。

灵活一些。^① 在《历史对话录》中，西尔维奥·安东尼亚诺介入了关于是否允许在历史著作中包含虚构性言辞的讨论，并提出了一个折衷方案。有必要允许优秀的历史学家"为了给读者增加兴味，在真实情况上略加修饰：正如在宫殿建筑中，朝向大路的一面会以雕刻装饰，而内部则以绘画装饰；这两种作品都不是建造者的手笔，而是画师和雕塑家的创作"。^② 虚构出来的军队统帅或阴谋团伙头目的言辞，是可以接受的修饰之词，但却有一个条件：那就是将其标示为直接话语（discorsi diretti）。而在另一方面，如果历史学家"以间接引语（obliqua narrazione）的形式以自己的名义发言，那看起来就仿佛他是在确认一件自己亲身经历之事乃是历史的一部分，而这件事其实他并不知道，并未在场亲历，但他却把在场者表现为一群除了替他说出那些不管是谁编好的串词儿之外无所事事之人"。^③

在比较历史学家笔下的演说与装饰宫殿的绘画时，斯佩罗尼或许联想到了 20 年前保罗·韦罗内塞（Paolo Veronese）为帕拉第奥（Palladio）建于马塞拉的巴巴罗别墅（Villa Barbaro）所绘制的湿壁画。韦罗内塞画中呈现的图像，绚烂夺目，亦幻亦真，会在片刻间骗过观看者的眼睛。面对这些画面，斯佩罗尼或许会联想起*生动描述*（*enargeia*）这个词，古代修辞学中强

---

① 参见 *M. Pozzi, Sperone Speroni e il genere epidittico, in Sperone Speroni, cit., pp. 55—88*。

② S. Speroni, *Opere*, cit., vol. II, p. 319.

③ 出处同上，pp. 319—320。

调的生动性（图 1）。但是，就历史作品而言，斯佩罗尼对修饰的容忍却是有明确限度的。一种长时间的欺骗，一个假冒为真的间接话语（discorso indiretto），违背了以真实为目的的历史学家的责任。

这种绝不姑息的态度，同蓬波纳齐与希腊人文主义者拉斯卡里斯（Lascaris）探讨时所倡导的理念相一致，这场令人难忘的讨论，可以在斯佩罗尼的另一部作品《语言对话录》（*Dialogo delle lingue*）中读到。①《历史对话录》中的一位对话者学者保罗·马努齐奥指出："小彼得喜欢简单表述的真实（假如真实是可以被表述出来的话），他不太关注语言的拉丁文风。他经常阅读亚里士多德的古代译本，很少留意那些效法西塞罗、掌握两门语言的教授的优雅译本；或许他对编年史的喜爱正源于此……"②

转向萨瓦雷拉，他总结道："你巧妙地发现了，编年史的真实就像是三段论的前提和科学原理，而取决于编年史的个别史（historie particolari）的真实，就像是三段论的结论……"③

斯佩罗尼的挚友、当时正在誊抄《历史对话录》倒数第二个修订本的阿尔维塞·莫琴尼诺（Alvise Mocenigo），并没有错过这个将编年史抬高到历史书写之核心地位的争议性原创思想。"我很清楚，"莫琴尼诺评论道，"满足各种用途（serve all'

---

① 转载于 M. Pozzi（a cura di），*Discussioni linguistiche del Cinquecento*, Torino 1988。

② S. Speroni, *Dialoghi*（ed. 1596, cit.），p. 387.

③ 出处同上，p. 389。

图 1 保罗·韦罗内塞,马塞拉别墅湿壁画:小女孩打开大门。

operazioni）的历史只此一种，那就是编年史；其他历史都是为了作者的荣耀，这种历史是为了读者的利益；没有它，一个人将在思考中盲目摸索，因为思考和其他事一样，正法良则源自经验，而经验可以从记载经验的编年史中寻得，且正法良则又能指导未来的思考。"①

在一个对罗博泰洛的学说和作品有所了解的环境中，蓬波纳奇关于历史的那些理念接受起来并没有那么困难。只有重新发现那本已经佚失的"小册子"，这些理念才能再度回到催生它们的那个语境中去。但为什么斯佩罗尼要在近 70 年后将其再现出来呢？

这个问题的答案，或许必须向出现在《历史对话录》中的一个人物——自 1568 年起担任枢机主教团秘书的西尔维奥·安东尼亚诺——身上寻找。正当年迈的斯佩罗尼借助蓬波纳齐的"小册子"将编年史的地位抬高到历史之上时，西尔维奥·安东尼亚诺从切萨雷·巴罗尼奥（Cesare Baronio）那里得到了刚刚完成的《教会编年史》(Annales Ecclesiastici)第一卷，供他在出版前（1588 年）阅读批准。这并不是一个偶然。多年前，蓬波纳齐曾为捍卫事实真相而与浮言巧饰展开斗争，斯佩罗内·斯佩罗尼取用了这场年深日久的战斗中的主题和术语，并将它们重新用于一个截然不同的语境中：让它们效力于伟大的反新教学术事业。巴罗尼奥和安东尼亚诺都与诞生于圣斐理

---

① S. Speroni, *Opere*, cit., vol. V, p. 380。出于上文提及的原因（见本书第 17 页脚注②），这封信指的是《历史对话录》的倒数第二个版本。

伯·内利司铎祈祷会（Oratorio di san Filippo Neri）[1] 的这项事业有着十分密切的联系。[2]

10. 正如我们已经看到的，编年史与历史在传统上被视作截然不同的文学体裁。以重新构建古代事件为目的的编年史，被认为更接近于博学而非修辞学。一开始时，巴罗尼奥曾想过撰写一本《教会论战史》（*Historia ecclesiastica controversa*）：这个标题所预示的作品，很可能与最终完成的那一部十分不同。[3] 转向编年史这一体裁的决定，自然是意在以事实为基础、欲与马格德堡世纪史学派（centuriatori di Magdeburgo）[4] 的新教历史

---

[1]　译者注：圣斐理伯·内利（1515—1595）是一名天主教司铎，由他在反宗教改革运动期间创立于罗马的司铎祈祷会（又译为奥拉托利会或经堂会），是一个司铎与世俗信徒共同居住、积极参与慈善事业与社会文化生活、奉行自治的修会。下文中提到的小谷圣母堂又称新堂（Chiesa Nuova），是司铎祈祷会的罗马总堂（principal church）。

[2]　巴罗尼奥从 1578 年起驻于小谷圣母堂（S. Maria della Vallicella），安东尼亚诺每周都在该堂讲道（一份 1581 年的文献称他为"我们自己人，但不住在一起"）：参见 L. Ponnelle, L. Bardet, *San Filippo Neri e la società romana del suo tempo*（*1515—1595*）, Firenze 1931, p. 352 nota 10。另参见《意大利人传记辞典》（*Dizionario biografico degli italiani*）中切萨雷·巴罗尼奥和西尔维奥·安东尼亚诺的词条（编撰者分别为 A. Pincherle 和 P. Prodi）。巴罗尼奥在圣斐理伯的启示下写作《教会编年史》的"神话"，是对真实情况的美化（参见 S. Zen, *Baronio storico. Controriforma e crisi del metodo umanistico*, Napoli 1994, pp. 117 及其后页码）。

[3]　A. Pincherle 只限于记录下了书名的变化（"Baronio, Cesare", cit., p. 472）。1581 年，在一封写给 Carlo Borromeo 的信的草稿中，斐理伯·内利（Filippo Neri）曾提到，司铎祈祷会的众多职责之一为"那部教会史"（L. Ponnelle, L. Bardet, *San Filippo Neri*, cit., p. 277）。

[4]　译者注：一群以马蒂亚斯·弗拉齐乌斯（Matthias Flacius，1520—1575）为首、以马格德堡为大本营的路德教派神学家和历史学家。他们在 16 世纪后半叶编纂出版了《马格德堡世纪史》（Le *Centurie di Magdeburgo*），从新教的角度讲述了 13 个世纪的教会历史，以此论证罗马教皇已经成为"敌基督"。

书写一决高下。但后来，这种选择被从宗教信仰而不是论战的
角度加以辩解。在 1588 年出版的《教会编年史》第一卷的总
序中，巴罗尼奥宣称，他想要避免那种异教徒（但实际上不只
是异教徒）习俗，就是凭空插入长篇大论且混杂虚美浮饰之辞
的虚构话语。相反，他想要遵从耶稣基督的训谕："你们的话，
是，就说是；不是，就说不是；若再多说，就是出于那恶者
（拉 丁 文：Sit autem sermo vester: Est est; non non; quod autem
his abundantius est, a malo est）。"（马太福音 5：37）[①]

　　信仰与修辞之间的紧张关系，以及试图克服这种张力的企
图，在基督教历史上经常反复出现：只要想一想圣哲罗姆（san
Girolamo）那封著名的信就足见一斑。圣哲罗姆在信中写道，
他曾梦到耶稣成为一名法官，判处他鞭刑，并训斥他更像是一
个西塞罗的追随者，而不是基督徒。[②] 在巴罗尼奥的例子中，因
为采用了编年体而对虚构话语加以摒弃，是一种反修辞态度的
一部分。这种态度以言简意赅的交流为基础，其灵感很可能来
自司铎祈祷会的创立者圣斐理伯·内利，或者至少在后者看来
是可取的。在巴罗尼奥看来，寻求真相与巧加润饰、浑然一体

[①]　参见 C. Baronio, *Annales Ecclesiastici*, I, Romae 1593[4], introduzione: "Relinquemus
historicis Ethnicis locutiones illas per longiorem ambitum periphrastice
circumductas, orationesque summa arte concinnatas, fictas, ex sententia cuiusque
compositas, ad libitum dispositas; et Annales potius quam Historiam scribemus"。另
参见 C.K. Pullapilly, *Caesar Baronius, Counter-Reformation Historian*, Notre-Dame
1975, p. 171。关于司铎祈祷会以讲道简洁为目的，参见 L. Ponnelle, L. Bardet,
San Filippo Neri, cit., pp. 328—329。

[②]　PL, XXII, 7, 30（致 Eustochio）。

的话语是不相容的。他说，他尽可能地不去看前人评注，直接引用原始资料中的词句，不管它们是多么的粗鄙不堪和文理不通（"*quamvis horridula et incomposita*"）。① 将摘引自古代晚期或中世纪文献的词句插入文中而导致的风格的严重不协调，出版时通过在注释中加以强调来解决。巴罗尼奥宣称，我所写的并非基于无知之人的道听途说（*indoctas fabulas*），而是以极具权威性的目击者为依据，可以很容易地在书的页边注释找到他们是谁，而不用翻检长长的作者名录。②

11. 在《教会编年史》的正文中，提及页边注释的地方，会用 *inquit*、*ait*、*tradit*、*dicit* 和 *scribit*③ 等小写字母形式的动词开头，表明引语的开始。而在引语的结尾，则通常用方括号（]）来表明。在书页左边以引号（"）表明引语的做法，已经有了半个多世纪的历史。④ 如果我没有搞错的话，页边注释的做法乃属

① 这是在呼应西塞罗写给阿提库斯（Attico）的一封信（II, 1）中的话："它们在我看来粗鄙不堪，文理不通（*Horridula mihi atque incompta visa sunt*）。"
② 参见 C. Baronio, *Annales*, I, cit., pp. 4—5。A.Pincherle 也在"切萨雷·巴罗尼奥"的词条中提到了这段话，参见前引 p. 476; A. Grafton, *The Footnote. A Curious History*, Cambridge（Mass.）1999, p. 164。
③ 译者注：拉丁文中"（某人）说道 / 写道"的不同形式。可大致理解为古文中的"曰 / 云 / 言 / 道 / 书"等等。
④ 参见 A. L. Lepschy, G. Lepschy, *Punto, e virgola. Considerazioni sulla punteggiatura italiana e europea*, in I. Fried, A. Carta（a cura di）, *Le esperienze e le correnti culturali europee del Novecento in Italia e in Ungheria*, Budapest 2003, pp. 9—22, 尤其是 pp. 20—21。A. Castellani, *Le virgolette di Aldo Manuzio*, in "Studi linguistici italiani", 22（1996）, pp. 106—109, 这篇文章指出，引号的使用是印刷出版物独立于抄本而存在的一个例证：页边的尖引号（"）事实上取自希腊和罗马抄本中的点号（*diple*）：参见 P. McGurk, *Citation Marks in Early Latin Manuscripts*, in "Scriptorium", XV（1961）, pp. 3—13。关于点号的早期讨论，参见（转下页）

晚出。①

　　引用、注释以及与之相伴的语言-印刷符号，可以被视为等同于*生动描述*的、旨在传递真实感的常规手法（procedimenti）。自然，这些都是约定俗成的符号：我们记得，对于斯佩罗内·斯佩罗尼来说，直接话语——我们可以假定其前面带有引号——表明说出来的是一段虚构话语。但是，功能的相似也揭示了工具的不同。与*生动描述*联系在一起的，是一个基于口头表达和手势的文化；与页边注释、文本引用和方括号联系在一起的，是一个印刷术占主导地位的文化。*生动描述*想要传递出那种过去存在于当下的假象；而引用强调的是，我们只能间接地、借助中介来寻访过去。

　　12. 1636 年，一篇题为《论历史艺术》（*Dell' arte historica*）的论文在罗马发表。其作者耶稣会会士阿戈斯蒂诺·马斯卡尔迪（Agostino Mascardi）明确地反驳了斯佩罗尼，他指出，寻找

（接上页）P. Vettori, *Explicationes suarum in Ciceronem castigationum*, Parisiis 1538, p. 48（a proposito di Cicerone, *Ad Atticum*, VIII, 2）。基于 Castellani 的观点，下文需要做出修正，参见 C. J. Mitchell, *Quotation Marks, National Compositorial Habits and False Imprints*, in "The Library", sesta serie, 5（1983），pp. 360—384，尤其是 pp. 362—363。

① 两者兼用的一个例子（1597），被再版收入了 M. B. Parkes, *Pause and Effect. Punctuation in the West*, Berkeley-Los Angeles 1993, p. 261。关于注释历史的研究（或许是关于页边注释而不是关于脚注的，但这一区别并未影响其主旨）仍有待完成，在 A. Grafton 的对脚注历史的精彩"回顾"中（参见前引 *The Footnote. A Curious History*）中，发生在第 7 章"现代脚注的笛卡尔哲学起源（the Cartesian origins of the footnote）"之前的故事，也即 Bayle 的故事，显然未能得到足够的重视。

原因是哲学家的事，不是历史学家的事。[①] 马斯卡尔迪的视角，主要是修辞和文体的视角。他以极其敏锐的眼光，分析了古代和现代历史学家所使用的文体手法（procedimenti stilistici），其中就包括了*生动描述*（*enargeia*）。他将这个词转写为意大利文的 "enargia"，并在与朱利奥·切萨雷·斯卡利赫罗（Giulio Cesare Scaligero）论战时将其与 *energeia* 这个词区别开来。[②] 这种对过去和现在的历史学家所使用语言的关注，对应着对原始资料的缺乏兴趣，但这却也有一个值得注意的例外。马斯卡尔迪指出，在古希腊，并不存在 "我们如今已经习以为常，而且在每个国度都备受尊崇、视为神圣的档案库，用来保存文献著作，尤其是公共文献"。但是，即便在那些档案确实存在的地方，历史学家也不应抱有幻想："君主行事时严守机密，想深入了解其窍要，要比解开斯芬克斯的谜题更难。"[③] 曾经撰写过一部关于詹路易吉·菲耶斯基（Gianluigi Fieschi）阴谋事件的研究著作的马斯卡尔迪，以相当生动的笔触写道，操控国之权柄的那些人，要么不会在使节信件中留下任何蛛丝马迹，要么只留下一些扭曲变形和欺骗性的痕迹。[④] 对于马斯卡尔迪来说，历史

---

① A. Mascardi, *Dell' arte historica*, Roma 1636, pp. 25, 313—314.

② 出处同上，pp. 419 及其后页码，尤其是 pp. 426—427。未能很好地分辨出这两个词区别的朱利奥·切萨雷·斯卡利赫罗，曾将 *energeia* 译成 "有效（*efficacia*）"（*Poetices*, cit., pp. 116 及其后页码）。

③ A. Mascardi, *Dell' arte historica*, cit., pp. 122—123.

④ 出处同上，pp. 125 及其后页码。另参见马斯卡尔迪本人所著 *La congiura del Conte Gio. Luigi de' Fieschi*, Venezia 1629; *Oppositioni e difesa alla congiura del Conte Gio. Luigi de' Fieschi descritta da Agostino Mascardi*, Venezia 1630。

本质上是政治史。对于畅销欧洲、已经成为激烈批判之对象的
斯佩罗尼的《教会编年史》，他一言不发。对于古文物研究者的
研究，马斯卡尔迪在一段并未提名道姓、但暗指卡夏诺·达尔
波佐（Cassiano dal Pozzo）的纸制品博物馆（Museo cartaceo）
的文字中，以一种盛气凌人的态度评论道：

> 罗马的君士坦丁（Costantino）和塞蒂米奥（Settimio）[1]
> 拱门遗迹，是在时间吞噬一切和蛮族耀武扬威共同作用
> 下仅存的残余；饰以浅浮雕画像的图拉真柱和安东尼诺
> （Antonino）[2]柱，承载了如此美好的记忆，以至于古文物研
> 究者拓印了大量拓片，用以丰富他们涉猎广泛的书籍，比
> 如许多关于军事装备、作战武器和凯旋盛装的著作。就我
> 所知，许多教益众人的纸书，都是从这些大理石做的书那
> 里转化而来。但是，在我正在撰写的关于历史艺术的文章
> 中，这种记忆并非我主张的［历史艺术的］研究对象。[3]

[1] 译者注：即罗马皇帝塞普蒂米乌斯·塞维鲁（Septimius Severus，145—211）。
在任时曾大兴土木，修建了著名的凯旋门（Arco di Settimio Severo）和七节楼
（Septizodium）。

[2] 译者注：即罗马皇帝安敦宁·毕尤（Antoninus Pius，86—161）。罗马"五贤帝"
之一，其继任者马可·奥勒留和卢基乌斯·维鲁斯于 161 年立凯旋柱献给他，是
为安敦宁·毕尤柱（Colonna di Antonino Pio）。

[3] 这段文字转引自 F. Haskell, *History and Its Images. Art and the Interpretation of
the Past*, New Haven-London 1993, pp. 93—94，有趣的是，Haskell 在其中并未提
及他研究过的对某个人物的影射，参见 *Patrons and Painters*（1963，后来多次
重印，并有补充及校正）。关于卡夏诺·达尔波佐及其活动的最新研究进展，参
见 D. Freedberg, *The Eye of the Lynx. Galileo, His Friends, and the Beginnings of
Natural History*, Chicago 2002。在 Francis Haskell 和 Jennifer Montagu 的主持下，
纸制品博物馆的许多藏品已被出版为精美的系列画册。

　　13. 被马斯卡尔迪的"历史艺术"所忽视的那些对象，展开了自己的复仇。感谢教会史和古文物研究，文献证据（evidence）战胜了*生动描述*（*叙事为证*）。即便二者并非互不相容，但如今没有任何一个历史学家会想要用后者来取代前者。

　　但是，基于古文物研究而对历史书写的讥刺贬责，却由来已久，正如 1395 年前后移居意大利的希腊学者曼努埃尔·克里索洛拉（Manuele Crisolora）在一段著名的文字中所表现出来的那样。1411 年，他在造访罗马后给东罗马帝国皇帝曼努埃尔·帕莱奥洛格（Manuele Paleologo）写了一封长信，在信中，他比较了两个罗马——古典时代和基督教时代的罗马，以及君士坦丁堡这个新罗马——之间的区别。[①]关于古典时代的罗马，克里索洛拉描述了那些蔚为壮观的遗迹，其中包括"为了记录那些庄严盛大的凯旋式而立起来的凯旋柱和凯旋门，上面雕刻着如实反映战斗、战俘、战利品和攻城武器（assedi）的图像"。

　　这之后，是一段主要基于君士坦丁凯旋门（arco di Costantino）的*描述*（*ekphrasis*）：

　　　　我们依然可以见到那些人牲（vittime sacrificali）、祭

---

① 参见 M. Crisolora, *Roma parte del cielo. Confronto tra l'Antica e la Nuova Roma*, introduzione di E. V. Maltese, tr. it. di G. Cortassa, Torino 2000（参考书目十分详尽）。关于确定这封信的收信人的问题，参见同一出处 p. 59 nota 2。另参见 M. Baxandall, *Guarino, Pisanello and Manuel Chrysoloras*, in "Journal of the Warburg and Courtauld Institutes", 28（1985）, pp. 183—204, 尤其是 pp. 197—199；作者同上, *Giotto and the Orators*, Oxford 1971, pp. 80—81。

坛、还愿礼（doni votivi），［见到］海战、步兵和骑兵的短兵相接，以及形形色色的战斗场面，［见到］各种军械和武器，［见到］卑躬屈膝的君王，无论他们是米底王、波斯王、伊比利亚王、凯尔特王还是亚述王，各自都穿着本国服饰，［见到］被俘为奴的各族人民，以及欢庆凯旋的将军……所有这一切都被呈现得栩栩如生，纤毫毕现，而我们之所以能理解它们，则要归功于刻在那里的铭文，让人可以清楚地看到，远古时代人们使用了哪些武器，穿用了哪些服饰，有哪些符号被用以区分职位，有哪些队列阵法被用于战斗……

集会（assemblee）、公演（spettacoli）、节庆（feste）、劳作（attività lavorative），全都"依照众多民族的习俗"而被呈现出来。而对于"呈现这些"的理由，克里索洛拉如是总结道：

我们相信，希罗多德和其他历史学家为我们提供了有益的服务，但在这些作品中，我们有可能亲眼看到一切，就仿佛真的生活在那些时代，生活在不同民族之中。可以说，它们是一种历史书写，一种用简单的方式定义一切的历史书写。诚然，它们不是历史著作（historian），但我大概可以将其称为一种直接目击（autopsian）和身临其境（parousian），让我们看到和切身感受到发生在那些时代各个地方的全部生活。[1]

从书面语言，到栩栩如生的直观再现：这个*描述-直接目击-身临其境*的序列，映衬了这封信的*生动描述*。比较不同寻常的，是将希罗多德与君士坦丁凯旋门上那些雕像相提并论的做法，以及认为后者胜过前者的认识。[2] 在历史书写中经常被当成一种工具来运用的*描述*，在这个例子中强调指出了被历史学家忽略或未予以充分呈现的那些东西。但是，在克里索洛拉的信中，在这种仿如令往昔重临的再现之后，是对异教徒强权注定倏忽无常的认识。赢家和输家面对着同一宿命，"一切归于尘土"。[3]

这个主题并不新；新的是对借助修辞的技艺而完整再现往昔的不信任。作为对它的替代，开始出现了一种意识，那就是意识到，我们对往昔的认知不可避免地带有不确定性，注定会断断续续、残缺不全，建立在大量的短章残简和断壁残垣的基础之上。

---

[1]　M. Crisolora, *Roma*, cit., pp. 59—98，尤其是 pp. 65—66。鉴于其中提到了"希罗多德和其他历史学家"，我想指出，我不理解为什么 P. N. Miller 会主张将 *historian* 这个词译为"描述（descrizione）"：参见他的论文 *Description Terminable and Interminable* in *Historia. Empiricism and Erudition in Early Modern Europe*, a cura di G. Pomata e N.G. Siraisi, Cambridge, Mass. 2005, pp. 357—358。

[2]　在 E. V. Maltese 看来，这种说法"在古代文献中没有先例"（introduzione a M. Crisolora, *Roma*, cit., p. 20）。

[3]　出处同上，p. 96。

第2章 梅诺卡岛犹太人的改信（417—418）

1. 这是一项针对*杰作*（*corpore nobilissimo*）的实验。彼得·布朗（Peter Brown）的《圣徒崇拜》（*Il culto dei santi*）是一本精彩绝伦的著作：文字典雅，内容博大精深，而且充满了想象力。即便是我将要在本文中提出的那些质疑，也充分表明了，在个人智识方面，我从彼得·布朗的研究中实属获益匪浅。

在这本书第5章"临在（*Praesentia*）"的结尾处，布朗举了一个例子，以此表明"那种理想中的'净化'力量如今与圣徒的圣髑联系在了一起"。这件事，发生于417年圣司提反（santo Stefano）圣髑来到梅诺卡岛（Minorca）之后。在马翁城（Mahon）中，犹太人和基督徒的和谐共处戛然而止。出现了一系列紧急状况；犹太人用棍棒和石块武装起来，据守于犹太会堂中。几次冲突交手后，基督徒将犹太会堂夷为平地；随后，他们鼓动犹太人改信基督教。这些尝试在大多数情况下获得了成功，然而在一段时间中，身为犹太族人领袖、担任护城官（defensor civitatis）[①]的泰奥多罗（Teodoro）还是对基督徒和改信基督教的犹太人的双重施压进行了顽强抵抗。在某次公开讨论信仰问题的时候，泰奥多罗几乎在词锋上压倒了梅诺卡主教。但最后，他还是屈服了。这时，最后的犹太抵抗势力（其中包括一些女性）也烟消云散了。"尽管他们变成了基督徒，"布朗写道，"［这些犹太人］依然在自己的族群中充分保留了各自的社会地位，尽管如今他们要奉圣司提反为主保圣徒，并且要坐在主教之侧，作为基督徒的护庇者。这样一来，在岛上根深蒂固的犹太宗族的'污染［不洁］'力量不是被彻底清除了，而是通过尊圣司提反为主保圣徒的方式融合到了基督徒社群中，'洗净了所有的不洁污迹（purificato da ogni macchia）'。"[②]

布朗并未否认，在这些事件中，"暴力和对暴力升级的恐惧扮演了决定性的角色"。但他在结论中强调指出，犹太人和基督徒融合成了一个单一社群，却没有着重表明为实现这一点而付出的代价——人的代价。这个结论，是以反向类比的方法给出的："同纯粹直接的大屠杀（pogrom）相比，这是一桩不那么可耻的事儿"；司提反"来到岛上，并没有被视作'清洗（purgare）'岛上犹太人的一个机会"。[③]在讲述这样一个

---

① 译者注：罗马帝国城市中负责公共安全的罗马官员，职责是保护人民免受地方官吏的枉法裁判和侮辱以及放贷人的盘剥。

② 参见 P. Brown, *Il culto dei santi*, tr. it. di L. Repici Cambiano, Torino 1983, pp. 140—142。

③ 出处同上，p. 141（我使用了"purgare"这个词，而不是该书意大利文版译者选择使用的、被他当成了"清洗"的同义词的"epurare"）。

关于犹太人与基督徒早期紧张关系的例子中，有意地使用"大屠杀"或"清洗"这些与年代不符的词汇，似乎并不怎么有说服力。而更令人困惑的，则是清洁与不洁、'未受污染的'与'污染的'力量之间的对比，在布朗对发生于梅诺卡岛上的众多事件的呈现中，这种对比有着至关重要的功能。"请读者务必要原谅我，"布朗写道，"因为在描述这样一件十分肮脏的勾当时……我将自己代入了作为唯一信源的塞韦罗主教（vescovo Severo）的视角，并且将圣司提反的主保庇佑称为一种'未受污染的'（洁净）力量。"布朗指出的这个方法论问题，显然是十分重要的。但是，我引用的那些含义模棱两可的词汇，或许会让一些读者错误地认为，这种洁净与不洁、"未受污染的"与"污染的"范畴划分，是来自信源本身的范畴划分。但正相反，借用美国语言学家肯尼思·派克（Kenneth Pike）的术语，它们是"外部（etic）"范畴而非"内部（emic）"范畴，是在玛丽·道格拉斯（Mary Douglas）的《洁净与危险》（Purity and Danger）之潜在影响下而产生的，并非源于塞韦罗主教记述梅诺卡岛上事件的长信。① 当然，这是一个完全合情合理、也清晰

---

① 关于"外部"与"内部"，参见 K. L. Pike, *Language in Relation to a Unified Theory of Structure of Human Behaviour*, seconda edizione rivista, Den Haag-Paris 1967, pp. 37 以下页码；E. Gellner, *Relativism and the Social Sciences*, Cambridge 1985, pp. 144—145。玛丽·道格拉斯的另一部著作《自然象征》（*Natural Symbols*）在《圣徒崇拜》中得到了布朗的赞誉，参见前引 p. 176，注释 102；彼得·布朗曾在文章（P. Brown, *The Saint as Exemplar*, in "Representations", 2（1983），pp. 1—25（p. 11））中提及"玛丽·道格拉斯的奠基之作《洁净与危险》"，其上下文指出，这位作者越来越远离"后涂尔干主义和英国功能主义的人类学路线"。

易懂的选择：尽管鉴于很久之后曾有过将犹太人与污秽恶意联
系在一起的说法，有些人或许会反对这种将异教徒和犹太人归
入"污染的"不洁力量之范畴的做法。[①]

　　关于布朗在叙述梅诺卡岛事件时所使用的史学方法，这些
评论注定都是浮皮潦草的。想要深入探究，我们需要把它们
与史料分析结合起来，查考布朗本人所依据的原始资料：梅
诺卡主教塞韦罗写于 418 年的一封信。这一主张本应显而易
见，但实际上却并不尽然。阿纳尔多·莫米利亚诺（Arnaldo
Momigliano）讽刺的那种"不涉史学的史学史（La storia della
storiografia senza storiografia）"，在过去二十年中变得日益流
行。[②] 从 1895 年起，贝内代托·克罗齐（Benedetto Croce）就
提出，要在历史叙事与历史叙事所依据的研究工作之间做出明
确区分。[③] 一个世纪后，在一种截然不同的智识氛围下，这种从

---

① 参见 M. Kriegel, *Un trait de psychologie sociale*, in "Annales E.S.C.", 31（1976），
pp. 26—30。

② 参见 A. Momigliano, in R. Di Donato（a cura di），*La contraddizione felice? Ernesto
de Martino e gli altri*, Pisa 1990, p. 198（末尾一句是由莫米利亚诺临到最后一刻
才加入的：参见第 11 页的编者注）。D. 坎蒂莫里对"作为某种特定形式思想的
历史——历史思想史——的历史书写史（storia della storiografia come storia di
una particolare forma di pensiero, il pensiero storico）"做出了类似的批判，参见
D. Cantimori, *Storia e storiografia in Benedetto Croce*（1966），ristampato in *Storici
e storia*, Torino 1971, pp. 397—409，尤其是 pp. 407—409。莫米利亚诺暗指的是
海登·怀特及其追随者；坎蒂莫里则明确指向了克罗齐的若干追随者以及某种程
度上的克罗齐本人。我在《孤证》（本书第 11 章）中对导致这种趋向的原因进行
了调查分析。

③ 参见 B. Croce, *La storia ridotta sotto il concetto generale dell'arte*（1895），in *Primi
saggi*, Bari 1927, pp. 38 以下页码（海登·怀特在《元史学》中强调了这篇早期
论文的重要性：H. White, *Metahistory*, Baltimore 1975, pp. 381 以下页码）。

事史学史研究的方法已经广为流传，而其中原因，我并不想在这里详加解释。

它的局限（更不用说风险）是十分明显的，从我谈到的这个基于单一文献史料的例子中，立时便昭然若揭。[1] 正如加布里埃尔·塞吉·维达尔（Gabriel Seguí Vidal）在 1937 年编辑这份文献时指出的，以往，也曾有人对塞韦罗这封信的真假产生质疑。[2] 最近，伯恩哈德·布吕芒克兰茨（Bernhard Blumenkranz）亦在多处表达过他的权威观点，认定这封信是 7 世纪的伪造品（尽管声称的详细证明尚未公布）。[3] 布朗既没有提到塞吉·维达尔编辑的那个版本，也没有论及布吕芒克兰茨的批评意见，他使用的是塞韦罗这封信的两个几乎一模一样的版本，它们被收录于雅克·保罗·米涅（Jacques Paul Migne）编纂的《拉丁教

---

[1]　关于这一点，建议阅读上文提到过的《孤证》一文。

[2]　参见 G. Seguí Vidal, *La carta-enciclica del obispo Severo...*, Palma de Mallorca 1937, pp. 1 以下页码。卡斯蒂利亚语版：J. Dameto, *La historia general del reyno balearico*, Mallorca 1632, pp. 150 以下页码；J. de la Puerta Vizcaino, *La sinagoga Balear, ó Historia de los Judíos de Mallorca*, Palma de Mallorca 1951（系 1857 年第一版的重印本）。附有卡斯蒂利亚语和加泰罗尼亚语译文的拉丁文本，参见 *Epistola Severi episcopi—Carta del Obispo Severo—Carta del Bisbe Sever*, a cura di E. Lafuente Hernandez, Menorca 1981。新版可参见 Severus of Minorca, *Letter on the Conversion of the Jews*, edizione critica e traduzione di S. Bradbury, Oxford 1996（开篇附有十分精彩的导言）。

[3]　参见 B. Blumenkranz, *Altercatio Ecclesiae contra Synagogam.* Texte inédit du Xe siècle, in "Revue du Moyen Age Latin", X（1954）, p. 46; *Juifs et Chrétiens dans le monde occidental*（*430—1096*）, Paris-La Haye 1960, pp. 282—284; *Les autheurs chrétiens latins du Moyen Age*, Paris-La Haye 1963, pp. 106—110; "Juden und Jüdische in christliche Wundererzählung", in *Juifs et Chrétiens. Patristique et Moyen Age*, London 1977, pp. 419—420。

父集》(*Patrologia Latina*) 中；两个版本都以切萨雷·巴罗尼奥 (Cesare Baronio) 的《教会编年史》(*Annales Ecclesiastici*, 1588) 首印版为依据（只有几处很小的校正）。要评估布朗对梅诺卡岛事件的研究方法，势必要对塞韦罗的这封信仔细检视。[①]

但我想要明确指出，在默认此信为真这一点上，布朗是无可诟病的：一些新发现的证据已经证明了，这封信堪称确凿无疑。但是，对有关这封信真假的简要回顾，却能帮助我们理解其中所描述的那些事件。

2. 在塞吉·维达尔的版本中，他指出，塞韦罗这封信的文风，与 5 世纪初的成文时间完全贴合。[②]几乎二十年后，在一篇与 J. N. 希尔加思 (J. N. Hillgarth) 合著的论文中，塞吉进一步提出了两个论点：a）塞韦罗在信尾提到的《告诫》(*commonitorium*)，就是假托为奥古斯丁所作的《基督教会与犹太会堂之辩》(*Altercatio Ecclesiae contra Synagogam*)；b）一些考古发掘结果表明，在梅诺卡岛上，曾经存在过一个气势宏伟的早期基督教长方形大教堂 (basilica paleo-cristiana)。[③]正如 J. 比韦斯 (J. Vives) 正确指出的，后面这一点对于探讨塞韦罗这封信的写作时间毫无帮助，因为无论如何，它的成文时间可能都要早于教堂落成时间。[④]但在另一方面，被比韦斯接受的、认为《告诫》就是《基督教会与犹太会堂之辩》的说法，却为

---

① 据我所知，众多对《圣徒崇拜》加以评论的人并没有提及这封信的真假问题。

② 参见前引 G. Seguí Vidal, *La carta-encíclica*, pp. 130 以下页码。

③ 参见 G. Seguí-J. N. Hillgarth, *La "Altercatio" y la basilica paleocristiana de Son Bou de Menorca*, Palma de Mallorca 1955。

④ 参见 J. Vives, in "Hispania Sacra", 9 (1956), pp. 227—229。

布吕芒克兰茨所拒绝，他令人信服地证明了，《基督教会与犹太会堂之辩》是一个晚出文本，可能成文于 10 世纪。^① 根据布吕芒克兰茨的论证，这封被认为出自塞韦罗笔下的信件——他称之为伪塞韦罗（pseudo-Severo）——所反映出的那些顾虑，是属于较晚近时代的：例如，塞韦罗主教几乎被泰奥多罗驳倒这件事，含蓄地指出了与犹太人就信仰问题公开辩论的风险。对于这些顾虑，布吕芒克兰茨补充了一个略嫌含混的语言学方面的论点：基督徒高喊的"让泰奥多罗被基督说服（Theodorus in Christum credidit）"，被犹太人错误地理解为"泰奥多罗信了基督（Theodore crede in Christum）"，这其实反映了西班牙语中"信（cree）"这个动词的祈使语气形式和陈述语气形式发音相同的现象，而该现象在 5 世纪时还未出现。^②

　　5 世纪还是 7 世纪？克拉科·鲁吉尼（Cracco Ruggini）拒绝接受布吕芒克兰茨提出的那个晚近年代，这是正确的，尽管她对塞吉和希尔加思引证的考古文献给出了过高的评价：正如我们

---

① 参见前引 B. Blumenkranz, *Altercatio*。

② 参见前引 B. Blumenkranz, *Les autheurs*, p. 108，注释 14。关于对塞韦罗这封信的语言学分析，参见 C. Paucker, *De latinitate scriptorum quorundam saeculi quarti et ineuntis quinti p. C. minorum observationes*, in "Zeitschrift für die oesterreichischen Gymnasien", 32（1881），pp. 481—499（布吕芒克兰茨并未引用此文）。奇怪的是，没有任何一位学者讨论过 *argistinum* 这个词，根据塞韦罗的说法，在梅诺卡本地方言中，它是"小规模欢呼"的意思（参见布拉德伯里编纂版第 112 页的拉丁文原文："grando minutissima, quam incolae insulae huius gentili sermone 'argistinum' vocant"）。据我所知，*argistinum* 是一个仅出现过一次的词（hapax legomenon）。

已经见到的，这是一个颇为可疑的观点。[①] 而在另一方面，迪亚斯-迪亚斯（Díaz y Díaz）在表示其对较早成文时间的并无依据的怀疑时，却做出几点重要的观察。[②] 他注意到，塞吉·维达尔在其评注版中用到的所有抄本（9 份），在塞韦罗的信之外，还附有一份所谓的《殉道先驱圣司提反神迹录》(*Liber de miraculis Sancti Stephani protomartyris*)，其中描述了圣司提反圣髑在非洲城市乌扎利斯（Uzalis）所行的诸般神迹。[③] 两个文本都以同一句《圣经》经文开始（《多俾亚传》第 12 章 7 节："隐藏君王的秘密固然是好，但对天主的工程，却应该隆重地宣示和公认。"[④]）；第二个文本提及了第一个文本，指出这位圣徒的圣髑被带到乌扎利斯时附有一封梅诺卡主教塞韦罗写的信（拉丁教父集第 41 卷，835）。在这封依例要由人站在布道坛中大声宣读的信中，同一圣髑在梅诺卡岛犹太人改信基督教过程中立下的丰功伟绩被大加宣扬，以求众所周知。迪亚斯-迪亚斯就此提出了两种可能性：a）作为证明塞韦罗的信当初存在的唯一一个外部证据，《殉道先驱圣司提反神迹录》中对此信的提及有可能是篡改

① 参见 L. Cracco Ruggini, *Note sugli ebrei in Italia dal IV al XVI secolo*（*a proposito di un libro e di altri contributi recenti*), in "Rivista storica italiana", 76（1964）, pp. 926—956，尤其是 pp. 936—938。

② 参见 M. C. Díaz y Díaz, *De patristica española*, in "Revista española de teología", 17（1956）, pp. 3—12。

③ 《拉丁教父集》第 41 卷，833—854。

④ 译者注：讲述一个充军亚述的犹太家族传奇故事的《多俾亚传》，是天主教及东正教认定的《圣经·旧约》正典之一，但因长期以来仅有译本存世，不为犹太人和基督新教所承认。译文引自中国天主教主教团发行的《圣经思高本》。

植入的结果；b）这封信本身就是一个赝品，是根据《殉道先驱圣司提反神迹录》里提到的那一句生编硬造出来的。[1]

　　这些巧妙的推理假设，都已经被 J. 迪维亚克（ J. Divjak ）所发现的一组圣奥古斯丁书信推翻了。这些往来书信中有两封来自巴利阿里群岛（ Baleari ），写信人是孔森齐奥（ Consenzio ）（已有独立证据表明，此人与奥古斯丁有书信往来）。[2] 孔森齐奥在其中一封（12*）提到了塞韦罗这封关于犹太人改信基督教的信，甚至声称自己曾参与润色。[3] 然而，也已有人注意到，塞韦罗简明直白的文风与孔森齐奥的文风十分不同。[4]

　　3. 对于塞韦罗这封信成文时间和真实与否的讨论，已经得出了一个结论。在我看来，对于这两点的残存疑惑，其实源自

---

[1]　参见前引 M. C. Díaz y Díaz, *De patristica*，p. 12 注释 30。

[2]　R. 范达姆对这个人的身份提出了某些并不令人信服的质疑，参见 R. Van Dam, *"Sheep in Wolves Clothing": The Letters of Consentius to Augustine*, in "Journal of Ecclesiastical History", 37（1986），pp. 515—535。

[3]　参见 S. Augustin, *Œuvres*, "Bibliothèque Augustinienne", vol. 46 B, a cura di J. Divjak, Paris 1987, p. 184 以下页码。与此处相关的段落（12*, 13）参见 pp. 248—250："与此同时，依着我主的旨意，一些神迹降临在我们之中。那蒙福的塞韦罗主教，我们在天父里的兄弟，带回了余下的在场之人，他以慈爱发热心，奋笔书信一封，次第讲述其诸般成就，只由我稍作文字润色（拉丁文原文：Eodem tempore accidit, ut quaedam apud nos ex praecepto domini mirabilia gererentur. Quae cum mihi beatus antistes, frater paternitatis tuae Severus episcopus cum ceteris qui affuerant rettulisset, irrupit propositum meum summis viribus caritatis et, ut epistolam quae rei gestae ordinem contineret ipse conscriberet, sola a me verba mutuatus est）。"孔森齐奥还宣称，他起草了一篇反对犹太人的论文（显然并未保存下来）；他建议奥古斯丁不要泄露这个消息。孔森齐奥这封信以及与他相关的几篇论文的重要性，是彼得·布朗向我指出来的。

[4]　参见前引 J. Wankenne, in S. Augustin, *Œuvres*, vol. 46 B, ecc., p. 492。

一种过分吹毛求疵的态度。[①] 然而，许多其他问题却远未得到解
决。两篇最近的论文坚持将这封信视作一个指向某个孤立事件
的个别文献来加以分析。[②] 这种研究方法并非徒劳无用。在这里，
我将尽力以一组涵盖范围更广、指向时间跨度更长的一系列事
件的文献记录为基础，来证明一个不同的研究方法所包含的潜
力：这个研究方法，是以构建（以及重新构建）一个不同的史
学客体为前提条件的。

　　塞韦罗的信与《殉道先驱圣司提反神迹录》之间的联系，
已经被迪亚斯-迪亚斯强调指出了。两个文本都在某种程度上
与同一个人有关：保罗·奥罗西奥（Paolo Orosio）[③]，《驳斥
异教徒史七书》（*Historiarum adversus Paganos libri VII*）的作
者。他的这本书，是第一部以基督徒视角撰写的普遍史（storia
universale）。发生在奥罗西奥人生中的众多事件，促成了他与

---

① 参见 M. Moreau, *Lecture de la Lettre 11* de Consentius à Augustin, in Le lettres de
Saint Augustin découvertes par Johannes Divjak, communications présentées au
colloque des 20 et 21 septembre 1981*, Paris 1983, pp. 215—223。

② 参见 E. D. Hunt, *St. Stephen in Minorca: An Episode in Jewish-Christian Relations
in the Early 5th Century A.D.*, in "The Journal of Theological Studies", nuova serie;
33, Pt. 1（1982）; pp. 106—123; L.-J. Wankenne, B. Hambenne, *La lettre-encyclique
de Severus évêque de Minorque au début du Ve siècle*, in "Revue bénédictine", 103
（1987）, pp. 13—27。两篇论文都将塞韦罗这封信的真实性和成文时间视为理
所当然；只有（从一个限制性视角写成的）第二篇论文参考了孔森齐奥的信
（12*）。J. 阿门瓜·伊巴特利（J.Amengual i Batle）及时地对这一问题进行了讨
论，参见 J. Amengual i Batle, *Noves Fonts par a la història de les Balears dins el
Baix Imperi*, in "Bolletí de la Societat Arqueològica Lulliana", seconda serie, XCVI,
vol. 37（1980）, pp. 99—111。

③ 译者注：即 Paulus Orosius，又译为保卢斯·奥罗修斯。

这两个文本的因缘。出生于布拉加（Braga，当时属于西班牙
领土，如今归葡萄牙所有）的奥罗西奥在离开故乡后，来到非
洲，见到圣奥古斯丁，成为了他的弟子。奥古斯丁对奥罗西奥
十分信任，甚至将他派往耶路撒冷（415 年），当面指斥贝拉
基（Pelagio）及贝拉基的思想主张。[1] 奥罗西奥参加了迪奥斯
波利斯会议（concilio di Diospolis），而这次会议以对贝拉基的
全面胜利而告终。会议期间，在离耶路撒冷不远的伽帕-伽马
拉（Caphar-Gamala），发现了圣司提反、伽玛列（Gamaliele）[2]
和尼哥德慕（Nicodemo）[3] 的圣髑。一位名叫卢恰诺（Luciano）
的教士，之前曾在屡次夜见异象（visioni notturne）的引导下
去到伽帕-伽马拉。他应来自布拉加的教士阿维托（Avito）之
请求，口述了这次奇异发现的详细情况。卢恰诺说的是希腊
语，而这是一种阿维托熟知的语言。在将卢恰诺所述经过翻
译成拉丁文——也即流传下来的《圣司提反遗体发掘记》（*De
revelatione corporis Sancti Stephani*）——后，阿维托将它连同
圣司提反的部分圣髑托付给了自己的同乡奥罗西奥，期待后者

---

① 此行并非像 W. H. G. 弗伦德所说（W. H. G. Frend, "The North-African Cult of
　　Martyrs", in *Archaeology and History in the Study of Christianity*, London 1988,
　　saggio n. XI, p. 164）的那样意在"夺取圣司提反的圣髑"，因为当时该圣髑尚未
　　被发现。

② 译者注：即 Gamaliel，《使徒行传》中提到的深受犹太人敬重的学者，虽然身为
　　法利赛人，但反对杀害彼得和众使徒。

③ 译者注：即 Nicodemus，又译为尼哥底母。《约翰福音》中提到的一个颇有声望
　　地位的法利赛人，曾夜访耶稣探讨重生问题，在耶稣被钉十字架后，带着没药和
　　沉香安葬了耶稣。

会将它们一并转交给布拉加主教帕尔科尼奥（Palconio）。①416
年，奥罗西奥带着这些珍贵之物离开了耶路撒冷，在非洲稍作
停留后，他动身前往梅诺卡，希望最终抵达西班牙。然而事态
发生了变化。在塞韦罗写于 418 年初的信中②，他提到了一位来
自耶路撒冷的教士，后者因为未能去往西班牙，在逗留了一段
时间后改变主意返回了非洲，在"圣灵启示之下"，这个人把圣
司提反遗体的一部分留在了梅诺卡。这个无名教士一直被认为
就是奥罗西奥。我们并不知道，是什么说服他放弃了自己的原
定计划：到底是冬季的暴风雨，还是汪达尔人的劫掠船，抑或
是二者兼有？不管怎样，我们可以信任《殉道先驱圣司提反神
迹录》中提及塞韦罗的信的那一段。这个无名氏将信带到了乌
扎利斯，一道带去的，还有来自圣司提反圣髑这个取之不尽用
之不竭的宝藏的一部分，而这个人，毫无疑问就是奥罗西奥。
可能于同年（418 年）发表的《驳斥异教徒史七书》表明，和
他的老师奥古斯丁一样，对于塞韦罗在此信末尾插入的关于梅
诺卡岛犹太人改信基督教的那段文字所表现出来的启示论观点
（prospettiva apocalittica），奥罗西奥也是持反对意见的。③

---

① 《拉丁教父集》第 41 卷，805—816。
② 具体日期应该是 418 年 2 月 2 日，关于这一问题，参见 V. Saxer, *Mort martyrs
　 réliques en Afrique chrétienne aux premiers siècles*, Paris 1980, p. 246。
③ 我是在理查德·兰德斯（Richard Landes）的指点下才注意到这一点的，对此深
　 表感谢：参见他的论文 *Let the Millennium Be Fulfilled: Apocalyptic Expectations
　 and the Pattern of Western Chronography 100—800 CE*, in W. Verbeke, D. Verhelst e
　 A. Welkenhuysen（a cura di）, *The Use and Abuse of Eschatology in the Middle Ages*,
　 Leuven 1988, pp. 137—211, 尤其是 pp. 156—160, 其中提到了在 418 （转下页）

4. 行文至此，或许有人会认为，整个这件事的主角是奥罗西奥。但事实上，他却只不过是个中间人，尽管是一个重要的中间人。真正的主人公，是圣司提反。他的圣髑抵达非洲后施行了一系列神迹，它们都在几年后被忠实记载于乌扎利斯主教埃沃迪奥（Evodio）推动编纂的《殉道先驱圣司提反神迹录》中。自青年时代起，埃沃迪奥就是与圣奥古斯丁关系最密切的门徒之一。① 奥古斯丁之前曾经公开表示过对神迹的怀疑。386年，在米兰发现了两位无名殉道者杰尔瓦西奥（Gervasio）和普罗塔西奥（Protasio）的圣髑，这马上就被圣安布罗斯（sant' Ambrogio）当成了反对阿里乌派（ariani）的一个教义武器（arma simbolica）加以利用，而奥古斯丁却未对此做出任何反应。② 在《论真宗教》（De vera religione，389—391）一文中，奥古斯丁解释说，鉴于基督教信仰的广泛传播，神迹已经变得不

（接上页）年或 419 年发生于奥古斯丁与达尔马提亚主教赫希基乌斯（Esichio，即 Hesychius）之间的、关于世界末日是否即将到来的书信讨论。关于奥罗西奥的生平，参见 A. Lippold, introduzione a Orosio, *Le storie contro i pagani*, tr. it. di A. Bartalucci, Milano 1976, vol. I, p. XXII。

① 参见 P. Brown, *Agostino d'Ippona*, tr. it. di G. Fragnito, Torino 1971，散见书中各处；P. Monceaux, *Histoire littéraire de l'Afrique chrétienne...*, Paris 1923, vol. VII, pp. 42—45。

② 参见 L. Cracco Ruggini, *Ambrogio e le opposizioni anticattoliche fra il 383 e il 390*, in "Augustinianum", 14（1974），pp. 409—449; M. Simonetti, *La politica antiariana di Ambrogio*, in G. Lazzati（a cura di），*Ambrosius Episcopus, Atti...*, Milano 1976, vol. I, pp. 266—285; A. Lenox-Conyngham, *The Topography of the Basilica Conflict of A. D. 385—6 in Milan*, in "Historia", 31（1982），pp. 353—363; G. Nauroy, *Le fouet et le miel. Le combat d'Ambroise en 386 contre l'Arianisme milanais*, in "Recherches Augustiniennes", XXIII（1986），pp. 3—86。

可能了：否则，人们就会只贪图那些物质上的利益。[1] 在撰写于 425 年的《上帝之城》(De civitate Dei) 最后一卷（第 22 卷）中，第 8 章的标题——论神迹，彼于昔日为令世人归信基督而成就，而于信奉基督之世间依然不停显现（拉丁文原文：De miraculis, quae ut mundus in Christum crederet facta sunt et fieri mundo credente non desinunt）——听起来像是收回了上面的那些主张，与此同时，这也标志着圣徒崇拜历史上的一个真正的转折点。殉道者圣髑崇拜早已在非洲传开：398 年召开的迦太基会议（concilio di Cartagine）试图对此加以控制，下令销毁所有与迷信活动相关或私自设立的祭坛。[2] 但是，正如维克托·萨克瑟（Victor Saxer）所指出的，奥古斯丁的态度改变，是与乌扎利斯的圣司提反敬礼所（luogo di culto）有关的一系列神迹联系在一起的。[3] 为什么圣司提反如此重要？当然因为他是

---

[1] 《论真宗教》，第 25 章，47："因大公教会已然传遍世界，立定根基，此等神迹于我们的世代已不可再延续，以免人心只寻求可见之物，以致沿袭旧习冷淡了信心（拉丁文原文：Cum enim Ecclesia catholica per totum orbem diffusa atque fundata sit, nec miracula illa in nostra tempora durare permissa sunt, ne animus semper visibilia quaereret, ut eorum consuetudine frigesceret genus humanum）."（摘自 G. 巴尔迪关于神迹的注释，参见 G.Bardy, De civitate Dei, in S. Augustin, Œuvres, "Bibliothèque Augustinienne", vol. XXXVII, Paris 1960, pp. 825—831）参见 P. Courcelle, Recherches sur les Confessions de Saint Augustin, nuova edizione aumentata, Paris 1968, pp. 139 以下页码。

[2] 参见 C. Cecchelli, Note sopra il culto delle reliquie nell'Africa romana, in "Rendiconti della Pontificia Accademia Romana di Archeologia", XV（1939），pp. 131—132。

[3] 参见 V. Saxer, Mort martyrs réliques, cit., p. 245 以下内容。另参见 C. Lambot, Collection antique de sermons de S. Augustin, in "Revue bénédictine", 57（1947），pp. 89—108，尤其是 pp. 105—106；同一作者的 Les sermons de Saint Augustin pour les fêtes des martyrs, ivi, 79（1969），p. 94；P.-P. Verbraken, Études（转下页）

殉道先驱；他的殉难效法了耶稣基督的受难。但是，对圣司提
反圣髑神奇发现过程的分析，却也揭示出了其他的一些元素。
本文开始的时候，我们是在 418 年，塞韦罗的信写成的那一
年；这之后，我们在时间之中上下游走。现在，让我们再回到
415 年。

　　5. 圣司提反圣髑的发现，恰巧发生在正确的时间和正确的
地点：这是一个由萨克瑟这样的权威学者所做出的、显然不涉
任何反教权主义恶意质疑的评论。[①] 该事件提升了某个毫无疑问
在其中扮演重要角色的人的威望，他就是耶路撒冷主教约翰二
世（Giovanni II）。在一篇最近发表的论文中，米歇尔·范·埃
斯布勒克（Michael van Esbroeck）指出，以圣司提反崇拜这
个特别重要的例子为开端，那些得到了约翰二世积极支持的圣
徒崇拜，似乎表明存在着某种协调一致的宗教政策，而这个政
策，是专门针对兼信犹太教与基督教的群体制定出来的。[②] 这是
一个重要的猜想：但范·埃斯布勒克忽视了这一焦点事件所暗
含的唇枪舌剑和咄咄逼人。尼哥德慕和伽玛列墓的发现，表明
了存在于《旧约》和《新约》之间的某种连续性，但这却被圣
司提反——殉道先驱，第一个 "为了我主向犹太人开战（拉丁
文原文：primum adversus Judeos dominica bella bellavit）" 的

（接上页）*critiques sur les sermons authentiques de Saint Augustin*, Hagae Comitis-
　　Steenbrugis 1976（sermoni 314—320）。

① 参见前引 V. Saxer, Mort martyrs réliques, pp. 293—294。

② 参见 M. van Esbroeck, *Jean II de Jérusalem et les cultes de S. Etienne, de la Sainte-
　　Sion et de la Croix*, in "Analecta Bollandiana", 102（1984）, pp. 99—134。

人①——圣髑的发现所大大掩盖压制了。这些在《圣司提反遗体
发掘记》的两个版本中均被收录的话语，是相当雄辩的。②宗
教信仰的接近性与宗教信仰竞争齐头并进。正如马塞尔·西蒙
（Marcel Simon）在其重要著作中指出的，基督徒自称为"真以
色列人（il verus Israel）"的做法，有着某种模棱两可、可能带
来悲剧后果的意味。③

　　圣司提反圣髑发现的背后，暗藏着这些蓄势待发的紧张状
况。即便是那些指出该发现恰逢其时的学者，据我所知，也都
忽视了我下面要谈到的这个元素。415 年 10 月 20 日，皇帝褫夺
了耶路撒冷宗主教伽玛列六世（Gamaliele VI）"尊荣教长（拉丁
文：praefectus honorarius）"的传统头衔。之所以废止该头衔，
主要是为了打击改信犹太教的行为（proselitismo ebraico），这
具体表现为兴建新的犹太会堂以及为基督徒和外邦人行割礼。④
在巴勒斯坦犹太人和犹太移民的眼中，这位宗主教是最高的政
治权威和宗教权威；奥利金（Origene）将他定义为某种犹太最
高统治者。

---

①　《拉丁教父集》，第 41 卷，813、815—816。

②　关于这两个版本，参见 P. P［eeters］, Le sanctuaire de la lapidation de S. Etienne,
in "Analecta Bollandiana", XXVII（1908）, pp. 364—367; J. Martin, Die revelatio
S. Stephani und Verwandtes, in "Historisches Jahrbuch", 77（1958）, pp. 419—433。
关于这个故事的全貌，参见 E. D. Hunt, Holy Land Pilgrimage in the Later Roman
Empire. AD 312—460, Oxford 1982, pp. 212—220。

③　参见 M. Simon, Verus Israel. Étude sur les relations entre Chrétiens et Juifs dans l'Empire
Romain（135—425）（1948）, seconda edizione aumentata, Paris 1964。

④　参见 Codex Theodosianus, a cura di Th. Mommsen, Berolini 1962, pp. 892—893。

废除"尊荣教长"称号这一事件，将在几年后导致宗主教制度（patriarcato）的彻底消失。[1] 但是，犹太人在信奉基督教的皇帝治下之地位的衰落，却因为不到两个月后的另一记象征性的一击而变得十分明显了：415 年 12 月初，借助显现给卢恰诺的数个异象，圣司提反圣髑突然重现人间的消息被传了出来。

6. 回头看去，这些圣髑早晚必将重现人间，简直是显而易见。为了证明这个说法言之有据，我们有必要退后一步：退回到圣约翰·克里索斯托（san Giovanni Crisostomo）[2] 于 385 到 386 年间在安提阿发表的一系列反对犹太化基督徒（cristiani giudaizzanti）的著名布道文。[3] 马塞尔·西蒙在一篇权威论文中分析了这些布道背后错综复杂的宗教现实

---

[1]　参见 J. Juster, *Les Juifs dans l'Empire Romain. Leur condition juridique, économique et sociale*, Paris 1914, vol. I, pp. 391 以下页码；A. M. Rabello, *The Legal Condition of the Jews in the Roman Empire*, in H. Temporini（a cura di）, *Aufstieg and Niedergang der römischen Welt*, vol. II, 13, Berlin-New York 1980, pp. 713—716（但在 415 年，伽玛列宗主教并未像 p. 714 注释 212 所说的那样"遭到废黜"）；B. S. Bachrach, *The Jewish Community of the Later Roman Empire*, in J. Neusner, E. S. Frerichs（a cura di）, *"To see ourselves as others see us": Christians, Jews, "Others" in Late Antiquity*, Chico（Ca.）1985, pp. 412—415; G. Stemberger, *Juden und Christen im Heiligen Land*, München 1987, pp. 208—213。

[2]　译者注：即 St. John Chrysostom，又译为"金口若望 / 约翰"，著名希腊教父之一，曾任君士坦丁堡主教，以能言善辩著称。

[3]　参见 Saint John Chrysostom, *Discourses against Judaizing Christians*, tr. ingl. di P. W. Harkins, Washington 1979。另参见 R. L. Wilken, *John Chrysostom and the Jews. Rhetoric and Reality in the Late 4th Century*, Berkeley 1983; W. A. Meeks, R. L. Wilken, *Jews and Christians in Antioch in the First Four Centuries of the Common Era*, Missoula（Mt.）1979。

情况。[①] 例如，无论是犹太人还是基督徒，都对据说保存于安提阿的一座犹太会堂中的玛加伯七兄弟及其母亲（sette Maccabei e loro madre）[②] 的圣髑予以热忱的敬礼崇拜。在 380 年前后，这座会堂被武力征服并转变为一座基督教堂。远远称不上例外的此种做法 [③]，表明了"真以色列人"这句套话可能带来的矛盾后果。强调《旧约》与《新约》之间连续性的渴望，既可能激发出将玛加伯人接纳入安提阿教会礼仪历中的热情，也可能导致对保存其圣髑的圣地进行暴力征服的行动。[④]

　　对玛加伯七兄弟及其母亲的崇拜，并不仅仅活跃于安提阿。我们从圣安布罗斯的一封信中得知，公元 338 年，在位于幼发拉底河左岸的卡林尼孔（Callinicon），一些异教徒袭击了一群修道士，后者当时正"依据古老传统"唱着圣咏前往一处玛加伯圣所。出于我们不知道的某些原因，即便是在这个例子中，本

---

① M. Simon, "La polémique antijuive de saint Jean Chrysostome et le mouvement judaïsant d'Antioche", in *Recherches d'histoire Judéo-Chrétienne*, Paris-La Haye 1962, pp. 140—153.

② 译者注：玛加伯是天主教《圣经·旧约·玛加伯书》中主人公犹大的别号，在阿拉姆语中的意思是"执锤者"。后来，这个别号成了公元前 2 世纪为争取宗教自由而战的犹太人的通称。此处提到的玛加伯七兄弟及其母的故事，见于《玛加伯书下》第 7 章。

③ 参见 Card.［M.］Rampolla［del Tindaro］, *Martyre et sépulture des Macchabées*, in "Revue de l'art chrétien", XLII（1899）, quarta serie, vol. X, pp. 290—305; 377—392; 457—465, 尤其是 pp. 388 以下页码。

④ E. 比克尔曼注意到，依据罗马法，这些犹太会堂被视为圣地，但它们在犹太礼制中却并非如此；但是，基督徒（包括那些占领安提阿犹太会堂的基督徒）的态度可能要更接近前者而非后者。参见 E. Bikerman, *Les Macchabées de Malalas*, in "Byzantion", 21［1951］, pp. 74—75。

地犹太会堂也遭到了这些修道士的亲手摧毁，而他们是在这位主教的授意下这样做的（拉丁文原文：auctore episcopo）。[1] 这样一种广为流传、被犹太人和基督徒共同尊奉的崇拜，毫无疑问有着深厚的根基。公元 177 年，一位基督教殉道者布兰迪娜（Blandina）被处死于里昂，在对此人的生平描述中，便可察觉到以《玛加伯书下》第 7 章为范本的痕迹。[2] 有人认为，就连殉道（martyrium）这个词，都是源自犹太七兄弟及其母亲因为拒绝吃猪肉而遭折磨处决的那个故事。[3]

前面已经提到，曾经有过一些试图把针对这些犹太殉道先驱的崇拜基督教化的举动。在 4 世纪末和 5 世纪初之间出现的新的权力平衡，促成了圣司提反这位基督教殉道先驱圣髑的发现，根据圣传（la tradizione）记载，他是被犹太人杀害的。这是司提反与玛加伯人的较量。[4] 在梅诺卡，由圣司提反圣髑到来而产生的紧张状况，激起了一场真正的斗争。塞韦罗在信中写道，"犹太人回忆着玛加伯时代的范例，彼此鼓励，他们希望以

---

① 参见圣安布罗斯书信集中的第 40 封信第 16 节，转引自 L. Cracco Ruggini, *Ebrei e Orientali nell'Italia settentrionale fra il IV e il VI sec. d. C.*, in "Studia et Monumenta Historiae et Iuris", XXV（1959），pp. 198—199。

② 参见 W. H. C. Frend, *Blandina et Perpetua: Two Early Christian Heroines*, in Les Martyrs de Lyon（177），Colloques Internationaux du CNRS, n. 575, Paris 1978, pp. 167—177，尤其是 p. 173。

③ 参见 W. H. C. Frend, *Martyrdom and Persecution in the Early Church*, Oxford 1965, pp. 21, 87，与 H. 德勒艾（H. Delehaye）的论文有争议之处。

④ 参见前引 M. Simon, "Les Saints d'Israél dans la dévotion de l'Église ancienne", in *Recherches*, pp. 154—180，尤其是 p. 157（Gregorio Nazianzeno, *Hom. 3 in Mach.*, PG, 35, 627）。

死捍卫自己的律法。"[1]

7. 至此，我已经谈到了与某个名字（"司提反"）相关的圣徒传记模板。我们或许可以再进一步，试着在《使徒行传》第 6 章到第 8 章的基础上，将历史上的司提反这个人与他针对犹太传统的态度分离开来。[2] 当然，我不足以胜任这项工作。但是，如果我没有搞错的话，我收集到的文献记录表明了，那种基督徒针对犹太人的极其矛盾的态度，在基督教圣徒崇拜的出现过程中扮演了决定性的角色。发生在梅诺卡岛上的宗教暴力事件，只是漫长历史中的一个片段，在其中，圣司提反——或者说是他的圣髑——不可避免地发挥了反犹的功能。[3]

这个功能是如此的明显，但在本文开始时援引的那些文字中，彼得·布朗却对此只字未提。这种沉默在我看来意义重大，因为与它联系在一起的，是一种广泛的倾向，要把各种各样有关社会、文化与宗教的紧张、分歧和对立消弭于无声。在一段回顾自己智识历程的文字中，布朗带着一点自我批判精神写道，英国功能主义人类学"倾向于将圣人……与那个他在其中充当典范、与他拥有同样价值的世界分割开来"。[4] 与之相

---

[1]　拉丁文原文："Judaei igitur exemplis se Machabaei temporis cohortantes, mortem quoque pro defendendis legitimis suis desiderabant"（ ed. Bradbury, p. 86 ）。

[2]　M. 西蒙在这个方向进行了激动人心的尝试，参见 M. Simon, *St. Stephen and the Hellenists in the Primitive Church*, London 1958。

[3]　布吕芒卡兰茨强调了这一主题的重要性（参见前引 *Les autheurs*, p. 108 nota 14 ）。

[4]　参见前引 P. Brown, *The Saint as Exemplar*, p. 12。＊ 关于本文讨论的这一问题，I. Amengual I Batle 发表了一篇内容丰富、绝对值得一读的评论文章，参见 I. Amengual i Batle, *Consentius/Severus de Minorca. Vint-i-cinc anys d'estudis, 1975—2000*, in "Arxin de textos catalans antics", 20(2001), pp. 599—700。

反，布朗更喜欢关注那些为整个社群所共有的元素。在研究未受教育群体的宗教信仰史时，研究者多多少少都会带着点儿公开的家长式作风，彼得·布朗在《圣徒崇拜》的第一章中系统批驳了这种现象，而我对此全然赞同。从这种批评出发，布朗却不发一言地转向了对被他称为"双层模式（modello a due piani）"——也即预先假设存在着文化与宗教上的二元对立关系——的全然拒绝，这是很成问题的。

《圣徒崇拜》是一本价值无可替代的好书。但是，它对待犹太人和基督徒二元关系的方式，或者说是这种不予一顾的态度，是很难让人接受的。

　　＊对于彼得·布朗、索菲娅·伯施·加亚诺（Sofia Boesch Gajano）、皮耶尔·切萨雷·博里（Pier Cesare Bori）、奥古斯托·坎帕纳（Augusto Campana）和理查德·兰德斯（Richard Landes）给出的宝贵建议，我深表感谢。1991 年 1 月 24 日至 26 日，在加州大学洛杉矶分校举行了名为"基督教世界及其不满分子（Christendom and Its Discontents）"的会议。这篇文章，便是从我在会上宣读的论文翻译而来，但文字上有细微的修改。参见 S. L. 沃和 P. D. 迪尔编辑的会议论文集《基督教世界及其不满分子：1000 年—1500 年期间的排斥、迫害与反叛》（ Christendom and Its Discontents: Exclusion, Persecution, and Rebellion, 1000—1500, a cura di S. L. Waugh e P. D. Diehl, Cambridge-New York 1996 ）。

第3章 蒙田、食人部落与搜奇洞室

1. 有些古人，时间不但没有令我们与之疏远，反而拉近了彼此的距离。蒙田就是其中之一。我们不由自主地为他所吸引：他对远方文化的开明接纳，他对人类生活多样性与差异化的好奇之心，以及他欣然为之的那些自辨与自我诘问。这些看起来自相矛盾的性格特征，令他显得十分亲近。但这却是一个会让人产生误解的印象：蒙田逃避着我们。想要接近他，我们必须就着他的那些范畴入手，而不是依着我们自己的条条框框先入为主。

这并不意味着要通过蒙田来阐释蒙田，那是一个不仅靠不住、而且终归难有所获的视角。我将会另辟蹊径，从以直接或间接形式现成存在于文本中的语境要素（elementi di contesto reperibili）入手，试着对《论食人部落》（*Dei cannibali*）一文进行解读。这将是一条迂回曲折的道路，有时候看上去，我甚至可能会像蒙田素性所喜的那样离题万里。我想要表明，这些既施加约束、也提出挑战的语境，是如何通过对文本的塑造而作用于文本的。

2. 第一个语境，既是字面意义上的，也是比喻意义上的，那自然就是收录了《论食人部落》这篇文章的《随笔集》（i Saggi）。在蒙田所有的随笔（以及全部著作）之中，都存在着一种部分与整体的关系；但在这个例子中，它却有着某种特殊意义。从开门见山的《致读者》一文中，马上就能体会到这一点："如果我写这本书是为了赢得人们的青睐，我就会在展现自我时文过饰非，矫揉造作。而我想让你在这里看到的，是一个朴实、自然和安常处顺的我，不造作，不矫饰：因为我描绘的是我自己。"

但是，蒙田也解释道，决定将自己的"缺点"和"自然形态"展现在读者面前，必须要"尊重公序良俗"。在向读者呈现这种妥协的结果——这本书——之时，蒙田表露出了一种怀旧情绪，而其对象，是"那些据说仍生活在原始自然法则的美好自由之下的人"。他总结道，倘若我生活在这些人之中，"我向你保证，我将会欣然将自己和盘托出，祖裼裸裎。"①

在这本书的一开始，我们就遇上了后来再度出现于《论食

---

① 参见 M. de Montaigne, *Saggi*, tr. it. di F. Garavini, 2 voll. con paginazione continua, Milano 1992, p. 3（Montaigne, *Essais*, a cura di A. Thibaudet, Paris 1950, p. 24）。在《法国研究》的第一卷（*Recherches de la France*, Orléans 1567）中，艾蒂安·帕基耶（Étienne Pasquier）宣称，他既不投靠保护人，也不指望朋友，只求诸于"他的读者"。这样的"致读者"文，出自身为贵族的蒙田之口是可以理解的，但这并不会减损这番话的争议性。

人部落》一文中的巴西野蛮人。他们的赤身裸体指向了两个紧
密联系的基本主题：一方面，是服饰与天然之间的对立关系；
而在另一方面，则是作者打算以最直截了当、真实无伪的方式
讲述自我的意图。当我们说起赤裸裸的野蛮人和赤裸裸的真相
之时，二者的照应指涉并不令人吃惊。但是，这两个主题的合
同一致，却是以一个中间环节为前提的，而这个环节，与蒙田
最大胆的一个想法密切相关，那便是将习俗或传统（服饰）等
同于人为之物。我们在《论衣着习惯》（ Dell'uso di vestirsi，《随
笔集·第一卷·第 36 篇》）中读到，衣着表明我们业已远离了
自然法则，远离了"那个在其中无有伪饰的世界的普遍规律"。[①]
赤身裸体是"人类本有"的习俗。这种说法，将前面已经提
到的无拘无束作为黄金时代——那种"原始自然法则的美好自
由"——之标志的引申指代，明确地表达了出来。[②] 在这里，我
们不出意料地发现了那些一笔带过、将在《随笔集》中得到进
一步阐发的基本理念。[③]

　　但是，这种黄金时代，赤身裸体与不受文明束缚的自由之
间的关联，跨度到底有多大？在这里，我们看到了浮现出来的
另一个可能语境。诗人塔索（Tasso）曾被蒙田视为"最具洞察

---

① 参见前引 Montaigne, *Saggi*, p. 296（ *Essais*, cit., pp. 262—263 ）。另参见同一著作
　　中 pp. 589—591 的《雷蒙·塞邦赞》（ I, 12: Apologia di Raymond Sebond ）（ Essais,
　　cit., pp. 502—503 ）。
② 这种将黄金时代与美洲土著相提并论的叙述，在《论经验》一文中再度出现，参
　　见 Dell'esperienza（ III, 13 ）, ivi, pp. 1424—1425（ *Essais*, cit., p. 1196 ）。
③ 参见 G. Genette, *Seuils*, Paris 1987。

力、最锐意创新、最符合古老而纯粹的诗之精神的意大利诗人之一"。① 在他的著名田园诗《阿明塔》(*Aminta*)中，三个中心思想(motivi)汇聚在了一起。《阿明塔》第一幕结尾的叠句，充满怀旧之情地呼唤着黄金时代和生活于其中的赤裸仙女：这个时代，是一个爱欲之乐不受名节——"那浮名虚誉"——束缚的时代。② 《阿明塔》首个法文译本(1584年)的作者、波尔多议会议员皮埃尔·德布拉赫(Pierre de Brach)，恰好便是蒙

---

① Montaigne, *Saggi*, cit., p. 641 (I, 12: *Apologia di Raymond Sebond*) (*Essais*, cit., p. 546)。

② 参见 T. Tasso, *Aminta*, vv. 656 以下内容。关于蒙田与塔索的相似之处，参见 R. Cody, *The Landscape of the Mind*, Oxford 1969, p. 57。另参见法国诗人龙萨(Ronsard)在《驳议命运》(*Discours contre Fortune*)中对探险家维勒加尼翁(Villegagnon)的致辞："Comme ton Amérique, où le peuple incognu/Erre innocentement tout farouche et tout nu, /D'habit tout aussi nu qu'il est nu de malice, /Qui ne cognoist les noms de vertu ny de vice, /De Senat ny de Roy, qui vit à son plaisir/Porté de l'appetit de son premier desir, /Et qui n'a dedans l'ame ainsi que nous empreinte/La frayeur de la loy qui nous fait vivre en crainte: /Mais suivant sa nature est seule maistre de soy, /Soy-mesme est sa loy, son Senat et son Roy: / Qui de coutres trenchans la terre n'importune, /Laquelle comme l'air a chascun est commune, /Et comme l'eau d'un fleuve, est commun tout leur bien, /Sans procez engendrer de ce mot Tien et Mien. (大意为：比如在美洲，那些不为人知的民族，在野外赤身裸体地自在漫游；他们不知道美名或恶名，也不晓得元老或国君；他们自得其乐，随心所欲；被强加给我们的情操，他们并不拥有，让我们战战兢兢的对律法的畏惧，于斯人中无存。自然是他唯一的主人，他自己便是他的律法、元老和国君。耕耘者无需为土地苦苦哀求，那就像空气一样，为每个人所共有，也像河水，让所有人都得到甜头，而不必将这个世界分出彼此。) " (法文版出处："Le second livre des poèmes", in *Œuvres complètes*, a cura di G. Cohen, II, Paris 1994, p. 778) 参见 E. Armstrong, *Ronsard and the Age of Gold*, Cambridge 1968, 以及 N. Pellegrin, *Vêtements de peau (x) et de plumes: la nudité des Indiens et la diversité du monde au XVIe siècle*, in J. Céard, J.-Cl. Margolin (a cura di), *Voyager à la Renaissance*, Paris 1987, pp. 509—530。

田的朋友。[1] 但对意大利文知之甚稔的蒙田，在《致读者》中效仿塔索笔下诗句的可能性，却可以很确定地被排除。蒙田《随笔集》的第一版中，已经包含了《致读者》一文，这个版本问世于 1580 年夏，仅比《阿明塔》首版晚了几个月。[2] 而在《随笔集》的第二版（1582 年）中，蒙田加入了一段话，提到他曾与作为疯子被关在费拉拉圣安娜医院中的塔索有过一面之缘。[3]

出于年代次序原因，蒙田不可能读过《阿明塔》；而法文阅读能力不佳的塔索，出于语言和年代次序的原因，也不可能读过《随笔集》。两个文本之间的相似之处，便只能被追溯到一个更广泛的主题上。1557 年，《插图版奥维德变形记》（*La métamorphose d'Ovide figurée*）——奥维德《变形记》的一个法文诗体改编版本——在里昂出版，其中一页便证明了这一点。人称"小萨洛蒙"的蚀刻匠贝尔纳德·萨洛蒙（Bernard Salomon），将黄金时代描绘成了赤身裸体和自由欢爱的胜利景象：图说上写道，在那个时候，"没有律法，没有强制或约束，信仰、律法和荣誉都得以维持（法文：*sans loy, force, ou*

---

[1]　参见 L. F. Benedetto, *Il Montaigne a Sant' Anna*, in "Giornale storico della letteratura italiana", 73（1919），pp. 213—234，尤其是 pp. 218—219 nota 2; I. Cremona, *L'influence de l'Aminta sur la pastorale dramatique française*, Paris 1977, pp. 33 以后内容（该文忽略了上一篇论文）。

[2]　参见 R. A. Sayce, D. Maskell, *A Descriptive Bibliography of Montaigne's Essais, 1580—1700*, London 1983。塔索在 1580 年 12 月 3 日拿到了最初的几本首版《阿明塔》（参见 *La raccolta tassiana della Biblioteca Civica "A. Mai" di Bergamo*, s. l. s. d., p. 261）。

[3]　参见 Montaigne, cit., *Saggi*, p. 641（I, 12: *Apologia di Raymond Sebond*；第一卷第 12 篇：雷蒙·塞邦赞）(*Essais*, cit., p. 546); L. F. Benedetto, *Il Montaigne a Sant' Anna*, cit。

contrainte/On meintenoit la foy, le droit, l'honneur）"（图 2）[①]。

这里的口气不那么咄咄逼人，但却也与塔索对荣誉的贬斥以及蒙田对"原始自然法则的美好自由"之缅怀相距不远。[②]但是，《插图版奥维德变形记》却也促使我们从一个不同的层面上去审视蒙田。那些对黄金时代的文字描述，四周以"怪诞画（grottesche）"为饰——15 世纪末，在装饰金宫（Domus Aurea）[③] 洞室（le grotte）[④] 的壁画被发现后，这种装饰画变得风靡一时。[⑤] 在一段著名的文字中，蒙田将自己的随笔比作怪诞

[①] *La métamorphose d'Ovide figurée*, Jean de Tournes, Lyon 1557（1933 年影印本，"*Collection d'unica et de livres rares*", n. 3，其中收入了 R. Brun 关于插图的说明性文字）。参见 H. Levin, *The Myth of the Golden Age in the Renaissance*, Bloomington 1969，第一页；另见附录部分 pp. 197—198。关于这些蚀刻画的作者，参见 N. Rondot, *Bernard Salomon, peintre et tailleurs d'histoires à Lyon, au XVIe siècle*, Lyon 1897，该书作者注意到（p. 53），奥维德这本书法文版所配的怪诞画（grottesche），与《巨人传》的插画十分相似［参见 *Les songes drolatiques de Pantagruel*, La Chaux-de-Fonds 1989，附有 M. Jeanneret 的精彩序言《笑对怪物》(Rire à la face du monstre)］。萨洛蒙经常使用五角星作为花押（出处同上，p. 27），他很可能是一个改信了基督教的犹太人。另参见 M. D. Henkel, *Illustrierte Ausgaben von Ovids Metamorphosen im XV., XVI., und XVII. Jahrhundert, in "Bibliothek Warburg Vorträge 1926—1927"*, Berlin 1930, pp. 58—144，尤其是 pp. 77 和 pp. 87 以下页码。萨洛蒙的怪诞画虽然含有某些下流细节，但其中一部分还是被用到了 Clément Marot 和 Théodor de Bèze 翻译的《诗篇》译本之中：*Les Pseaumes mis en rime françoise*, à Lyon, par Jean de Tournes 1563, cc. Q i v (ps. LICX), R V v (ps. LXVIII) ecc。

[②] H. Levin（参见前引 *The Myth*, pp. 197—198）注意到，这幅蚀刻插图配诗第二句中对自由欢爱的赞美，是塔索的先声。

[③] 译者注：古罗马皇帝尼禄所建的一座宫殿，以奢华精美著称。

[④] 译者注：欧洲园林中人工开凿的洞窟式建筑，用于避暑，盛行于 16、17 世纪。

[⑤] 参见 N. Dacos, *La découverte de la Domus Aurea et la formation des grotesques à la Renaissance*, London-Leiden 1969；作者同上，in N. Dacos, C. Furlan, *Giovanni da Udine*, I, Udine 1987。另参见 H. de Geymüller, *Les du Cerceau, leur vie et leur œuvre*, Paris 1887。其他文献记录参见 C. Ossola, *Autunno del Rinascimento*, Firenze 1971, pp. 184—207。

图 2　贝尔纳德·萨洛蒙，《插图版奥维德变形记》的蚀刻插图，
里昂，1557 年。

画，"这些奇妙的绘画，唯一魅力恰在于它们的五花八门、标奇
立异。我的这些（随笔），事实上也不过是些怪诞画和缝合怪
（corpi mostruosi），把支离破碎的东西拼在一起，无确定之形，
无井然之序，无关联相称，一切随心所欲。"①

　　《插图版奥维德变形记》所配的蚀刻插图，帮助了此种装饰
画风格在法国的传播。在邻近多姆山省（Puy-de-Dôme）的伦布
伦新城（Villeneuve-Lembrun）城堡中，一系列绘成于16世纪
中期的湿壁画（affreschi），均以贝尔纳德·萨洛蒙的蚀刻画风
格为基础。②对于这些蒙田或有所知的画作，我们可以将其视作
前引文字的平行视觉呈现和语境。

　　与怪诞画相提并论，有着正面和负面的双重含义。一方面，
它指出了《随笔集》所不具备的那些东西："无确定之形，无井
然之序，无关联相称，一切随心所欲。"而在另一方面，它又定
义了《随笔集》到底是什么："奇妙的绘画"，"缝合怪"。在蒙
田半真半假的自谦中，我们可以感觉到那种与之俱来的、他的
读者知之甚稔的自恋："唯一魅力恰在于它们的五花八门、标新
立异。"让·塞亚尔（Jean Céard）指出，像"五花八门"、"标

---

① 参见 Montaigne, *Saggi*, cit., pp. 242—243（第一卷第28篇《论友谊》；译文略
　　有改动）(*Essais*, cit., p. 218)。André Chastel 在其随笔《怪诞画》(*La grottesque*,
　　Paris 1988；意大利文版：*La grottesca*, Torino 1989）的开头引用了这段话。
② 参见 F. Enaud, *Peintures murales de la seconde moitié du XVIe siècle découvertes au*
　　chateau de Villeneuve-Lembrun（*Puy-de-Dôme*）, in A. Chastel（a cura di）, *Actes du*
　　colloque international sur l'art de Fontainebleau, Paris 1975, pp. 185—197，尤其
　　是 p. 194。另参见 J. Adhémar, *L'éstampe et la transmission des formes maniéristes*,
　　in *Le triomphe du Maniérisme Européen*, Amsterdam 1955, pp. 34—36。

新立异"和"怪（物）"这样的词语，对蒙田来说都有正面含义。[①] 但是，对于这些词语的美学意涵，还有一些东西需要补充。

3. 蒙田对诗艺有着真挚的热情。根据他的《意大利游记》（ _Journal de voyage en Italie_ ），有人推测他对视觉艺术不太感兴趣。当然，这本游记中没有对西斯廷教堂的天顶画或莱昂纳多·达芬奇的《最后的晚餐》发表任何评论。但这不过证明了，蒙田在旅行时，口袋里并没有揣着一本 19 世纪或 20 世纪的导游手册（此外，他也并不会把见到的一切都写下来）。事实上，《意大利游记》中关于普拉托利诺（Pratolino）、卡斯泰洛（Castello）、巴尼亚里亚（Bagnaia）和卡普拉罗拉（Caprarola）等地花园别墅的文字，足以证明他对花园、喷泉和洞室拥有超乎寻常的兴趣。[②] 在蒙田的描述中，他努力避免使用术语：他曾经讽刺过"我们的那些建筑师"，滔滔不绝地"卖弄着大词儿，什么立柱啦，过梁啦，檐口啦，科林斯式和多立克式啦，诸如

---

① 参见 J. Céard, _La Nature et les prodiges. L'insolite, au XVIe siècle, en France_, Genève 1977, pp. 387 sgg.（cap. XVI: "L'idée de variété dans les Essais"）; I. Buffum, _L'influence du voyage de Montaigne sur les Essais_, Princeton（N.J.）1946, pp. 121—133（cap. V: "Unité et diversité"）。作为一个有趣的对照，参见 C. Del Lungo, _La Zucca del Doni e la struttura della "grottesca"_, in "Paradigma", 2（1978）, pp. 71—91。

② 参见 M. de Montaigne, _Journal du voyage du [!] Michel de Montaigne en Italie..._, a cura di A. D'Ancona, Città di Castello 1895, pp. 163—164, 177—178, 527—530, 尽管已有新版（F. Rigolot, Paris 1992）问世，老版本依然十分重要。另参见 L. Pertile, _Montaigne in Italia: arte, tecnica e scienza dal Journal agli Essais_, in "Saggi e ricerche di letteratura francese", nuova serie, XII（1973）, pp. 49—82; R. A. Sayce, _The Visual Arts in Montaigne's Journal de Voyage_, in R. C. La Charité（a cura di）, _O un amy! Essays on Montaigne in Honor of Donald M. Frame_, Lexington 1977, pp. 219—241。

此类"①，而实际上只不过是在谈论"我家厨房那道破门上的小零碎"，想到这一点，他的做法就不足为奇了。

安德烈·沙泰尔（André Chastel）写道，这一段"首先便表明了，蒙田对塞内加或西塞罗这些古代作家的熟悉程度，要比对维特鲁威（Vitruvio）②的熟悉程度更高"。③ 这是一个不能让人信服的论断。蒙田很可能知道维特鲁威在《建筑十书》（De Architectura）中对人类原始状态粗鲁野蛮的描述。在多次重印的拉丁文版之外，蒙田或许还读到过让·马丁（Jean Martin）翻译的 1547 年法文版，而这个版本又是以切萨雷·切萨里诺（Cesare Cesariano）翻译的意大利文版（科莫，1521）为底本的。在维特鲁威讲述火的发明的那一段，切萨里诺在评注中把人类辛勤劳苦的初始阶段等同于黄金时代（aurea aetas），并把最初的人类比作新发现的南亚居民，正如西班牙和葡萄牙旅行家们所知，这些人依然生活在洞穴中 ④（图 3）。

在随笔《论食人部落》中，巴西的野蛮人被描述为一群原始但又接近黄金时代之民的人。很难说蒙田是否从维特鲁威著

① 参见 Montaigne, *Saggi*, cit., pp. 397—398（I, 51: *Della vanità delle parole*）（*Essais*, cit., p. 344）。

② 译者注：即 Vitruvius，古罗马著名建筑师和工程师，所著《建筑十书》在文艺复兴时期被重新发现后，对欧洲建筑产生了重大影响，被誉为"西方建筑之父"。

③ 参见 A. Chastel, *The Palace of Apollidon*, The Zaharoff Lecture for 1984—1985, Oxford 1986, p. 3。

④ 参见 Vitruvius, *De architectura*, a cura di C. Herselle Krinsky（ristampa anastatica dell'ed. 1521）, München 1969, introduzione, pp. 5—6; testo, c. 31v。另参见 *Architecture ou Art de bien bastir, de Marc Vitruve Pollion Autheur Romain Antique, mis de Latin en François par Ian Martin...*, Paris 1547, cc. C ii v 以下页码。

图 3 维特鲁威,《建筑十书》插图（切萨雷·切萨里诺评注本），科莫，1521 年。

作的评注中汲取了灵感。但这并非关键。蒙田对现代建筑师满嘴行话的讽刺之词，无论如何都不意味着他对建筑缺乏兴趣。《意大利游记》便是一个反证。

在这里，蒙田是这样描述离佛罗伦萨不远、位于普拉托利诺的梅迪奇别墅的：

　　蔚为壮观的是一个洞室，它由几个壁龛和小间构成，其
精妙超过了我们有幸见过的一切。内壁皆以饰层相衬，其材
料据说取自某几座山上，而饰层以隐钉勾连。在水力作用下，
乐声玲琮之外，雕像门户亦随之动止开阖，且有诸兽作饮水
状，诸如此类……此地之优美与壮丽，几乎无法尽述。①

　　贝尔纳多·布翁塔伦蒂（Bernardo Buontalenti）所建造的
这座喷泉已遭毁损。但幸好，如今依然能在博博利（Boboli）的
佛罗伦萨式花园中见到、由布翁塔伦蒂本人建造的另一个洞室，
却让我们得以揣摩其样貌。

　　这个洞室的正面，一开始是由瓦萨里（Vasari）建造的，
1583 年——蒙田游历意大利两年后——才由布翁塔伦蒂接手继
续，然后于 1593 年完工。1585 年，米开朗琪罗创作的两尊囚徒
雕像（Prigioni）被安置于此（如今已为复制品所替代）。② 在意
大利，这股洞室流行风潮几十年前便已开始。1543 年，克劳迪

① Giornale del viaggio di Michel de Montaigne in Italia, tr. it. di G. Natoli, Firenze
　　1958, vol. I, pp. 138—139（Montaigne, Journal de voyage, cit., pp. 163—164）。
② 参见 Heikamp, La grotta grande del giardino di Boboli, in "Antichità viva", IV, 4（1965），
　　pp. 27—43; E. Maurer, "Zwischen Gestein und Gestalt. Zur Grossen Grotte im
　　Boboli-Garten in Florenz"（1977），in Manierismus. Figura serpentinata und andere
　　Figurenideale, Zürich 2001, pp. 131—137; I. M. Botto, "Buontalenti, Bernardo", in
　　Dizionario biografico degli italiani。另参见 W. Smyth, Pratolino, in "Journal of the
　　Society of Architectural Historians", 20（1961），pp. 155—168; Boboli '90, Atti del
　　convegno internazionale di studi, 2 voll., Firenze 1989。关于卡斯泰洛，参见 L.
　　Châtelet-Lange, The Grotto of the Unicorn and the Garden of the Villa of Castello, in
　　"Art Bulletin", 50（1968），pp. 51—58。

奥·托洛梅伊（Claudio Tolomei）便曾描述过阿加皮托·贝洛莫（Agapito Bellomo）在其罗马别墅中建造的洞室，将其称为

> 喷泉建造术的典范杰作，（这种技术）近来刚被重新发现，如今已经在罗马广为践行。它结合了艺术与自然，让人无法分辨到底是人力所为还是造化之功。事实上，它既如同天然艺术品，又似人造自然景观；如今，他们学会了此种建造喷泉的办法，令其仿佛浑然天成，但又并非无心偶得，而是高手匠心妙作。喷泉所用石材疏松多孔，原产于蒂沃利（Tivoli），表面有曼妙纹饰，皆为水蚀而成，水流喷涌其上时，水花激起四溅；其装饰皆源自质朴百态，非假人力而为……①

托洛梅伊对这些以“如同天然艺术品，又似人造自然景观”为特色的构造的赞誉，立时便让人联想起蒙田对普拉托利诺洞室的热情赞美。② 这种源自某种共同品味的不谋而合，多年以后得到了恩斯特·克里斯（Ernst Kris）的精彩分析。③ 在研究两位 16 世纪晚期雕塑家——德国人维尔纳·雅姆尼策（Werner Jamnitzer）和法国人贝尔纳·帕利西（Bernard Palissy）——的

---

① D. Heikamp 引用了这段文字，参见 D. Heikamp, *La grotta*, cit., p. 43。
② 例如这段话：“我似乎在普鲁塔克的文字中读到过。在我所知的作家中，他是最能将艺术与自然、灵性与教义合为一体的人。”（ Montaigne, *Saggi*, cit., p. 1195: III, 6, *Delle carrozze*)(*Essais*, cit., p. 1006)
③ 参见 E. Kris, *Der Stil "rustique". Die Verwendung des Naturabgusses bei Wenzel Jamnitzer und Bernard Palissy*, in "Jahrbuch der kunsthistorischen Sammlungen in Wien", nuova serie, I(1926), pp. 137—208。

仿天然作品（i calchi *d'après nature*）时，克里斯将其阐释为被他定义为乡土风格（style rustique）的极端自然主义的体现。在援引此种风格的范例时，克里斯提到了被蒙田欣赏备至的托斯卡纳式花园与洞室。①

　　较为晚近的研究业已表明，这种"乡土"风格最早是由著名建筑师和建筑理论家塞巴斯蒂亚诺·塞利奥（Sebastiano Serlio）在法国散布开来的。在他流传甚广的《建筑五书》（*Libro di architettura*）的第四卷（1537 年出版），塞利奥将维特鲁威简要提及的托斯卡纳风格（l'ordine toscano）等同于这种乡土风格，并将贡萨加（Gonzaga）家族的乡间别墅——离曼托瓦（Mantova）不远、几年前由朱利奥·罗马诺（Giulio Romano）建造的"美轮美奂"的棣宫（Palazzo Te）——当成此种"浑如天成（mistura）"风格的典范。②朱利奥·罗马诺在棣宫的正面混合使用了未加打磨的原石和打磨后的石材，令其"半为天然

①　参见 E. Kris, *Der Stil "rustique". Die Verwendung des Naturabgusses bei Wenzel Jamnitzer und Bernard Palissy*, in "Jahrbuch der kunsthistorischen Sammlungen in Wien", nuova serie, I（1926），p. 196：" 这位伟人即便在这些小事上，也充分表明了他是真正的时代之子。" 他也独立地得出了相似的结论，M. Butor, *Essai sur les* Essais, Paris 1968, pp. 66—71, 114—119。另参见 N. Miller, *Domain of Illusion: The Grotto in France*, in E. B. MacDougall（a cura di），*Fons Sapientiae. Renaissance Garden Fountains*, Dumbarton Oaks 1978, pp. 175—205; J. Céard, *Relire Bernard Palissy*, in "Revue de l'Art", 78（1987），pp. 77—83。

②　参见 S. Serlio, *Regole generali di architettura*, Venezia 15513, libro IV, cc. XIV—XIIR。参见 J. S. Ackerman, "The Tuscan/Rustic Order: A Study in the Metaphoric Language of Architecture", in *Distance Points. Essays in Theory and Renaissance Art and Architecture*, Cambridge（Mass.）1991, pp. 495—545。另参见 *Natura e artificio. L'ordine rustico, le fontane e gli automi nella cultura del Manierismo europeo*, a cura di M. Fagiolo, Roma 1979。

造化，半为人力之功"，这被塞利奥大加赞誉。[1]

　　几年后，塞利奥得到了弗朗切斯科一世（Francesco I）的资助庇护，他离开意大利前往法国，再未归来。1551 年，他在里昂出版了一本几乎完全用来探讨"乡土"风格的书，标题为《非凡之书，30 种混合其他风格的乡土风格门户尽在其中》（*Libro estraordinario, nel quale si dimostrano trenta porte di opera rustica mista con diversi ordini*，后文简称"非凡之书"）。[2]在序言部分，塞利奥对假想中的那些和他自己相差"无几"的维特鲁威意大利追随者致歉说，他所做的那些逾矩之举，都是出于讨好法国人品味的念头（"不过是入乡随俗"）。[3]塞利奥的这一番申辩，或许包含了几分真相。但与罗马建筑及其庞大

---

[1] 贡布里希坚持认定这一点，参见 E. H. Gombrich, *Zum Werke Giulio Romanos*, in "Jahrbuch der kunsthistorischen Sammlungen in Wien", nuova serie, VIII（1934），pp. 79—104, IX（1935），pp. 121—150（我从这篇文章中获益匪浅）；尤其是 pp. 86—87。另参见同一作者的 "Architecture and Rhetoric in Giulio Romano's Palazzo del Te", in *New Light on Old Masters*, London 1986, pp. 161—170（tr. it. *Antichi maestri, nuove letture*, Torino 1987, pp. 175—186）。

[2] 对这部著作重要性的强调，参见 J. Onians, *Bearers of Meaning. The Classical Orders in the Antiquity, the Middle Ages and the Renaissance*, Princeton（N.J.）1988, pp. 263—286。关于塞利奥相关研究的回顾，以及从后现代角度对塞利奥的解读，参见 J. Onians, *Serlio and the History of Architecture*, in G. Perini（a cura di），*Il luogo e il ruolo della città di Bologna tra Europa continentale e mediterranea*, Bologna 1992, pp. 181—199。另参见 Ch. Thoenes（a cura di），*Sebastiano Serlio. Sesto seminario internazionale di storia dell'architettura*, Milano 1989。

[3] 我使用的是 1566 年的威尼斯印刷版本。J. S. Ackerman 引用的一段话（*Distant Points*, cit., p. 543）提到了枫丹白露森林（foresta di Fontainebleau），这似乎摘引自我没见过的该书第一版。关于 Rosso、Primaticcio 和其他意大利画家在枫丹白露的活动，参见 S. Béguin, *L'École de Fointainebleau. Le Maniérisme à la cour de France*, Paris 1960。

遗产的实际距离，可能对他来说亦有解放之功。当然了，塞利奥在枫丹白露建造的房屋（如今大部分已毁）以及他的建筑学论文，都对源自朱利奥·罗马诺大胆设想的那种建筑风格的传播有所贡献。1563 年，贝尔纳·帕利西发表了他撰写的《乡土风格洞室建筑及规范》(*l'Architecture et Ordonnance de la grotte rustique de Monseigneur le duc de Montmorency connestable de France*），这一类的作品充分证明了塞利奥对法国建筑施加的深远影响。为了使读者理解他所建造的那些洞室的粗犷风格，帕利西列出了一连串将效法自然和标新立异结合在一起的细节：故意做旧的陶土雕像，以及要么以贝壳堆筑、要么刻出风蚀效果、要么仿佛历经刀兵之劫的各式立柱。[1]

在《意大利游记》中被记录下来的、蒙田对普拉托利诺、巴尼亚里亚和卡普拉罗拉的热情洋溢，显然与一种流行品味密切相关，而这种品味，或许可以帮助我们更好地理解《随笔集》的结构与风格。这是一种必须加以探究的可能性。

4. 安托万·孔帕尼翁（Antoine Compagnon）认为，蒙田或许是从一个古代模板中得到的灵感，那就是语法学家奥卢斯·革利乌斯（Aulo Gellio）撰写于公元前 150 年前后的《阿提卡之夜》(*Noctes Atticae*）。这部著作由错乱无序的章节构成：每一章都与一个词、一句格言、一件轶事或一个宽泛的主题相关。孔帕

---

[1] B. Palissy, *Architecture et Ordonnance de la grotte rustique de Monseigneur le duc de Montmorency connestable de France*, réimprimé d'après l'édition de La Rochelle 1563, Paris 1919.

尼翁强调指出，两部作品结构上的相似性得到了一系列类似之处的强化：拒绝反对智性，经常使用与文中内容看似漫无关联的标题，大量引文摘自鱼龙混杂的各色书籍。[①] 这是一个非常有说服力的猜想。但是，革利乌斯的著作为何给蒙田留下了这么深的印象，以至于他会反复引用？他又是如何解读这部著作的呢？

　　在《阿提卡之夜》的前言中，可以找到对这些问题的回答。在列举了一连串出自著名学者笔下、优雅但却略显矫揉造作的标题之后，革利乌斯说明了他是如何为自己这本书选择标题的："但对自身缺陷心知肚明的我，选择了《阿提卡之夜》这个标题，这并非冥思苦想或精雕细琢而来，而是相当随意，堪称粗鲁不文（*subrustice*），只不过点明了我冬日守夜的时间和地点；所以说，就连在标题这一点上，我也远逊于其他人，正如我在文风精致优雅上亦自愧弗如一样。"[②]

　　这段文字中的关键词——*subrustice*，"堪称粗鲁不文"——当然并非实指五大三粗的乡野村夫。朱利奥·罗马诺在棣宫中运用的乡土风格，同样也是比喻意义上的（图 4）。这两个例子所指出的，是一种有意为之的且受到严格控制的不事雕饰。把自己关在乡间城堡的塔楼中写作的蒙田，读到革利乌斯语含讥讽的自谦之词，看到他对华丽辞藻的拒绝反对以及对另一种基

---

① 参见 A. Compagnon, *La seconde main, ou le travail de la citation*, Paris 1979, pp. 299 以下页码。

② "Nos vero, ut captus noster est, incuriose et inmeditate ac prope etiam subrustice ex ipso loco ac tempore hibernarum vigiliarum Atticas noctes inscripsimus..."（Aulo Gellio, *Notti attiche*, tr. it. di G. Bernardini-Perini, Torino 1992, I, p. 81）。

于简约无序的修辞手法的追求，必定是心有戚戚焉的。[①] 革利乌斯著作各个章节的那种随心所欲的结构，以及比比皆是、五花八门的大量引用文本，全都是有意为之，专门为了吸引像蒙田这样乐见于打破古典对称律的读者而精心设计的。

　　本着同样的精神，在《非凡之书》中，塞利奥也自豪地宣称，他的"罔顾法度（licenziosità）"令他将朱利奥·罗马诺的实验放大到极致，把那些远古年代的碎片嵌入到不同风格的混合体之中。这些风格之中，甚至包括了此前绝无先例的"野兽风格（ordine bestiale）"：针对那些"寻求新奇的怪人们"，塞利奥表示，他"想要打破并颠覆这扇多利斯门的优美形状"[②]（图 5）。在塞利奥对怪诞画的大声赞美中，也能感受到这种冒犯之意，尽管不那么蛮横粗暴。这些怪诞画也喜欢"罔顾法度"，随心所欲地运用多种装饰元素，但通过加入乔瓦尼·达乌迪内（Giovanni da Udine）在梵蒂冈凉廊（Logge Vaticane）中仿效并超越的古罗马范例来赢得合法性。[③]

---

① 我在这里对 A. Compagnon 的观点（*La seconde main, ou le travail de la citation*, Paris 1979, pp. 299 以下页码）进行了发挥。

② S. Serlio, *Libro estraordinario, nel quale si dimostrano trenta porte di opera rustica mista con diversi ordini*, in Venetia 1566, cc. 29v—30r: "Se non fusse la bizzaria delli huomini, non si conoscerebbe la modestia delli altri. Et però io potevo fare cotesta porta Dorica pura, come in effetto si vede, senza andarla rompendo con fascie et con li conii, et rompere la bellezza sua. Ma perché sempre furono, et sono, et saranno per quanto io credo delli huomini bizzari, che cercano novità, io ho voluto rompere et guastare la bella forma di questa porta Dorica."

③ 参见 S. Serlio, *Libro primo（-quinto）d'architettura*, in Venetia 1566, libro IV, cap. XI, c. 192r。

图 4　朱利奥·罗马诺，棣宫，曼托瓦。

图 5　塞巴斯蒂亚诺·塞利奥，《建筑五书》，里昂，1551 年。

拒绝对称，放大细节，违背古典律——塞利奥很可能会对蒙田随笔随心所欲的结构和不对称的文风表示赞许。蒙田的那种急转跳脱的文风，与楝宫中在塞利奥看来"半为天然造化，半为人力之功"的对打磨石材和粗糙原石的交错运用，堪可作比。[1] 在《论食人部落》这篇随笔中，蒙田引用了据说出自亚里士多德笔下的《论奇闻》(*De mirabilibus auditis*)，也引用了一个"头脑简单的粗人"的说法，并将两者都作为权威来源。但是，蒙田认为后者要更可信，因为这人曾在新世界生活了十多年："亚里士多德的这段传奇故事，与我们之前听到的关于新大陆的传奇故事并不贴近。我身边这人，是个头脑简单的粗人，但这恰好是如实提供证词的前提。"[2]

《随笔集》首版（波尔多，1580 年）的读者，所面对的是这样一个每篇随笔均不分段的文本。[3] 而现代的出版商，则会"另起一行"，以此打破叙述节奏，冲淡原文中的那种尖锐口吻，而又不至于令其全然消失。

5. "胡乱镶嵌之作（Une marqueterie mal jointe）"——蒙田对其作品的这个定义，与之前对怪诞画的定义十分相似，在他

---

[1] 参见 S. Serlio, *Regole generali*, cit., c. XIV: "È stato parer degli antiqui Romani mescolare col Rustico non pur il Dorico, ma lo Ionico, e'l Corinthio anchora, il perché non sarà errore se d'una sola maniera si farà una mescolanza, rappresentando in questa parte opera di natura, e parte opera d'artefice"。

[2] 参见 Montaigne, *Saggi*, cit., p. 271 (*Essais*, cit., I, 31: p. 242)。

[3] 参见 M. Eyquem de Montaigne, *Essais, réproduction photographique de l'édition originale de 1580*, a cura di D. Martin, Genève-Paris 1976, p. 303v。

一贯的轻佻口气之外，这也表明了一种强烈的文学自觉。蒙田
所指的，是《随笔集》文风上的那种参差不齐，而他在其后版
本中不断增加长短不一之段落的做法，更是加重了这种参差不
齐。[①] 蒙田去世几年后，一位读者在其个人藏书——衬页版《耶
路撒冷的解放》（ Gerusalemme liberata ）——的页边写下了一个
类似的句子。伽利略——这位读者——评论道，从塔索的叙事
之中，"更容易浮现出一幅镶嵌画而不是油画：因为镶嵌画是不
同颜色木条的组合，永远都不能实现完美交融，界限消弭，诸
般颜色彼此分明，这便令图像呈现出枯滞、朴拙、棱角分明和
急峻突兀的特质。"仔细打量，我们不可避免地会从中看出与阿
廖斯托作品（ l'Ariosto ）的比较，而这最终被明确地表达了出
来：伽利略写道，《疯狂的奥兰多》（ l'Orlando furioso ）可以被
比作一幅油画，"柔和，圆润，有力，舒缓"。[②]

　　蒙田沾沾自喜的自我定义与伽利略对塔索的负面评价，这

---

① 参见 Montaigne, *Saggi*, cit., p. 1283："我补充，但并不修正。"（ *Essais*, cit., III, 9:
　　p. 1078 ）参见 A. Chastel, "Le fragmentaire, l'hybride, l'inachevé", in *Fables, formes,*
　　figures, Paris 1978, vol. II, pp. 33—45; J. Lafond, *Achèvement/inachèvement dans*
　　les Essais, in "Bulletin de la Société des Amis de Montaigne", settima serie, luglio-
　　dicembre 1988/gennaio-giugno 1989, nn. 13—16, pp. 175—188; A. Tripet, *Projet,*
　　développement, achèvement dans les Essais, in "Bulletin de la Société des Amis de
　　Montaigne", settima serie, luglio-dicembre 1988/gennaio-giugno 1989, nn. 13—16,
　　pp. 189—201。

② 参见 E. Panofsky, *Galileo as a Critic of the Arts*, Den Haag 1954, pp. 17—18（ tr. it.
　　Galileo critico delle arti, a cura di M.C. Mazzi, Venezia 1985, pp. 58—59 ）。伽利略
　　的 *Considerazioni* 或许写作于 1595 年到 1609 年间（ 出处同上，pp. 19—20 nota 2 ）；
　　另参见 G. Galilei, *Scritti letterari*, a cura di A. Chiari, Firenze 1970, pp. 493—494。
　　其他相关证据，参见 C. Ossola, *Autunno del Rinascimento*, cit., pp. 86—94。

两者之间的相似之处，再次指向了某个共同语境的存在。潘诺夫斯基（Panofsky）在一篇著名的论文中指出了这一点，他引用了伽利略的评语，以此作为塔索从属于萨尔维亚派（Salviati）或布龙齐派（Bronzino）风格主义文化的证据。潘诺夫斯基的定义也可以被扩展到蒙田身上。我很清楚，这种说法并不新奇。近几十年来，蒙田已经多次被认定为风格主义的典型代表。[①]但是，风格主义的范畴本身就是问题重重的，而且一直在变得越来越模糊。因此，为求审慎，我们应当从严格唯名论的角度出发来使用这一范畴：将其作为一个 20 世纪的建构（costruzione），必须不时地对其相关性加以确认。我们业已见到的那些、逐渐浮现出来的语境要素——塔索、普拉托利诺洞室、塞利奥、棣宫正面、被用来比作某种风格的镶嵌画、然后又回到塔索本人——全都可以被独立追溯至风格主义。有鉴于这些不谋而合之处，将蒙田定义为一个风格主义者，便显得不那么武断了。但是，在我看来，我们迄今为止所走过的这条崎岖小路，其实要比终点更加重要。

6. "在《疯狂的奥兰多》的一开头，"伽利略写道，"我看到了一个衣帽间，一个露台，一个华丽的画廊，其中点缀着出自著名雕塑大师之手的上百座古代雕像。"而《耶路撒冷的解放》的开始部分，则给他留下了另一种印象——"仿佛走进某个充

[①] 参见 A. Hauser, *Der Manierismus*, München 1964, pp. 325—327（tr. it. *Il manierismo*, Torino 1965, pp. 301 以下页码）；R. A. Sayce, *Renaissance et Maniérisme dans l'œuvre de Montaigne*, in *Renaissance, Maniérisme, Baroque*, Paris 1972, pp. 137—151。

满好奇心的小人物的小书斋，他喜欢用四处游历时寻来的东西加
以装饰，有些是古代遗物，还有些是稀奇物件，但这些事实上都
不过是一些小玩意儿，比如螃蟹化石啦，风干的变色龙啦，有苍
蝇或蜘蛛封存其中的琥珀啦，据说是在埃及古墓中发掘出来的泥
偶啦，以及出自巴乔·班迪内利（Baccio Bandinelli）或帕尔米
贾诺（Parmigiano）笔下的素描等等，诸如此类的小东西。"①

　　潘诺夫斯基评论道："在这个例子中，伽利略兴致盎然、
纤毫毕现地描摹出了一位风格主义时代的典型珍奇收藏家
（*Kunstund Wunderkammern*）。"② 我们可以想象出，在这些珍奇
收藏之中，可能便有出自帕利西工坊的昆虫铸像，以及蒙田收
藏于家中的那些物件："床……绳索……剑……木镯……一端开
口的大竹杖"，最后一样被巴西土著用作伴舞的乐器。③

　　品味是一道滤镜，不但会带来道德和认知上的后果，也会
产生审美上的影响。④ 蒙田之所以试图去了解巴西土著，动力源
自那些怪异、遥远、新奇之物的吸引力，源自他对那些师法自

---

① G. Galilei, *Scritti letterari*, cit., pp. 502—503.
② 参见 E. Panofsky, *Galileo*, cit., pp. 60—61 ［译文有修改］。
③ 参见 Montaigne, *Saggi*, cit., pp. 275—276（*Essais*, cit., I, 31, p. 246）。另参见 E. Kris, *Der Stil "rustique"*, cit., p. 143。另见 J. von Schlosser, *Die Kunstund Wunderkammern der Spätrenaissance*, Leipzig 1908（我参考的是附有注释的意大利文译本：*Raccolte d'arte e di meraviglie del tardo Rinascimento*, a cura di P. Di Paolo, Firenze 1974）。
④ 关于风格对道德的影响，参见 E. H. Gombrich, "Visual Metaphors of Value in Art", in *Meditations on a Hobby Horse*, London 1963, pp. 12—29, 163—165（tr. it. *A cavallo di un manico di scopa*, Torino 1971, pp. 20—47, 249—252）。另见本文作者的 "Stile", in *Occhiacci di legno*, cit., pp. 136—170。

然的艺术作品的好奇心，源自那些似乎生活近于自然状态的人群对他的诱惑。在《论食人部落》这篇随笔中，蒙田揭示了*珍奇收藏家*这一身份在道德上和智识上可能产生的连带影响。①

　　7. 收藏是以完备为目的的：这一原则通常会无视等级划分，无论是宗教等级、人种等级还是文化等级。《希腊、拉丁和异教名人写真及生平，系汇编各人古今画像、著作、圣牌而成》（*I veraci ritratti e le vite di uomini famosi greci latini e pagani, basati su dipinti, libri e medaglie, sia antichi sia moderni*，后文简称《名人写真及生平》）是一部 1584 年出版于巴黎的对开本画集，只要对这本配有大量插图的厚重图书略加浏览，便能得出上述结论。这本画集的作者、方济各会士安德烈·特韦（André Thevet），最广为人知的身份是宇宙志学者（cosmografo）。他关于法国人在巴西探险考察的著述《南极法兰西奇闻逸事》（*Les singularitez de la France antarctique*，1557），曾被胡格诺派教徒让·德莱里（Jean de Léry）指斥为满纸谎言。蒙田在谈及新世界的时候，宣称自己并不关心"宇宙志学者们会怎么说"，而这或许与德莱里对特韦的批评同属一个立场。② 但是，特韦编撰的这本《名人写真及生平》，却很可能会激起蒙田的好奇心。这是一部特韦花费数年时间写成的鸿篇巨著，他努力找到每一个人物的最可靠的肖像，然后转交到雕刻师手上，由其"雕版再

① 关于这一点，参见 R. A. Sayce, "Renaissance, Mannerism and Baroque", in *The Essays of Montaigne. A Critical Exploration*, London 1972, pp. 319—320。

② 参见 Montaigne, *Saggi*, cit., p. 271（*Essais*, cit., I, 31: p. 242）。参见 F. Lestringant, *André Thevet, cosmographe des derniers Valois*, Genève 1991（附参考书目）。

现，务求与所示人物惟妙惟肖（ pour graver et representer au naïf
l'air et le pourtrait des personnages que ie propose ）"。[1] 在世者
被排除在外。与生平传记相配的肖像被分成了不同的类别：教
皇、主教、勇士、诗人，等等。身为宇宙志学者，特韦将目光
投向了欧洲以外的地区，在书中收入了既不属于希腊人也不属
于拉丁人的许多"异教"人物（正如书名所示）。这本画集的第
8 卷专门介绍"皇帝与国王"，其中包括了裘力斯·凯撒、苏格
兰国王弗格斯一世、萨拉丁（Saladino）、帖木儿（Tamerlano）、
穆罕默德二世、埃及末代苏丹托莫姆贝（Tomombey）、秘
鲁国王阿塔瓦尔帕（Atabalipa）和墨西哥国王莫克特苏马
（Motzume）。在这形形色色的人物中，我们还发现了食人岛国
王纳科拉布苏（Nacolabsou）的身影（图 6）。[2]

　　在对巴西图皮南巴拉纳岛人宗教信仰的研究中，阿尔弗雷
德·梅特罗（Alfred Métraux）大量援引了特韦的著作，对他的
好奇心大加称赞。[3] 当然，特韦无法在原创性和智识上与蒙田
相媲美。然而，二人在反对等级划分上的态度却是一致的，这
种态度，令特韦将食人岛国王纳科拉布苏与一系列以凯撒为首

---

[1]　参见 A. Thevet, *Les vrais pourtraits et vies des hommes illustres*, Paris 1584, c. b IV r。
　　这部作品的版本和译本列表，参见 F. Lestringant, *André Thevet*, cit., pp. 376—
　　381。另见 F. Haskell, *History*, cit., pp. 51—52。

[2]　参见 A. Thevet, *Les vrais pourtraits*, cit., c. 650r。再版收录于 F. Lestringant
　　（a cura di）, *Le Brésil de Montaigne. Le Nouveau Monde des "Essais"* （1580—
　　1592）, Paris 2005, p. 204。

[3]　摘引自 J. Baudry, introduzione a A. Thevet, *Les singularitez de la France antarctique,
　　autrement nommée Amérique*, Paris 1981, p. 40。

的皇帝国王相提并论。这一版本的帝王列表流传了很长时间。
1657 年，以阿米约（Amyot）翻译的法文版为底本的普鲁塔克
《希腊罗马名人传》英文版在重印时，加入了一个附录，题为
"古今二十杰出人物生平"。其中便包含了从特韦《名人写真及生
平》中摘引的段落，而秘鲁国王阿塔瓦尔帕亦在此列（图 7）。①

　　这种"大杂烩"是特韦此项工作至关重要的一部分。《名人
写真及生平》是以 1577 年出版于巴塞尔（Basilea）的两卷对开本
《文人名士赞》（*Elogia virorum litteris illustrium*）为模版的。其作者
保罗·焦维奥（Paolo Giovio）在自己邻近科莫（Como）的别墅中
建起了一座博物馆，此书便是这座博物馆的产物。这座焦维奥博
物馆（Museo Gioviano）中收藏陈列的名人画像（国王、将军和学
者），本身亦基于一个古典模型，那便是瓦罗（Varro）在其现已
散佚的作品《名人像》（*Hebdomades*）中描述过的七百名人像。②
焦维奥在自己的历史著作中详细考察了奥斯曼帝国，并泛泛提及
了发生在欧洲之外的各种事件。③《文人名士赞》中收录了非洲和
亚洲的国王（图 9），尽管美洲的国王并未被包括在内。

　　在焦维奥博物馆中，展有一幅埃尔南·科尔特斯（Hernán
Cortés）的画像，以及这位探险家本人捐赠的一块心形祖母

---

① 参见 F. Lestringant, *André Thevet*, cit., p. 380。

② 参见 E. Müntz, *Le musée des portraits de Paul Jove. Contribution pour servir à l'iconographie du Moyen Age et de la Renaissance*，摘引自 "Mémoires de l'Académie des Inscriptions et Belles-Lettres"，XXXVI（parte II），1900。

③ F. Chabod 坚持这一观点，参见 F. Chabod, "Paolo Giovio", in *Scritti sul Rinascimento*, Torino 1967, pp. 243—267，尤其是 pp. 262 以下页码。

图 6　食人岛国王纳科拉布苏（出自安德烈·特韦《名人写真及生平》，
巴黎，1584 年）。

图 7　秘鲁国王阿塔瓦尔帕（出自安德烈·特韦《名人写真及生平》，
巴黎，1584 年）。

图 8　出自《罗马维吉尔抄本》(Vat. Lat. 3867)。

图 9　保罗·焦维奥《文人名士赞》,巴塞尔,1577 年。

绿。① 在特韦的珍奇收藏柜中，来自新世界的展品里，也有一份名为《门多萨抄本》(*Codex Mendoza*) 的著名阿兹特克手稿，如今它被收藏于牛津大学。一个法国海盗从一艘西班牙大帆船上盗取了这份专为查理五世（Carlo V）抄制的手稿，将其交到特韦手上，而特韦又把它转卖给了理查德·哈克卢特（Richard Hakluyt）。② 收录于《名人写真及生平》中的那些美洲国王的画像，其灵感便源自《门多萨抄本》。③

8. 对新奇之物的癖好和对收藏的热情，使得蒙田在《论食人部落》这篇随笔中收入了两首巴西歌谣的译文，并对之大加赞赏。④ 我们在与"他者（Altro）"打交道的时候，通常都会伴随着民族中心主义的各种歪曲变形，而蒙田是最早试着摆脱这种态度的先行者，因此，有些人会视他为人类学的奠基人。⑤ 但在这样做的时候，我们却把自己的话语强加给了蒙田。我们最好还是试着向他学习，试着用他自己的语言与他对话。

---

① 参见 E. Müntz, *Le musée*, cit., pp. 13—14。概要介绍参见 C. Feest, *Mexico and South America in the European* Wunderkammer, in O. Impey, A. MacGregor (a cura di), *The Origins of Museums*, Oxford 1985, pp. 237—244。

② 参见 F. Lestringant, *André Thevet*, cit., pp. 38—39。另见 J. Adhémar, *Frère André Thevet*, Paris 1947（"Profils franciscains", 28）, p. 28。

③ 参见 F. Lestringant, *André Thevet*, cit., p. 378。

④ 参见 Montaigne, *Saggi*, cit., pp. 282—283（*Essais*, cit., I, 31: pp. 251—252）。

⑤ 这 是 T. Todorov 经常使用的一个术语，参见 *La conquête de l'Amérique. La question de l'autre*, Paris 1982。但请参考 A. Compagnon 的深刻见解，参见 A. Compagnon, *Chat-en-poche. Montaigne et l'allégorie*, Paris 1993, pp. 41 以下页码（关于 T. Todorov 和 R. Romano ）。

在众多其他身份之外，蒙田也可以被视为一个古文物研究者（antiquario），尽管是独树一帜的那一种（*pure sui generis*）。[①] 这是一个几乎自相矛盾的说法：两个多世纪以来，古文物学者一直是泥古不化者（pedante）的同义词，而蒙田痛恨泥古不化。但是，《意大利游记》中的一段文字表明，这个定义言之有据。在访问梵蒂冈图书馆的过程中，蒙田看到了一份维吉尔（Virgilio）的手稿，根据手稿瘦长的字体，他认为可以断定其完成于君士坦丁时代（età di Costantino）[②]。这份手稿中并没有经常出现于《埃涅阿斯纪》（*Eneide*）中的那四句自述身世的话——"我曾是（Ille ego qui quondam ...）"。蒙田认为这证实了他之前的猜想，那便是这几句并非原文。[③]

蒙田在最后这一点上是正确的。[④] 但他关于手稿成文年

---

① R. A. Sayce, "Imitation and Originality: Montaigne and Books", in *The Essays of Montagne*, cit., pp. 31—32, 他在随笔 *Dei costumi antichi*（I, 49）中读出了古文物学的成分。

② 译者注：罗马历史上由君士坦丁王朝统治的时期，始于 306 年，止于 363 年。

③ 参见 Montaigne, *Journal de voyage du [!] Michel de Montaigne en Italie...*, cit., pp. 274—275。另见 *Giornale*, cit., II, p. 10: "Vidi pure un Virgilio scritto a mano con caratteri grossissimi, di quel tipo lungo e stretto che qui vediamo nelle iscrizioni dell'epoca imperiale, per esempio intorno al secolo di Costantino: una grafia che ha qualcosa di gotico, e ha perso la proporzione quadrata propria alle vecchie scritture latine"。

④ S. Timpanaro 认为，这些句子在过去居然被认定为原文，是一个"例外"（*Per la storia della filologia virgiliana antica*, Roma 1986, pp. 16—17）。但是，J. Perret 仍持此种观点（*Enéide*, "Les Belles Lettres", Paris 1981: 见 p. XLVI）。W. Schmid 对此进行了全面的讨论（*Vergil-Probleme*, Stuttgart 1983, Göppinger Akademische Beiträge, 120），最后将这四句认定为维吉尔的原作。另参见 R. Sabbadini, *Le scoperte dei codici latini e greci nei secoli XIV e XV*（1905）, a cura di E. Garin, 2 voll., Firenze 1967, vol. I, p. 154。

代的猜测，却有悖事实。他在梵蒂冈见到的这份手稿，很早以前便被认定为《罗马维吉尔抄本》(*Vergilius Romanus*, Vat. Lat. 3867)(图 8)。[①] 在持续了数十年的激烈讨论之后，今天的学者倾向于将这份手稿的成文时间定于 5 世纪末，比蒙田设想的成文时间晚了一个半世纪。[②] 所有这一切并未有损蒙田所作观察的原创性。50 年前，法国古文物研究者克洛德·贝利夫尔（Claude Bellièvre）曾仔细检视过这份《罗马维吉尔抄本》，他也注意到了瘦长的字体以及一处特殊的拼写（将维吉尔拼写成了 "Vergilius" 而不是 "Virgilius"），而这一点已经被波利齐亚诺（Poliziano）在《杂录》(*Miscellanea*) 一书中指出。[③] 但是，蒙田从未读过波利齐亚诺的语文学著作。他并不是一个语文学家（filologo）；他不但不是、也不可能是一个古文书学家（paleografo），因为现代意义上的古文书学直到 17 世纪末才出现。他对手稿字体这些细枝末节的留意，部

---

① Montaigne, *Journal*, cit., p. 275 nota 1.

② 波利齐亚诺将这份抄本的年代定为 6 世纪前后：参见 R. Sabbadini, *Le scoperte*, cit., vol. I, pp. 154, 169。第一个提出对 Vat. Lat. 3867 抄本中的画饰与君士坦丁时代的雕塑进行比较的人是 C.Nordenfalk，参见 C. Nordenfalk, *Der Kalender vom Jahre 354 und die lateinische Buchmalerei des IV. Jahrhunderts*, Göteborg 1936, pp. 31—36：参见 E. Rosenthal, *The Illuminations of the Vergilius Romanus* (*Cod. Vat. Lat. 3867*). *A Stylistic and Iconographic Analysis*, Zürich 1972, p. 9。D. H. Wright 倾向于把年代定在 480 年前后，参见 D. H. Wright, *Der Vergilius Romanus und die Ursprünge des mittelalterlichen Buches*, Stuttgart 2001。如果我没记错的话，这些学者都没有提到蒙田。

③ 参见 C. Bellièvre, *Souvenirs de voyages en Italie et en Orient: Notes historiques, pièces de vers*, a cura di C. Perrat, Genève 1956, pp. 4—5 (Bellièvre 在笔记中抄录了抄本的文字)：参见 A. Grafton, "The Scholarship of Poliziano and Its Context" (in Id., *Defenders of the Text*, Cambridge [Mass.] 1991, pp. 47—48)。

分源自他对一切实在具体且与众不同之物的无休无止的好奇
心。正如他在讨论教育的随笔中所言，这是一种应当在青年
人中加以鼓励激发的性情："让他在诚实的好奇心的激励下，
去探索万事万物；他必须要看到身边值得注意的一切：一栋
建筑，一座喷泉，一个人，一处凯撒或查理曼经过的古战场
遗迹。"①

这些都是古文物研究者所关注的主题，但却被历史学家们
系统性地忽略了。②"一个人"可以是一个刚刚来自新世界的、
"头脑简单的粗人"，而他燃起了蒙田的好奇心。当古文物研究
者的好奇心与方法论从远古之人——希腊人和罗马人——的身
上转移到远方之人身上时，人类学便出现了。蒙田对于这一决
定性转折的贡献，仍有待探索。③

9. 这种古文物研究者的视角，让蒙田得以将巴西土著视为
从属于一种不同文化的个体——尽管"文明"这个词当时尚不
存在。④他拒绝称他们的诗歌为"野蛮之作"："这一思想并无

---

① 参见 Montaigne, *Saggi*, cit., p. 205（*Essais*, cit., I, 26: p. 189）。
② 关于这一点，参见 A. Momigliano, "Storia antica e antiquaria"（1950）, in *Sui fondamenti della storia antica*, Torino 1984。
③ 我曾简要提及这一主题，参见 *Rapporti di forza*, cit., pp. 100—105。对此尚缺乏足够的研究。
④ 参见 L. Febvre, *Civilisation: le mot et l'idée*（Publications du Centre International de Synthèse）, Paris 1930, pp. 1—55（tr. it. di C. Vivanti, *Problemi di metodo storico*, Torino 1976, pp. 3—45）; E. Benveniste, *Civilisation: contribution à l'histoire du mot*, in *Hommage à Lucien Febvre. Éventail de l'histoire vivante*, Paris 1953, vol. I, pp. 47—54。

半分野蛮之意"；"这幅图景不带一丝野蛮味道。"① 蒙田总体上认为，"在我看来，这些人中并不存在我以前听说的那些野蛮特质，人们只不过是把自己不习惯的那些东西称为野蛮而已。"②

但是，几页之后，这种纯属相对意义的"野蛮"便带上了一丝否定色彩。鉴于我们这些文明人要比食人部落更加残忍，我们才是真正的野蛮人："我认为，把活生生的人吃掉，要比吃掉死人更野蛮……假如依照理性原则评判的话，我们固然可以将他们叫做野蛮人，但与我们自身相比，就没办法这样说了，因为我们在各种野蛮暴行上都胜过了他们。"③

被赋予"野蛮"这个词的第三个含义——这一次是正面含义——为这种突然逆转做好了准备。巴西土著之所以被称为"野蛮"或"未开化"，是因为他们依然近于自然以及自然法则："他们是野人，正如我们将自生自长的果子称为野果……因此，这些人被我们视为野蛮，恰在于其未被人之机心所范，依然近于素朴本原。自然法则一直支配着未被人作之法所败坏的他们。"④

---

① 参见 Montaigne, *Saggi*, cit., pp. 282—283（*Essais*, cit., I, 31: pp. 251—252）。这些观点受到了普鲁塔克的影响，参见该篇随笔的开头部分："我不知道这些人是哪种野蛮人（因为希腊人将所有的外邦人都称为野蛮人），但我所见的这支军队的排兵布阵，可不带一丝野蛮味道"（*Saggi*, cit., p. 268）。关于这一点，参见 E. M. Duval, *Lessons of the New World: Design and Meaning in Montaigne's "Des cannibales"（I: 31）and "Des coches"（III: 6）*, in "Yale French Studies", 64（1983）, pp. 95 以下页码。

② 参见 Montaigne, *Saggi*, cit., p. 272（*Essais*, cit., I, 31: pp. 242—243）。

③ 出处同上，p. 278（*Essais*, cit., I, 31: p. 248）。

④ 出处同上，pp. 271—273（*Essais*, cit., I, 31: pp. 243—244）。

三个不同的含义。每一个，都意味着一段距离："事实上，在他们的存在之道与我们的存在之道之间，所距甚远。"[①] 但正如我们所看到的，蒙田深为这种距离和多样性所吸引，而这既出于美学视角，也出于智识视角。为此，他才会努力去理解那些奇异民族的生活和习俗。接下来，伴随着一个突如其来的视角逆转，他透过那些被带至鲁昂、来到法王御前的巴西土著的眼睛，看向了我们这些文明人。他们所看到的，以及他透过他们的眼睛所看到的，毫无意义可言。在随笔的结尾处，蒙田记录下了巴西野蛮人对于我们这个社会的惊诧。他们的话已经被引用过无数次，但却一直都能让我们若有所失：

> 他们说……他们意识到，在我们之中，有人身居温柔富贵、金玉噎喉，而饥寒交迫、瘦骨嶙峋的另一半人，则正沿门求乞。他们发现此事甚奇，因为那缺衣少食的一半人，居然能忍受如此之不公，而不愿去割断另一半人的喉咙，烧毁他们的华屋。[②]

* 本文是 1993 年 11 月伦敦大学学院艾伦·马尔·马卡宾斯（Alan Marre Maccabeans）百年诞辰纪念讲座的修改版本。感谢塞缪尔·R. 吉尔伯特（Samuel R. Gilbert）的点评。

---

① 参见 Montaigne, *Saggi*, cit., p. 282（*Essais*, cit., I, 31: p. 251）。
② 出处同上，p. 284（*Essais*, cit., I, 31: p. 253）。

第 4 章 巴黎，1647：关于虚构与历史的对话

1. 几年前，马塞尔·德蒂恩内（Marcel Detienne）曾带着讽刺的口气提到摩西·芬利（Moses Finley）试图从荷马史诗中辨认历史元素的工作。[①] 德蒂恩内评论说，治史时剔除怪力乱神的元素，是历史学家的典型态度；但对于这一点，确有必要追溯至它最久远的渊源，进行一番历史分析。[②] 我将从与德蒂恩内十分不同的视角，来考察这个故事中的一个重要片断。

2. 以对话体写成的《论阅读古代传奇小说》（*De la lecture des vieux romans*），是让·沙普兰（Jean Chapelain）1646 年底

[①] M. Detienne, *L'invention de la mythologie*, Paris 1981, pp. 53—59。德蒂恩内认为（p. 56 nota 29），Vidal-Naquet（1975）为《伊利亚特》撰写的前言"与 Finley 的历史解释保持了距离"。实际上，Vidal-Naquet 的态度要更为微妙：参见 "L'*Iliade* sans travesti", in *La démocratie grecque vue d'ailleurs*, Paris 1990, pp. 38—39；以及同一本书中的 "Économie et société dans la Grèce ancienne: l'œuvre de Moses Finley", pp. 55—94，尤其是 pp. 59 以下页码。另参见评论文章 A. Momigliano all'*Invention de la mythologie* di Detienne, in "Rivista storica italiana", 94（1982）, pp. 784—787。

[②] M. Detienne, *L'invention de la mythologie*, cit., p. 107 nota 75.

或 1647 年初的作品，它在很长一段时间内都未被发表，直到作者身故 8 年之后才公诸于世。[①]沙普兰当时正在写作《圣女贞德，或被解救的法兰西》(*La Pucelle ou la France delivrée*)，这部雄心勃勃的诗作在一开始获得成功之后，很快便遭到了激烈的批评，随即被打倒搞臭。[②]沙普兰的大部分文学活动在如今看来都显得意义重大，借助他的评论文章和长篇累牍的书信往来而发挥了巨大的权威作用。[③]《论阅读古代传奇小说》拥有众多版本：1728 年版（首版）、1870 年版、1936 年版、1971 年版和 1999 年版。[④]但是，关于这部作品，仍有许多值得讨论之处。

---

① 关于这个时间，我同意 Jean-Pierre Cavaillé 的观点，参见 *Galanterie et histoire de l'"antiquité moderne". Jean Chapelain, De la lecture des vieux romans, 1647*, in "XVIIe siècle", 50（1998），pp. 387—415。该文后来作为前言收录入了他编校的 *De la lecture des vieux romans*, Paris 1999。

② 对沙普兰这首诗的最致命一击，是伏尔泰的戏仿之作 *La Pucelle d'Orléans*。

③ 参见 *Lettres de Jean Chapelain*, 2 voll., a cura di Ph. Tamizey de Larroque, Paris 1880—1893; J. Chapelain, *Soixante-dix-sept lettres inédites à Nicolas Heinsius*（1649—1658），a cura di B. Bray, La Haye 1966。关于他的文学生涯，参见 Ch. Jouhaud, *Les pouvoirs de la littérature. Histoire d'un paradoxe*, Paris 2000, pp. 97—150。

④ 我沿用了 A. C. Hunter 编校的文本，只有一处很小的改正：J. Chapelain, *Opuscules critiques*, a cura di A. C. Hunter, Paris 1936, pp. 205—241。其他版本：[Desmolets]，*Continuation des mémoires de littérature et d'histoire*, Paris 1728; A. Feillet 的编校本，其中收录了他以为不曾被发表过的对话录（Paris 1870, rist. Genève 1968）; F. Gegou, *Lettre-traité de Pierre-Daniel Huet sur l'origine des romans ... suivie de La lecture des vieux romans par Jean Chapelain*, Paris 1971（带有评注）；以及前面提到过的 Jean-Pierre Cavaillé 编校的 1999 年巴黎版。另参见 J. de Beer, *Literary Circles in Paris, 1619—1660*, in "PMLA", 53（1938），pp. 730—780, 尤其是 pp. 757—758; J. Frappier, "Voltaire amateur de vieux romans", in *Amour courtois et Table Ronde*, Genève 1973, pp. 283 以下页码; Ch. Delhez-Sarlet, *Le Lancelot "fabuleux et historique": vraisemblance et crédibilité d'un récit au XVIIe siècle*, in *Mélanges offerts à Rita Lejeune*, Gembloux 1969, vol. II, pp. 1535 以下页码。

　　这个对话录，是献给保罗·德贡迪（Paul de Gondi）的，他当时任巴黎总主教的副主教（vicario dell'arcivescovo di Parigi），后来以雷斯枢机主教（cardinale di Retz）而闻名于世。[1] 在沙普兰之外，参与对话的还有两名年轻作家：学者吉勒·梅纳热（Gilles Ménage）和历史学家及诗人让-弗朗索瓦·萨拉赞（Jean-François Sarasin）。[2] 沙普兰说，他在阅读一本中世纪传奇小说《湖上骑士兰斯洛特》（Lancelot du Lac）时，被梅纳热和萨拉赞二人的反应惊住了。（根据沙普兰的藏书目录，他拥有这本书的两个印刷版本。）[3] 这两位朋友的反应截然不同。萨拉赞评论说，

---

① 近 17 世纪中叶时，有一群诗人、评论家和古文物学研究者聚集在雷斯枢机主教身边：参见 J. de Beer, *Literary Circles*, cit.。关于自由主义者的基本读物，参见 R. Pintard, *Le libertinage érudit dans la première moitié du XVIIᵉ siècle*, Paris 1943（1983 年的日内瓦-巴黎重印版，带有新增的前言）。另参见 T. Gregory *et al., Ricerche su letteratura libertina e letteratura clandestina nel Seicento*, Firenze 1981。

② 保罗·德贡迪当时是梅纳热的保护人；1652 年，他们的关系恶化了。萨拉赞随即邀请梅纳热为 Monseigneur de Conti 效力，但被梅纳热拒绝：参见 G. G., *Ménage et le cardinal de Retz*, in "Revue d'histoire littéraire de la France", 38（1931），pp. 283—285; introduzione di B. Bray a J. Chapelain, *Soixante-dix-sept lettres*, cit., pp. 168—169 nota 2。梅纳热和萨拉赞一直保持着友谊；沙普兰与二人均断交了（出处同上，pp. 112, 285）。在梅纳热出版的萨拉赞作品中，有一份对话录（*S'il faut qu'un jeune homme soit amoureux*），它显然效仿了几个月前写完但却并未发表的另一部作品（*De la lecture des vieux romans*）（参见 J.-F. Sarasin, *Œuvres*, Paris 1694, pp. 139—235，尤其是 p. 208）。除了两个例外（M. de Pille 和 Louis Aubry, sieur de Trilleport），两部对话录中的人物完全相同；在萨拉赞的作品中，讨论始于另一本书（*Roman de Perceforest*）而不是《湖上骑士兰斯洛特》。

③ 参见 *Catalogue de tous les livres de feu M. Chapelain*, a cura di C. Searles, Stanford 1912, p. 70, nn. 2328—2329。这个版本就是 *Histoire de Lancelot*, Paris 1520, 1591; *Le premier volume de Lancelot du Lac nouvellement imprimé*, Paris 1633。

兰斯洛特是"过去四百年或五百年中在每个欧洲宫廷里大获成功的所有传奇小说的源头"。而作为古典文学的倡导者，梅纳热则宣称，像沙普兰这样有品味的人，居然会对一本连现代派都鄙夷不屑的书大加称赞，实在让他惊诧莫名。沙普兰回复道，他一开始阅读《湖上骑士兰斯洛特》时，是为一本关于法语起源的书收集资料：这个点子恰恰便出于梅纳热的建议。①沙普兰说，在《湖上骑士兰斯洛特》中，我找到了许多词语和表达，足以表明法语是如何从最初的粗鲁不文转变为今天的精致典雅。梅纳热对这个研究项目并不反对。但当沙普兰说，他开始喜欢上《湖上骑士兰斯洛特》时，梅纳热顿时变得怒不可遏："你怎么敢去称赞这么一本甚至连无知之辈和粗鄙之人都瞧不上的糟粕腐朽之作？难道你还想在这么一个没文化的作家身上发现堪与荷马或李维比肩的人格？"

　　这当然是一个意在反唇相讥的修辞性疑问（domanda retorica）。但沙普兰对这个双重悖论的比较，却做出了出人意料

①　在梅纳热写给 Jacques Dupuy 的一封信中，可以找到他与沙普兰这番对话的一丝回声余响，这封信被收入了 *Origines de la langue françoise*, Paris 1650 的开头部分，原文如下："Et pour remonter jusques à la source [...] il faudroit avoir leu tous nos vieux Poëtes, tous nos vieux Romans, tous nos vieux Coustumiers, et tous nos autres vieux Escrivains, pour suivre comme à la piste et découvrir les altérations que nos mots ont souffertes de temps en temps. Et je n'ay qu'une légère connoissance de la moindre partie de toutes ces choses". Questo passo si legge alla fine di un elenco stupefacente che include "l'Hébreu et le Chaldée", "la langue qui se parle en Basse-Bretagne, et l'Alleman avec tous ses differens dialectes", "les divers idiomes de nos Provinces, et le langage des paysans, parmi lesquels les langues se conservent plus longuement".

的回应。从文学的观点来看，荷马与《湖上骑士兰斯洛特》的作者十分不同：前者高贵庄严，后者粗鄙低俗。但是，他们作品的题材却是相似的：二人所写均为"虚构叙事"（*fables*）。[1]亚里士多德或许会对《湖上骑士兰斯洛特》做出正面评价，正如他对荷马史诗的赞扬一样：前一部作品中对魔法的运用，与后一部作品中众神的介入并没有太大不同。

　　所有这些，都可以与众多 17 世纪学者的著作进行比较。这些学者为马比容（Mabillon）和蒙福孔（Montfaucon）铺平了道路，为发现被沙普兰定义为"现古代（antichità moderna）"的中世纪奠定了基础。[2]（《论阅读古代传奇小说》是一份关于古典与现代之争的早期文献，而且在某种程度上是一份不同寻常的文献。）[3]沙普兰说，《湖上骑士兰斯洛特》的作者是一个"没文化的人（un barbaro）[4]，他受到了那些没文化的人的赞赏……即便他本人并不缺乏文化修养"。与和稀泥的解释相伴的，是一

---

[1]　《学术辞典》（*Dictionnaire de l'Académie*）中对"*fable*"一词的定义是"旨在教导或娱乐读者的一种虚构叙事…… *fable* 还指史诗或诗剧的主题，或小说的主题……"（Ch. Sorel, *De la connoissance des bons livres*, a cura di L. Moretti, Roma 1974, p. 84 nota 23）。

[2]　J. Chapelain, *Opuscules*, cit., p. 219。关于这一表述和其他相似表述的一本基本读物，参见 N. Edelman, *Attitudes of Seventeenth-Century France toward the Middle Ages*, New York 1946, pp. 1—23。

[3]　这段对话并未在文集 *La querelle des Anciens et des Modernes*, a cura e con introduzione di M. Fumaroli, postfazione di J.-R. Armogathe, Paris 2001 中被提及。

[4]　译者注：原指说着与希腊罗马人不同的语言、遵循不同风俗习惯的人，后来衍生为对未受过古典教育者的蔑称，本书中根据不同语境，分别将其译为"野蛮人"和"没文化的人"。

种认可，认为即便是像《湖上骑士兰斯洛特》这样的传奇小说，
也符合亚里士多德的文艺定律。在这之中，我们得以后见之明
地察觉出某种深刻的品味转变的开端。但在沙普兰的这个例子
中，对中世纪的发现并未与文学相关联，而是通向了历史。这
部对话录最具有原创性的那部分，便始于此处。

梅纳热语含讥讽地反问道，《湖上骑士兰斯洛特》的作者是
否应当与李维相提并论。沙普兰回答说：

> 将《湖上骑士兰斯洛特》与李维的作品相提并论自然
> 是荒谬的，其荒谬程度正如将维吉尔的作品与李维的作品
> 相提并论，将虚假与真实相提并论。然而，我敢说，即便
> 基于想象事件的《湖上骑士兰斯洛特》无法与作为真实叙
> 事典范（par la vérité de l'histoire）的李维作品相提并论，
> 但在另一个层面上，作为反映行为方式和风俗习惯的真实
> 影像（par la vérité des mœurs et des coutumes），这种比较
> 却是可能的。在这一层面上，两位作者都给我们留下了完
> 美的记述：无论是李维写作时所处的时代，还是《湖上骑
> 士兰斯洛特》的作者写作时所处的时代。①

---

① 参见 J. Chapelain, *Opuscules*, cit., p. 209。关于与意大利文中"历史（storia）"
一词相似的法文"*histoire*"一词的模糊含义，参见 *Dictionnaire* di Furetière:
"*Histoire* 也指小说，就是那种基于虚构但未必本质上不可能发生的事件的叙事，
它是由作家想象出来的，或是表现为一种并不能让人立即识别出来的形式"（Ch.
Sorel, *De la connoissance des bons livres*, cit., p. 84 nota 23）。

梅纳热迷惑不解。沙普兰于是试着从普遍意义上证明自己的判断。一位作家编了一个故事，这是一个想象叙事，而人类在其中充当主人公。这位作家必须依据人物所处时代的风俗习惯来描绘角色性格：否则，他们便不可信。[①] 沙普兰含蓄地提到了《诗学》中的一段著名文字（1451b），在这段文字中，亚里士多德说，"诗人的工作，不是谈论那些真实的事件，而是探索那些处于或然和必然之域中、有可能发生的事件。"但是，沙普兰脱离了传统，在诗性的真实（verosimiglianza poetica）中发现了一个既非逻辑性也非心理性的元素，那便是历史元素。[②] 他说，《湖上骑士兰斯洛特》

是在现古代的黑暗时刻写成的，灵感完全源于自然之书（libro della natura）[③]，依据仍被遵循的那些类似的风俗习惯，或是那些表明类似的风俗习惯曾存在于过去的文献，它忠实地描绘出了可能曾经发生过的那些事，尽管这些事并没有真正发生于当时的国王与骑士之间。

[①]　J. Chapelain, *Opuscules*, cit., p. 217.

[②]　参见 Aristotele, *Dell'arte poetica*, a cura di C. Gallavotti, Milano 1987, p. 31。M. Magendie 误解了这一点，参见 M. Magendie, *Le roman français au XVIIe siècle*, Paris 1932, p. 131。德蒂恩内针对芬利所言的尖锐批评更有借鉴价值，在他看来，真实（verosimiglianza）是荷马史诗的听众所提出的条件之一："听众要求真实是什么意思？可信意味着什么？当然是不同于亚里士多德所指的某些东西。"（M. Detienne, *L'invention de la mythologie*, cit., p. 57 nota 33）。

[③]　译者注：这是中世纪的一个神学和哲学概念，视自然为神启之书，与《圣经》等经典对照阅读时，可以帮助人类获得知识与理解。

这样便得出了结论：《湖上骑士兰斯洛特》为我们提供了
"一个真实的再现，而且就某种意义而言，一段关于那个时代宫
廷中盛行风俗习惯的真真切切的历史"。

3. 从虚构作品中提取历史信息的这个观点，并不算新。在
古代的历史学家中，也能发现朝着这一方向的努力尝试。例如，
修昔底德（Tucidide）就试过使用《伊利亚特》中的船只目录来
重新建构古希腊战船的尺寸。[①] 但当沙普兰建议将《湖上骑士兰
斯洛特》更多地解读为一个历史文献而非一座文学丰碑时，毫
无疑问，他想到了那些古文物研究者的做法。[②] 在首次出版于
1560 年、其后又多次修订再版的《法国研究》（*Recherches de la
France*）一书中，艾蒂安·帕基耶（Étienne Pasquier）收录了
一段关于法国诗歌中世纪渊源的文字。从类似的视角出发，克
洛德·福谢（Claude Fauchet）撰写了《法语及法国诗歌、韵
文和传奇小说溯源》（*Recueil de l'origine de la langue et poésie
françoise, ryme et romans*），列出了 127 位生活于公元 1300 年

---

① 关于这一段，参见［Desmolets］, *Continuation des mémoires de littérature et
d'histoire*, cit., pp. 6, 304，它让我得以改正 Hunter 版本中的一处疏漏。关于沙
普兰对话录首次出版后的反响，参见 La Curne de Sainte-Palaye, *Mémoires sur
l'ancienne chevalerie*（1759）, a cura di Ch. Nodier, Paris 1829, vol. I, pp. 431—
432。尤其值得参考的是 *Mémoire concernant la lecture des anciens romans de
chevalerie*, ivi, pp. 436—437: "Je ne dissimulerai point qu'après avoir achévé ce
mémoire, j'appris que j'avais été prévenu il y a long-temps par M. Chapelain..."。
更多参见 L. Gossman, *Medievalism and the Ideologies of the Enlightenment: The
World and Work of La Curne de Sainte-Palaye*, Baltimore 1968, p. 153。

② 参见 A. Momigliano, "Storia antica e antiquaria"（1950）, in *Sui fondamenti della storia
antica*, Torino 1984, pp. 3—45。

前的法国诗人的名字和作品。[1] 而更明显的，是这种想法与福谢另一部作品《法兰西达官显贵祖迹》（*Origine des dignitez et magistrats de la France*）之间的呼应。在这本书中，摘引自《玫瑰传奇》（*Roman de la Rose*）和克雷蒂安·德特鲁亚（Chrétien de Troyes）传奇小说中的段落，便被用来阐明诸如宫相（maire du Palais）、钦差（sénéschal）和太师（grand maistre）等高官的职责。[2]

在这场对话的结尾，沙普兰提到了尚特罗·勒费夫尔（Chantereau Le Fèvre）的一篇尚未公开发表的论文，在其中，这位"伟大的古文物研究者"反复引用了《湖上骑士兰斯洛特》，将其作为反映中世纪风俗和传统的权威来源。事实上，在这篇 17 年后由尚特罗·勒费夫尔之子代为发布的《论采邑及其渊源》（*Traité des fiefs et de leur origine*）中，只有一处——但却是非常重要的一处——引用了《湖上骑士兰斯洛特》。为了阐明"襫封（meffaire，领主打破与其封臣之间的封建契约）"一词的确切含义，尚特罗·勒费夫尔引用了《湖上骑士兰斯洛特》中的一段文字，解释说，作者（毫无疑问是一位修道士）意在借助一段虚构的情节和一些想象出来的名字，描述"那个

---

① C. Fauchet, *Les œuvres... revues et corrigées*, Paris 1610, pp. 482 以下页码。关于福谢，参见 J. G. Espiner-Scott, *Claude Fauchet*, Paris 1938（注意在 p. 372 有关沙普兰对话录的部分并未提及福谢的名字）。另参见 L. Gossman, *Medievalism*, cit., p. 153。

② C. Fauchet, *Les œuvres*, cit., p. 591。

时期骑士们的风俗习惯和生活方式（les mœurs et la manière de vivre）"。[1] 在一篇与沙普兰的对话录相唱和的尚未发表的论文中，萨拉赞把阅读《湖上骑士兰斯洛特》比作了古文物收藏研究："古老的挂毯，古老的绘画，古老的雕塑，它们从祖先那里传到了我们手上，（正如沙普兰所说，）那些古老的传奇小说，也为我们提供了关于彼时习惯与风俗的忠实影像。"[2]

在自己的对话录中，沙普兰朝着另一方向推演出了同样的类比。从虚构叙事中，有可能提取出更隐秘但也更宝贵的证词，而这恰恰因为它们是虚构叙事："医生根据病人的梦来分析他们的迷乱心智，以同样的方式，我们也能根据古人作品中描述的奇思异想来分析他们的习惯与风俗。"

从诗歌中提取历史，从想象中提取真相，从可能中提取真

---

[1] L. Chantereau Le Fèvre, *Traité des fiefs et de leur origine avec les preuves tirées de divers autheurs anciens et modernes, de capitulaires de Charlemagne, de Louis le Débonnaire, de Charles le Chauve, et des ordonnances de S. Louis, et de quantité d'autres actes mss. extraicts de plusieurs cartulaires authentiques*, Paris 1662, pp. 87—89, 关于 *meffaire*（但在《湖上骑士兰斯洛特》的相应段落中出现了一个同义词 *mesprendre*）。一项全面的研究，参见 G. Baer Fundenburg, *Feudal France in French Epic: A Study of Feudal French Institutions in History and Poetry*, Princeton 1918, 其中并未提到 17 世纪的古文物研究传统。将叙事层面考虑在内的一项视角更为复杂的研究，参见 D. Maddox, *Lancelot et le sens de la coutume*, in "Cahiers de civilisation médiévale", 29（1986），pp. 339—353，以及同一作者的 *Yvain et le sens de la coutume*, in "Romania", 109（1988），pp. 1—17。

[2] J. Chapelain, *Opuscules*, cit., p. 219。一个世纪后的类似方向讨论，参见 B. de Montfaucon: "Ce différent goût de sculpture, et de peinture en divers siècles peut même être compté parmi les faits historiques"（*Les monumens de la monarchie françoise*, Paris 1729, vol. I, p. 11, 摘自 G. Previtali, *La fortuna dei primitivi dal Vasari ai neoclassici*, Torino 1964, p. 70）。

实，这便意味着对亚里士多德在《诗学》中做出的区分进行系统性的重述。但是，梅纳热就着沙普兰的判断引出疑问：要将《湖上骑士兰斯洛特》的这位无名作者定义为"他那个时代的风俗史学家"，这难道不就是最高的赞誉吗？他接着说：毕竟，可是你自己断言说，他的作品"补足了现有的编年史。那些编年史只告诉我们，某个君主出生了，某个君主去世了；它们列出了这些君主王国中最重要的事件，然后便止于此处。然而，借助《湖上骑士兰斯洛特》这样一本书，我们成为了那些人物的密友，甚至到了与他们心领神会的程度"。①

4. 沙普兰对《湖上骑士兰斯洛特》的辩护，始于一个极易引发争议的比较。他认为，在忠实反映真相的层面上，这本书可以与出自萨克索·格拉马蒂科斯（Saxo Grammaticus）、傅华萨（Froissart）、蒙斯特勒莱（Monstrelet）等人笔下的那些最著名的中世纪编年史相提并论。但他随即提高了标准，宣称风俗史（histoire des mœurs）要优于干巴巴的编年史：虽然他也谨慎地指出，二者之间存在着一种互补关系。如今看来，这些陈述带着强烈的原创印迹。② 即便在其同时代人眼中，亦是如此。梅纳热评论说，认为基于《湖上骑士兰斯洛特》这样的传奇小说可以得到更深层次历史的说法，是高度自相矛盾的：这意味着"认定一个作家是值得信任的，而就连你自己也承认，他的叙事

---

① 　J. Chapelain, *Opuscules*, cit., p. 221.

② 　M. Magendie 写道，他们见证了"17 世纪的相对稀缺性"（*Le roman*, cit, p. 121）。

完全是虚构出来"。①

5. 被贝尔（Bayle）等同于现代哲学之诞生的古代怀疑论的重新发现，经历了多个不同阶段，而这很大程度上与塞克斯都·恩披里柯（Sesto Empirico）作品的出版有关。由亨利·艾蒂安（Henri Estienne）编辑的《皮浪学说概要》（*Schizzi pirroniani*，1562）的第一个拉丁文译本，再版时收入了让蒂安·埃尔韦（Gentian Hervet）翻译为拉丁文的《反对学问家》（*Adversus mathematicos*，I，1569）。1621 年，这两个拉丁文译本都以对开本的形式重版了，它们在 4 个欧洲城市付印，希腊文原文也被收入其中。②

作为古代怀疑主义的主要出处，塞克斯都·恩披里柯作品激发出了一场针对"历史皮浪主义（pirronismo storico）"③——也即针对历史知识及其局限——的讨论，而这持续了一个半世纪之久。这种既针锋相对也泛泛而谈的论战程式，让我们忘记了引发这场讨论的初始文本。④ 这些文本中的几页，曾在 16 世纪中期吸引了弗朗切斯科·罗博泰洛（Francesco Robortello）的

---

① J. Chapelain, *Opuscules*, cit., p. 217.

② R. Popkin, *The History of Scepticism*, cit., pp. 36—37。对 1621 年版的描述，参见 L. Floridi, *Sextus Empiricus*, cit., pp. 53—54。

③ 译者注：又译为历史怀疑主义。

④ 一本极有价值的著作，参见 C. Borghero, *La certezza e la storia. Cartesianesimo, pirronismo e conoscenza storica*, Milano 1983。但即便是这本书，也在一开始便指出，"历史皮浪主义"这个范畴催生出了一个"史学幻景"（p. 9），但他并未仔细检视赛克斯都的文字。

注意力，那便是《反对学问家》的第一卷第 248—269 行。① 在
这段文字中，塞克斯都·恩披里柯与一些语法学家——陶里斯
科（Taurisco）、阿斯克勒庇亚德·迪米尔莱亚（Asclepiade di
Mirlea）和迪奥尼西奥·特拉切（Dionisio Trace）——展开了辩
论。这些语法学家将语法拆分成多个部分，其中便包括历史语
法这部分。② 例如，阿斯克勒庇亚德就认为，历史语法应当被
分成三类："历史要么是真的，要么是假的，要么就是'看似真
实'的：真的历史，其目的在于讲述那些确实发生过的事，假
的历史，则以虚构和传奇作为其目的，而'看似真实'的历史，
是那种在喜剧和滑稽剧中看到的历史。"③

塞克斯都对此表示反对：真的历史是不计其数的事实
（fatti）之总和，这些事实不分轻重缓急，因此也就不像医学

---

① *Sexti Philosophi Opera quae extant*, Parisiis, in officina Abrahami Pacardi 1621，该
　书分为单独标注页码的两部分，参见第二部分 pp. 49—53（另参见上一出处的第
　一章）。

② 关于迪奥尼西奥·特拉切，参见 P. Matthews, *La linguistica greco-latina*, in G.
　C. Lepschy（a cura di），*Storia della linguistica*, Bologna 1990, vol. I, pp. 246—
　248。关于迪奥尼西奥的所谓 "技艺（*technē*）"，参见 R. Pfeiffer, *History of
　Classical Scholarship from the Beginnings to the End of the Hellenistic Age*, Oxford
　1968, pp. 266—272。该书作者支持真实性的论点，反对 V. Di Benedetto 的奇
　论（V. Di Benedetto, *Dionisio Trace e la technē a lui attribuita*, in "Annali della
　Scuola Normale Superiore di Pisa. Classe di Lettere", seconda serie, XXVII（1958），
　pp. 169—210; XXVIII（1959），pp. 87—118）。

③ Sesto Empirico, *Contro i matematici*, I, 252（tr. it. di A. Russo, Bari 1972, p. 82）。
　Gentian Hervet 的 译 文 如 下："Ex historia enim aliam quidem dicit esse veram,
　aliam vero falsam, aliam autem tanquam veram. Et veram quidem, eam, quae
　versatur in rebus quae geruntur. Falsam autem, quae versatur in figmentis et fabulis.
　Tanquam veram autem, cuiusmodi est comedia et mimi"。

或音乐那样，没有条理（metodo）可言，不能算是一门技艺
（*technē*，拉丁文：*ars*）。假的历史（也即神话传奇）和"看似
真实"的历史（也即喜剧和滑稽剧）所讲述的事实并没有真实
发生：在前一种情况下，是不可能发生，而在后一种情况下，
则是有可能发生但却纯属臆测。但是，"鉴于……艺术并不以虚
假和不存在之事作为其目的，鉴于那些历史语法以之为依托的
神话传奇和虚构叙事都是假的和不存在的，那就必须得出结论，
任何有关历史语法的艺术都不可能存在"。①

　　然而，有些人反对说，尽管历史的题材缺乏条理，依据这
些题材而做出的阐述判断却并非如此，因为这种阐述判断是基
于某种标准做出的，而这个标准让我们得以分辨真假。塞克斯
都尖锐地批驳了这种反对意见：首先，语法学家并没有提供一
个分辨真假的标准；其次，他们引以为证的那些事实——比如
关于奥德赛之死的多种传奇——没有一个是真的。

　　6. 真的历史、假的历史、看似真实的历史：这是一个三重
标的，远比我们通常对 17 世纪重新发现塞克斯都·恩披里柯这
件事的联想更加复杂。如今，"历史皮浪主义"这个说法，立
时就会让我们联想起拉莫特·勒瓦耶（La Mothe Le Vayer）的
《论历史的确定性》（*Du peu de certitude qu'il y a dans l'histoire*，

---

① 　Sesto Empirico, *Contro i matematici*, I, 265（tr. di A. Russo, p. 86）。G. Hervet 的译
　　文："Non est ars aliqua in iis quae sunt falsa et esse non possunt: falsa autem sunt et
　　esse non possunt que sunt in fabulis et figmentis, in quibus maxime historicae partis
　　versatur grammatica: non est ars aliqua in historica parte grammaticae"。

1668)。^①（这位学富五车的怀疑论者，曾被委以教导法国王太子的重任。）此时已年过七旬的拉莫特·勒瓦耶所强调的具有不确定性的历史，当然是那种宣称自己为真的历史。但这只是一条蜿蜒曲折的智识之路上的一站，而证据，便藏在拉莫特·勒瓦耶 20 年前发表的《对有传世之作的几位主要希腊文及拉丁文历史学家的论断》(*Jugement sur les anciens et principaux historiens grecs et latins, dont il nous reste quelques ouvrages*，1646) 一文中。^② 贝尔的意见严重影响了对这部作品的评价，而他认为此文不过是寻章摘句之作，尽管编排颇具匠心。^③ 但这却是一个不恰当的判断。

在致马扎里诺（Mazarino）的题献信中，讨论了历史与诗歌之间的关系。拉莫特·勒瓦耶说，人们或许会认为，从内容的角度来看，卢卡诺（Lucano）和西利奥·伊塔利科（Silio

---

① F. La Mothe Le Vayer, *Du peu de certitude qu'il y a dans l'histoire*, in *Œuvres*, 15 voll., Paris 1669, vol. XIII, pp. 409—448。参见 A. Momigliano, "Storia antica e antiquaria", cit., pp. 17—18；关于拉莫特·勒瓦耶，参见同一作者的 *Le radici classiche della storiografia moderna*, a cura di R. Di Donato, Firenze 1992, pp. 60—61。全面讨论参见 C. Borghero, *La certezza e la storia*, cit., pp. 57 以下页码，尤其是 p. 71，在这里《论历史的确定性》(*Du peu de certitude*) 被定义为 "基本读物"。

② V. I. Comparato, *La Mothe Le Vayer dalla critica storica al pirronismo*, in T. Gregory *et al., Ricerche su letteratura libertina*, cit., pp. 259—279，尤其是 pp. 271—273。

③ P. Bayle, *Dictionnaire historique et critique*, vol. IV, pp. 408 以下页码，尤其是 p. 413 nota K: "[Le livre] des historiens est bon: mais comme Mr. Baillet le remarque finement, il ne lui a pas coûté beaucoup de peine" (指的是 A. Baillet, *Jugemens des savans sur les principaux ouvrages des auteurs*, Paris 1722, vol. II, p. 121)。对此的含蓄回应，参见 C. Borghero, *La certezza e la storia*, cit., p. 71 nota 100: "Una sorta di catalogo ragionato"。

Italico）的诗作可以被定义为历史。但诗歌"不可缺少虚构杜撰（fable）"，而历史"因其真实（vérité）才值得一读，视谎言为道德大敌"。将如此不同的二者混为一谈是荒谬的。但拉莫特·勒瓦耶总结道，我在考察那些古代历史学家时，很少能够"在那一大堆人中找出更喜欢传奇故事（contes fabuleux）而不是真实叙事（narrations véritables）、更喜欢传奇小说史而不是罗马全史（et l'histoire des Romans à toute celle des Romains）的人"。①

读到这一页的时候，几乎不可能不联想起撰写于1646年底到1647年初之间的《论阅读古代传奇小说》。毫无疑问，它提到了拉莫特·勒瓦耶刚刚发表的《对有传世之作的几位主要希腊文及拉丁文历史学家的论断》，只不过并未明确指出。② 但这只是一个讨论，并非针锋相对的回应。拉莫特·勒瓦耶在致马扎里诺的题献中阐述的那种虚构杜撰与历史之间的对照关系，在《对有传世之作的几位主要希腊文及拉丁文历史学家的论断》一文中以渐趋复杂、愈臻微妙的形式重新显现出来，而这从专门讨论希罗多德（Erodoto）的第一章便已开始。从远古时代

---

① F. La Mothe Le Vayer, *Jugement sur les anciens et principaux historiens grecs et latins, dont il nous reste quelques ouvrages*, Paris 1646，未标注页码的散页。

② 在Tamizey de Larroque出版的沙普兰书信集中，1641年到1658年间的通信有缺失：参见 *Lettres*, cit., vol. I, p. XIV。缺失的通信对象中便包括拉莫特·勒瓦耶，不过他的名字经常出现在致盖·德·巴尔扎克的信中（1638—1640），而且通常伴随着批评意见。从中可以窥见某种竞争关系，尤其当沙普兰被邀请出任法国王太子的私人教师一职之时，后来拉莫特·勒瓦耶填补了这个职位。在1660年前后，必定发生了关系改善，很可能是源于二人同François Bernier的共同友情，拉莫特·勒瓦耶与后者十分亲近（参见 *Lettres*, cit., vol. II, pp. 186—187以及文中各处）。

起，希罗多德作为历史学家而撰写的著作，便被指控为传奇和
谎言：作为塞克斯都·恩披里柯的首位出版人，亨利·艾蒂安
（斯特凡努斯）拒绝了这一指控。在艾蒂安的《为希罗多德辩
护》（*Apologia pro Herodoto*）中，他以那些新世界旅行家的游记
为依据，坚持认为希罗多德所述历史是忠实反映真相的。[①] 拉莫
特·勒瓦耶的辩护，依据的则是希罗多德文本中的一段：

> 不能说他未加辨别便将真实与谎言混为一谈，也不能说
> 他是个说谎的人，尽管他经常引述其他人的谎言，而这是连
> 最严格的史学规范也允许的做法。事实上，恰恰便是这些规
> 范，要求我们把那些流传的谣言和人们的不同意见记载下来，
> 而希罗多德在《历史·波琳尼娅卷》（*Polimnia*）中言及阿尔
> 戈斯人时对读者的恰当提醒，完全适用于他的整部作品。[②]

事实上，希罗多德曾斩钉截铁地指出，他与笔下的题材保
持着一定距离："我觉得我有责任转述我被告知的那些事情，但
我并没有义务相信每一件事，这个声明对于我的整部历史都是
适用的。"（希罗多德《历史》第 7 卷第 152 节）[③]

拉莫特·勒瓦耶将这一声明扩展到了普遍意义上的历史书

---

① 参见 A. Momigliano, "Il posto di Erodoto nella storia della storiografia", in *La storiografia greca*, Torino 1982, pp. 138—155。

② La Mothe Le Vayer, *Jugement*, cit., p. 11.

③ Erodoto, *Le storie*, a cura di L. Annibaletto, Milano 1982, II, p. 230.

写。在这一点上，曾被不公正地斥为更像是哲学家而非历史学家的波里比阿（Polibio），是一个最好的例证。[①] 在历史与哲学之间，存在着某种深刻的亲和性：历史可以被定义为"满是例证的哲学"。[②] 拉莫特·勒瓦耶继续指出，波里比阿在所著《历史》第 6 卷的结尾曾评论道：

> 被各个民族谴责的迷信，在罗马人看来却是美德。倘若有可能建起一个完全由明智德性之人构成的国家，我们便需意识到，这些关于诸神和阴间的妄见（opinions fabuleuses）将会是全然无用的。但鉴于没有哪个国家的国民与我们所见之人判然不同，鉴于他们全都容易做出各种不法邪行，为了约束他们，我们便必须利用我们的宗教信仰所激发出的忌惮以及对另一个世界的恐惧，这些都是古人为便宜行事而设立的，如今，只有那些无能运用自身理性的莽撞之辈，才会对此加以反驳。[③]

借助哲学家和历史学家波里比阿笔下的这段著名文字（波

[①] 拉莫特·勒瓦耶认为这一论断出自 Francesco Patrizi；这可能是弄混了 Bodin 一段话中的含义，这句话称波利比阿"戴着哲学家和历史学家的双重面具"：参见 *Methodus ad facilem historiarum cognitionem*, in J. Wolff（a cura di），*Artis historicae penus*, Pietro Perna, Basileae 1579, pp. 52—53。这个选集中收录了 Patrizi 的历史对话录和 Bodin 的 *Methodus*；索引中提到了后面一本书的段落，并将波利比阿称为"十足的哲学家（nimis Philosophus）"。

[②] La Mothe Le Vayer, *Jugement*, cit., p. 50.

[③] 出处同上，pp. 48—49。

里比阿《历史》第 6 卷第 56 节 6—15)，拉莫特·勒瓦耶重新提出了关于宗教起源及其政治功能的论点，而这个论点对于那些持自由思想的学者们十分重要。[①] 在引用他人所说的保护盾下，拉莫特·勒瓦耶可以轻松说出"我们的宗教信仰所激发出的忌惮（craintes imaginaires qu'imprime nostre religion）"这种肆无忌惮之词。同样肆无忌惮的读者（deniaisé），马上就能心领神会，这里讨论的并不仅仅是罗马人的宗教信仰。今时今日，正如当时当日，都必须借助一个并不存在的恐怖地狱来对民众加以控制；今时今日，也正如当时当日，这个真相只能让享有特权的少数人知道。波里比阿就是其中一员。试图将他描述为"所处时代宗教信仰的虔诚信徒"，是不可能的，拉莫特·勒瓦耶语含讽刺地评论道，卡索邦（Casaubon）费尽心机地想要如此替波里比阿辩护，结果只能是徒劳。[②]

　　这位对平民百姓的信仰表示认同但绝不参与其中的哲学家和历史学家，与持自由思想的学者十分相似。反过来，这位对平民百姓的信仰远距离打量但亦不参与其中的持自由思想的学者，则在历史学家中辨识出了自己的身影：首先是希罗多德，但更多的则是波里比阿。拉莫特·勒瓦耶以这种方式行之有效地驳斥了塞克斯都·恩披里柯对历史并非一门艺术的指控。与塞克斯都·恩披里柯所言正相反，历史是这样的一门艺术，完

---

① C. Ginzburg, "Mito", in *Occhiacci di legno*, cit., p. 56.
② 参见卡索邦在他翻译的《波利比阿历史》中致亨利四世的献词（1609 年法兰克福版）。

全可以"将虚假和不存在的事情作为其题材",也就是说,将传说与虚构作为其对象。对于拉莫特·勒瓦耶来说,历史的一个任务,便是展示说明何者为假。①

　　7. 然而,《对有传世之作的几位主要希腊文及拉丁文历史学家的论断》中最具煽动性的那些文字,并非针对修昔底德或波里比阿,而是针对完全不同的一类历史学家:迪奥多罗·西库洛(Diodoro Siculo)。有人批评说,他所撰写的《历史》空洞且前后矛盾,但拉莫特·勒瓦耶的意见却截然相反。"我愿意去到世界的尽头,"他义正辞严地写道,"如果我认为可以在那里找到这样一个巨大的宝藏。"那便是业已佚失的迪奥多罗的著作。②他解释道:

　　　　对于迪奥多罗著作的头五卷中包含的那些虚构杜撰(les fables)和神话,我不仅不会对其加以谴责,反而相信,它们是远古时代留给我们的最珍贵的宝物。虚构杜撰之事当然可以被严肃地讲述(on peut conter des fables serieusement),在此之外,如果说它们是全然无用的话,我们将不得不把柏拉图的《蒂迈欧篇》(Timeo)和为数不少的其他著名作品也全盘拒绝。我们可以说,它们(迪奥多罗著作的头几卷)让我们知道了偶像崇拜者的整套神学理论。

---

① 另参见 La Mothe Le Vayer, *Jugement*, cit., p. 339,关于希罗多德对 Abari 神话以及锡西厄人狼人信仰敬而远之的段落(据出版商称,这是一篇在作者手稿中找到的序言)。

② 出处同上,p. 58。

> 如果可以用神圣之名来称呼异教之物的话，我敢于将谈及
> 的这五卷书称为异教徒的圣经。首先，它们向我们介绍了
> 异教徒对于永生和创世的信仰。其次，它们描述了那些合
> 于自然智性的初民们的诞生……①

最后的那句话，澄清了前面几句话的含义。这是在暗中致
敬 1619 年被宗教法庭以异端分子、无神论者和亵渎神圣者的
罪名烧死在图卢兹的朱利奥·切萨雷·瓦尼尼（Giulio Cesare
Vanini）。② 在瓦尼尼的《论凡人所信之女神的神奇本质》（*De
admirandis Naturae arcanis*，1616）中，他曾指出，最早的人类
是从被太阳烤炙的泥土中生出的，正如迪奥多罗书中所载（第
一卷第 10 节）的老鼠从尼罗河淤泥中生出。③ 在阅读迪奥多罗
历史的最初几卷时，可以将它当成一个从另一角度解读《圣经》
的工具：在某种意义上构成了一本反圣经。但拉莫特·勒瓦耶
也承认，迪奥多罗"在其作品中展示出的高度迷信，确堪指
摘"，恰如包括李维在内的众多拉丁文历史学家一样。④

---

① 另参见 La Mothe Le Vayer, *Jugement*, cit., pp. 64—65。

② 盖·德·巴尔扎克（Guez de Balzac）在一封写给沙普兰的信中，讽刺地将拉莫
　　特·勒瓦耶称为"蒙田和沙朗（Charron）的继承人，要是他愿意的话，甚至是
　　卡尔达诺（Cardano）和瓦尼尼的继承人，他的记忆在图卢兹受到过祝福。"（G.
　　de Balzac, *Lettres inédites à Chapelain*, a cura di Tamizey de Larroque, Paris 1873,
　　pp. 410, 418，摘引自 R. Pintard, *Le libertinage érudit*, cit., pp. 145—146）。

③ 这一段参见 G. C. Vanini, *De admirandis Naturae arcanis*, Parisiis 1616, cit. in M.
　　Ferrari, C. Ginzburg, *La colombara ha aperto gli occhi*, in "Quaderni storici", 38
　　（1978），pp. 631—639，尤其是 p. 639 nota 27。

④ La Mothe Le Vayer, *Jugement*, cit., p. 68.

因此，在这个例子中，与历史题材保持批判性距离的这件事，便不再是迪奥多罗的任务，而是其读者的任务，首当其冲便是拉莫特·勒瓦耶。对于他来说，历史不仅受到了虚假事实的滋养，甚至亦得益于伪史——此处应用的这个范畴划分，源自曾被塞克斯都·恩披里柯尖锐批评的亚历山大学派语法学家。被迪奥多罗转述分享的那些虚构杜撰（fables），能够成为历史的题材。[①] 而将李维的忠实反映真相视为理所当然的沙普兰，则把《对有传世之作的几位主要希腊文及拉丁文历史学家的论断》的论点扩展到了荷马史诗及《湖上骑士兰斯洛特》中的虚构杜撰之上：二者均可成为历史题材。

8. 我们所说的保持批判性距离这件事，经常会带来难以预料的后果。但在其根本上，我们一定会发现某种优越感：社会地位上的，智识上的，以及宗教信仰上的。（最著名的例子便是基督教自居的相对于犹太教的优越感，历史视角的理念便源于此。）[②] 拉莫特·勒瓦耶和持自由思想的学者们，常常带着轻蔑之意向下打量着困于宗教杜撰之说的平民百姓。[③] 务必要让这些平民百姓绝对接触不到对那些虚构杜撰之说的批评：对地狱

---

① V. I. Comparato 写道，"'虚构杜撰'的正义地位下降，成为了民族志的研究材料……"（*La Mothe Le Vayer*, cit., p. 269）。

② 参见 C. Ginzburg, "Distanza e prospettiva: due metafore", in *Occhiacci di legno*, cit., pp. 171—193。

③ 参见 R. Pintard, *Les libertinage érudit*, pp. 531—533；另参见 pp. XXXV-XXXVI，R.Popkin 在这里对拉莫特·勒瓦耶作为基督教怀疑论者的观点提出了批评。后者的回应（*The History of Scepticism*, cit., pp. 82—87）十分软弱无力。

的畏惧倘若消失, 潜伏在社会中的暴力便会爆发, 摧毁整个社
会。[①] 正是基于这种抽身远离的优越感, 拉莫特・勒瓦耶才会
在《摹仿古人的五则对话》(*Cinq dialogues faits à l'imitation des
anciens*) 中对异教神话和《圣经》故事进行了比较。[②] 在各种
宗教信仰中发现一系列谬误的诱惑, 是十分强大的。但是, 从
那些身为主角 (或者也可能是受害者) 的人眼中看来, 这种非
神秘化, 也为从内部理解谬误的企图铺平了道路。[③]

　　沙普兰的《论阅读古代传奇小说》便表明了这种转变。沙
普兰并不像那些持自由思想的学者那样不敬神灵: 他对 "现古
代" 的优越感, 源自个人品味。在一个潮流急速变化的社会中,
那些中世纪的文学产品似乎正日益远离人们的生活。[④] 很快,
由路易十四及其宫廷所倡导的那种品味, 便会加速这种抽身远
离。"谁还会乐于阅读纪尧姆・德洛里 (Guillaume de Loris) 或
让・德默恩 (Jean de Meun) 呢?" 1665 年时, 法兰西学术院

---

① A. M. Battista, *Alle origini del pensiero politico libertino. Montaigne e Charron*,
　 Milano 1966; 同一作者, *Come giudicano la "politica" libertini e moralisti nella
　 Francia del Seicento*, in S. Bertelli (a cura di), *Il libertinismo in Europa*, Milano-
　 Napoli 1960, pp. 25—80。

② *De la diversité des religions*, in *Cinq dialogues faits à l'imitation des anciens*, Liège
　 1671: 参见 C. Ginzburg, *Occhiacci di legno*, cit., pp. 57—58。

③ 两种态度并不互相排斥, 参见 M. Bloch, *Les rois thaumaturges* (1924)。另参见
　 本文作者的 *A proposito della raccolta dei saggi storici di Marc Bloch*, in "Studi
　 medievali", terza serie, VI (1965), pp. 335—353, 尤其是 pp. 352—353。

④ 参见 F. de Grenaille, Sieur de Chatounieres, *La Mode ou Charactere de la Religion.
　 De la Vie. De la Conversation. De la Solitude. Des Compliments. Des Habits. Et du
　 Style du temps*, à Paris 1642 (我计划在不久的将来转向这一问题)。

的首席院士瓦朗坦・孔拉特（Valentin Conrart）写道，"除非是
出于某种好奇之心，这就像是奥古斯都时代的罗马人对待那些
他们无法理解的舞蹈祭司（fratelli Salii）① 的诗句一样。"② 但是，
这种古文物研究者的好奇之心并不是什么新鲜事。早在新的奥
古斯都降临人世之前 50 年，学者克洛德・福谢便写道："任何
一位作家，即便是最差的那种，也能在特定情形下发挥作用，
哪怕他的作用只不过是自己所处时代的一位见证者（au moins
pour le témoignage de son temps）。"③

即便是最差的作家，或者说，或许正是那些最差的作家：
远离社会主流品味，促成了从文献的角度来对那些中世纪文学
文本加以解读。但是，沙普兰又多走了一步，将这种距离转变
为情感上的亲近。梅纳热理解这一点，在对话录《阅读古代传
奇小说》的结尾处，他似乎接受了对话另一方的观点："借助
《湖上骑士兰斯洛特》这样一本书……我们成为了那些人物的密
友，甚至到了与他们心领神会的程度。"④

9. 这些铿锵有力的话语，指向了我们已熟知的某些东西：
每当接近一个虚构文本时，都会产生的那种难以捉摸的灵感。
柯勒律治（Coleridge）的一段名言会浮现于脑海之中，他从一

---

① 译者注：古罗马时期主持战神崇拜仪式的祭司，由 12 名贵族年轻人组成，他
们会在仪式上跳跃起舞并吟唱出预言性的语句，后者被记录编撰成集，称为
axamentra。

② J.-L. Guez de Balzac, *Œuvres*, publiées par V. Conrart, Paris 1665（ristampa, Genève
1971），vol. I, c. *ii r（整篇导言都十分重要）。

③ C. Fauchet, *Les œuvres*, cit., p. 591.

④ J. Chapelain, *Opuscules*, cit., p. 221.

个极端的案例出发（对超自然事件的描述），试图定义诗的普遍
效用。柯勒律治写道，为了让我们的内在天性发生转变，

> 一个真实的假象，足以促成一些奇思妙想的阴影，
> 在其中，人们得以暂时心甘情愿地悬置不信（willing
> suspension of disbelief），而这便构成了诗意的信。[①]

诗意的信为阴影赋予了形态，赋予它们一个真实的假象，
让我们在听到"一点也不为了什么！为了赫卡柏！"这句台词时
心中难过。[②]史学意义上的信，则以完全不同的方式在过去和现
在发挥作用。[③]它让我们得以通过一系列的投机操作——留在纸
上或羊皮纸上的印记、各式各样的钱币以及历经岁月磨蚀的残
破雕像——去克服我们的不信，而这种因怀疑论的反复攻击而
生的不信，指向的，是一个不可见的过去。[④]不仅如此。正如沙
普兰所指出的，它还让我们得以在虚构杜撰之上构建真相，在

---

① S. Coleridge, *Biographia Literaria*, London 1907, cap, XIV, II, p. 6。这段指的是柯
　　勒律治和华兹华斯的《抒情歌谣集》（*Lyrical Ballads*）。

② 《哈姆雷特》第三幕第二场（*Amleto*, atto III, scena II）。我朝着略微不同的方向
　　拓展了 Giacomo Magrini 一句话的内涵，Cesare Garboli 曾将这句话作为其著作
　　（*Pianura proibita*, Milano 2002）的卷首格言。

③ M. Völkel, *"Pyrrhonismus historicus" und "fides Historica". Die Entwicklung der
　　deutschen historischen Methodologie unter dem Gesichtspunkt der historischen
　　Skepsis*, Frankfurt a. M. 1987.

④ "Fede è sustanza di cose sperate/ed argomento delle non parventi"（Dante, *Paradiso*,
　　XXIV, 64—65），译自《希伯来书》第 11 章 1 节（Eb 11, 1）："信就是对所盼
　　望之事有把握，对未见之事有确据（拉丁文：Est fides sperandarum substantia
　　rerum, argumentum non apparentium）。"

虚假的历史上构建真实的历史。

　　*感谢 R. 霍华德·布洛赫审阅本文初稿，并向我指出几处错误；感谢彼得·伯克注意到，在本文稿后宣读于剑桥大学及发表的版本中，未能提及拉莫特·勒瓦耶的存在。

第5章 欧洲人对萨满的发现（或再发现）

1. 在 1565 年时出现于威尼斯、后来被多次再版并被译成数种语言的《新世界的历史》（*La historia del mondo nuovo*）中，米兰人吉罗拉莫·本佐尼（Girolamo Benzoni）描述了自己在长达 14 年的系列旅行中于大洋彼岸的"新发现岛屿和海上"的见闻。关于伊斯帕尼奥拉岛（isola di Hispaniola），他是这么说的：

> 正如在这些新发现国家的其他省份，这里长着些不甚高大、有如芦苇的灌木，其叶片形如胡桃树叶，只不过要大一些。村民（依照本地习俗）对这种树叶极为看重，而给埃塞俄比亚的西班牙人带路的那些奴隶，也将其视作重赏。因此，每逢这些树叶进入盛产季节，他们就会大量采摘，将其捆绑成束，悬挂于生火之处的上方，直至干透。当他们想要使用这些叶子时，便剥下一层玉米衣，把一片叶子放在其中卷成筒状，然后在一端点火，把另一端放入

口中抽吸，使烟雾进入他们的嘴巴、喉咙和脑中。他们会
屏住呼吸，享受快感，直至无法再忍，他们吸足了这种残
酷的烟雾，以至于失魂落魄；有些人抽吸的力度过大，以
至于跌倒在地，状若已死，白天或晚上的大部分时间便痴
呆木讷地躺在那里……你能看到，这是何等伤风败俗、邪
恶不堪的毒药。我在旅行到危地马拉省和尼加拉瓜省时，
有过许多次这样的经历，我曾进到一些拥有此种草药的印
第安人家中，在墨西哥语中，它被称作烟草……①

　　追随着以什克洛夫斯基（Sklovskij）为首的俄国形式主义
者的脚步，我们已经学会了如何在对蛮族、儿童和动物的审视
打量中寻找间离（straniamento）：这些不受文明社会清规戒律
束缚的外部存在，被文明人带着惊奇或漠然的目光记录下来，
从而间接地宣告了他们的荒谬无理。② 在这里，我们所面对的，
是一个有些矛盾的被逆转了的情形：此处的陌生人，是米兰人
吉罗拉莫·本佐尼；在他眼前做出点燃烟卷、大力抽吸的愚蠢

---

① 　G. Benzoni, *La historia del nuovo mondo*, Venezia 1572, cc. 54v—55r（第二版，凸
　　版重印本，F. Anders, Graz 1962；重印版本及译本清单参见 pp. XXV—XXXI）。
　　另参见 A. Martinengo, in P. Collo, P. L. Crovetto（a cura di）, *Nuovo Mondo. Gli italiani*
　　（*1492—1565*）, Torino 1991, pp. 549—552, 以及《意大利人物传记辞典》中"吉
　　罗拉莫·本佐尼（Benzoni, Girolamo）"的词条（*Dizionario biografico degli
　　italiani*, vol. 8, pp. 732—733），其中部分引用了上面提到的那本书首版中的段落
　　（参见下文注释 16）。

② 　C. Ginzburg, "Straniamento: preistoria di un procedimento letterario", in *Occhiacci
　　di legno. Nove riflessioni sulla distanza*, Milano 1998, pp. 15—39.

之举的，是作为我们这些文明世界居民之分身的印第安蛮族。在吉罗拉莫·本佐尼的逃之夭夭（"一旦感觉到这种恶魔般的臭烟所散发出的刺鼻恶臭，我马上就仓皇而逃，去往别处"）中，我们饶有兴致地看到了某个长达数世纪的历史现象的象征性预演：面对如今人数或许已届峰值的烟民大军的向前挺进，不吸烟的人只好步步后撤。

在欧洲人见到大洋彼岸众多令人惊异的动物、植物和风俗习惯之后，他们留下了不计其数的见证，这位米兰旅行家的叙述，便是其中之一。如今，借助某个一般性的范畴划分——也即与他者（Altro）的相遇碰撞——来分析这些文献，是一种时髦的做法：这个表达带有某种形而上的味道，然而，它却恰如其分地强调了存在于这些反应之中的那种自然他者性（alterità naturale）和文化他者性（alterità culturale）的紧密纠缠。紧接吉罗拉莫·本佐尼对烟草效用的猛烈抨击（"你能看到，这是何等伤风败俗、邪恶不堪的毒药"）之后，是一段对该植物如何被土著医师用于治疗目的的描述。被烟"迷醉"的病人"恢复知觉后，会说出千奇百怪的事情，说他曾经去到众神座前，得以高瞻远瞩"。然后，医师会"把他翻转三或四次，用手摩搓他的躯干和腰肾，让他的脸上做出许多表情，在他的口中放上一块骨头或一枚石子；这些物事令女子圣洁，配持则利于生殖……"[①]显然，在这位米兰旅行家眼中，土著医师只不过是巫

① G. Benzoni, *La historia*, cit., cc 55r—56r.

师而已；而他们所吸食的烟草，也不过是恶魔般的致幻剂。

这些对于烟草的负面评价，在几年后塞维利亚医生莫纳德斯（Monardes）所著的《医学史·卷一卷二卷三》（*Primera y segunda y tercera partes de la historia medicinal*）中依然能够看到，虽然其中也混杂了一些正面意见。[1] 一方面，书中赞颂了新近引入西班牙园林的烟草在治疗上的"神奇功效"，夸奖它可以用来对付哮喘、胸痛、胃疼、子宫疼痛等多种病恙。而在另一方面，对于印第安人在其宗教仪式中运用此种神奇草药的描述，则满是诋毁之词。莫纳德斯写道，祭司们在预卜未来之前，用烟草使自己迷醉，直至跌倒在地如同死去；随即，当他们恢复知觉后，他们会回答提问，"用自己的方式，或是在魔鬼的启发下"对自己在昏迷状态中见到的幻象作出解释。但是，用烟草"迷醉（emborracharse）"自己的不只是那些祭司，印第安人也惯常这样做，以此获取愉悦，或是从浮现于脑海中的影像中寻求关于未来的启示。"那个魔鬼是个骗子，他深知这些草药的功效，"莫纳德斯评论道，"他教印第安人认识到烟草的功效，然后借助烟草所致的异象与幻觉来欺骗他们。"

因此，对于莫纳德斯而言，烟草的一个特性便是能够招致"异象与幻觉"，而古代的医师早已认定颠茄、茴芹和辣根也具

[1] 参见 N. Monardes, *Primera y segunda y tercera partes de la historia medicinal, de las cosas que se traen de nuestras Indias occidentales, que sirven en Medicina, Sevilla 1580*（prima ed. 1571）cc. 32r 以后内容，尤其是 36v—39r。另参见 N. A. Recco, *Rerum medicarum Novae Hispaniae Thesaurus...*, Romae 1648, pp. 173—177（l. V, cap. L 1 "De Pycielt, seu Tabaco"）。

有此种功效。① 但是，在莫纳德斯的书中，他却对两种具有致幻功效且在东印度群岛被广泛使用的药物进行了最详尽的比较，这两种被他称为 *bangue* 和 *anphion* 的药物，便是大麻和鸦片。对于 *bangue*（或印度大麻，这是欧洲植物学家对此种草药的称呼），莫纳德斯引用了葡萄牙医生加西亚·德奥尔塔（Garcia da Orta）对此种植物的论述，后者以对话录形式描述了东印度群岛的各种草药香料，但莫纳德斯也根据自己直接观察的结果对一些细节进行了补充和修正。② 加西亚·德奥尔塔对于印度大麻和鸦片的流传只是泛泛而谈，而莫纳德斯则指出，穷人更喜欢吸食后者，而富人则偏爱味道更好、气味更芬芳的印度大麻。几年前，布尔戈斯省的医生克里斯托瓦尔·阿科斯塔（Cristóbal Acosta）曾在《论东印度群岛的药物》（*Tractado de las drogas y medicinas de las Indias Orientales*）中勾勒出印度大麻吸食者的典型特征：有些人用它来忘掉疲惫，从而可以无忧无虑地入睡；另外一些人用它来帮助制造多姿多彩的奇妙幻梦；有人用它来麻醉自己；有人用它来催情助性（莫纳德斯对此保持沉默，一言不发）；大领主和大将军们用它来解忧消愁。③ 所有这些证据

---

① 参见 A. Mattioli, *I discorsi... nelli sei libri di Pedacio Dioscoride Anazarbeo della materia medicinale*, Venezia 1568, p. 1476，其中对 "solatro maniaco over furioso" 与 "doricnio" 做了区分（p. 1132: Mattioli 说他无法断定此为何物），Dioscoride 也提到了这一点。

② Garcia da Orta, *Coloquios dos simples e drogas da India*, Lisboa 1891, annotata dal conte de Ficalho, pp. 95—101。该书第一版于 1563 年在果阿问世，但我并未曾见过这一版本。如今通行的印度大麻的拼写为 *bhang*。

③ 参见 C. Acosta, *Tractado de las drogas, y medicinas de las Indias Orientales, con sus plantas debuxadas al bivo...*, Burgos 1578, pp. 360—361。在《致读者》中，阿科斯塔谨慎地提到了其前辈加西亚·德奥尔塔作品中的不足之处。

都一致强调东印度群岛居民对这些药物的沉迷成瘾。莫纳德斯
惊讶地评论道，只需要五粒鸦片，就能杀死我们；但六十粒鸦
片却让他们身体健康且得到休息。

得到休息（葡萄牙文：descanso）：西印度群岛的野蛮人
（这依然出自莫纳德斯笔下）求助于烟草来驱散倦意；而那些东
印度群岛的野蛮人，则求助于鸦片——在那里，这是一种在商
铺中售卖的十分常见的药物。[①] 吉罗拉莫·本佐尼告诉读者，在
秘鲁，土著人"嘴里含着一种被他们称为古柯的草药，以之维持
体力，因为他们可以整日行走而不吃不喝。这种草药是他们的
主要商品……"[②] 对于那些从一个跨越数世纪的长时段视角考察
这些证词的人来说，它们的重大意义十分明显。跨越大洋的探
险船队，触发了麻醉和致幻药物的大流行，其覆盖面之广、来
势之迅猛，足以与埃马纽埃尔·勒华拉杜里（Emmanuel Le Roy
Ladurie）在其著名随笔中指出的那场全球微生物大一统相提并
论。[③] 事实上，在几个世纪的过程中，烟草、鸦片、大麻和古柯
制剂（以多种方式，在不同程度上）渗透到了殖民者的文化中；
而葡萄酒和烈酒，则以更快的速度渗透到了被殖民者的文化中。

我已经触及了一个悲剧性的问题，而人们在探讨这个问题
时，常常带着一种不负责任的轻浮态度。因此，我想要立时消

① 参见 N. Monardes, *Primera*, cit., c. 38r。
② 参见 G. Benzoni, *La historia*, cit., c. 169r。
③ 参见 E. Le Roy Ladurie, "Un concept: l'unification microbienne du monde（XIVᵉ—XVIIᵉ siècles）", in *Le territoire de l'historien*, Paris 1978, vol. II, pp. 37—97。

除一种可能产生的误解。曾有人宣称，鉴于所有的麻醉和致幻药物作为"毒品"都可能带来危害，那么毫无例外地将其销售合法化，便是不可避免的做法——如果人们不想面对不可持续的全面禁止的话。我认为这是一个假模假式的结论；而其先决条件即便存在，也是假的。许多人类社会——很可能是大多数人类社会——都曾经以不同的方式、在不同的情形之下，使用过且正在使用着那些让人们得以暂时进入某个有别于日常经验领域之所在的药物。暂时地逃离历史（或部分或全面），是人类历史的一个基本要素。但是，每一种文化——当然也包括作为这种文化一部分的每一个个体——对这些药物所施加的控制，其程度却多种多样，而且对这些药物之功效的药理学分析，只能部分解释其中缘由。每一次，某个滤镜也会从中干预，而这是一个其功能很大程度上仍不为我们所知的文化成分。为什么酒精饮料——这种欧洲社会在数千年（就葡萄酒而言）或数百年（就蒸馏烈酒而言）的时间里已经学会与之友好或不那么友好地共存的东西——竟然会在数十年的时间里对北美土著文化造成了如此深远的毁灭性影响？

　　这是一个明显的例子。我在这里提到它，是因为这让我得以引出一段非同寻常的文字，它摘自法国耶稣会士保罗·德布雷伯夫（Paul de Brebeuf）1636 年时寄送给该会行省会首（padre provinciale della Compagnia）的一份报告，他在其中汇报了自己那一年在魁北克传教时发生的一些事。一位神父向土著人（自然，报告中将他们称作"野蛮人"）解释说，他们之所

以大量死亡，是因为葡萄酒和烈酒所致，因为他们不知道如何
适度饮用。"为什么你不写信给你的君王，"一名土著说，"让他
禁止运输这些杀死我们的酒饮？"这位耶稣会士答道，法国人需
要用酒来打发海上航行的时光，对付这些地区的严寒。另外一
个土著人回复说："那就确保只有他们才能喝到酒好了。"便在
此时，第二个土著人起身发言道："不，夺走我们性命的不是这
些酒饮，而是他们写的那些字儿。自打你开始描述我们的国度、
我们的河流、我们的土地、我们的森林，我们就开始一个接一
个的死去，而这在你们到来之前从未发生过。"

　　保罗·德布雷伯夫和他的同会兄弟们对这些话报以大笑。[1]

---

[1]　*Relation de ce qui s'est passé en la Nouvelle France en l'année 1636, envoyée au R. Père Provincial de la Compagnie de Jésus en la Province de France par le P. Paul Lejeune de la mesme Compagnie, supérieur de la Résidence de Kébec*, Paris 1637, vol. I, pp. 199—200: "... monsieur Gand parlant aux Sauvages, comme i'ay dit cy-dessus, leur remonstroit, que s'ils mouroient si souvent, ils s'en falloit prendre à ces boissons, dont ils ne sçauroient user par mesure. Que n'écris tu à ton grand Roy, firent-ils, qu'il défende d'apporter de ces boissons qui nous tuent. Et sur ce qu'on leur repartit, que nos François en avoient besoin sur la mer, et dans les grandes froidures de leur païs, Fais donc en sorte qu'ils les boivent tous seuls. On s'efforcera, comme j'espère, d'y tenir la main; mais ces Barbares sont importuns au dernier point. Un autre prenant la parole, prit la defense du vin et de l'eau de vie. Non, dit-il, ce ne sont pas ces boissons qui nous ostent la vie, mais vos écritures: car depuis que vous avez décry nostre païs, nos fleuves, nos terres, et nos bois nous mourons tous, ce qui n'arrivoit pas devant que vous vinssiez icy. Nous-nous mismes à rire entendans ces causes nouvelles de leur maladies. Ie leur dy que nous décrivions tout le monde, que nous décrivions nostre païs, celuy des Hurons, des Hiroquois, bref toute la terre, et cependant qu'on ne mouroit point ailleurs, comme on fait en leurs païs, qu'il falloit donc que leur mort provint d'ailleurs; ils s'y accordèrent". 德布雷伯夫神父后被易洛魁人所杀（参见 *Dictionnaire de biographie française, ad vocem*）。

如今，时隔三个半世纪，我们终于能够欣赏这些不知名的土著人的清晰头脑，同意他们的论断。这些耶稣会士撰写的地理著作，为欧洲的殖民征服开辟了道路，它们是迈出的第一步。[①] 不加节制地摄入欧洲人带来的酒精饮料，只是因殖民而导致的土著文化解体的一个侧面而已。

殖民者对麻醉和致幻药物的使用，也极有可能取决于一道道文化滤镜作用。但是，这些滤镜的作用方式却远远没有那么明显。一位想象中的 16 世纪赌徒，或许会根据那些旅行家、传教士和草药学家的反应来作出预测，到底哪种在欧洲以外广泛使用的麻醉和致幻药物，才会第一个被这块旧大陆上的人所消费，而他很可能会把赌注下在印度大麻、鸦片或古柯上。事实上，用来形容它们的文字在口气上是中立而超然的（至少在我所知的那些证据中均是如此），不带任何道德上或宗教上的指斥。而在另一方面，烟草却一直让人联想起邪恶、罪孽乃至魔鬼，即便在塞维利亚医生莫纳德斯等人的著作中强调了它非同寻常的医疗功效。但是，尽管有这些谴责之词——或许在一定程度上多亏了这些谴责之词——在欧洲流行起来的那种麻醉和致幻药物，恰恰便是这"伤风败俗、邪恶不堪"的烟草。[②]

2. 为什么这些麻醉药物在 16 世纪的欧洲旅行家中激起了如

---

① 参见 F. de Dainville, *La géographie des humanistes*, Paris 1640（nuova ed., 1991）。

② 关于这种一直持续到 17 世纪末的天主教统治集团对消费烟草的敌意，参见 J. Tedeschi, "Literary Piracy in Seventeenth Century Florence: Giovanni Battista Neri's *De iudice S. Inquisitionis Opusculum*", in *The Prosecution of Heresy. Collected Studies on the Inquisition in Early Modern Italy*, Binghamton（N.Y.）1991, pp. 259—272。

此不同的反应？对这个问题的回答，怎么谨慎小心都不为过，而且注定只能就现有证据而论。据我所知，大麻（或 bhang）、鸦片和古柯至今尚未像烟草那样，被写成缜密详尽的系统性历史著作，比如自 1937 年以来陆续问世的、由杰尔姆·E. 布鲁克斯（Jerome E. Brooks）撰写的五卷本专著《烟草》（*Tobacco*）。①因此，我接下来提出的猜想，很可能需要在更广泛、更彻底的调查基础上予以修正。

我将从一部著名作品的几个片段入手，这部作品，便是贡萨洛·费尔南德斯·德奥维多（Gonzalo Fernández de Oviedo）的《印度群岛通史与自然史》（*la Historia general y natural de las Indias*，1535）。该书第五卷的第二章专门讨论了伊斯帕尼奥拉岛上吸食烟草的情况。从一开始，我们就能从德奥维多的语气中辨别出一种强烈的道德谴责："这个岛上的印第安人在其他恶行之外，还有一样不良习气（muy malo）：那就是吸入烟草的烟雾，以此来失去知觉。"②接下来的描述，在几个地方都与数十年后米兰人吉罗拉莫·本佐尼的叙述相一致（本佐尼在动笔撰写自己的作品时，很可能参阅了德奥维多的著作）。③德奥维多

---

① 参见 J. E. Brooks, *Tobacco. Its History Illustrated by the Books, Manuscripts and Engravings in the Library of George Arents, jr.*, 5 voll., New York 1937 以下页码。

② 参见 G. Fernández de Oviedo, *Historia general y natural de las Indias*, a cura di J. Pérez de Tudela Bueso, Madrid 1959, vol. I, pp. 116—118。

③ 本佐尼的原话 "fumo che in lingua mesicana è chiamato tabacco（墨西哥语中称为 tobacco 的烟）"后来在第二版中被订正为 "quest' erba che（这种草药即）"，这或许是出于德奥维多的建议：印第安人将这种烟或用来吸食它的用具称作 tabacco，而不是像有些人认为的那样，指的是这种草药或吸食后陷（转下页）

指出，这些印第安人培育这种植物，认为吸食它"不仅有益健康，而且是神圣的（no tan solamente les era cosa sana, pero muy sancta cosa）"。有时候，他们借助其缓解身体疼痛；一些基督徒也会这样做。黑人奴隶用它来消除整日劳作的疲惫。但这些描述性的文字，在结尾段落中又一次被谴责所取代：

> 在这方面，我们不妨联想一下色雷斯人在其他各类不良风俗之外的一种邪行，而这是阿布列西斯（Abulensis）在讨论尤西比乌的《论奉守岁时》（De observatione temporum）一书时记载下的（III, 168）。他说，那些男男女女全都习于围火而食，而且他们总是会酩酊大醉，或至少看起来如此；因为他们并没有葡萄酒，这些人便从某些草药中取其籽实，掷于火上，由此释放出的烟气，可令所有在场者无需饮酒而醺醺然有醉意。在我看来，这和印第安人所用的烟草是一样的。①

（接上页）入的昏睡状态（Historia, cit., p. 116）。但后来的写作者——比如莫纳德斯——还是依据当时已经确立的使用习惯，将这种植物称作 "tobacco"。根据 A. Ernst, On the Etymology of the Word Tobacco, in "American Anthropologist", II（1889), pp. 133—141 的说法，德奥维多描述和仿制的烟具（在 guaraní 语中被称为 taboca）在过去和当时的美洲大陆上不是用来吸食烟草的，而是用来吸食含有生物碱的豆科作物烟雾的。关于本佐尼从未实际进行过他所描述的那些旅行的猜想，相关讨论及驳斥意见参见注释 3 中 A. Codazzi 和 A. Martinengo 的著作。

① "Aquí me paresce que cuadra una costumbre viciosa e mala que la gente de Tracia usaba entre otros criminosos vicios suyos, segund el Abulensis escribe sobre Eusebio De los tiempos [libro III, cap. 168], donde dice que tienen por costumbre todos, varones e mujeres, de comer alrededor del fuego, y que huelgan mucho de（转下页）

　　这个阿布列西斯，乃是西班牙神学家阿隆索·德马德里加尔（Alonso de Madrigal），也即大名鼎鼎的阿维拉主教阿隆索·托斯塔多（Alonso Tostado）。1506 年，他对尤西比乌《教会史》（Storia ecclesiastica）的评注本出版于萨拉曼卡。在这本书中，他根据索利诺（Solino，即索利努斯）编纂的《要事集》（Polyhistor）中的一段文字，提到了色雷斯人的一个风俗，即围坐火边，吸入某种籽实烤焦后释放出的烟雾而迷醉过去。[①] 但是，托斯塔多在提到色雷斯人没有葡萄酒时，其消息来源却要追溯到索利诺所依据的地理学家蓬波尼奥·梅拉（Pomponio Mela）那里。这位公元一世纪的地理学家在《寰球志》（De orbis situ）中关于色雷斯的那一章中（II, 2），便描述了我们上面提到的这个仪式。[②]

　　这段历史并未到此为止，因为蓬波尼奥·梅拉原来也只不

（接上页）ser embriagos, o lo parescer; e que como no tienen vino, toman simientes de algunas hierbas que entre ellos hay, las cuales, echadas en las brasas, dan de sí un tal olor, que embriagan a todos los presentes, sin algo beber. A mi parescer, esto es lo mismo que los tabacos que estos indios toman"（G. F. de Oviedo, *Historia*, cit., vol. I, p. 117）。

①　参见 *Tostado sobre el Eusebio*, Salamanca, Hans Gysser 1506, vol. III, c. LIX v（cap. CLXVIII）; C. Julius Solinus, *Polyhistor, rerum toto orbe memorabilium thesaurus locupletissimus*, Basileae 1538, p. 36: "Uterque sexus epulantes, focos ambiunt, herbarum quas habent semine ignibus superiecto, cuius nidore perculsi, pro laetitia habent, imitari ebrietatem sensibus sauciatis"。

②　参见 Pomponio Mela, *De orbis situ libri tres, accuratissime emendati, una cum commentariis Joachimi Vadiani...*, Parisiis 1540, p. 90: "Vini usus quibusdam ignotus est: epulantibus tamen ubi super ignes, quos circumsident, quaedam semina ingesta sunt, similis ebrietati hilaritas ex nidore contingit"。

过是个移花接木者，他把希罗多德对某种锡西厄（scita）① 风俗
的描述（IV, 73—75）套用到了色雷斯人身上。对于这一点，我
将在后文继续谈及。我首先想要在这里澄清的，是此番离题讨
论的意义。它让我们有可能重新建构起德奥维多所使用的那
层文化滤镜，而这层滤镜让他（而且不仅是他，正如我们随后
将见到的）得以驾驭北美大陆所带来的那种自然和文化的他者
性。多亏了蓬波尼奥·梅拉和索利诺，印第安人吸食的麻醉草
药，才被认定为色雷斯人所吸食过的、虽无明确描述但似乎具
有同样麻醉功效的草药。这种吸收同化，显然得到了某个要素
的助力：以葡萄酒为首的酒精饮料所导致的沉醉，为公元一世
纪时用拉丁文写作的宇宙志学者以及 14、15 个世纪之后的法国
或意大利旅行家提供了一个含蓄的模板，而他们借助这个模板
来描述和评估任何麻醉药物所导致的行为。蓬波尼奥·梅拉指
出，尽管色雷斯人不知有葡萄酒的存在，但通过吸入某种不知
名草药的籽实烤焦后释放出的烟雾，他们同样进入了类似于醉
酒的愉悦状态。1664 年，耶稣会士弗朗索瓦·迪克勒（François
du Creux）在他撰写的加拿大历史中指出，那些岛上的居民不管
走到哪里，总是带着烟草（petun）和一根"长长的管筒"，从而
可以随时进入"类似于葡萄酒所致的"醺然沉醉状态。② 很有可

---

① 译者注：又译为斯基泰或西徐亚。

② François du Creux, *Historiae Canadensis, seu Novae Franciae libri decem, ad annum usque Christi MDCLVI*, Parisiis 1664, p. 76: "...ebrietatemque enim inducunt, vini instar"（同一页的对面页是一幅插画，表现了土著人吸烟筒的情景）。

能，这位乐于将加拿大土著与锡西厄人的游牧生活相提并论 [1] 的学识渊博的耶稣会士，也熟知蓬波尼奥·梅拉的那段文字。但是，将烟草视作葡萄酒替代品的这种看法，远远超出了文人学士的小圈子。它深深地渗入了旅行家和传教士的词汇。"有人乐于为此烟所醉。"吉罗拉莫·本佐尼在言及伊斯帕尼奥拉岛上的土著人时这样写道。而在半个世纪后耶稣会士皮埃尔·比亚尔（Pierre Biard）撰写的报告中，我们读到了这样的文字：加拿大的野蛮人"也会吸食烟草（petun），为其烟所醉（usent aussi du petun et en boivent la fumée）"。[2]

许多欧洲观察家都留意到了一个事实，那就是北美土著只在仪式上才会使用烟草。皮埃尔·比亚尔还强调说，在新法兰西的野蛮人中，任何仪式——无论是裁决、缔约还是迎宾——之中都会用到烟草："他们围火而坐，用手传递烟筒，他们便是以这种方式共度数个小时极为愉悦的时光。"[3] 吸食烟草就算与宗教信仰无关，但也具有仪式意义，对这一点的认识在德奥维多的作品中已经清晰可见：对于伊斯帕尼奥拉岛上的土著居民，这件事"不仅有益健康，而且是神圣的"。我们已经提到过，生活在同一岛屿上的祭司也会吸食烟草。所有这些都表明，烟草作为一种私人享乐和公共仪式的工具手段，在欧洲观察家眼中

---

[1] François du Creux, *Historiae Canadensis, seu Novae Franciae libri decem, ad annum usque Christi MDCLVI*, Parisiis 1664, p. 56。

[2] 参见 P. Biard, Grenoblois, de la Compagnie de Jésus, *Relation de la nouvelle France, de ses terres, naturel du Païs, et de ses Habitans...*, à Lyon 1616, p. 78。

[3] 出处同上，pp. 78—79。

不啻为葡萄酒的逆转符号：这是一种神圣的麻醉品，只不过是被土著人所用，而且用于被视为偶像崇拜的仪式之中。差别对待由此产生：欧洲观察家们正确或错误地将鸦片、印度大麻和古柯认定为一种纯私人性质的消费，因此对这些麻醉药物采取了超然态度；而对于烟草，却表现出了明显的敌意。[1] 然而，这种敌意面对着烟草、雪茄和烟筒制造商的大举反攻，却注定要败下阵来。[2]

我们可以回忆一下，在 16 世纪初的时候，德奥维多借助了蓬波尼奥·梅拉和索利诺关于色雷斯人的文字记述，才得以理解印第安人吸食烟草的行为。进入 17 世纪中叶，这一情况发生了逆转，著名学者伊萨克·福西厄斯（Isaac Vossius）在解读蓬波尼奥·梅拉的书中段落时，认为后者提到的正是烟草。常春藤、野草莓树和仙客来都能致人麻醉：但"在烟草之外（原文：praeter nicotianam）"，还有什么别的草药，能以其烟雾令人迷醉？[3]

这个修辞问题将一件事视作理所当然，那便是烟草在古代

---

① 关于 bhang 在仪式中的使用，参见 R. G. Wesson, *Soma, Divine Mushroom of Immortality*, New York s.d. pp. 128 以下页码，他讨论并驳斥了把 bhang 当成吠陀诗歌中提到的 soma 的主张（该主张参见 B. L. Mukherjee, *The Soma Plant*, in "Journal of the Royal Asiatic Society", 1921, pp. 241—244；出自同一作者、标题也相同的一本小册子于 1922 年出版于加尔各答，但我没能看到这份文本）。

② 参见 S. Schama, *The Embarassment of Riches*, New York 1987, p. 193 以下页码。但针对烟草、烟草生产商和消费者的反攻如今正在进行中。

③ 参见 I. Vossius, *Observationes ad Pomponium Melam de situ orbis*, Hagae Comitis 1658, pp. 124—125。

已经为人所知：从 16 世纪起，这个猜想曾被多次提出。[①]1724
年时，耶稣会士约瑟夫-弗朗索瓦·拉菲托（Joseph-François
Lafitau）曾在其作品《美洲蛮族习俗与古代习俗之比较》
（*Mœurs des sauvages amériquains, comparées aux mœurs des
premiers temps*, 1724）中对此详加讨论。[②] 对于希腊人和罗马人，
拉菲托很可能并不情愿地得出了否定结论。但马西莫·迪蒂罗
（Massimo di Tiro）关于锡西厄人的一段文字，[③] 以及前面已经提
到的蓬波尼奥·梅拉和索利诺关于色雷斯人的描述，在他看来
却构成了那些蛮族人吸食烟草的坚实证据（尽管并非决定性证
据）。[④] 拉菲托认为，这个因素与不计其数的其他证据一道，证
明了美洲大陆最早的居民源于欧洲。但是，证明吸食烟草古已
有之，却导致了对其功效的高度赞誉，这一点意义重大，因为
这种非欧洲中心论的叙述角度推翻了之前与烟草联系在一起的

---

① 荷兰人 Rembert Dodoens 是最早对烟草进行描述的欧洲植物学家（1554 年）。
他把这种植物认作 Dioscoride 笔下的 *Hyoscyamus luteus*：参见 J. Stannard,
Dioscorides and Renaissance Materia Medica, in M. Florkin（a cura di），*Materia
medica in the Sixteenth Century*, Oxford 1966, p. 113（以及注释 93）；F. Edelmann,
Nicotiniana, estratto da "Flammes et Fumées", 9（1977），pp. 75—128。

② 参见 J.-F. Lafitau, *Mœurs des sauvages amériquains, comparées aux mœurs des premiers
temps*, Paris 1724, vol. II, pp. 126 以下页码，关于这一问题，另参见 A. Pagden,
La caduta dell'uomo naturale, tr. it. di I. Legati, Torino 1989, pp. 256—270; A.
Saggioro, *Lafitau e lo spettacolo dell'"altro". Considerazioni iniziali in margine
a un comparatista* ante litteram, in "Studi e materiali di storia delle religioni", 63
（1997），pp. 191—208。

③ 参见 Massimo di Tiro, *Sermones sive disputationes XLI*, Parisiis 1557, p. 90（sermone XI）。

④ 参见 J.-F. Lafitau, *Mémoire présenté au Duc d'Orléans concernant la précieuse plante
de Gin Seng de Tartarie découverte au Canada*, Paris 1718。

那些负面评价。拉菲托强调指出，这样东西在欧洲只不过是一种单纯的享乐消费，但在美洲却成了一种神奇草药，"有着多种宗教用途（原文：à plusieurs usages de religion）"。被归到烟草身上的神奇功效，除了"平息色欲之火和肉身的反抗，（还包括）启迪灵魂，净化灵魂，让它做好准备迎接异梦（sogni）与出神幻视（visioni estatiche）；召唤神灵，迫使他们与人类沟通，满足向其致敬的人类的需要；治疗各种身心疾病……"①

3. 异梦与出神幻视，与神灵沟通：我们正在接近这篇文章标题所宣告的主题，那就是欧洲人对萨满的发现（或再发现）。直到目前为止的那一系列看似离题万里的讨论，正是由这一题材拒人于千里之外的本质特征所决定的。

就在耶稣会士拉菲托发表他关于美洲大陆风俗习惯的那些宏大但却不太靠得住的思想成果的那几年中，俄罗斯人对中亚和远东的渗透正在全速进行中。对那些遥远国度和居住在那里的各种游牧民族的描述，开始传到西方。②1698 年，一位来自吕贝克的商人亚当·布兰德（Adam Brand）作为彼得大帝派往

①　参见 J.-F. Lafitau, *Mœurs*, cit., vol. II, p. 133: "Il est certain que le Tabac est en Amérique une herbe consacrée à plusieurs exercices, et à plusieurs usages de Religion. Outre ce que j'ai déjà dit de la vertu qu'ils lui attribuent pour amortir le feu de la concupiscence et les révoltes de la chair; pour éclairer l'âme, la purifier, et la rendre propre aux songes et aux visions extatiques; pour évoquer les esprits, et les forcer de communiquer avec les hommes; pour rendre ces esprits favorables aux besoins des nations qui les servent, et pour guérir toutes les infirmités de l'âme et du corps..."。

②　参见 G. Henning, *Die Reiseberichte über Sibirien von Heberstein bis Ides*, in "Mitteilungen des Vereins für Erdkunde zu Leipzig", 1905, pp. 241—394；另见 G. Flaherty, *Shamanism and the Eighteenth Century*, Princeton 1992。

中国使团的秘书，撰写了一份报告。在这份很快便被翻译成多
种欧洲语言的报告中，首次记下了通古斯语中作为祭司（prete）
或术士（mago）同义词的"萨满（schaman）"一词。[①]几年后
（1704 年），曾经为该使团充当向导的一位荷兰商人 E. 伊斯布
兰茨·伊德斯（E. Isbrants Ides）附和了布兰德的说法。[②]那之
后不久，一位曾经在瑞典国王手下效力、后来成为俄军战俘的
龙骑兵上尉约翰·伯恩哈德·米勒（Johann Bernhard Müller），
在一份关奥斯加克人（ostjachi）[③]及其风俗习惯的报告中，插
入了一段包括陷入昏迷状态和预卜未来的萨满仪式的分析性
描述（尽管这很可能并非基于直接观察）。[④]在 18 世纪中期之
际，那些曾经亲自参与西伯利亚科学远征的学者们开始大量发

---

① 参见 J. N. Bremmer, *The Rise and Fall of the Afterlife*, London 2002, pp. 26—27,
其中整合了我对这一点的重构。

② E. I. Ides, *Voyage de Moscou à la Chine*, in *Recueil de voiages au Nord, contenant
divers mémoires très utiles au commerce et à la navigation*, vol. VIII, Amsterdam
1727（在巴黎国家图书馆的目录中，这部作品被归在其出版商 Jean-Frédéric
Bernard 的名下），p. 54: "À quelques journées de chemin d'*Ilinskoi* il y a une grande
cascade, ou pente d'eau, qu'on appelle *Chute du Schaman*, ou *Chute du Magicien*,
à cause que le fameux *Schaman*, ou magicien des *Tunguses*, a sa cabane auprès de
cet endroit"。伊德斯报告的荷兰文原版于 1704 年在阿姆斯特丹出版。关于"萨
满（shaman）"这个次，参见 S. M. Shirokogoroff, *Psychomental Complex of the
Tungus*, London 1935, pp. 268—269，其中还提到了 B. Laufer, *Origin of the Word
Shaman*, in "The American Anthropologist", 19（1917）, pp. 361—371。

③ 译者注：居住于西伯利亚西北部的一支芬兰乌戈尔族人。

④ 参见 J. B. Müller, *Les mœurs et usages des Ostiackes et la manière dont ils furent
convertis en 1712 à la religion chrétienne du rit grec*, in *Recueil de voiages au Nord*,
Amsterdam 1727, vol. VIII, pp. 382 以下页码，尤其是 p. 412（这是一个我没有看
到的德文版的译本）。

表作品，这些人中包括曾远行近十年的图宾根大学化学与植物学教授约翰·格奥尔格·格梅林（Johann Georg Gmelin），医生梅塞施密特（Messerschmidt），语文学家米勒和植物学家安曼（Amman）。在一部长篇大论的三卷本旅行报告中，格梅林详细描述了他与通古斯和布里亚特（Buryat）萨满的多次接触，在某些情形下，他们向格梅林透露了自己的把戏。[①] 毫无疑问，在格梅林看来，这些人都是些粗鲁不文的家伙，但他依然忠实记录下了他们的吟唱。[②] 就连他们的出神状态（estasi），也让他好奇不已：在他那本关于西伯利亚植物的拉丁文经典著作中，他注意到，布里亚特人使用杜松子来唤醒昏厥状态的"术师（praestigiatores，即萨满）"，而堪察加半岛（Kamčatka）的居民则会在偶像崇拜仪式中使用据说可以带来幻视的荨麻。[③]

　　这些林林总总的研究，令西伯利亚萨满在短短几十年中成为了比较宗教学这门正在发展中的学科的显学。[④] 一个最明显的例子，便是哥廷根大学教授迈纳斯（Meiners）的《所有宗

---

① 参见 J. G. Gmelin, *Reise durch Sibirien, vor dem Jahr 1733 bis 1743*, 3 voll., Göttingen 1751—1752; 尤其是 vol. I, pp. 283 以下页码，351, 397; vol. II, pp. 45—46, 82 以下页码, 351; vol. III, 前言，pp. 69 以下页码，330 以下页码，347 以下页码。这部作品有法文译本存世，但有大幅度的节略：*Voyage en Sibérie*, 2 voll., Paris 1767。

② 参见同一作者的 *Reise*, cit., vol. III, pp. 370 以下页码，522 以下页码。

③ 参见同一作者的 *Flora sibirica sive historia plantarum Sibiriae*, Petropoli 1747, vol. I, p. 184; Petropoli 1748, vol. III, p. 31。一篇由图宾根大学校长撰写的格梅林传记，被作为前言收入了 J. G. Gmelin, *Sermo academicus de novorum vegetabilium post creationem divinam exortu*, Tubingae 1749。

④ 参见 F. E. Manuel, *The Eighteenth Century Confronts the Gods*, Cambridge（Mass.）1959。

教历史概要 》(*Grundriß der Geschichte aller Religionen*)(莱姆
戈，1785)。这个标题是具有误导性的：它实际上是一本现象学
的开山之作，而不是一部宗教史。迈纳斯选择"基于最重要组
成部分的自然顺序（nach der natürlichen Folge ihrer wichtigsten
Bestandtheile ）"来展开论述，而不是根据被他视为"所有宗
教"的这些宗教信仰出现的年代次序和地理位置。这个选择，
有着显而易见的自然神论意涵。萨满被划入了专门的一章，特
地与术师（Jongleurs ）和祭司加以比较。[①] 但接下来，这种按主
题分门别类的体例编排，却让萨满再次出现于最意想不到的那
些地方：比如，在关于牺牲（其中也包括人牲）的那一章注释
结尾处。这一章以《摩西五经》开篇，接下来介绍了数位希腊
和罗马作家，最后结于一位描述过西伯利亚风土人情的同时代
旅行家 J. G. 格奥尔基（ J. G. Georgi ）。[②]

　　十年前，迈纳斯曾经发表过一篇题为《论古代秘密仪
式，尤其是伊洛西斯秘密仪式》(*Sui misteri degli antichi, e in
particolare sui segreti eleusini*) 的论文，并附有一篇比较性质
的导言。[③] 在其中，他区分了由祭司主持的秘密仪式与依据口

---

① 参见 F. E. Manuel, *The Eighteenth Century Confronts the Gods*, Cambridge (Mass.)
　　1959, pp. 137—145。
② 出处同上，pp. 73—74。参见 J. G. Georgi, *Bemerkungen einer Reise im russischen
　　Reich im Jahre 1772*, 2 voll., St. Petersburg 1775。
③ 参见 C. Meiners, "Über die Mysterien der Alten, besonders über die Eleusinischen
　　Geheimnisse", in *Vermischte Philosophische Schriften*, Leipzig 1776, vol. III,
　　pp. 164—342。关于迈纳斯，Manuel 只是略为提及，但 S. Landucci 注意到了他
　　的存在，参见 S. Landucci, *I filosofi e i selvaggi, 1580—1780*, Bari 1972, pp. 463—
　　465 及文中各处；关于其著作的欧洲中心论和种族主义视角，参见 L. Marino,
　　I maestri della Germania, Göttingen 1770—1820, Torino 1975, pp. 103—112。

头或书面教义而举行的秘密仪式：而这两者都不能被视为一个普遍存在的现象。萨莫耶德人（samojedi）①、堪察加半岛上的居民、鞑靼游牧部落（关于他们，迈纳斯建议读者阅读格梅林的著作）、加利福尼亚人、爱斯基摩人、拉普人（lapponi）②和格陵兰人全都不知其为何物。迈纳斯评论道，对于所有这些部族，无论是共同宗教（religione comune）或民族神祇（dèi nazionali），还是严格意义上的祭司，全都无从谈起，有的只不过是一些"医卜之流（Quacksalber und Wahrsager）"。③如此一来，并未直称其名但却间接提及的萨满，便被打发到了人类宗教史中最乏善可陈、最基本原始的那一个角落。

4. 因此，多亏了俄罗斯帝国的向东扩张，欧洲人才发现了萨满。与其说是发现，倒还不如说是再发现。之所以有必要就此澄清，是出于两个原因。首先，在 16 世纪到 17 世纪期间，以波伊策尔（Peucer）和舍费尔（Scheffer）曾经收集整理了关于拉普兰巫士（incantatori lapponi）的信息，而这些人与西伯利亚萨满有着密切联系（迈纳斯已经敏锐地观察到了这一点）。④其次，正如我曾在别处详细论证过的，在众所周知的关于女巫夜间集会的刻板描述中，就隐藏着一个古老的萨满教的内核。⑤

---

① 译者注：居住于西伯利亚北冰洋沿岸的蒙古系民族。

② 译者注：居住在拉普兰地区的人。

③ 参见 C. Meiners, "Über die Mysterien", cit., pp. 169—171。

④ 参见 C. Peucer, *Commentarius de praecipuis generibus divinationum*, Witebergae 1560; J. Scheffer, *Lapponia*, Francofurti et Lipsiae 1674。

⑤ 参见 C. Ginzburg, *Storia notturna. Una decifrazione del sabba*, Torino 1989。

认知（或再度认知）是一系列复杂的活动。个体感知与文
化模式交织在一起，互为条件限制。对于塞维利亚医生莫纳德
斯来说，从烟草烟雾导致的昏迷状态（catalessi）中苏醒过来、
开始预卜未来的那些印第安祭司，是被魔鬼所惑。而一个像福
西厄斯这样的大学者，则在蓬波尼奥·梅拉对色雷斯人的描述
中辨认出了烟草吸食者的身影。福西厄斯显然搞错了（并且连
累了拉菲托）。但反过来，他发挥联想，把蓬波尼奥·梅拉的文
字与希罗多德在《历史》第 4 卷中对锡西厄人仪式的描述联系
在一起的做法，却是绝对正确的。[①] 下面便是这段文字：

> 葬礼既已，锡西厄人（sciti）以此自洁。彼众先膏沐
> 其首，而于其身施法如下：立三杆，交叉相拄，以羊毛毡
> 围裹密覆，而于杆毯间置一盆，投燔石于其中。彼国中生
> 有大麻，其物颇类亚麻，唯粗长过之……此株或自生自长，
> 或劳人播种收获，色雷斯人（traci）亦以之为衣，绝类麻
> 布……然锡西厄人取此麻之籽，引身入前述毡幕下，掷大
> 麻籽于燔石上。大麻籽触石生烟，烟气熏腾过于一切希腊
> 炉灶：锡西厄人浴于氤氲烟气之中，乐极而作呻吟声。[②]

那些出自马西莫·迪蒂罗、蓬波尼奥·梅拉和索利诺笔下

---

① 参见 I. Vossius, *Observationes*, cit., p. 124。

② Erodoto, IV, 73—75（tr. it. *Le storie*, a cura di L. Annibaletto, Milano 1982, vol. I, pp. 389—390）.

的大致相似的文字，分别描述了锡西厄人（迪蒂罗）和色雷斯人（梅拉和索利诺）的做法，而它们全都源于希罗多德的这段叙述。这构成了一个具有重大意义的历史文献。据我所知，在对其正确解读的过程中，迈出第一步的人是古文物研究者和博物学家恩格尔贝特·肯普弗（Engelbert Kaempfer，1651—1716）。① 《异域奇观·政治、自然及医学·卷五》(*Amoenitatum Exoticarum politico-physico-medicarum fasciculi V* ）一书收录了他多年的旅行见闻以及众多图表，这让我们有机会一窥肯普弗无休无止的好奇心：我们既能看到从波斯波利斯（Persepoli）② 废墟残碑上拓印的楔形文字拓片，也能看到对日本针灸师治疗痢疾时所取穴位的精确描述。③ 在这些观测记录中，有一条（"Kheif seu Keif, sive inebriantia Persarum et Indorum"）讨论了烟草、鸦片和大麻（或 bangue）的特性与功效。肯普弗认为，大麻便是锡西厄人和色雷斯人用其烟雾麻醉致幻的那种草药。④

---

① 参见 K. Meier-Lemgo, *Engelbert Kämpfer, der erste deutsche Forschungsreisende 1651—1716*, Hamburg 1960。另参见同一作者编选的 *Die Briefe Engelbert Kaempfers*, in "Akademie der Wissenschaften und der Literatur in Mainz, Abhandlungen der mathematisch-naturwissenschaftlicher Klasse", 6 (1965)，pp. 267—314; *Die Reisetagebücher Engelbert Kaempfers*, Wiesbaden 1968。

② 译者注：古波斯帝国都城之一，其废墟在今伊朗西南部城市设拉子附近。

③ E. Kaempfer, *Amoenitatum Exoticarum politico-physico-medicarum fasciculi V*, Lemgoviae 1712, pp. 333—334, 528—529。另参见 D. Haberland(a cura di)，*Engelbert Kaempfer (1651—1716). Ein Gelehrtenleben zwischen Tradition und Innovation*, Wiesbaden 2004（附参考书目，近年来这份书目已变得相当长）。

④ 参见 E. Kaempfer, *Amoenitatum*, cit., pp. 638 以下页码，尤其是 p. 647。Kaempfer 肯普弗所使用的资料来源为 Alessandro d'Alessandro, *Genialium dierum libri sex*, Parisiis 1561, cc. 137v—138r(l. III, XI)。

然而就我所知，这些记载并未被人注意到。在 18 世纪
末，另一位非同寻常的人物——让·波托茨基伯爵（conte Jan
Potocki），因卢歇·凯卢瓦（Roger Caillois）的节选改编本而享
誉世界的小说《萨拉戈萨手稿》(*Manuscrit trouvé à Saragosse*)
的原作者——独自得出了相似的结论。[①] 在一本 1802 年出版于圣
彼得堡的杰作《俄罗斯民族简史》(*l'Histoire primitive des peuples
de la Russie*) 中，波托茨基对希罗多德《历史》第 4 卷中提到的
中亚游牧民族的风俗习惯进行了精准的解读。在锡西厄人占卜师
的身上，他立时便辨识出了"西伯利亚萨满"的身影。[②] 他并没
有对鞑靼人中以烤焦大麻籽烟雾致人昏迷的风俗习惯追根究底：
但他观察到，在他曾于 1790 年停留过一段时间的开罗，那里广
泛使用的哈希什大麻剂（haschisch）[③] 的麻醉效果不同于鸦片和发
酵烈酒，因为"更像是疯癫（tient davantage de la folie）"。[④]

---

① R. Radrizzani 编校的新编完整版：*Manuscrit trouvé à Saragosse*, Paris 1990。

② 参见 J. Potocki, *Histoire primitive des peuples de la Russie*, St. Petersburg 1802, p. 128。在波托茨基的弟子、东方学家 Julius Klaproth 编校并附有导言和评注的重印本中，我们读到了 "chaman" 这个词：参见 J. Potocki, *Voyage dans les steps [!] d'Astrakhan et du Caucase. Histoire primitive des peuples qui ont habité anciennement ces contrées. Nouveau périple du Pont-Euxin...*, a cura di J. Klaproth, 2 voll., Paris 1829, vol. II, p. 171。

③ 译者注：从印度大麻的花头树脂中提取的致幻剂，与从大麻叶、茎中提取的 marijuana 相比药效较低。

④ 参见 J. Potocki, *Histoire*, cit., p. 134；作者同上，*Voyages en Turquie et en Egypte, en Hollande, au Maroc*, a cura di F. Beauvois, Paris 1980（附有建设性的导言）。我总是能在《萨拉戈萨手稿》(*Manuscrit trouvé à Saragosse*) 和 Sadègh Hedayàt 的 *La civetta cieca* 之间察觉到某种隐秘的、结构上的关系。我很好奇，这种隐秘关系是不是应当以一种十分不同的方式、从对类似致幻体验的重新分析来寻求。关于 Sadègh Hedayàt 其人，参见 Y. Ishaghpour, *Le tombeau de Sadègh Hedayàt*, Paris 1991。

但人们对这些洞见依旧浑然不觉。在 1811 年提交宣读、稍加改动后于 1828 年发表的一篇论文中，尼布尔（Niebuhr）游刃有余地对锡西厄人、盖塔人（geti）和萨尔马特人（sarmati）的远古历史进行了追本溯源，他得出了与波托茨基如出一辙的结论，但却并没有提及后者，显然是因为并不知道波托茨基的著作。在希罗多德描述的葬礼仪式（《历史》，第 4 卷，73—75）中，尼布尔毫不犹豫地辨识出了萨满仪式，而这支持了他关于一部分锡西厄人源自蒙古人的猜想（对此的讨论一直持续到了现在）。①

波托茨基与尼布尔在这一特定论点上的不约而同，并非出于偶然。在 1842 年到 1843 年开设于法兰西公学院（Collège de France）的一门斯拉夫文学课上，亚当·密茨凯维奇（Adam Mickiewicz）指出，波托茨基是"现代欧洲历史学家中第一个意识到口头传统之重要性的人。尼布尔向罗马集市上的农夫和老妇打听罗慕路斯与雷穆斯的野史轶闻。在他之前，波托茨基早就已经在鞑靼人的帐篷里推敲忖量锡西厄人的历史了"。他得出结论：波托茨基游历天下，履及各地，遍访众人——在他之前，不曾有任何一个古文物研究者做过这些事。②

---

① 参见 B. G. Niebuhr, *Untersuchungen über die Geschichte der Skythen, Geten, und Sarmaten*（*Nach einem 1811 vorgelesenen Aufsatz neu gearbeitet 1828*）, in *Kleine historische und philologische Schriften*, Bonn 1828, vol. I, pp. 352—398, 尤其是 pp. 361—362。

② 参见 A. Mickiewicz, *L'Église officielle et le messianisme*, 2 voll., Paris 1845, vol. I: *Cours de littérature slave au Collège de France*（*1842—1843*）, pp. 123—125: "...le premier de tous les historiens de l'Europe moderne, il reconnut l'importance de la tradition orale. Niebuhr demandait aux paysans et aux vieilles femmes, sur（转下页）

只要想一想古文物收藏家和博物学家肯普弗在 17 世纪末进行的一连串旅行，便知道密茨凯维奇显然过甚其词了，而这倒也情有可原。但是，在强调这种近几十年来才被人种历史学者重新发现的研究方法的可贵之处这一点上，他却是绝对正确的。在一篇 1935 年发表的论文《锡西厄》(*Scythica*) 中，卡尔·梅乌利（Karl Meuli）已经在这条道路上又进一步，从某种程度上而言，他再一次——或许是最后一次——发现了希罗多德描述的锡西厄人葬礼仪式中的萨满教色彩。之所以是"从某种程度上而言"，原因在于，在这篇《锡西厄》所附的密密麻麻的注释中，并没有出现肯普弗和波托茨基的名字，而他们多多少少能算作这一基本猜想的预见者；不过，尼布尔的名字倒是出现了。[1] 这点瑕疵，并无损于梅乌利这篇杰作的原创性，它第一次对锡西厄文化中呈现的萨满元素进行了深入分析，也对定居于黑海沿岸的希腊移民吸收这些萨满元素的过程作出了开创性的阐述。[2]

（接上页）les marchés de Rome, des explications sur l'histoire de Romulus et de Rémus. Longtemps avant lui, Potocki, dans les huttes des Tartares, méditait sur l'histoire des Scythes [...]. Potocki le premier a tiré la science du cabinet. Il a voyagé, observé le pays, parlé avec les peuples, ce qu'aucun antiquaire n'avait fait avant lui..."。这一段也见于 E. Krakowski, *Un témoin de l'Europe des Lumières: le comte Jean Potocki*, Paris 1963, p. 149。关于尼布尔对口头传统的重视，参见 A. Momigliano, "Perizonio, Niebuhr e il carattere della tradizione romana primitiva", in *Sui fondamenti della storia antica*, Torino 1984, pp. 271—293。

[1] 我改正了本文第一稿中的一处疏漏，感谢 Bremmer 指出这一点（*The Rise and Fall*, cit., p. 146 nota 16）。

[2] 参见 K. Meuli, *Scythica*, in *Gesammelte Schriften*, a cura di T. Gelzer, Basel-Stuttgart 1975, pp. 817—879（与 1935 年版相比有增补）。另参见本书作者的 *Storia notturna*, cit., p. 198 nota 4。对梅乌利这篇文章的批评，参见 Bremmer, *The Rise and Fall*, cit., pp. 27—40。

几年前，在阿尔泰山脉东麓进行的一次不为梅乌利所知的考古发掘，已经提前证实了他在论文中得出的结论。在一个名为帕兹雷克（Pazyryk）的地方，发现了一些历史可追溯至公元前 2 世纪或 3 世纪的古墓，墓中保存了一匹被扮成驯鹿、埋在冰层之下的马（如今展出于赫米蒂奇）、一面类似萨满鼓的鼓和一些普通大麻（cannabis sativa）的种籽。这些大麻籽的一部分存放于皮囊中，还有一部分被烤熟的，与鹅卵石一道盛放在一个小铜碗中。[①]

5. 我认为，知识的积累永远都是这样发生的：断断续续，而非一以贯之；始于谬误，而历经反复校正、遗忘与重新发现；受制于重重过滤与各种安排谋算，被它们所蒙蔽但同时也借之以显明。在这种意义上，我所重建的这个关于诠释的故事，或许略有毛举细故之嫌，但却可以被视作一种常态操作：它并非例外，而是普遍状况。

---

① 参见 *Storia notturna*, cit., p. 188。

第6章 宽容与商贸
——奥尔巴赫对伏尔泰的解读
（献给阿德里亚诺·索弗里）

1. 在伏尔泰《哲学书简》(*Lettres philosophiques*，出版于 1734 年，但撰写于几年前）的第 6 封信中，我们能读到一段著名的文字：

> 走进伦敦证券交易所，这个比许多宫廷都要更气象庄严的地方；你看到来自各国的代表，为了人类的利益而聚集一堂。在这里，犹太人、伊斯兰教徒和基督徒凑在一起讨价还价，仿佛他们信奉的是同一信仰，而只有那些破产的人，才会被他们叫做"无信之人（infedele）"；在这里，长老会会众信得过再洗派教徒，圣公会成员接受贵格会教徒许下的承诺。离开这种平和自由的集会，有人会去犹太会堂，有人会去喝上一杯；这个人会在一个大桶中奉圣父、圣子、圣灵之

名受洗；另外一个人会给儿子行割礼，让他默诵那些根本不解其意的希伯来经文；还有其他一些人前往各自的教会，头戴小帽，等待神圣启示从天而降，每个人都欢喜非常。①

埃里克·奥尔巴赫在他的杰作《摹仿论》(*Mimesis*，1946)中，对这个文本进行了详细的讨论。他的分析以警告开始：伏尔泰的描述并无现实主义的意图。这一段话并非明确无疑，正如现实主义这个概念对于奥尔巴赫而言也并非明确无疑。② 在《摹

---

① 参见 Voltaire, *Lettres philosophiques*, in *Mélanges*, a cura di J. van den Heuvel, Paris 1961, pp. 17—18: "Entrez dans la bourse de Londres, cette place plus respectable que bien des cours; vous y voyez rassemblés les députés de toutes les nations pour l'utilité des hommes. Là le juif, le mahométan et le chrétien traitent l'un avec l'autre comme s'ils étaient de la même religion, et ne donnent le nom d'infidèles qu'à ceux qui font banqueroute; là le presbytérien se fie à l'anabaptiste, et l'anglican reçoit la promesse du quaker. Au sortir de ces pacifiques et libres assemblées, les uns vont à la synagogue, les autres vont boire; celui-ci va se faire baptiser dans une grande cuve au nom du Père par le Fils au Saint-Esprit; celui-là fait couper le prépuce de son fils et fait marmotter sur l'enfant des paroles hébraïques qu'il n'entend point; ces autres vont dans leur église attendre l'inspiration de Dieu, leur chapeau sur la tête, et tous sont contents"。

② E. Auerbach, *Mimesis. Il realismo nella letteratura occidentale*, tr. it.(modificata)di A. Romagnoli e H. Hinterhäuser, Torino 1964, vol. II, pp. 161—166，尤其是 p. 163。A. Compagnon, *Le démon de la théorie*, Paris 1998, p. 103 提到在《摹仿论》中 "现实主义的概念依然是自证式的（la notion de réalisme allait encore de soi）"。但在这本书的结论部分（vol. II, p. 342），奥尔巴赫写道："因为即便是'现实的'这一表达也并非只有一个含义。"在一个严格的就事论事的层面上，伏尔泰的描述或许相当精确。伦敦证券交易所的一份标注日期为 "1784 年 8 月及 9 月" 的平面图（École des Ponts et Chaussée, ms. 8, *manuscript of Le Sage*, 1784）表明，某些宗教少数群体被划至特定区域，比如 "贵格会区（Place des Quakers）" 和 "犹太人区（Place des Juifs）"。这种分类法显然与其他基于职业或商业部门的分类法—— "呢绒商区（Place des Drapiers）"，"牙买加区（Place de la Jamaïque）" 等等——是交织在一起的。感谢 Margaret Jacob 向我展示了这份平面图，并提供了一份副本。

仿论》中分析的多种现实主义表现形式中，我们发现了以巴尔
扎克和司汤达的小说为代表的那种现代现实主义，在这种现实
主义里，个体的事件与经验与不受个体影响的历史驱动力交织
在了一起。[①] 这种驱动力之一，便是伏尔泰在关于伦敦证券交易
所的那段文字中所提到的全球市场。然而，奥尔巴赫更倾向于
强调这一描述的故意扭曲变形，那便是通过将不同宗教仪式细
节从其相对语境中剥离出来的方法，令它们显得颇为荒谬滑稽。
奥尔巴赫评论道，这是一种在政治宣传中十分典型的"反照技
法（Scheinwerfertechnik）"：

> 尤其是在人心浮躁的时期，公众总是会落入这个陷
> 阱，而我们总是可以从不远的过去找到一大堆这样的例
> 子……当某种生活方式或某个社会群体不再合时宜，不再
> 受人青睐，或是不再被忍耐，任何政治宣传扣到它头上的
> 不公正待遇，都会被［公众］带着一种施虐狂的心理欣然
> 接受。[②]

这种对纳粹的旁敲侧击，在对戈特弗里德·凯勒（Gottfried

---

① E. Auerbach, *Mimesis*, cit., vol. II, pp. 220—268（题为 "All'hôtel de La Mole" 的
一章，讨论了司汤达、巴尔扎克和福楼拜）。奥尔巴赫从未明确厘清过不同种类
的现实主义之间的关系。这种缄默不语曾被错误地从反理论的角度加以诠释，参
见 R. Wellek, *Auerbach's Special Realism*, in "The Kenyon Review", 16（1954），
pp. 299—307。

② E. Auerbach, *Mimesis*, cit., vol. II, p. 165.

Keller）的尖刻嘲弄后再度出现："这个幸福的家伙，简直没法想象，任何一种重要的政治变革不会同时带来更大的自由。"奥尔巴赫在回顾时写道，《摹仿论》"是一本颇具自觉意识的书，是由一个特定的人，在一个特定情形中，在 20 世纪 40 年代初的伊斯坦布尔写成的"。[①]奥尔巴赫以此重申了自己对批判性透视主义（prospettivismo critico）的忠诚，而他通过对维柯《新科学》（*Scienza Nuova*）的反思，对这种批判性透视主义进行了详尽阐述。[②]

自从《摹仿论》出版以来，已经过去了 50 多年。被奥尔巴赫点评过的伏尔泰的那一番话语，如今比以往更加振聋发聩。但是，要充分解读这段话的含义，我们必须采用一种双镜头双焦透视的视角（una prospettiva duplice, bifocale），将伏尔泰和他的这位思想敏锐的读者一道考虑在内。

2. "尤信之人（*infidèle*）"这个文字游戏，以及伏尔泰在关于伦敦证券交易所的这段文字里所体现出的总体态度，很可能是受到了斯宾诺莎（Spinoza）的影响。在《神学政治论》（*Tractatus theologico-politicus*，1670）的最后一章中，斯宾诺

---

① "Epilegomena zu Mimesis"，引自 A. Roncaglia 为《摹仿论》撰写的导言（*Mimesis*, cit., vol. I, p. XX）；我改正了译文中的一处小错。在这本书的扉页上，我们可以读到"于 1942 年 5 月到 1945 年 4 月期间写作于伊斯坦布尔"。参见 J. M. Ziolkowski 撰写的导言（E. Auerbach, *Literary Language and Its Public in Late Latin Antiquity and in the Middle Ages*, Princeton 1993, p. XXII）。

② 参见本书作者的 *Occhiacci di legno. Nove riflessioni sulla distanza*, Milano 1998, pp. 171—193。

莎高度赞美了阿姆斯特丹的智识和宗教信仰自由：

> 就以阿姆斯特丹这个城市为例，它如今正享受着自由
> 的成果，而这既造福本地，也赢得了各个民族的钦佩。在
> 这个繁荣的国度，在这个无与伦比的城市，不同背景、不
> 同教派的人无比和谐地生活在一起，而在将财产交托给
> 他人之前，他们只想知道对方是富有还是贫穷，平日行
> 事到底是守信还是背信［num bona fide, an dolo solitus sit
> agere］。①

在 1678 年出版、以三种不同标题页形式发行的未署名的
《神学政治论》法文译本中，紧接着拉丁文原文的是最后的这一
句："S'il est homme de bonne foy ou accoûtumé à tromper（看他
是否为诚信之人，或习于欺骗）。"②

在斯宾诺莎的作品中，"信（fides）"这个词根据语境有
着不同的含义，有时是宗教意义上的，但也有其他情形：比如

---

① B. de Spinoza, *Tractatus theologico-politicus*,　第 20 章："Urbs Amstelodamum
exemplo sit, quae tanto cum suo incremento, et omnium nationum admiratione
hujus libertatis fructus experitur; in hac enim florentissima Republica, et urbe
praestantissima omnes cujuscunque nationis et sectae homines summa cum concordia
vivunt, et ut alicui bona sua credant, id tantum scire curant, num dives, an pauper
sit, et num bona fide, an dolo solitus sit agere"（ *Opera*, a cura di C. Gebhardt,
Heidelberg 1925, vol. III, pp. 245—246 ）。

② ［B. de Spinoza］, *Traitté des ceremonies superstitieuses des Juifs tant Anciens que
Modernes*, à Amsterdam 1678, p. 527. 我还参考了另一个扉页不同的版本：*La clef
du sanctuaire par un sçavant homme de notre siècle*, Leyden 1678。

轻信、偏信、虔信、忠信等等。① 从宗教领域向政治领域的转
变，在《神学政治论》的最后一章十分明显："最后，我们是否
注意到了这一点，那就是一个人对国家的忠信，正如其对上帝
的虔信一样，是可以仅凭其行而得知的。［拉丁文原文：*Quod
si denique ad hoc etiam attendamus, quod fides uniuscujusque
erga rempublicam, sicuti erga Deum, ex solis operibus cognosci
potest...*］"② 这段话，与斯宾诺莎最欣赏的一位作家形成了
呼 应。 在《李 维 史 论》(*Discorsi sopra la prima Deca di Tito
Livio*) 中，马基雅维利曾主张，一个井然有序的共和国需要一
个宗教黏合剂，一种相当于古罗马宗教的公民宗教 (religione
civica)。③ 但是，在对阿姆斯特丹及其自由的赞美中，"信"——
更确切地说，是"守信 (bona fides)"这个法律概念——意味
着商业诚信。④ 斯宾诺莎似乎为伏尔泰的那句关于破产乃是一种

---

① B. de Spinoza, *Tractatus theologico-politicus*，前言："Fides jam nihil aliud sit quam
　　credulitas et praejudicia"；第 14 章："Superest jam, ut tandem ostendam, inter fidem,
　　sive theologiam, et philosophiam, nullum esse commercium"；第 20 章："Fides ejusque
　　fundamentalia determinanda sunt; quod quidem in hoc capite facere constitui, simulque
　　fidem philosophia separare, quod totius operis praecipuum intentum fuit" (*Opera*,
　　cit., vol. III, pp. 8, 179, 275—276)。关于这一问题的全面论述，参见 E. Giancotti
　　Boscherini, *Lexicon Spinozanum*, La Haye 1970, pp. 423—427。

② Spinoza, *Opera*, cit., vol. III, p. 243.

③ G. Procacci, *Machiavelli nella cultura europea dell'età moderna*, Bari 1995,
　　pp. 275—276.

④ L. Lombardi, *Dalla "fides" alla "bona fides"*, Milano 1961; G. Freyburger, *Fides.
　　Étude sémantique et religieuse depuis les origines jusqu'à l'époque augustéenne*, Paris
　　1986. 1584 年，鲁汶大学教授 Johannes Molanus 发表了一篇论文 *Libri quinque
　　de fide haereticis servanda, tres de fide rebellibus servanda*；参见 A. Prosperi, *Fede,
　　giuramento, inquisizione*, in P. Prodi, E. Müller-Luckner (a cura di), *Glaube und Eid*,
　　München 1993, pp. 157—171。

无信之行的俏皮话预作了铺垫。在美元纸币的背面，我们看到它
转变成了一句庄严的宣告："我们信仰上帝（In God we trust）。"[1]

对阿姆斯特丹的赞美，以及对伦敦证券交易所的描述，将
这二者进行比较，进一步证实了一个此前曾基于不同证据而提
出的假设，那便是在《哲学书简》出版前，伏尔泰可能知道这
部《神学政治论》。[2] 但是，这两段文字的语气是迥然有异的。
对于斯宾诺莎来说，阿姆斯特丹活生生地表明了，思想自由不
具政治危险性，而且通过促进商贸繁荣还有益于全民福祉。半
个多世纪后的伏尔泰则隐约指出，在伦敦，商贸的繁荣让信仰
分歧变得全然无关。在理性与宗教不宽容的这个历史战场上，
英格兰被伏尔泰视为了典范：

> 什么！难道只有在英格兰
>
> 凡人才敢于思考？
>
> ［Quoi! N'est-ce donc qu'en Angleterre
>
> Que les mortels osent penser？］

---

[1] Pier Cesare Bori 向我指出了这一点，特此感谢。A. Hirschman 在 *The Passion and the Interests*（Princeton 1977）中提出了一个非常有说服力的论点，也可以被扩展到宗教领域。1833 年前后，司汤达曾在《意大利遗事》（*Chroniques Italiennes*）的提纲中轻蔑地提到"年轻的美洲，在那里，（几乎）所有的激情都沦落为对美元的崇拜"。（*Romans et nouvelles*, a cura di H. Martineau, Paris 1947, p. 544）

[2] P. Vernière, *Spinoza et la pensée française avant la Révolution*, Paris 1954, vol. II, pp. 498—499。R. Pomeau, *La religion de Voltaire*, nuova edizione, Paris 1969, p. 54 nota 82, 他声称当时伏尔泰只是间接地了解到斯宾诺莎的著作。另参见 C. Porset, *Notes sur Voltaire et Spinoza*, in O. Bloch（a cura di）, *Spinoza au XVIIIe siècle*, Paris 1990, pp. 225—240。

这几行诗句，摘引自伏尔泰在女演员阿德里安娜·勒库夫勒（Adrienne Lecouvreur）去世后写的一首诗，在其中，他对贺拉斯的诗作（《书信集》卷 1 第 2 首第 40 行，"致洛里乌"）进行了歪曲理解，将"保持明智"变成了"思考"。半个世纪后，康德同样歪曲了贺拉斯的诗句，将其用在他对启蒙的著名定义中："敢于思考（sapere aude）!" [①]

3. 为了表达自己对信仰差异的不萦于怀，伏尔泰使用了间离（straniamento）的文学常规手法，将某些熟悉的事物——某件物体、某个行为、某种制度——转化为陌生古怪、不知所谓、荒谬可笑的东西。什克洛夫斯基（Sklovskij）第一个指出了这种常规手法，并对其进行了分析，他指出，启蒙运动中的启蒙思想家们（philosophes）大量使用了这种手法。在《哲学书简》中，几乎处处可见其身影。比如，在第一封信中，伏尔泰便如

[①] "'敢于思考（osent penser）'，非同寻常的表达"，R. Pomeau（*Les "Lettres philosophiques": le projet de Voltaire*, in "Studies on Voltaire and the Eighteenth Century", 179［1979］, pp. 11—24，尤其是 p. 12）。关于贺拉斯对伏尔泰的重要性，参见 I. O. Wade, *The Intellectual Development of Voltaire*, Princeton 1969, pp. 15—18。关于"sapere aude"这一表述的精彩论述，参见 F. Venturi, *Contributi a un dizionario storico*, I: *Was ist Aufklärung? Sapere aude!*, in "Rivista storica italiana", LXXI（1959）, pp. 119—128；作者同上，*Utopia e riforma nell'Illuminismo*, Torino 1970, pp. 12—18（另参见本书作者的 "L'alto e il basso" in *Miti emblemi spie*, Torino 1986, pp. 107—132）。伏尔泰拥有一本 Dacier 翻译的贺拉斯集（1727 年阿姆斯特丹版），其中对这句话做出了正确的道德意义上——而非智识意义上——的诠释："要有保持德性的勇气（Ayez le courage d'être vertueux）"。参见 F. Venturi, *Contributi*, cit., p. 120。发现这种对贺拉斯诗句的歪曲理解可以一直追溯到伏尔泰那里，想必会让文图里（Venturi）颇感欣慰。

此描述他与一位未提及名字的贵格会教徒的会面："在他开朗且有人情味的脸上，能看到更多的礼貌，远胜于那些惯于把一条腿放到另一条腿后面、把本该戴在头上的帽子拿在手上的家伙。"①

运用这种故意大兜圈子的笨拙描述，伏尔泰让他的读者切身体会到了贵格会教徒对那些社交礼仪的不屑。不久之后，这种不屑便扩展到了宗教礼仪之上。"我们都是基督徒——这位贵格会教徒说——而且我们勉力成为好基督徒；但我们不认为，所谓基督教信仰，就是往头上洒凉水，再撒一小撮盐。"②

说完洗礼，话题便转到了战争之上。同样运用间离的常规手法，这位贵格会教徒提到了强制征兵，并对其表示谴责：

> 我们的上帝，命我们爱自己的仇敌，忍受苦难而不抱怨，祂必定不想让我们跨海远征，屠戮我们的弟兄，只是因为某些身穿红衣、头戴二尺高帽的嗜杀狂徒，拿着两根小棍子，击打着紧绷的驴皮发出噪声，拉人去当兵。③

---

① "Il y avait plus de politesse dans l'air ouvert et humain de son visage qu'il n'y en a dans l'usage de tirer une jambe derrière l'autre et de porter à la main ce qui est fait pour couvrir la tête" (Voltaire, *Lettres philosophiques*, in *Mélanges*, cit., p. 1).

② "Nous sommes chrétiens, et tâchons d'être bons chrétiens; mais nous ne pensons pas que le christianisme consiste à jeter de l'eau froide sur la tête, avec un peu de sel" (出处同上，p. 2)。

③ "Notre Dieu, qui nous a ordonné d'aimer nos ennemis et de souffrir sans murmure, ne veut pas sans doute que nous passions la mer pour aller égorger nos frères, parce que des meurtriers vêtus de rouge, avec un bonnet haut de deux pieds, enrôlent des citoyens en faisant du bruit avec deux petits bâtons sur une peau d'âne bien tendue" (出处同上，p. 4)。

伏尔泰所使用的这种文学常规手法背后有着悠久的传统，可以一直追溯至马可·奥勒留（Marco Aurelio）。[1] 在《沉思录》中，马可·奥勒留提到了罗马元老院议员的饰带长袍（laticlavio）："这种紫边长袍，不过是浸了鱼血的绵羊毛而已。"伏尔泰对于社交行为亦是如是看待，将人与事件简化为最基本的组成部分。士兵不过是"身穿红衣、头戴二尺高帽的嗜杀狂徒"，他们不是在敲鼓，而是在"拿着两根小棍子，击打着紧绷的驴皮发出噪声"。即便是最显而易见的举动，也会变得稀奇古怪、难以索解甚至荒谬可笑，正如它们呈现在某个陌生人、某个野蛮人或是某个无知的启蒙思想家（un philosophe ignorant）——伏尔泰在后文中便以此自称——眼中一样。

但是，伏尔泰心中的典范，却是英国人。在他流亡伦敦的那段时间（1726—1728 年）写下的一本札记中，伏尔泰随手记下了一个对比，而这后来成了《哲学书简》第六篇的主旨："英格兰是所有宗教的会聚之所，正如证券交易所是所有外国人的会聚之所。"在另外一处，伏尔泰用他不太流利的英语对同一观点进行了更详尽的阐述：

> 在没有良知自由（liberty of conscience）的地方，几乎难以发现商贸自由，因为同样的残暴专横既侵害商贸也侵

---

[1]　C. Ginzburg, *Occhiacci di legno*, cit., pp. 18—20.

害宗教信仰。在英联邦和其他的自由国度，在海港见到的各色宗教可能和船只一样多。同一个神被犹太人、伊斯兰教徒、天主教徒、贵格会教徒、再洗派教徒以不同的方式敬拜着，这些人劲头十足地打着笔仗，但却彼此自由交易，相互信任，和睦相处，就像是好的演员在台上按照自己的角色要求针锋相对，但之后的时间却会一起开怀畅饮。①

　　这一段文字的标题——木桶传奇——被伏尔泰札记的现代编者认定为"引人误解"。②事实上，这个标题却向我们揭示了，这种间离手法是如何成为了《哲学书简》叙述的一部分。斯威夫特曾在一则名为《木桶传奇》(A Tale of a Tub, 1704) 的故事中，讲述了三个儿子就父亲的遗嘱而相互争吵的经过，这个叙述中经常东拉西扯、离题万里的寓言，实际上象征了罗马教会、英格兰教会和不顺从英国国教的新教徒（dissenzienti

---

① "England is meeting of all religions, as the Royal exchange is the rendez vous of all foreigners"；"Where there is not liberty of conscience, there is seldom liberty of trade, the same tyranny encroaching upon the commerce as upon Relligion. In the Commonwealths and other free contrys one may see in a see port, as many relligions as shipps. The same god is there differently worship'd by jews, mahometans, heathens, catholiques, quackers, anabaptistes, which write strenuously one against another, but deal together freely and with trust and peace; like good players who after having humour'd their parts and fought one against another upon the stage, spend the rest of their time in drinking together" (*Voltaire's Notebooks*, a cura di Th. Besterman, Genève 1968 [*Les œuvres complètes de Voltaire*, vol. 81], vol. I, pp. 51, 65).

② 出处同上，p. 43 nota 2。

protestanti）之间的纷争。尽管遭到了天主教徒和宗教狂热分子的尖锐抨击，斯威夫特却公开宣称，基督徒之间的共同点要比他们的相异之处更加重要。① 在札记中，伏尔泰回溯到了斯威夫特这个寓言的源头，也即年迈父亲把三枚戒指留给儿子们的故事：但是，他对原作中提到的基督徒、犹太人和伊斯兰教徒进行了扩展，将异教徒也包括在内。在这个故事的最终版本中，地点不再是一个海港，而被设定为伦敦证券交易所，异教徒消失了，自然神论的言论也变得更为隐晦。但伏尔泰对斯威夫特的借鉴却增加了。在《木桶传奇》中，宣告了该书匿名作者的其他作品也马上就会被出版，而这其中便包括了一本"一部从原文翻译而来的游记，讲述了某个未知大陆（*Terra Incognita*）的大人物在英格兰的游历过程"：这个想法，几年后换了个方向重新出现在《格列佛游记》（1726）中。如果没有《格列佛游记》，伏尔泰将不可能成为他自己。② 我们可以想象，他在阅读那份由两名小人国居民不辞劳苦记录下来的格列佛口袋内容物清单时的激动。这些物品包括：

---

① 　J. Swift, *A Tale of a Tub...*, a cura di A. C. Guthkelch, D. N. Smith, Oxford 1920, p. 139.

② 　出处同上，pp. 345—346。另参见 J. Swift, *Journal to Stella*, a cura di H. Williams, Oxford 1948, vol. I: *April 14, 1711*, pp. 254—255。R. Pomeau, *La religion de Voltaire*, nuova edizione, Paris 1969, pp. 131—132，其中错误地表示，直到 1756 年，伏尔泰印象中的斯威夫特只不过是《格列佛游记》的作者。Pomeau 援引了 Wolff 的 *Elementa matheseos universae* 作为《小大人》的可能素材，但却没有提到《格列佛游记》（Voltaire, *Romans et contes*, Paris 1966, p. 125）。但请参阅 I. O. Wade, *Voltaire's "Micromégas": A Study in the Fusion of Science, Myth, and Art*, Princeton 1950, p. 28。

　　一根大银链子，一端拴着一个十分神奇的器物。我们
命令他把链子上拴着的东西拉出来，我们看见露出来一个
球形物体，一半儿是银的，另一半是某种透明的金属；在
透明的那一半，我们看见了某些环状排列的奇奇怪怪的数
字……他把这器物放到我们耳边，它发出一种不间断的声
音，就像水车的声音一样。我们猜测着，这要么是一种
未知动物，要么就是他崇拜的神；但后一种猜测的可能性
更大。①

　　斯威夫特将一个日常物件变成了某种圣物；伏尔泰则将
某个神圣事件变成了寻常事物："这个人会*在一个大桶中……
受洗*（法文原文：Celui-ci va se faire baptiser *dans une grande
cuve*）。"② 在这两个例子中，我们都能看到同样的陌生化方法
（strategia defamiliarizzante）。陌生人的惊奇凝视，摧毁了由习
惯或敬畏而生的光环。而在另一方面，在发生于伦敦证券交易
所的那些商贸往来之上，则没有光环笼罩：他们的理性是显而

---

① J. Swift, *I viaggi di Gulliver*, tr. it. di A. Valori, Genova 1913（*Gulliver's Travels*, a
cura di P. Dixon, J. Chalker, Harmondsworth 1967, p. 70: "A great silver chain, with
a wonderful kind of engine at the bottom. We directed him to draw out whatever
was at the end of that chain; which appeared to be a globe, half silver, and half of
some transparent metal; for on the transparent side we saw certain strange figures
circularly drawn [...]. He put this engine to our ears, which made an incessant noise
like that of a watermill. And we conjecture it is either some unknown animal, or the
god that he worships [...] "）。另参见 G. Celati, *Introduzione* a J. Swift, *I viaggi di
Gulliver*, Milano 1997, p. XIX。
② 斜体字为本文作者添加。

易见的。

在《哲学书简》中，有一段献给斯威夫特的文字（"第 22 封信：关于蒲柏先生和其他几位著名诗人"），其中并未提及《格列佛游记》。但在 1756 年出版的增补版中，伏尔泰插入了一长段关于《木桶传奇》的文字，认定其素材源自三个指环的故事和丰特内勒（Fontenelle）的著作。他总结道：

> 因此，几乎一切都是模仿。《波斯人信札》的构思源自《土耳其间谍》（*Spia turca*）。博亚尔多（Boiardo）模仿了浦尔契（Pulci），阿廖斯托（Ariosto）模仿了博亚尔多。最具原创性的智者彼此借鉴……书的际遇正如壁炉中的薪火相继；你去邻居那里取来火种，你在自己的家中将其点燃，你把它传给其他的人，而它属于每一个人。①

这是一番多么精彩的自白啊！

4. 奥尔巴赫很可能并未读过什克洛夫斯基关于间离的文章。②但是，经过谢尔盖·特列季亚科夫（Sergej Tret' jakov）

---

① "Ainsi presque tout est imitation. L'idée des *Lettres persanes* est prise de celle de l'*Espion turc*. Le Boiardo a imité le Pulci, l'Arioste a imité le Boiardo. Les esprits les plus originaux empruntent les uns des autres. [...] Il en est des livres comme du feu dans nos foyers; on va prendre ce feu chez son voisin, on l'allume chez soi, on le communique à d'autres, et il appartient à tous" (Voltaire, *Mélanges*, cit., p. 1394).

② R. Lachmann, *Die "Verfremdung" und das "Neue Sehen" bei Viktor Sklovskij*, in "Poetica", III (1969), pp. 226—249.

的推介，什克洛夫斯基的理念对布莱希特的作品产生了决定性的影响，而奥尔巴赫对布莱希特却是非常熟悉的。布莱希特所主张的间离效应（Verfremdung-Effekt），与启蒙运动传统有着深切的联系，而这与伏尔泰所运用的"反照技法"极其相似。[①]关于这种技法，奥尔巴赫只是强调了它的风险，而未阐明它所具有的批判性潜力，也即做出一种令人吃惊的片面评判。当然，艺术程序或文学程序，都只不过是可以被用来实现不同目的——有时甚至是截然相反的目的——的工具而已。一件武器（间离手法也是）可以用来杀死一个孩子，或是保护一个孩子免遭杀害。但是，如果我们对伏尔泰作品中间离手法的功能进行近距离观察，便会看到一个更复杂的故事浮现而出，而这会让我们更好地理解对伦敦证券交易所的这段描述，以及奥尔巴赫对此段文字的解读。

《哲学书简》出版时（1734 年），伏尔泰正在撰写《形而上学论》（*Traité de métaphysique*）的初稿，后者的反复校正一直持续到了 1738 年。[②]在这部并不打算公开发表、直至伏尔泰死后才出版的未竟之作中，伏尔泰对陌生化审视对英国社会的颠覆性潜力进行了深入探讨。在导言中（"对人的怀疑"），他写道：

---

① 参见 F. Orlando, *Illuminismo e retorica freudiana*, Torino 1982, p. 163。

② Voltaire, *Mélanges*, cit., pp. 157 以下页码。关于这部作品的写作时间，参见 I. O. Wade, *Studies on Voltaire*, Princeton 1947, pp. 87—129。W.H. Barber 编校的另一版本，参见 Voltaire, *Les oeuvres complètes*, 14（Oxford 1989）。

很少有人对人为何物有着全面的认识。欧洲某个地区的农民，对我们这个物种的概念不过如此：这一种长着两只脚、皮肤黝黑、能说上几句话的动物，他们耕作着土地，缴纳着赋税，但却不知道为什么要向另一种被称为国王的动物上贡，他们把自己的产品尽可能地卖出高价，在一年中的特定日期聚在一起，用他们不懂的语言吟诵祷文。①

直到 30 年后，伏尔泰才大胆地在以笔名发表的《历史哲学》(*Philosophie de l'histoire*) 中公开了这段文字的修订版，这部作品后来作为《风俗论》(*Essai sur les mœurs*) 的导言而再版重印。② 在新版中，对法国社会的陌生化描述显然出自伏尔泰本人之手。而在《形而上学论》中，农民的观点紧接着国王、波斯青年、土耳其青年、教士和哲学家的观点，彼此不分轩轾。为了超越这些有限的视角，伏尔泰想象了一个身处外太空的存在：一个后来在《小大人》(*Micromégas*) 中再度出现的发明出

---

① "Peu de gens s'avisent d'avoir une notion bien étendue de ce que c'est que l'homme. Les paysans d'une partie de l'Europe n'ont guère d'autre idée de notre espèce que celle d'un animal à deux pieds, ayant une peau bise, articulant quelques paroles, cultivant la terre, payant, sans savoir pourquoi, certains tributs à un autre animal qu'ils appellent *roi*, vendant leur denrées le plus cher qu'ils peuvent, et s'assemblant certains jours de l'année pour chanter des prières dans une langue qu'ils n'entendent point" (Voltaire, *Mélanges*, cit., p. 157).

② Voltaire, *La philosophie de l'histoire*, a cura di J. H. Brumfitt, seconda edizione rivista (*Les œuvres complètes de Voltaire*, vol. 59), Genève 1969, p. 109. 关于这段文字的其他版本，参见 C. Ginzburg, *Occhiacci di legno*, cit., p. 28。

来的斯威夫特式的角色。^① 立志寻找人类的这名旅行者，看到了"猴子，大象，黑人，他们身上似乎都闪着些许不完美的理性之光"。基于这些经历，他陈述道：

> 人是一种头上长着羊毛的黑色动物，他用双足行走，直立如猿，不如同样身量的其他动物强壮，但想法要更多一些，而且拥有更强的表述能力；他与那些动物同样有着必不可少的需求，和它们一样，有生亦有死。^②

这位来自太空的旅行者，其坦率直白一方面令其陷入了一概而论的荒谬陷阱，而另一方面（借助伏尔泰所挚爱的那种模糊措辞），他又得以看到一个决定性的真相：人类就是动物。这位旅行者一点一点地发现，那些人类又分属于不同的人种，每一种都有其独特起源，在宏大的宇宙层级中拥有自己一席之地：

---

① I. O. Wade, *Voltaire's "Micromégas"*, cit., p. 28，Wade 宣称这个发表的文本中包含了一个更早的、现已佚失的文本（*Voyage du baron de Gangan*，1739）的蛛丝马迹。W.H. Barber 驳斥了 Wade 的大部分论证，但同意其中一点，即《小大人》的最初构思源自伏尔泰在 1730 到 1740 年这十年中的科学兴趣，参见 W. H. Barber, *The Genesis of Voltaire's "Micromégas"*, in "French Studies", XI（1957），pp. 1—15。

② "Des singes, des éléphants, des nègres, qui semblent tous avoir quelque lueur d'une raison imparfaite [...]. L'homme est un animal noir qui a de la laine sur la tête, marchant sur deux pattes, presque aussi adroit qu'un singe, moins fort que les autres animaux de sa taille, ayant un peu plus d'idées qu'eux, et plus de facilité pour les exprimer; sujet d'ailleurs à toutes les mêmes nécessités, naissant, vivant et mourant tout comme eux"（Voltaire, *Mélanges*, cit., pp. 159—160）。

"最后，我看到了那些在我看来比黑人高出一等的人，正如黑人优于猴子，猴子优于牡蛎（ostriche）和其他同类动物。"①

为了强调人种的多样性，伏尔泰将这些人比作不同种类的树。二十年后，这一类比将会在《风俗论》（第 114 章）中得到继承和发挥。在伏尔泰的论述中，黑人再次占据了决定性的重要地位：

> 黑人的黏膜是黑色的，他们的肤色也因此呈黑色，这清楚表明，存在着将各个人种区分开来的基本原理（un principio），正如存在着将各个树种区分开来的基本原理。自然正是遵从这种基本原理，将人的个性特征分为三六九等，而我们看到的这些个性特征很少会发生改变。正因如此，黑人才成了其他人种的奴隶。一大批黑人像牲畜一样被带到非洲海岸，然后被转运到我们的美洲殖民地，服侍为数不多的欧洲人。②

---

① Voltaire, *Mélanges*, cit., p. 180。参见 S. Landucci, *I filosofi e i selvaggi*, Bari 1972, p. 80 以后页码。

② "La membrane muqueuse des nègres, reconnue noire, et qui est la cause de leur couleur, est une preuve manifeste qu'il y a dans chaque espèce d'hommes, comme dans les plantes, un principe qui les différencie. La nature a subordonné à ce principe ces différents degrés de génie et ces caractères des nations qu'on voit si rarement changer. C'est par là que les nègres sont les esclaves des autres hommes. On les achète sur les côtes d'Afrique comme des bêtes, et les multitudes de ces noirs, transplantés dans nos colonies d'Amérique, servent un très petit nombre d'Européens" (Voltaire, *Essai sur les mœurs*, a cura di R. Pomeau, Paris 1963, vol. II, p. 335).

伏尔泰认为，人类历史是在等级制度的框架之内发展出来的，而这个等级制度由不同人种构成；如今，我们或许会用种族（razze）这个词来取代人种（specie）的说法。即便当时"种族主义"和"种族主义者"这两个词并不存在，质疑一下伏尔泰是否为种族主义者的做法，似乎是绝对合情合理的（而这已经被许多人做过了）。① 然而，我们似乎有必要先区分一下广义的种族主义和狭义的种族主义。前者认为，（a）人类种族差异确实存在，（b）不同种族有等级高下之分。后者在（a）和（b）之外，还主张（c）不同种族之间的等级高下不能被教育或文化所改变。伏尔泰毫无疑问是一个广义上的种族主义者，但他从未全然信服狭义上的种族主义：然而，每当他提及黑人时，便会十分接近后者。"大多数黑人，以及所有的卡菲尔人（cafri）②，都陷入了同样的愚昧。"他在《历史哲学》中写道。几年后的1775 年，他又补充道："而且它们会旷日持久地烂在那里。"③

---

① 参见 M. Duchet, *Anthropologie et Histoire au siècle des lumières*, Paris 1971; C. Hunting, *The Philosophes and Black Slavery: 1748—1765*, in "Journal of the History of Ideas", luglio-settembre 1978, pp. 405—418。 另参见 G. Gliozzi, *Poligenismo e razzismo agli albori del secolo dei Lumi*, in "Rivista di filosofia", LXX（1979），pp. 1—31。

② 译者注：对南非黑人的贬称。

③ "La plupart des nègres, tous les Cafres sont plongés dans la même stupidité"（*La Philosophie de l'histoire*, cit., p. 96）；"Et y croupiront longtemps"（出处同上）。另参见 *Les Lettres d'Amabed* 中的一个带有种族主义色彩的玩笑（Voltaire, *Romans et contes*, a cura di F. Deloffre, J. van der Heuvel, Paris 1979, pp. 507—508）。C. Hunting, *The Philosophes*, cit., p. 417 nota 16，该作者并不令人信服地指出，这段话的目的是嘲弄当时人们对于黑人的观点。对此的反对意见，参见 Deloffre, *Les Lettres d'Amabed*, cit., p. 1136 nota。

5. 伏尔泰对种族问题——尤其是对黑人——的态度，很大程度上为启蒙思想家们所共有。[①] 但是，一个个人因素或许加深了这种印象。从青年时代，伏尔泰就向印度公司（Compagnia delle Indie）投入了大笔资金，而这家公司的主营业务便是奴隶贸易。[②] 伏尔泰素以商业嗅觉灵敏而著称，他毫无疑问知道这一事实。而且无论如何，奴隶贸易都是他在《俗世之人》（Le mondain）这首诗中大加歌颂的那个经济体系中的一个重要元素。后来，他还在 1736 年接着写了《捍卫俗世，或为奢侈辩护》（Défense du mondain ou l'apologie du luxe）。《俗世之人》如此写道：

> 那些浮华之物，乃是必需，
>
> 它们将两个半球结合在一起。
>
> 难道你看不见这些轻快的船只
>
> 来自泰瑟尔岛，来自伦敦，来自波尔多大区，
>
> 它们破浪前行，互惠互利，
>
> 搜求产自恒河源头的珍异，
>
> 而那些穆斯林的征服者，固然与我们相隔万里

---

① Hunting 否认这一点，参见 Hunting, *The Philosophes*；但可参阅 A. Burgio, *Razzismo e lumi. Su un "paradosso" storico*, in "Studi settecenteschi", 13（1992—1993），pp. 293—329。

② 一篇在某种程度上为伏尔泰辩护的文章，参见 E. P. Abanime, *Voltaire antiesclavagiste*, in "Studies on Voltaire and the Eighteenth Century", 182（1979），pp. 237—252。

难道法兰西的葡萄酒，不曾令苏丹醺醺陶醉？

[Le superflu, chose très nécessaire,

A réuni l'un et l'autre hémisphère.

Voyez-vous pas ces agiles vaisseaux

Qui du Texel, de Londres, de Bordeaux,

S'en vont chercher, par un heureux échange,

Des nouveaux biens, nés aux sources du Gange,

Tandis qu'au loin, vainqueurs des musulmans,

Nos vins de France enivrent les sultans?] [①]

　　这首洛可可风格的诗作，口气之轻浮与内容之沉重形成了
鲜明对比。帮助将两个半球结合在一起的大宗商品之一，正是
被当成奴隶售卖的"黑色动物"。曼德维尔（Mandeville）在
《蜜蜂的寓言》(*Favola delle api*) 中指出，奢侈品激发了进步。[②]
但曼德维尔的"私人的恶德促成公共利益"悖论，所指仅为欧
洲各国。在《俗世之人》慷慨激昂的结尾中描绘的那个地上天
堂（"地上的天堂就是我所在的地方"），却是对全世界有计划、

---

① Voltaire, *Mélanges*, cit., p. 203.

② A. Morize, *L'apologie du luxe au XVIII ᵉᵐᵉ siècle et "Le mondain" de Voltaire*, Paris 1909; I. O. Wade, *Studies on Voltaire*, cit., pp. 22—49; A. O. Aldridge, *Mandeville and Voltaire*, in I. Primer (a cura di), *Mandeville Studies*, Den Haag 1975, pp. 142—156. Wade 宣称伏尔泰只在 1735 年读到了《蜜蜂的寓言》，当时他在写作《捍卫俗世》。然而，正是 Wade 本人表明了，《俗世之人》曾受到一篇文章的影响，而该文反过来又是受曼德维尔影响而作的，参见 Melon, *Essai politique sur le commerce* (1736)。

有步骤地大举劫掠的结果。

6. 后来诸多种族主义意识形态在 18 世纪的根源，尽管常常被人压下不提，但其存在却是毋庸置疑的。然而，我并不相信，这足以解释奥尔巴赫所提出的、存在于伏尔泰和纳粹政治宣传之间的并行关系。当然，不能排除的一种可能是，伏尔泰针对犹太教仪式的那些刻薄评论，让奥尔巴赫本人深感被冒犯。斯时，纳粹的迫害，已经令奥尔巴赫成了一名犹太人，一个流亡者。[1]《摹仿论》卷首语中引用的那句马弗尔（Marvell）的诗（"假如我们有足够的天地和时间……"），便是对限制了此书创作过程的历史和地理条件的暗讽。而这句反讽中，还藏着另一层更苦涩的意思：马弗尔在接下来的诗句中安抚对自己无动于衷的爱人，如果她愿意的话，可以一直拒绝他的爱，"直到犹太人改信归正"。[2] 但是，奥尔巴赫表现出来的那种对伏尔泰既崇拜有加又忍无可忍的复杂态度，却有着更宽泛的影响。

在流亡伊斯坦布尔的初期，奥尔巴赫曾给显然跟他情谊匪浅的瓦尔特·本雅明写过几封信。在一封标注日期为 1937 年 1 月 3 日的信中，奥尔巴赫提到了他对土耳其的初步印象：

---

① 目前仍未有一部奥尔巴赫的传记问世。大量有益信息，参见 H. U. Gumbrecht, *Pathos of the Earthly Progress*, in *Literary History and the Challenge of Philology*, a cura di S. Lerer, Stanford 1996, pp. 13—35。

② Y. H. Yerushalmi 提 到 了 这 些 诗 句：Y. H. Yerushalmi, *Assimilation and Racial Anti-Semitism: The Iberian and the German Models*, in "The Leo Baeck Memorial Lecture", 26（1992），pp. 21—22。

［凯末尔·阿塔蒂尔克的政策］导致了对传统的民族主义狂热敌意，对整个伊斯兰教文化遗产的全盘拒绝，它建构出了一种想象出来的、与原始土耳其身份之间的关系，并实现了一种欧洲意义上的技术现代化……其结果，便是极端的民族主义，同时伴随着对民族历史特性的摧毁。这一图景，在像德国、意大利甚至是俄国（？）这样的国家，并不为所有人得见，但在这里却是昭然若揭。

接下来，是一个预测：

在我看来日益明显的一件事是，当前的国际形势不过是天意弄人（List der Vorsehung），就是要引我们走上一条崎岖血路，走向一种国际化的庸常琐碎，走向一种文化上的异口同声。在德国和意大利时，看到"血与土"这个假大空的政治宣传口号，我便已经产生了疑虑：但只有在这里，这种趋势的证据在我看来才几乎是确凿无疑的。①

那些民族主义的独裁政权（"俄国"这种说法，尽管后面跟着一个问号，但仍具有典型的民族主义独裁特征）因此便成了历史进程中的一个阶段，它终将消除所有的具体特征，民族性

---

① 参见 K. Barck, *5 Briefe Erich Auerbachs an Walter Benjamin in Paris*, in "Zeitschrift für Germanistik", 9（1988），pp. 688—694，尤其是 p. 692。非常感谢 Stephen Greenblatt 让我得知这些信件的存在。

的那些特征也包括在内，从而确立一种没有分别的、天下大同的文明。这种自相矛盾的发展轨迹，让奥尔巴赫想到了"天意弄人"的这个说法，它的灵感源自克罗齐的一个观点，将维柯（Vico）的"天意说"与黑格尔的"理性狡诈弄人"融合在了一起。[①] 奥尔巴赫毫不怀疑，这个过程将标志着巨大的文化损失。第二次世界大战结束后，同样的疑虑在论文《语文学与世界文学》(*Philologie und Weltliteratur*) 中再次浮现出来。[②] 将整个世界分成两个针锋相对而又极尽相似之模型的冷战，惯于制造一种丧失了多样性、整齐划一的标准化状态，而这让所有的个体与民族传统都遭到了削弱。

在 1937 年写给本雅明的信与 1952 年的论文之间，显然存在着连续性，而这可以帮助我们理解一个处于二者之间的文本，那就是《摹仿论》中对伏尔泰这段关于伦敦证券交易所的文字的分析。在这个段落中，奥尔巴赫读到了一种对大众社会（una società di massa）的期待，这个大众社会在文化上是同质化的，其运行受市场的理性法则支配。尽管彼此之间存在巨大差异，启蒙运动和纳粹主义在他看来，都不过是极其漫长的历史进程

---

① B. Croce, *La filosofia di Giambattista Vico*, seconda edizione rivista, Bari 1922, p. 254. 奥尔巴赫将《新科学》(*Scienza Nuova*, 1925) 和克罗齐关于维柯的专著译成了德语。后一本书与 Th. Lücke 合作完成，于 1927 年出版。

② E. Auerbach, *Philology and Weltliteratur*, in "The Centennial Review", 13 (1969), pp. 1—17 (最初发表时题为 *Philologie der Weltliteratur*, 收录于 W. Henzen, W. Muschg, E. Staiger [a cura di], *Weltliteratur. Festgabe für Fritz Strich*, Bern 1952, pp. 39—50)。另参见导言中对 Ziolkowski 的提及, p. XXV。

中的不同阶段而已，而这些阶段倾向于消减特殊性（无论是宗教信仰上的，还是其他方面的），将其分解为光怪陆离的成分，最后彻底抹杀剪除。

在阿多诺（Adorno）和霍克海默（Horkheimer）写作于 1944 年、发表于 1947 年的《启蒙辩证法》（*Dialettica dell'illuminismo*）中，也曾提出过十分类似的论点。奥尔巴赫在给本雅明的信中的简要提及，自然无法与阿多诺和霍克海默在其"哲学断片"中的旁征博引相比。但不难就此想象出一场流亡者之间的对话：流亡在伊斯坦布尔的一方，与流亡在圣莫尼卡的另一方，在 20 世纪 40 年代初期，就启蒙运动的矛盾性展开了一次隔空对谈。

7. 在《启蒙辩证法》的导言中，他们便一针见血地指出了这种矛盾性。"在两位作者首篇论文中提出的批判，意在初步给出一个［关于启蒙运动的］肯定性概念（concetto positivo），将其从盲域（cieco dominio）的重重罗网中解放出来。"[1] 随着书中论述渐次展开，我们发现，这种对启蒙运动的略带辩证色彩的肯定，原来是建立在否定的基础上的："这一理论的目标不是善，而是恶……自由是其要素，压迫是其主题。当语言变成了护教宣言，它便已经败坏了……于是便只剩下了一种真理的表达，那便是否认不公正存在的思想。"

这一思想的化身，自然便是伏尔泰，两位作者痛心疾首地

---

[1] M. Horkheimer, T. W. Adorno, *Dialettica dell'illuminismo*, tr. it. di R. Solmi, Torino 1980, p. 8.

对他说道："你时而语气悲悯，时而感人至深，时而激情澎湃，时而挖苦打趣，你就是这样，向四方赞颂着暴政的丑行。"[①] 但是，我们知道，这个曾写下《论宽容》(*Trattato sulla tolleranza*) 的男人，在一系列态度问题上——尤其是人种问题——和他同时代的大多数人都是一致的，那便是认为不公正是合情合理的，而不是否认其存在。我们没有必要在这里重复那些陈词滥调，大谈特谈主要由欧洲血统的白人男性参与其中的这场运动的历史局限性。但是，启蒙运动已死的说法，无论如何都不是板上钉钉的。作为启蒙运动代表人物的伏尔泰，其个人智识历程便足以表明那种被霍克海默和阿多诺指出的矛盾的丰富性与复杂性。

8. 在这段智识历程中，有一个著名的、与 1755 年里斯本大地震相关的转折点。一整座城市被彻底摧毁，大量无辜平民死亡，这让伏尔泰不得不直面恶的问题。在这次事件发生后不久写成的《咏里斯本灾难：对格言"一切皆好"的检视》(*Poème sur le désastre de Lisbonne ou examen de cet axiome: Tout est bien*) 中，伏尔泰将整个世界看作一条环环相扣的恐怖之链：

> 诸般元素，动物与人，一切皆纷争相斗。
> 必须承认，恶存在于尘世之上：
> 它的隐秘原理，不为我们知晓。

[①]　M. Horkheimer, T. W. Adorno, *Dialettica dell'illuminismo*, tr. it. di R. Solmi, Torino 1980, pp. 234—235。

⎡ Elementi, animali, umani, tutto è in guerra.

Bisogna riconoscerlo, il male è sulla terra:

il suo principio segreto ci è ignoto. ⎤

伏尔泰在培尔（Bayle）的著作中寻找这一"隐秘原理"，后者曾对恶的问题进行过深入思考，但却徒劳无功。培尔也没能给出任何答案。伏尔泰捐弃了蒲柏（Pope）的那句名言（"一切皆好"），也捐弃了自己以往的哲学："哲人欺骗了我，唯有上帝至善至正（Les sages me trompaient, et Dieu seul a raison）。"

伏尔泰当然不是一位伟大的诗人。但是，他在关于里斯本地震的蹩脚诗句中，却表达出了一种真正的置身其间，而这更多的是一种智识参与，而非情绪参与。[①] 在这首诗的前言（1756年）以及后记中，伏尔泰更谨慎地表达了自己的看法："很不幸，读者必须时时警惕，务必要把一位作者对自身的批判同他对批判的回应区分开来。"[②] 但是，他的态度却发生了深刻的转变。摘自其早年作品的一段话，表明了他曾被"欺骗"得多么厉害："至于那些对上帝不公且残酷的指责，我首先要回应的是，即便确实存在某种道德之恶（这在我看来不过是一个假想

---

① H. Mason, *Voltaire's Sermon against Optimism: The "Poème sur le désastre de Lisbonne"*, in G. Barber, C. P. Courtney（a cura di）, *Enlightenment Essays in Memory of Robert Shackleton*, Oxford 1988, pp. 189—203.

② "Il est toujours malheureusement nécessaire d'avertir qu'il faut distinguer les objections que se fait un auteur de ses réponses aux objections"（Voltaire, *Œuvres*, a cura di L. Moland⎡di qui in avanti Moland⎤, vol. IX, Paris 1877, p. 469）.

敌），这种恶在基于物质的世界体系之中，与在基于神的世界体系中一样不可索解。"

残酷与不公，事实上都只是人的观念而已：

> 我们对公正的理念，无非是我们自立的规矩，认为某种行动有益于社会，与我们为公共利益而创制的法律相符；但这种理念只关乎人与人之间的关系，无法推衍至上帝。在这种意义上，断言上帝公正或不公，都如同断言上帝是蓝色的或正方形的一样荒谬。
>
> 正因如此，因为苍蝇被蜘蛛吃掉而谴责上帝，是愚蠢无知的……①

这段文字，摘引自《形而上学论》。伏尔泰撰写这篇论文时只有 40 岁，身体健康，心情愉悦，正与夏特莱侯爵夫人（Madame du Châtelet）热恋中。恶对他来说压根儿不存在。是

---

① "A l'égard des reproches d'injustice et de cruauté qu'on fait à Dieu, je réponds d'abord que supposé qu'il y ait un mal moral (ce qui me paraît une chimère), ce mal moral est tout aussi impossible à expliquer dans le système de la matière que dans celui d'un Dieu [...] nous n'avons d'autres idées de la justice que celles que nous nous sommes formées de toute action utile à la société, et conformes aux lois établies par nous, pour le bien commun; or, cette idée n'étant qu'une idée de relation d'homme à homme, elle ne peut avoir aucune analogie avec Dieu. Il est tout aussi absurde de dire de Dieu, en ce sens, que Dieu est juste ou injuste, que de dire que Dieu est bleu ou carré.

　　Il est donc insensé de reprocher à Dieu que les mouches soient mangées par les araignées" (Voltaire, *Mélanges*, cit., pp. 169—170).

衰老促成了他的智识转变，而他在《咏里斯本灾难》中承认了
这一点：

　　　　我曾用不那么阴沉的语调

　　　　歌颂纵情声色的魅惑法则；

　　　　（歌颂）另外的时代，别样的风俗：然而衰老教育
了我，

　　　　我和那些误入歧途的人类一样软弱，

　　　　我在暗夜中寻找启示之光，

　　　　我所知道的只是如何承受苦难，不去嘀咕嘟囔。[①]

　　[Sur un ton moins lugubre on me vit autrefois

　　Chanter des doux plaisirs les séduisantes lois;

　　D'autres temps, d'autres mœurs: instruit par la vieillesse,

　　Des humains égarés partageant la faiblesse,

　　Dans une épaisse nuit cherchant à m'éclairer,

　　Je ne sais que souffrir, et non pas murmurer.]

　　伏尔泰此处所指，是他在《形而上学论》后的两部作品：
前面已经提到的《俗世之人》，以及自辩之作《捍卫俗世，或为
奢侈辩护》。在《捍卫俗世，或为奢侈辩护》中，伏尔泰与一位
想象出来的《俗世之人》的批判者展开了辩论，提醒后者，他

---

① 　Moland, vol. IX, p. 478 nota 12.

所享受的奢侈生活，正是因为全球商品流通才成为可能。这些商品之一，就是白银：

> 这被雕花槽镶的精炼白银，
>
> 这银盘银瓶银盏，
>
> 本出于潜壤
>
> 来自新世界的波托西。①
>
> ［ Cet argent fin, ciselé, godronné,
>
> En plats, en vase, en soucoupe tourné,
>
> Fut arraché dans la terre profonde
>
> Dans le Potose, au sein d'un Nouveau Monde. ］

伏尔泰还漫不经心地得出结论："整个宇宙都为你效力［ Tout l'univers a travaillé pour vous ］"。在这些年轻气盛的诗句中，人的意志使然（ agenti umani ）是不存在的。许多年就这样过去了。在《风俗论》（第 148 章）中，伏尔泰用不那么没有人情味也更阴郁的方式谈到了秘鲁的银矿，他提到"那些像注定为人类所役使的牲畜一般被贩自非洲、运到秘鲁的黑人"，与土著人一道成为矿工。②

---

① Voltaire, *Mélanges*, cit., p. 208.

② "Des nègres qu'on achetait en Afrique, et qu'on transportait au Pérou comme des animaux destinés au service des hommes"（作者同上，*Essai sur les mœurs*, cit., p. 360 ）。

这段描述的写作时间，可以被追溯至 1756 年的头几个月，当时，伏尔泰正在同时对《风俗论》和《咏里斯本灾难》进行最后的增补润色。① 在 1761 年版《风俗论》（第 152 章）中加入的一段文字，表明了他进一步的反思。我们可以从中看到，一种对奴隶及其苦难更具同情心的态度流露了出来。②

　　1757 年，法属圣多明各的人口约为 3 万，还有 10 万名黑人或黑白混血奴隶劳作于糖厂、靛蓝种植园和可可种植园中，这些人辛劳折寿，只为了满足我们的新口味和新需求，而这些口味和需求都是我们的父辈闻所未闻的。我们去到几内亚海岸、黄金海岸和象牙海岸，买下这些黑人。30 年前，花上 50 里弗尔就能买到一个好黑人，价格仅相当于一头肥壮公牛的五分之一……我们告诉这些人说，他们是和我们一样的人，有一位神为他们而死，他们因祂的血而获救赎，但我们随即便让他们像负重担的牲畜一样劳作：喂给他们的食物甚至不如饲料；如果他们想要逃跑，腿就

① 例子可见 Voltaire, *Correspondence*, a cura di Th. Besterman, Genève 1971, vol. XVII, D 6709, 6738, 6758, 6776。

② R. Arruda 在未发表的论文 *La réaction littéraire de Voltaire et ses contemporains au tremblement de terre de Lisbonne de 1755*（1977, Middlebury College）中提出了类似的论点：参见：F. A. Spear 与 E. Kreager 合作编写的 *Bibliographie analytique des écrits relatifs a Voltaire 1966—1990*, Oxford 1992, p. 294。关于《风俗论》的增补内容，我参考了 Pomeau 编校的版本。概要性的介绍，参见 H. Duranton, *Les manuscrits et les éditions corrigées de "l'Essai sur les mœurs"*, in L. Hay, W. Woesler（a cura di）, *Die Nachlassedition — La publication des manuscrits inédits*, Bern 1979, pp. 54—62。

会被砍掉；在给他们装上一条木腿之后，又会命令他们用双臂推动榨糖辊筒。而我们依然有胆量说什么自然权利！这种商贸活动不会让国家富裕，结果恰恰相反：它草菅人命，催生海难，而且毫无疑问并非善行：但因为人们已经为自己制造出了新的必需品，法国就必须以高价从海外购买已经成为必需的那些浮华之物。①

最后的这句话，呼应了写作于近 40 年前的《俗世之人》中的一句："那些浮华之物，乃是必需……"这种自我引用是有意的，而且或许不无自嘲意味。青春年少时，伏尔泰曾兴高采烈地拥抱这个世界的所有一切；随着年龄增长，他逐渐接受了疼痛和苦难也是人类处境的一部分。但是，正如拉罗什富科（La

---

① "On comptait, en 1757, dans la Saint-Domingue française, environ trente mille personnes, et cent mille esclaves nègres ou mulâtres, qui travaillaient aux sucreries, aux plantations d'indigo, de cacao, et qui abrégent leur vie pour flatter nos appétits nouveaux, en remplissant nos nouveaux besoins, que nos pères ne connaissaient pas. Nous allons acheter ces nègres à la côte de Guinée, à la côte d'Or, à celle d'Ivoire. Il y a trente ans qu'on avait un beau nègre pour cinquante livres; c'est à peu près cinq fois moins qu'un boeuf gras [...]. Nous leur disons qu'ils sont hommes comme nous, qu'ils sont rachetés du sang d'un Dieu mort pour eux, et ensuite on les fait travailler comme des bêtes de somme: on les nourrit plus mal; s'ils veulent s'enfuir, on leur coupe une jambe, et on leur fait tourner à bras l'arbre des moulins à sucre, lorsqu'on leur a donné une jambe de bois. Après cela nous osons parler du droit des gens! [...] Ce commerce n'enrichit point un pays; bien au contraire, il fait périr des hommes, il cause des naufrages; il n'est pas sans doute un vrai bien; mais les hommes s'étant fait des nécessités nouvelles, il empêche que la France n'achète chèrement de l'étranger un superflu devenu nécessaire" (Voltaire, *Essai sur les mœurs*, cit., vol. II, pp. 379—380).

Rochefoucauld）所言，"我们都有足够的力量，去承受他人的疾苦。"[1] 奴隶制回应了那些新的欲求和新的必需品：简而言之，伏尔泰的言外之意无非是，这些是进步的残酷但却不可避免的后果。

9. 但是，1755 年的里斯本大地震却从更普遍的意义上影响了伏尔泰的思想。对必需品（其中就包括了必不可少之恶）的厌弃，让他也厌弃了蒲柏在《论人》（*Essay on Man*）中关于存在之链的雄辩，尽管他对此的态度并不始终一致。[2] "很有可能，在人与动物以及人与超然之质（le sostanze superiori）之间，存在着巨大的距离。"伏尔泰在《咏里斯本灾难》的一条注释中写道。[3] 但是，即便是这种脆弱的人类中心主义，最终也将分崩离析。

"我情愿放弃 49 名贵客的陪伴，只为与你共进晚餐。"伏尔泰在 1760 年 10 月 8 日写给达朗贝尔（d'Alembert）的信中如是说。达朗贝尔在回信中戏谑地将伏尔泰府上的晚宴（le cene di Ferney）[4] 比作了伏尔泰笔下描述的伦敦证券交易所：耶稣会士、詹森教派信徒、天主教徒、索齐尼派教徒、贵格会教徒和百科

---

[1] La Rochefoucauld, *Maximes*, a cura di J. Truchet, Paris 1967, p. 11.

[2] 参见 A. O. Lovejoy, *The Great Chain of Being*, Cambridge 1961, pp. 252—253, p. 365 nota 15。另参见 *Dictionnaire philosophique*（1764）, a cura di Ch. Mervaud, Oxford 1994, vol. I, pp. 513—521，词条 *Chaine des êtres crées*。

[3] "Il y a probablement une distance immense entre l'homme et la brute, entre l'homme et les substances supérieures"（Moland, vol. IX, p. 47）.

[4] 译者注：Ferney 是坐落于法国和瑞士边境的一座小镇，伏尔泰于 1759 年在此地购入庄园，进行了一系列开发建设，并一直居住到 1778 年。

全书派欢聚一堂，彼此拥抱，开怀大笑。[①] 但是，有些宴会的参加者并非食客，而是食物。几年后（1763 年），伏尔泰想要在《阉公鸡与阉母鸡的对话》(*Dialogue du chapon et de la poularde*) 中为它们赋予声音。[②] 在这个文风轻快的故事中，一只阉母鸡和一只阉公鸡一见钟情互诉衷肠：它们都被阉了。老于世故的阉公鸡对天真无知的小母鸡揭示了等在前面的命运：它们会被杀掉，烹制为他人的腹中餐。谈话间，副厨来了；阉母鸡和阉公鸡互相道别。

　　动物之间的对话，是一种可以追溯至希腊和罗马古典时代的文学体裁。通常来说，这些对话都带着说教的意图：从动物口中吐出的人言，是为了对人类进行道德训诫。伏尔泰从这一传统出发，但对其进行了再加工，并再一次运用了间离手法。对话形式让他可以在不借助外部观察者的情况下实现这一点。这并不是一个被动选择。在写作于 1757 年、发表于 1765 年的《一派胡言》(*Galimatias dramatique*) 中，耶稣会士、詹森教派信徒、贵格会教徒、圣公会教徒、路德宗教友、清教徒和穆斯

---

① D 9289, D 9329（Voltaire, *Correspondence*, a cura di T. Besterman, vol. XXII）. 达朗贝尔的回信中嘲讽了卢梭，问世于 1760 年的一份题为《启蒙思想家的餐食》(*Repas de nos philosophes*) 的出版物以及一部由 Charles Palissot 创作的喜剧《启蒙思想家》(*Les Philosophes*) 均指出了这一点。

② 这个对话被收入了 Pléiade 文选，并被多次援引（Voltaire, *Mélanges*, cit.）。另参见 Ch. Mervaud, *Voltaire à table. Plaisir du corps, plaisir de l'esprit*, Paris 1998, pp. 154—156。H. Hastings 略有些轻率地将其定义为"幽默（故事）"，参见 *Man and Beast in the French Thought of the Eighteenth Century*, Baltimore 1936, pp. 257—258。

林展开了一场神学讨论，这让人再次联想起对伦敦证券交易所的那段描述。这一次，置身事外的理性观察者不是叙述者本人，却是一个中国人，而他最后得出结论：这些欧洲人都疯了，全都应该被关进疯人院。[①] 不过，在《阉公鸡与阉母鸡的对话》中，间离效应的实现，却是通过两位行动者（attori）的声音来实现的。

但是，行动者并不是一个合适的词。这两个动物是受害者（vittime）：它们并未行动，只是承受苦难。[②] 当阉公鸡问阉母鸡为什么如此悲伤之时，阉母鸡详细描述了自己被阉的惨烈经历："一个该死的仆人把我放在膝上，拿一根长针刺进我的屁眼儿，直抵子宫，搅成一团，然后把它扯出来，丢给猫吃。"[③]

享受精致美食的欲望，是否能成为这种残忍暴虐的正当理由？伏尔泰迫使读者去扪心自问。一种大多数人视为理所当然的习惯（吃鸡），突然间变得不那么司空见惯了；理智上的出离为油然而生的情感认同创造了前提条件。阉公鸡对人类发出了控诉，它指出，一些心智澄明之人是禁止食用动物的肉的：印度的婆罗门，毕达哥拉斯，以及新柏拉图主义哲学家波菲利

---

① Voltaire, *Mélanges*, cit., pp. 323—335.

② E. Auerbach, *Remarques sur le mot "passion"*, in "Neuphilologische Mitteilungen", 38（1937）, pp. 218—224；作者同上，*Passio als Leidenschaft*, in *Gesammelte Aufsätze zur romanischen Philologie*, Bern 1967, pp. 161—175。

③ "Une maudite servante m'a prise sur ses genoux, m'a plongé une longue aiguille dans le cul, a saisi ma matrice, l'a roulée autour de l'aiguille, l'a arrachée et l'a donnée à manger à son chat"（Voltaire, *Mélanges*, cit., p. 679）。

（Porfirio）。波菲利的一部题为《论节制》（*De abstinentia*）的作品，曾被译成法文，以《论不食动物之肉》（*Traité... touchant l'abstinence de la chair des animaux*，1747）之名发行。伏尔泰手头便有一本，而且在某几页上划线标记过。[1] 但是更重要、也更贴近《阉公鸡与阉母鸡的对话》之精神的，却是一个迄今为止并未被人指出的来源：曼德维尔的《蜜蜂的寓言》。这本书中以字母"P"标记的评论中，包含了一则启发伏尔泰写下《马赛人和狮子》（*Le Marseillois et le lion*，1768）一诗的寓言。[2] 在评论这则寓言时，曼德维尔提到了阉割动物以令其肉质软嫩的习俗，还兴致盎然地描述了宰杀一头阉牛的过程："一道巨大的伤口被加诸其身，它的颈部静脉被割断，哪个凡人听到那与哗哗血流声混杂在一起的哞哞哀鸣，不会心生同情？"

曼德维尔在青年时代获得过医学学位，还当过几年医生。那段时间，他曾写过一篇短文《论兽医外科手术》（*De brutorum operationibus*，1690），在其中，他认同笛卡尔的观点，主张没有灵魂的动物不过是机器而已。《蜜蜂的寓言》中"P"这部分评论的结语，听起来仿佛是在翻案："当一个生灵给出了如此令人信服、如此清晰明确的证据，表明它对惨遭屠戮的恐惧，表明它所经历的痛苦与折磨，是否还会有某个见惯鲜血的笛卡尔

---

[1]　R. Galliani, *Voltaire, Porphyre et les animaux*, in "Studies on Voltaire and the Eighteenth Century", 199（1981）, pp. 125—138.

[2]　Moland, vol. X, pp. 140—148.

弟子，不会出于自己的恻隐之心而驳斥那位自负的理性主义者的哲学？"①

伏尔泰笔下的阉公鸡呼应了曼德维尔的声音："说真的，我亲爱的小鸡，断言我们有感官但却不能感受，有大脑但却不能思考，这难道不会触发神圣之怒吗？这种据说出自一个名叫笛卡尔的疯子之口的奇思异想，难道不是滑天下之大稽、徒劳地替野蛮辩护吗？"②

与其说这篇《阉公鸡与阉母鸡的对话》是在劝人奉行素食主义，倒不如说，它是在反思一种可能，将宽容的外延扩及动物（或者至少是某些动物）。③ 而这进一步影响到了伏尔泰借阉母鸡之口对犹太人的攻击。回到他最喜欢讨论的这个主题上，伏尔泰甚至不用像其他时候那样去曲解《圣经》中的证据，直接便开口谴责犹太人自相残杀："如此邪恶的一个物种，其代表合该同类相食，而这一种族也合该从尘世上涤除。"④ 诸如"物种"和"种族"一类的措辞，表明了阉母鸡和伏尔泰之间的确存在某种立场差距，后者在提到犹太人时，通常都会使用"民

---

① Mandeville, *Fable of the Bees*, a cura di F. B. Kaye, Oxford 1924, vol. I, pp. 169—181. 这段文字理应被加入 Wade 对伏尔泰作品中曼德维尔之影响的详尽分析中（Wade, *Studies on Voltaire*, cit., pp. 12—56）。关于笛卡尔和动物，参见 H. Hastings, *Man and Beast*, cit.; L. Cohen Rosenfield, *From Beast-Machine to Man-Machine*, New York 1941。请注意，我对曼德维尔的《论兽医外科手术》(*De brutorum operationibus*) 仅有间接了解。

② Voltaire, *Mélanges*, cit., p. 682.

③ Ch. Mervaud, *Voltaire à table*, cit., pp. 153—168.

④ "Il est juste qu'une espèce si perverse se dévore elle-même, et que la terre soit purgée de cette race"（Voltaire, *Mélanges*, cit., p. 681）.

族（popolo）"这种表述。① 伏尔泰似乎是在讽刺揭露一个事实：即便是无辜的受害者，也未能免于偏见。阉公鸡将人定义为"那些和我们一样长着两只脚的动物，但却不如我们，因为他们不长羽毛"。阉公鸡和阉母鸡和它们的迫害者一样心存偏见，而这让它们显得既荒谬可笑，又熟悉亲切。在对话的结尾，这位对基督徒残忍的饮食习惯嗤之以鼻的阉公鸡，说出了耶稣式的临终遗言："哎呦！他们扼住了我的脖子。让我们原谅我们的仇敌。"②

　　这一处引经据典，自然没有任何亵渎神圣之意。《旧约·以赛亚书》中受苦的仆人，或被视为耶稣的预表（modello da Gesù），或被视为对其形象的渲染加工，又或是两者皆有，而这个受苦的仆人被比做了被牵到宰杀之地的无辜羔羊（《以赛亚书》第 53 章 7 节）。③ 对于大多数人类而言，当与人类所蒙受的苦难相比时，动物所蒙受的苦难都显得无足轻重。但是，许多文化都会借动物来表现对无辜人类的杀戮，并对此行径予以谴责。

---

① 参见 N. Hudson, *From Nation to Race: The Origin of Racial Classification in Eighteenth-Century Thought*, in "Eighteenth Century Studies", 29（1996）, pp. 247—264（由 Daniel Stolzenberg 向我指出）。关于所谓的犹太人同类相食，参见 Voltaire, *Dictionnaire philosophique*, vol. I: *Anthropophages*, pp. 347—349; vol. II: *Jephté*, pp. 240—242，以及 B. E. Schwarzbach, *Voltaire et les Juifs: bilan et plaidoyer*, in "Studies on Voltaire and the Eighteenth Century", 358（1998）, pp. 27—91，尤其是 pp. 82—83。

② "Aïe! On me prend par le cou. Pardonnons à nos ennemis"（Voltaire, *Mélanges*, cit., p. 684）。

③ 参见 C. Ginzburg, *Occhiacci di legno*, cit., pp. 100—117。

10. 1772 年，伏尔泰写下了一篇题为《必须选择立场，或行动的原则》(*Il faut prendre un parti ou le principe d'action*) 的 "战斗檄文（diatriba）"。他已经 78 岁高龄。在文中，他再一次回到了那些他在漫长一生中苦苦思索的问题：上帝、恶和宽容。伏尔泰提到了永恒之在（Essere Eterno），万物生灵都要服从的永恒的自然法则（leggi eterne）。他将世界描述为一个互相屠害的杀戮场：

> 所有动物都彼此相残；它们被一种不可战胜的力量所驱动……没有任何一个动物没有自己的猎物，而为了抓到这个猎物，它甚至无需像一只讨厌的蜘蛛在诱捕吞食无辜飞蝇时那样诡计多端全力以赴。一群啃食青草的羊，在一个小时内吞食的昆虫比栖居在大地之上的人还多。

伏尔泰评论道，这种大肆屠杀是自然计划的一部分："这些受害者只有在自然采取步骤替代它们之后才死去。因为这场谋杀，一切得以重生。" [1]

这段文字，给一个与他同时代的读者留下了难以磨灭的印象，这个人就是萨德侯爵（il marchese de Sade）。在他著名的

---

[1] "Tous les animaux s'égorgent les uns les autres; ils y sont portés par un attrait invincible [...] il n'est point d'animal qui n'ait sa proie, et qui, pour la saisir, n'emploie l'équivalent de la ruse et de la rage avec laquelle l'exécrable araignée attire et dévore la mouche innocente. Un troupeau de moutons dévore en une heure plus d'insectes, en broutant l'herbe, qu'il n'y a d'hommes sur la terre [...] Ces victimes n'expirent qu'après que la nature a soigneusement pourvu à en fournir de nouvelles. Tout renaît pour le meurtre" (Moland, vol. XXVIII, Paris 1880, p. 534).

小册子《法兰西人啊，为共和制再尽一份力》(*Francesi, ancora uno sforzo se volete essere repubblicani*)中，萨德主张，谋杀是一种完全正常的行为，因为在自然界中谋杀比比皆是。[①] 伏尔泰得出的，是一个不同的结论。他的措辞——比如"受害者"和"谋杀"——充满感情色彩，并以谴责人类食用肉类的各种习惯加以强调："还有什么比时常食用死尸更令人发指？"[②]

伏尔泰把话题从动物所蒙受的苦难转移到了人类所蒙受的苦难之上。恶确实存在：战争，疾病，地震，全都证明了这一点。"一切皆好"的基本信条是荒谬的。那么，那个至上之在(L'Essere Supremo)是否要对恶负责？在《必须选择立场》一文中，无神论者、摩尼教徒、异教徒、犹太人、伊斯兰教徒(un turco)[③]、有神论者和普通市民对此展开了讨论。这些三教九流的对话者各自的表述，透露出了伏尔泰对他们的态度。对于无神论者的论点，他表现出了敬意，但他的代言人，却是那个有神论者，后者解释道，恶乃是造物主与受造物之间的距离使然：正如伏尔泰自己所承认的，这并不是一个让人满意的论证。这位有神论者嘲笑了各种宗教，尤其对犹太人严词批评："和犹太人比起来，那些卡菲尔人、霍屯督人(ottentotti)[④] 和几内亚

---

① Sade, *La Philosophie dans le boudoir*, in *Œuvres*, a cura di M. Delon, Paris 1998, vol. III, pp. 143—153. 我将在其他地方讨论萨德侯爵的这个问题。

② Moland, vol. XXVIII, p. 549.

③ 译者注：特指历史上在土耳其苏丹治下的伊斯兰教徒。

④ 译者注：欧洲人对居住在非洲西南部的科伊桑族人的蔑称，其音源自该族语言的倒吸气音。

黑人都要通情达理、诚实可靠的多。你们［这帮犹太人］编造各种无耻谎言，行为恶劣，作风野蛮，远远超过了一切民族；承受对所有这一切的惩罚吧，这是你们的命数。"

而在另一方面，伊斯兰教徒则因其宽容而被赞扬："最重要的就是继续宽容，这是取悦众生之本（Essere degli esseri）① 的正道，祂是自然众生之父，无论是伊斯兰教徒还是俄罗斯人，中国人或日本人，黑皮肤、红皮肤还是黄皮肤的人。"②

从（针对犹太人的）不宽容，到（至少从理论上面向其他一切人的）宽容，这种急转直下表明了伏尔泰思想中深刻的自相矛盾。他的上帝（Dio）必定从不计较肤色；伏尔泰却常常并非如此。总的来说，他不是一个严谨的思想家。但是，无法身体力行启蒙运动之普世原则的，并非只有伏尔泰一人。人们常常说，启蒙运动是一个未完成的计划。在《必须选择立场》的结尾，那位市民希望，宽容的外延可以将动物也包括在内（尽管他的口气像是在开玩笑）："在日后的所有讨论中，应当明令禁止互称对方为狗，即便是在盛怒之下也不行，除非这些狗被当成人来看待，比方说，在它们偷吃我们的晚饭、咬了我们的

---

① 译者注：即 Being of beings，对上帝的一种称呼。
② "Les Cafres, les Hottentots, les nègres de Guinée, sont des êtres beaucoup plus raisonnables et plus honnêtes que les Juifs［...］Vous［Juifs］l'avez emporté sur toutes les nations en fables impertinentes, en mauvaise conduite, et en barbarie; vous en portez la peine, tel est votre destin［...］Continuez surtout à être tolérants: c'est le vrai moyen de plaire à l'Etre des êtres, qui est également le père des Turcs et des Russes, des Chinois et des Japonais, des nègres, des tannés et des jaunes, et de la nature entière"（Moland, vol. XXVIII, p. 551）。

时候，以及诸如此类的情形之时。"①

在《必须选择立场》结尾描述的那个宽容社会中，女性甚至不曾被提及。这种态度和对奴隶的态度一样，或许都可以被归因于启蒙运动的历史局限性，因此必须与启蒙运动的理想遗产区分开来。但我们或许想要知道，这份遗产是否可资利用？我们或许还想知道，实现这个计划是否可取？正如我们已经看到的，奥尔巴赫对前一个问题给出了肯定的答复，而对后面一个问题，他的回答是否定的。

11. 世界贸易中心双塔遭到袭击后，没过几天，纽约证券交易所就重新营业了。阿德里亚诺·索弗里向我指出，这表明，伏尔泰关于伦敦证券交易所的描述具有非同寻常的时事性。金融市场的理性和全球性，与原教旨主义教派之间暴力冲突的宗教狂热形成了对比：这是一种伏尔泰应该会欣然认同的姿态。

但奥尔巴赫的反应，或许会截然不同。他习于放眼长远。在发生于我们眼前的那些血淋淋的事件中，他或许会看到一条曲折历程中的一个阶段，注定会在经历各种灾变动乱之后，将一个文化上同质化的社会强加于整个世界。在他眼中，不宽容（比如那种令他个人成为受害者的不宽容）和宽容以相反的方式促成了同一个后果。奥尔巴赫或许还会与那些从宇宙角度观察世界的人有着同样的顾虑，后者认为，生物多样性和文化多样性的减少，从长远来看，终将威胁到人类的适应能力。物理学

---

① Moland, vol. XXVIII, p. 551.

家弗里曼·戴森（Freeman Dyson）在其自传最言辞激烈的章节之一"进化枝与克隆"里，便表述了这种顾虑。[①] 二十年过去了，在此期间，克隆羊多莉诞生了。

　　* 1999 年，我同以下诸位讨论了这篇论文的英文版：我在加州大学洛杉矶分校的学生，欧洲历史与文化研讨会（加州大学洛杉矶分校历史系）的参与者，皮耶尔·切萨雷·博里（Pier Cesare Bori），阿尔贝托·加亚诺（Alberto Gajano），弗朗切斯科·奥兰多（Francesco Orlando），以及阿德里亚诺·索弗里（Adriano Sofri）。本文的意大利文版采纳了他们的见解，以及戴维·费尔德曼（David Feldman）转达的批评意见。特此感谢。

---

① F. Dyson, *Disturbing the Universe*, New York 1979, p. 223. 但也可参考 C. Lévi-Strauss 对各种文化之间关系的阐述：C. Lévi-Strauss, *Le regard éloigné*, Paris 1983, pp. 11—17, 21—48。

第7章　阿纳卡西斯对土著人的提问
——一本老畅销书的新解读

　　1. "每星期四夜晚，他用红墨水给母亲写一封长信，拿三块小圆面团子封口；随后他就温习历史笔记，或是读一本扔在自习室的旧书《阿纳卡西斯》。"[①]

　　打从《包法利夫人》的第一页开始，查理——女主人公未来的丈夫——便被表现为一个平庸可笑之人。（这个角色的英雄气概到了小说结尾处才慢慢浮现出来。）每个与他相关的细节都带着某种令人尴尬的陈腐气息，其中就包括了提到的那本他在鲁昂中学阅读的"旧书《阿纳卡西斯》"。按照福楼拜的构思，包法利夫人的故事始于1835年前后。那时候，出自让-雅

---

① G. Flaubert, *La signora Bovary*, tr. it. di N. Ginzburg, Torino 1983, p. 10（*Madame Bovary. Mœurs de province*, Paris 1947, p. 9: "Le soir de chaque jeudi, il écrivait une longue lettre à sa mère, avec de l'encre rouge et trois pains à cacheter; puis il repassait ses cahiers d'histoire ou bien lisait un vieux volume d'Anacharsis qui traînait dans l'étude"）.

克·巴泰勒米（Jean-Jacques Barthélemy）笔下、出版于 1788 年的
《青年阿纳卡西斯希腊游记》(*Voyage du jeune Anacharsis en Grèce*)
依然是一本畅销书。在一个世纪的时间里，假如把各个选集和针
对青少年的改编本都计算在内的话，此书约有 8 个版本刊行于世。
它被翻译为英文、西班牙文、德文、意大利文、丹麦文、荷兰文、
现代希腊文，甚至是亚美尼亚文。通过这部长篇巨著，一代又一
代新老读者熟悉了希腊的历史和名胜古迹。查理·包法利在寄宿
学校的漫漫长夜中阅读的这本"旧书《阿纳卡西斯》"，早已被翻
阅得破烂不堪。但对于福楼拜来说，它也是一件昔日之物：一种
永远消逝的品味和一个一去不返的世界的见证。①

　　巨大的成功伴随着彻底的遗忘。如今，我们得以用一种平等
的眼光来打量这本《青年阿纳卡西斯希腊游记》。"这是一本可以
从岁月蒙尘中解放出来的书。"V.-L. 索尼耶（V.-L.Saulnier）如
是写道。② 或许，这话反过来说也是对的。如今，《青年阿纳卡
西斯希腊游记》让我们感兴趣的地方，正在于其过时之处。

　　2. 1716 年，让-雅克·巴泰勒米生于普罗旺斯地区欧巴涅
的一个富商之家。③ 他曾就读于神学院，但可能从未认真考

---

① 关于这些要素之间的关系，参见 F. Orlando, *Gli oggetti desueti nelle immagini
della letteratura*, Torino 1993。

② 参见《法国传记辞典》(*Dictionnaire de la biographie française*) 中词条 "J.-J.
Barthélemy" 末句。

③ C. A. Sainte-Beuve 绘制的画像，参见 *Causeries du Lundi*, terza edizione, Paris s.d.,
vol. VII, pp. 186—223。另外的传记材料，参见 M. Badolle, *L'abbé Jean-Jacques
Barthélemy（1716—1795）et l'hellénisme en France dans la seconde moitié du
XVIIIe siècle*, Paris 1927。

虑过从事神职工作；他一直都只是一个神父（abbé）。凭借着
一系列学术贡献，他在古文物研究者的圈子里闯出了点名气。
1753 年，他当上了法国国家图书馆纪念章陈列馆（Cabinet des
Médailles）的馆长。第二年，他辞去职务，追随刚被任命为法
国大使的艾蒂安-弗朗索瓦·德斯坦维尔（Étienne-François de
Stainville）——后来的舒瓦瑟尔公爵（duca di Choiseul）——动
身前往罗马。

　　巴泰勒米在罗马度过了三年时光，尽情享受那里生机勃勃
的智识氛围。他结识了温克尔曼（Winckelmann），开始与其
书信往来；因为在埃尔科拉诺（Ercolano）① 的考古发现而引
发的数场讨论，他都曾参与其中；他开始研究帕莱斯特里纳
（Palestrina）的尼罗河马赛克画（mosaico nilotico），几年后还
将就此发表一篇论文。② 就在那时，他开始考虑启动一个新项目，
而这个项目与他惯常的学术研究大相径庭。③ 在 50 年后发表的

---

① 译者注：即与庞贝同样埋藏于火山灰下的赫库兰尼姆古城（Herculaneum）。

② *Explication de la mosaïque de Palestrine*, in "Mémoires de littérature tirés des
registres de l'Académie Royale des Inscriptions et Belles-Lettres", vol. XXX, Paris
1764, pp. 503—538.

③ 关于巴泰勒米在这一时期所思考的各种主题，参见下面这份并不算全面的列
表：*Remarques sur une inscription grecque, trouvée par M. l'Abbé Fourmont dans
le temple d'Apollon Amycléen, et contenant une liste des prêtresses de ce Dieu*,
in "Histoire de l'Académie des Inscriptions avec les Mémoires de Littérature",
vol. XXIII, Paris 1756, pp. 394—421; *Essai d'une paléographie numismatique*, in
"Mémoires de littérature tirés des registres de l'Académie Royale des Inscriptions
et Belles-Lettres", vol. XXIV, Paris 1756, pp. 30—48; *Dissertation sur deux
médailles samaritaines d'Antigonus roi de Judée*, ivi, pp. 49—66; *Mémoires sur les
anciens monumens de Rome*, ivi, vol. XXVI, Paris 1759, pp. 532—556;（转下页）

自传体回忆录中，他如此描述道：

> 我那时在意大利，对于我游历过的那些城市，与当下
> 的状况相比，我对它们远古时的辉煌更感兴趣。我不由自
> 主地回到了它们争先恐后地追求科学与艺术荣耀的那个世
> 纪，我随即想到，讲述一段利奥十世（Leone X）时期在
> 这个国度中进行的漫长旅行，便能让我们仿如置身于这些
> 人类精神史上最功绩斐然、妙趣无穷的奇观之前。一段简
> 短的描述足以表明这个灵感。一个法国人越过了阿尔卑斯
> 山：在帕维亚，他邂逅了杰罗拉莫·卡尔达诺（Gerolamo
> Cardano）[①]……在帕尔马，他看到了柯勒乔（Correggio）[②]，
> 在大教堂的穹顶绘制湿壁画……在费拉拉，他见到了阿里
> 奥斯托（Ariosto）[③]……在佛罗伦萨，是马基雅维利和历

（接上页）*Dissertations sur les médailles arabes*, ivi, pp. 557—576; *Réflexions sur l'alphabet et sur la langue dont on se servoit autrefois à Palmyre*, ivi, pp. 577—597; *Réflexions sur quelques monumens phéniciens et sur les alphabets qui en résultent*, ivi, vol. XXX, Paris 1764, pp. 405—427; *Remarques sur quelques médailles publiées par differens autheurs*, ivi, vol. XXII, Paris 1768, pp. 671—684; *Explication d'un bas-relief égyptien et de l'inscription phénicienne qui l'accompagne*, ivi, pp. 725—738.

① 译者注：意大利文艺复兴时期的著名学者，在数学、几何、物理学、医学和天文学方面都有重大贡献，以善于计算而在赌场上斩获丰厚而闻名，被认为是现代概率论的开创者。

② 译者注：文艺复兴时期著名画家，帕尔马画派的创始人，最著名的作品包括帕尔马大教堂穹顶的《圣母升天图》和《丽达与天鹅》。

③ 译者注：文艺复兴时期意大利诗人，代表作《疯狂的罗兰》是该时期最经典的文学作品之一。

史学家圭恰迪尼（Guicciardini）[①]和保罗·焦维奥（Paolo Giovio）[②]……在罗马，是正在建造圣彼得大教堂穹顶的米开朗琪罗和正在绘制梵蒂冈画廊的拉斐尔……在那不勒斯，他寻访到了被培根称为哲学复兴先驱的塔莱西奥（Talesio，原文如此），正打算重建巴门尼德（Parmenides）[③]体系；他还找到了焦尔达诺·布鲁诺（Giordano Bruno），大自然亲自选中的诠释其奥秘之人……[④]

巴泰勒米长篇累牍地谈论着这个最终被弃置的计划。这个主题很可能源自《风俗论》（*Essai sur les mœurs*，1760）：更确切地说，源自这本书里的某一章，伏尔泰在其中对比了意大利各个城市之间时时发生但却转瞬即逝的竞争与它们在 16 世纪时达成的智识进步。[⑤]巴泰勒米在此基础上又进了一步，推定这种艺术和智识的进步是因意大利四分五裂的"各个政府彼此竞争的趋势"所导致的：西斯蒙迪（Sismondi）和布克哈特

---

① 译者注：文艺复兴时期意大利著名政治作家和历史学家，马基雅维利的朋友和批评者，著有《意大利史》。

② 译者注：文艺复兴时期意大利医生、历史学家和传记作家，曾任教皇克莱门特七世的私人医生，著有多部编年史、战争史和名人传记。

③ 译者注：希腊哲学家，有《关于自然》残篇存世，认为"一切是一"，主张现有事物的多样性、变化形式和运动，不过是唯一永恒实体的表象而已。

④ J.-J. Barthélemy, *Voyage en Italie*, à Paris l'an X（1802），ried. Genève 1972, pp. 397 以下页码。

⑤ Voltaire, *Essai sur les mœurs*, a cura di R. Pomeau, Paris 1963, vol. II, cap. XXI, p. 168.

（Burckhardt）后来都采纳了这一假说。[①] 和米什莱（Michelet）
及布克哈特一样，巴泰勒米在"这场令人惊奇的革命［cette
étonnante revolution］"中看到了迈向现代世界的决定性的第一
步："因为，毕竟，利奥十世的那个世纪是接下来几个世纪的
开端，在 17 世纪和 18 世纪于各个国家中大放光彩的许多天才，
其荣耀在很大程度上都要归功于意大利在之前几个世纪里创造
的辉煌。"[②]

这个项目将采用游记的形式，撰写者是一名法国人——
显然就是作者的第二自我。这一叙事创新的灵感，多多少
少能与费奈隆（Fénelon）的《特勒马科斯纪》(Aventures de
Télémaque) 扯上关系，将故事呈现与一个相对有限的时间段联
系在了一起。[③] 从巴泰勒米颇为混乱的概述推断，想象出来的那
个法国旅行者，见证了 1511 年到 1514 年之间拉斐尔装饰梵蒂
冈画室（Stanze）的工作，以及米开朗琪罗从 1550 年开始的对

① J.-J. Barthélemy, *Voyage en Italie*, cit., p. 402. 另参见 W. Kaegi, *Jacob Burckhardt, Eine Biographie*, Basel-Stuttgart 1956, vol. III, pp. 678—679。

② J.-J. Barthélemy, *Voyage en Italie*, cit., p. 408. 有关用"革命"一词指代 1453 年到 1648 年这段时间的类似用法，参见 J. Koch, *Tableau des revolutions de l'Europe*, Lausanne-Strasbourg 1771，引自 D. Cantimori, *Studi di storia*, Torino 1958, pp. 355—356。

③ 1771 年 10 月 23 日，巴泰勒米的朋友迪德方夫人写信给舒瓦瑟尔公爵夫人说，她读了《特勒马科斯纪》(*Télémaque*)，觉得这书"乏味至极……文风拖沓，缺乏骨架；想要表现某种宗教热忱，但却缺乏热度……"巴泰勒米代表舒瓦瑟尔公爵夫人回信说："的确如此，它铺陈太过，有点儿单调重复，满是描述，满是道德说教……"(*Correspondance complète de Mme du Deffand avec la duchesse de Choiseul, l'abbé Barthélemy et M. Craufurt*, con un'introduzione di M. le M［arqu］is de Sainte-Aulaire, Paris 1877, vol. II, pp. 75, 77)。

圣彼得大教堂穹顶的建造；1526 年，他亲眼见到柯勒乔在帕尔马大教堂绘制屋顶湿壁画，而在半个世纪后，他又在那不勒斯结识了焦尔达诺·布鲁诺。对于一位长寿之人，所有这些事件固然有可能在他的一生中发生。但是，巴泰勒米毫不迟疑地便突破了他为自己设下的叙述限制。在阿里奥斯托的同辈中人里，包括了生平事迹比他早一个半世纪的彼特拉克（Petrarca），以及出生于 11 年后的塔索（Tasso）。彼特拉克之所以会出现，是因为他的著作在 16 世纪被广泛阅读和评论，而塔索列于其中，则是因为他受到过阿里奥斯托的启发："基于同样的道理，"巴泰勒米点评道，"我们既把尼罗河称为源头，也称它为河口。"①这幅 16 世纪意大利艺术与智识生活的全景画，以精炼的形式描绘出了一段时间跨度更长的历史过程。通过对这个失败项目的描述，巴泰勒米很可能影响到了布克哈特在其名著②中对意大利文艺复兴的同步展现。

　　巴泰勒米放弃了这个项目，因为他意识到，他对 16 世纪意大利的知识准备并不充分。然而，他将同样的叙事手法应用到了自己借助学术研究而业已熟知的一个历史阶段，那就是公元前四世纪的希腊。我想，我们在《青年阿纳卡西斯希腊游记》第一版前言中读到的那些内容——一位名叫阿纳卡西斯的锡西厄人前往希腊旅行，他列席了许多宴会，见到了一系列大名鼎鼎的人物，并对当地人的风俗习惯进行了观察——"构成了一

---

① 　J.-J. Barthélemy, *Voyage en Italie*, cit., pp. 403—404.
② 　译者注：即《意大利文艺复兴时期的文化》。

部游记，而不是一段历史；因为在游记中，一切都能派上用场，即便是那些历史学家不允许援引的微末细节［qu'on y permet des détails interdits à l'historien］。"①

3. 一部博闻多识的历史小说，一部受费奈隆《特勒马科斯纪》启发而写成的难以消化的杂糅之作：这些便是《青年阿纳卡西斯希腊游记》如今给人们留下的大略印象。但是，上面引用的那段话提示我们，不妨进行一项更为复杂的实验。那个想象出来的锡西厄旅行家所启动的微妙含糊的虚构机制，对于巴泰勒米来说，不过是一个手段，而非目的。② 但这种叙事手法到底复原了哪些"历史学家不允许援引的微末细节"呢？走马观花地看一眼《青年阿纳卡西斯希腊游记》，会给出一个初步的答案。在这本书的第三版（1791）中，第一卷专门用来扼要重述希腊的政治和军事史。接下来的六卷则呈现出了完全不同的样貌。文字描述伴着密密麻麻的脚注（巴泰勒米骄傲地宣称，脚注共计两万个）。③ 让我们随机选取一章，比如第 25 章"雅典人的住房与食物（Des maisons et des repas des Atheniens）"。读者面对的，是对一次交际酒会的细致入微的描写，在注释中，提到了许多希腊作家和一些拉丁作家的名篇段落；异乎寻常的是，

---

① J.-J. Barthélemy, *Voyage du jeune Anacharsis en Grèce...*, Paris 1791³, vol. I, pp. I—III（我使用的译文源自［J.-J. Barthélemy］, *Viaggio d'Anacarsi il giovine nella Grecia verso la metà del quarto secolo avanti l'era volgare*, Venezia 1791, vol. I, p. VII）。

② 参见 K. Stewart, *History, Poetry and the Terms of Fiction in the Eighteenth Century*, in "Modern Philology", 66（1968）, pp. 110—120。

③ J.-J. Barthélemy, *Œuvres diverses*, 2 voll., à Paris l'an VI, vol. I, p. LXXII.

一些现代作家也被提及，比如曾经评论过阿忒纳乌斯（Ateneo）的伊萨克·卡索邦（Isaac Casaubon），以及雅各布·斯旁（Jacob Spon）。[①]《青年阿纳卡西斯希腊游记》中关于宗教仪式、节日庆典以及阿纳卡西斯访问过的各个地方的那些章节，也都是以同样方式写成的。[②]

　　这些话题传统上都是古文物研究者一展所长之地。[③]在回忆录中，巴泰勒米宣称，他借鉴最多的是赫罗诺维厄斯（Gronovius）精心编著的希腊古文物收藏集：这部多达 12 卷的对开本集子中，收入了埃米乌斯（Emmius）、克拉格尤斯（Cragius）和默尔修斯（Meursius）等人的论文。[④]巴泰勒米从按主题编排的默尔修斯的作品中得到了最多灵感。为了填补前人留下的空白，巴泰勒米谨慎地核对了各种文本，其中便包括一些近期发表的铭文拓片。这些散珠碎玉般的摘引章句，一道构成了一幅巨大的马赛克画，那便是《青年阿纳卡西斯希腊游记》。

　　4. 三十载岁月流逝之后，这个项目才最终大功告成。在一封 1771 年 2 月 18 日写给好友迪德方夫人（Madame du Deffand）

① J. Spon, *Voyage d'Italie, de Dalmatie, de Grèce et du Levant, fait és années 1675 et 1676*, Lyon 1678—1680.

② C. Sainte-Beuve, *Causeries du lundi*, cit., vol. VII, p. 208: "Il est le Tillemont de la Grèce".

③ A. Momigliano, "Storia antica e antiquaria" (1950), in *Sui fondamenti della storia antica*, Torino 1984, pp. 3—45.

④ J. Gronovius, *Thesaurus Graecarum Antiquitatum*, 13 voll., Lugduni Batavorum 1697—1702.

的信中，巴泰勒米语带憾意地提到了他多年前的那个决定，即
在 1755 年辞去自己在纪念章陈列馆的职位，追随舒瓦瑟尔公爵
和公爵夫人前往罗马（巴泰勒米分别是这二人的门客和骑士，
或许还是后者的情人）。这让他未能追求自己真正的天职，成为
一名学者。① 几个月后——1771 年 12 月——屈从于迪巴里夫人
（Madame du Barry）的反复施压，路易十五将大权在握的舒瓦
瑟尔公爵流放到了他位于尚特卢（Chanteloup）、毗邻昂特瓦斯
（Amboise）的领地。这之后不久，巴泰勒米也丢掉了自己瑞士
侍卫队总干事（segretario generale delle Guardie svizzere）的职
位和大部分薪俸。② 踌躇一番后，他决定追随公爵和公爵夫人流
放边地；有那么大约四年时间，他与他们一道，在尚特卢过着
深居简出的平静生活。

　　巴泰勒米之前曾以舒瓦瑟尔公爵夫妇以及他们身边为数不
多的侍臣为原型，创作过一首名为《尚特卢人，或跳蚤大战
舒瓦瑟尔公爵夫人路易*丝*》（*La Chanteloupée, ou la guerre des
puces contre Mme L.* [*ouise*] *D.* [*uchesse*] *d.* [*e*] *Ch.* [*oiseul*] ）
的戏仿英雄史诗。③ 这首诗在他身后才得以发表，颇令一些人尴

---

① 巴泰勒米致迪德方夫人，尚特卢，1771 年 2 月 18 日（*Correspondance complète
　de Mme du Deffand*, cit., vol. I, lettera CCX, pp. 345—347）。巴泰勒米与舒瓦瑟尔
　公爵夫人之间的关系，参见导言，p. XLVII。巴泰勒米在恐怖时期（Terrore）被
　捕时，公爵夫人设法帮助他获释出狱（p. CXXIX）。

② *Correspondance complète de Mme du Deffand*, cit., vol. I, pp. CXV—CXVI; *Horace
　Walpole's Correspondence*, a cura di W. S. Lewis, vol. V: *Madame du Deffand and
　Mlle Sanadon*, New Haven（Ill.）1939, tomo III, p. 155（1771 年 12 月 12 日）。

③ J.-J. Barthélemy, *Œuvres diverses*, cit., vol. I, pp. 163—195.

尴不已。在法兰西共和国六年时，这种证明旧制度轻浮放荡的作品被认为是无足轻重的，不值得被收入巴泰勒米的文集之中。但是，在《青年阿纳卡西斯希腊游记》的第 25 章中，有一段对雅典富户迪尼亚斯（Dinias）宅邸的描述，而这让人联想起了一个颇为相似的情境。阿纳卡西斯向迪尼亚斯的妻子利西斯特拉塔（Lysistrata）提出请求，希望后者允许他登门造访：

> 　　她的梳妆台首先吸引了我的注意力。我看到了银盆和银壶、不同材质的镜子、固定发髻的发针、烫头发的烙铁（a）、宽窄不一的束发带、拢起头发的发网（b）、黄色的染发粉（c）、各式各样的镯子和耳环、成盒的唇膏和铅粉以及染睫毛的烟黛，还有保持牙齿洁净的一应物事（d）。我小心地察看着这件家具，而迪尼亚斯不明白，这在一个锡西厄人眼中怎么会如此新奇。①

　　括号中字母所代表的脚注，引用了琉善、荷马和赫希基乌斯（Esichio）的论述，甚至还提及了忒奥克里托斯（Teocrito）的一则批注：层层递进的繁复文字被用来描述一间公元前四世纪雅典女性的闺房，而这种描述本身即是一件洛可可风格的古文物。无论是古代的历史学家，还是 18 世纪的历史学家，都不可能耽于此种巨细靡遗的文风：它是琐屑的，无意义的，因此

---

① J.-J. Barthélemy, *Voyage*, cit., vol. II, p. 368（tr. it.［J.-J. Barthélemy］, *Viaggio d'Anacarsi*, cit., vol. IV, p. 90 ）。

应当严格禁止（interdits）。但对于像巴泰勒米这样的古文物研究者来说，这种沉迷于如今被我们称为物质生活的诸多方面的倾向，却在《青年阿纳卡西斯希腊游记》中显而易见。那个懵懂的旅行者，那个未开化野蛮人的阿纳卡西斯，他的无知惑见（sguardo interrogativo），指向的是古文物研究者巴泰勒米的了然知见（sguardo consapevole）。所有的虚构杜撰，都建立在这种天真的超然立场之上，进而为批判性的不偏不倚开辟了一条道路。

　　5.《青年阿纳卡西斯希腊游记》既不是一篇系统性的古文物研究论文，也不是一个历史叙事。在虚构与学术的十字路口，巴泰勒米走上了第三条道路。他在大部分人生中所处的环境，是促成此种选择的外部因素：这是一个向各种才智之士开放的贵族圈子，迪德方夫人在其中居主导地位，而舒瓦瑟尔公爵夫人和巴泰勒米神父是她的密友，几乎每天都与她有书信往来。[①]1771 年，她收到了巴泰勒米的一封意外来信，他在其中倾诉了自己与舒瓦瑟尔公爵夫妇的复杂关系（并要求阅后销毁此信，但却被置若罔闻），当时迪德方夫人已经 74 岁了。她已失明逾二十载，但依然生气勃勃，聪明睿达。她在识人与论文这两方面皆有独到之见。在她看来，伏尔泰的剧作《锡西厄人》（Les Scythes）"相当讨厌"（她年轻时很可能与伏尔泰有过

---

① 　一部文字优美、建立在大量书信摘抄基础上的传记作品，参见 B. Craveri, *Madame du Deffand e il suo mondo*, Milano 1982。

一段恋情，而后两人继续保持通信）。①78 岁时，她在读内克尔（Necker）的《关于谷物立法与贸易》（*Sur la législation et le commerce des grains*）。②81 岁时，她写信给巴泰勒米——他劝她读一下罗伯逊（Robertson）撰写的《美洲史》（*History of America*）——说："我要正式收回我对罗伯逊这本《美洲史》发表的论断。在所有我不感兴趣的东西中，这本书是最让人愉快、写得最好、几乎最有趣的一个。"③

　　在迪德方夫人的信中，我们经常可以读到这种妙语。她对舒瓦瑟尔公爵夫人写道："我不知道读什么好了，我受不了哲学著作和道德文章，历史书在我看来过于冗长乏味，讲述奇闻逸事的传奇小说，内容又经常不是真的，而且就算是真的，也经常不再有趣；剩下的就只有对话，我倒也挺满足的，因为反正也没有其他选择；有一阵子它的质量还挺高的，但如今这很罕见了。"④

　　迪德方夫人之前刚刚读过——或者说是翻阅过——《克莱奥帕特》（*Cléopatre*），这是由拉卡尔普勒内德（La Calprenède）所著、出版于 17 世纪中叶的一部 12 卷本小说。即便在这部冗长不堪、（她自己都承认实属）枯燥乏味的小说中，迪德方夫人依

---

① 迪德方夫人致沃波尔，1767 年 4 月 4 日（*Correspondance complète de Mme du Deffand*, cit., vol. I, p. 95）。

② 迪德方夫人致舒瓦瑟尔公爵夫人，1775 年 4 月 20 日（出处同上，vol. III, p. 167）。

③ 迪德方夫人致舒瓦瑟尔公爵夫人，1778 年 9 月 2 日（出处同上，vol. III, p. 338）。

④ 迪德方夫人致舒瓦瑟尔公爵夫人，1773 年 12 月 9 日（出处同上，vol. III, pp. 48—49）。

旧发现了一些"绝对优美"的段落：亚基帕（Agrippa）与阿尔塔曼（Artaman）之间的对话，其中包含了对一场角斗士之战的"动人"描述。[①] 比迪德方夫人年轻的舒瓦瑟尔公爵夫人和巴泰勒米神父（分别小了 40 岁和 19 岁），在小说和历史书籍方面有着与她截然不同的欣赏口味。舒瓦瑟尔公爵夫人认为《克莱奥帕特》简直无法卒读，她写信给迪德方夫人，将被伏尔泰大加称赞的俄罗斯女皇叶卡捷琳娜二世（Caterina di Russia）的独裁专权与为里窝那省（Livorno）奠定繁荣富庶基础的吉诺里侯爵（marchese Ginori）[②]——"那个点燃了热心与想象力的人"——谦逊但却真实的荣耀相对比："他们告诉我们有关叶卡捷琳娜的生平种种，但吉诺里侯爵却不为人所知！"[③] 迪德方夫人对罗马人和迦太基人的航海史不感兴趣，阅读罗伯逊的书让她心生厌烦，而这受到了巴泰勒米的斥责：他认为，她缺乏对古代知识的坚实了解，而这只有通过阅读希腊和罗马作家的著作才能获得。

　　"这些［罗马和迦太基］人的功业是平和的，"巴泰勒米写道，"但却有着激动人心的力量：这种激动人心吸引了注意力和兴趣。的确，这是一种宁静平和的兴趣：一种更好的兴趣，因为按照德布克先生（M. de Bucq）的观点来看，幸福无非是一种

---

① 迪德方夫人致舒瓦瑟尔公爵夫人，1773 年 12 月 9 日（*Correspondance complète de Mme du Deffand*, cit., vol. III, pp. 48—49）。

② 译者注：18 世纪意大利政治家，著名的多西亚瓷器制造工坊的创办者，由他监造的瓷器在 18 世纪中期风靡整个欧洲，被众多王室贵族争相收藏。

③ "On nous parle de Catherine, et le marquis Ginori nous est inconnu!"（出处同上，vol. I, p. 119）。

宁静平和的兴趣。见证那些罗马人和迦太基人、西班牙人和葡萄牙人漂洋过海，发现新的国度，在我看来要比看到归尔甫派（Guelfi）① 和吉柏林派（Ghibellini）②、红玫瑰党（Rosa Rossa）③ 和白玫瑰党（Rosa Bianca）④ 的纷争有益得多，后面这些人不惜将一切付诸于战火刀兵，只为了将那些没有他们本可轻松度日的人民置于他们的统治之下。"⑤

　　出现于 17 世纪末的那种对激情（passioni）与兴趣（interessi）在心理层面和经济层面的对照比较，在整个 18 世纪成为了政治哲学的一个基本主题。⑥ 巴泰勒米的话表明，同样的对照比较也出现在了历史书写的领域中，尽管是以一种更加隐晦的方式。关于玫瑰战争的那一段，或许指的是加亚尔（Gaillard）的《法英两国对抗史》（*Histoire de la rivalité de*

---

① 译者注：中世纪意大利反对神圣罗马帝国皇帝的教皇派。

② 译者注：中世纪支持神圣罗马帝国皇帝的政治派别，主要由意大利大封建主构成。

③ 译者注：英国兰开斯特家族及其追随者。

④ 译者注：与兰开斯特家族争夺英国王位的约克家族及其追随者。

⑤ "Les entreprises de ces peuples [i romani e i cartaginesi] sont paisibles, mais présentent de grands mouvements, et c'est le mouvement qui fixe l'attention et qui intéresse. Il est vrai que cet intérêt est tranquille, et tant mieux, car M. de Bucq prétend que le bonheur n'est autre chose que l'intérêt dans la calme. J'aime mieux voir les romains et les carthaginois, les espagnols et les portugais traverser les mers pour découvrir de nouveaux pays, que de voir les factions des Guelfes et des Gibelins et celles des Roses rouge et blanche mettre tout à feu et à sang pour gouverner des peuples qui se seraient bien passés d'elles" (*Correspondance complète de Mme du Deffand*, cit., vol. III, p. 336).

⑥ 这是 A. O. Hirschman 一本杰作的论点，参见 A. O. Hirschman, *The Passions and the Interests*, Princeton 1977 (tr. it. *Le passioni e gli interessi*, Milano 1979).

la France et de l'Angleterre)，迪德方夫人曾对这本书不吝赞美
之词。① 加亚尔通过讲述历次战争和内部斗争的始末，来主张
欧洲各国需要和平："欧洲是文明的，欧洲相信自己已经接受了
启蒙，然而它却在制造战争！我们急匆匆地为欧洲的启蒙运动
而大声叫好，但欧洲却依然是野蛮落后的！"② 巴泰勒米同意加
亚尔的观点，但加亚尔的这本《法英两国对抗史》却令他心寒。
历史学家开始学着谈论那些和平性质的活动——曾令欧洲占据
全球霸主地位的商业贸易——但这一历史书写体裁的发展相当
缓慢。③ 为了描述公元前 4 世纪生活在希腊的男男女女的平静家
居日常，巴泰勒米并没有从历史学家那里获得灵感，而是转向
了真真假假的古文物研究者。

6. 1789 年，《每月评论》(*The Monthly Review*) 发表了一篇
关于《青年阿纳卡西斯希腊游记》的书评。这篇总体上对此书
颇为称许的评论，结尾时却射出了一支毒箭：巴泰勒米是否有
可能受到了《雅典人信札》(*Athenian Letters*) 的启发？④ 这远

---

① 迪德方夫人致舒瓦瑟尔公爵夫人（ *Correspondance complète de Mme du Deffand*,
　cit., vol. I, p. 422 ）。

② G. H. Gaillard, *Histoire de la rivalité de la France et de l'Angleterre*, Paris 1771,
　vol. I, 前言, p. 2: "L'Europe est polie, l'Europe se croit éclairée, et l'Europe fait
　la guerre! Nous nous sommes trop pressés d'applaudir à nos lumières, l'Europe est
　encore barbare!"

③ 一个例外，参见 P.-D. Huet, *Histoire du commerce et de la navigation des anciens*, à
　Lyon 1763（1715 年版的重印本；这本书是应 Colbert 之请而写的）。

④ "The Monthly Review", vol. LXXXI (1789), 附录, pp. 577—593（另摘自 J.-
　J. Barthélemy, *Travels of Anacharsis the Younger in Greece, during the Middle of
　the Fourth Century before the Christian Aera*, tr. ingl., London 1806, vol. I, p. III,
　"Translator's Preface"）。

非含沙射影而已。一本冠以此名的伪托书信集曾于 1741 年出现于剑桥，这近乎于一部私人出版作品（只印刷了 12 本），未署作者姓名。① 书中，一位名叫克雷德（Cleander）的波斯密探与其通信对象交换了许多详尽信息，事关伯里克利统治时期的希腊、埃及和波斯。克雷德描述了自己与希罗多德、苏格拉底和阿斯帕齐娅（Aspasia）② 的会面经历；他讲到了剧场、哲学和宗教；他还比较了雅典的政治自由和商业活力与波斯帝国的专制暴政——显然是在影射英格兰和法国。③

　　这部《雅典人信札》是以英译本的面貌出现的，最早的版本据说是以"古波斯语"写成的，一位"犹太学者"在非斯（Fez）的一座图书馆中发现了它并将其译成西班牙文，而驻突尼斯的英国领事又安排将西班牙文版译成了英文。这些书简的真实性在脚注中被反复强调：在其中一个脚注里，一份最

---

① 参见 *Dictionary of National Biography* 中的词条 "Yorke, Philip"；另参见 "The Monthly Review", vol. LXXXI（1789），Appendix, p. 592。

② 译者注：活跃于古希腊雅典政治文化圈的名媛，曾为伯里克利的情妇。

③ 该书第一版仅印刷了 12 本，我参考了保存于加州大学洛杉矶分校 Young Research Library 特藏中的那一本：*Athenian Letters, or the Epistolary Correspondence of an Agent of the King of Persia, residing at Athens during the Peloponnesian War, Containing the History of the Times, in Dispatches to the Ministers of State at the Persian Court. Besides Letters on Various Subjects between Him and His Friends*, 4 vol., London 1741—1743。在第三卷和第四卷的扉页上，有一则手写的警告："Supposed to be wrote［!］by Ld Ch［arles］N［Yorke］12 copies printed not more"。这本书中包括了手写的注释和增补，或许是出自作者之一亲笔所写，随后被部分增补进了后来的版本。这是通过比对第一版和 1792 年出版于都柏林的两卷本第三版后发现的（我未能见到 1781 年的第二版，该版显然与第三版相同）：例如 ed. 1741, vol. I, p. 148 和 ed. 1792, vol. I, p. 133; ed. 1741, vol. I, p. 166, 和 ed. 1792, vol. I, p. 149。

新发表的希腊铭文拓片集——《桑威奇大理石碑》(*il Marmor Sandvicense*)①——的真实可靠性，反而要通过波斯密探克雷德的虚构陈述来证明。②一封信以预言形式描述了迄至牛顿和玻意耳的未来科学进展，它被斥为伪作，因此被收到了附录当中；颇为讽刺的是，这锦上添花的最后一笔，反而再度确证了《雅典人信札》总体上的真实可靠。③每一封书简都署有一个大写首字母缩写词：这是玩弄这个博学游戏的作者们故意留下的仅存线索。他们的身份直到 1781 年《雅典人信札》再版时（这一次印了大约 100 本）才被披露出来。④新增的前言中带着一丝阴郁的味道：在此期间，这些作者几乎均已过世。"当一个特定阶段已经消逝，"一位幸存者写道，"真相便可公之于众；幻影散去，假面舞会就此告终。"⑤一些参与者曾身处要津：与弟弟菲利普（Philip）一道操刀完成书信集中大

---

① 译者注：第四代桑威奇伯爵约翰·蒙塔古曾在游历希腊时购入大量古钱币及一方石碑，1743 年时将其整理合集出版。

② *Athenian Letters*, cit., vol. III, pp. 91—92，其中提到了一篇 John Taylor 最新发表的关于 *Marmor Sandvicense* 的论文（Cantabrigiae 1743）。

③ *Athenian Letters*, cit., vol. IV, pp. 227 以下页码。

④ 我未能见到较晚的版本（1800 年，1810 年）或法文译本（*Lettres Athéniennes*, 1803）。

⑤ *Athenian Letters*, Dublin 1792, vol. I, 导言。它还提到了 Crébillon fils 的一部作品（*Lettres Athèniennes, extraites du porte-feuille d'Alcybiade*: cfr. *Collection complète des œuvres*, voll. XII—XIV, Londres-cioè Parigi-1777）乃是想象之作。我没有见到的一本书中似乎有个类似的角色（这与 Marana 后来提到的标题形成呼应）：*The Athenian Spy, Discovering the Secret Letters which were sent to the Athenian Society by the Most Ingenious Ladies of the Three Kingdoms, relating to Management of their Affections. Being a Curious System of Love Cases, Platonic and Natural*, London 1704（1709 年大开本重印版）。

部分内容的查尔斯·约克（Charles Yorke），当过大法官（lord cancelliere）；在一封书信中描写与希波克拉底会面经历的威廉·赫伯登（William Heberden），成为了著名医生。^①所有这些人当年都是剑桥大学的学生；几乎所有人都与基督圣体学院（Corpus christi College）有瓜葛。这个总计 12 人的小群体中包括了像丹尼尔·雷（Daniel Wray）和托马斯·伯奇（Thomas Birch）——首字母缩写词的设计便出自此人——这样的古文物研究者，像塞缪尔·索尔特（Samuel Salter）这样的语文学家，以及一位宗教问题作家亨利·考文垂（Henry Coventry）。凯瑟琳·塔尔博特（Catherine Talbot）在其中占有颇为重要的地位，她的几篇论文后来曾多次再版，而她很可能是欧洲第一位撰写历史的女性，尽管在这一案例中是一部虚构的历史。^②

在一封写给《每月评论》的信中，巴泰勒米虽然承认《雅典人信札》与《青年阿纳卡西斯希腊游记》存在结构上的相似之处，但却激烈地否认了剽窃的指控。^③为了证明自己的原创

---

① 参见 *Dictionary of National Biography* 的下列词条：Birch, Thomas; Coventry, Henry; Green, John; Heberden, William; Salter, Samuel; Talbot, Catherine; Wray, Daniel; Yorke, Charles; Yorke, Philip。Philip Yorke 的词条下列出的参与者还包括 Dr. Rooke（后来担任基督学院的院长）、基督学院的 John Heaton（正确的写法是 Eaton）以及 John Lawry。另参见 E. Heberden, *William Heberden Physician of the Age of Reason*, London 1989。

② 关于这一问题，参见 N. Z. Davis, *History's Two Bodies*, in "The American Historical Review", 93（1988），pp. 1—30。

③ "The Monthly Review", nuova serie, vol. I（1790），Appendix, pp. 477—478。

性，他宣称，在自己停留于罗马的那段时间，他曾想过，依据
某位法国旅行者在利奥十世统治时期游历意大利的体验来写一
本书；后来，他转而决定将自己的古文物知识派上用场，于是
将这位法国旅行者变成了锡西厄人阿纳卡西斯。这些后来又出
现于其自传体回忆录中的陈述，很可能是真的；但声称自己在
《青年阿纳卡西斯希腊游记》出版后才得悉这本英文书信集存在
的说法，则不那么可信。霍勒斯·沃波尔（Horace Walpole）曾
在很长一段时间里与巴泰勒米保持着密切往来，他对《雅典人
信札》的许多作者都知之甚稔。① 此外，像沃波尔这样的同时代
读者，很容易便能在《青年阿纳卡西斯希腊游记》中的一个虚
构人物——波斯国王的大臣阿尔萨马（Arsame）——身上看到
舒瓦瑟尔公爵的影子，而这个人物从包括名字在内的各方面都
像极了《雅典人信札》中作为通信人之一的行省总督奥尔萨姆
斯（Orsames）。②

7.《青年阿纳卡西斯希腊游记》里，所有的细节都严丝合
缝，有据可查；《雅典人信札》里，杜撰出来的文献，被用来
佐证真实文献。在这两个例子中，真实与虚构的混合杂糅都在
试图取替现有历史书写的界限。但如何讲述日常生活？如何再
现"那些历史学家不允许援引的微末细节"？在这一点上，巴泰

---

① 沃波尔颇为不屑其中一位——托马斯·伯奇（Thomas Birch）：参见 *Dictionary of National Biography* 相关词条。

② J.-J. Barthélemy, *Voyage du jeune Anacharsis en Grèce*, Paris 1824, vol. IV, pp. 117 以下页码。

勒米的《青年阿纳卡西斯希腊游记》对《雅典人信札》的倚仗是显而易见的：波斯细作克雷德显然是锡西厄人阿纳卡西斯的前身。在伏尔泰的《风俗论》问世 25 年前，《雅典人信札》已经将这种对尚不存在的历史书写类型的需求表达了出来："这些信件出自我们的探子笔下，它们栩栩如生地描绘了希腊人和波斯人的言行举止，让我们得以借此更充分地了解他们的风俗习惯，远胜于那些严肃的古文物研究者长篇大论的高头讲章。"①

　　但是，就连这个克雷德，也并非原创。如今，一提到《雅典人信札》，马上就会让人联想起《波斯人信札》(*Lettres Persanes*)。但是，1781 年《雅典人信札》再版前言中明确指出，这本书的模版并不是孟德斯鸠的著作，而是启发了孟德斯鸠的一本书：吉安·保罗·马拉纳（Gian Paolo Marana）的《土耳其探险家》(*L'esploratore turco*，1681)。这本书的多个法文和英文译本以及改编本（法文译本：*L'espion turc*，法文改编本：*L'espion du grand seigneur dans les cours des princes chrétiens*，英文译本：The Turkish Spy）曾传遍了整个欧洲。②

　　叙事手法是类似的，结果却大相径庭。孟德斯鸠刻薄讥讽的视角，处处流露着持自由意志论的马拉纳留下的痕迹（例如

---

① *Athenian Letters*, cit., vol. I, p. VIII.

② *Athenian Letters*, ed. 1792, cit., p. XVIII: "The general character of Cleander is taken from Mahmut, the Turkish Spy..." 参见 G. C. Roscioni, *Sulle tracce dell' "Esploratore turco"*, Milano 1992. 意大利文版首版目前仅存一份。

在对宦官主管的描述中），它在不求甚解的情况下打量着我们周遭的社会习俗，从而揭示了这些社会习俗的荒谬与反复无常。[①]在《雅典人信札》和《青年阿纳卡西斯希腊游记》中，来自外邦的陌生人（波斯密探和旅行家）对那些最简单的风俗习惯也要问个究竟，全然不带任何争辩质询之意。在一个例子中，目的在于消除我们对司空见惯的当下的熟悉。[②]而在另外一个例子中，则是为了让我们对某段过往熟悉起来，而这段过往的日常种种早已离我们远去：那是一种看起来平庸无聊的寻常运作，但事实上，诞生于希腊的那种历史书写传统的内部分歧，正是以它为先决条件的。

　　8. 希罗多德在《历史》（第 8 卷，26）中写道，波斯国王薛西斯（Serse）在温泉关之战后询问一群来自阿卡底亚的逃兵，

---

① ［G. P. Marana］, *L'espion dans les cours des princes chrétiens, ou lettres et mémoires d'un envoyé secret de la Porte dans les cours d'Europe; où l'on voit les découvertes qu'il a faites dans toutes les Cours où il s'est trouvé, avec une dissertation curieuse de leurs Forces, Politique, et Religion*, à Cologne 1739, vol. I, p. 41: "C'est alors［durante la Quaresima］qu'ils s'appliquent davantage aux exercices de piété; et qu'après avoir purgé leur conscience par des pénitences, et par des confessions secrettes qu'ils se font les uns aux autres, ils mangent d'un certain pain qu'ils appellent le Sacrement de l'Eucharistie, où ils imaginent que leur Messie est réellement present, aussitôt que leur Prêtres ont prononcé certaines paroles. As-tu jamais rien vu de si fou?" . G. Almansi 注意到，这一段的意大利文原文口气要更谨慎，参见 G. Almansi, *L' "Esploratore turco" e la genesi del romanzo epistolare pseudo-orientale*, in "Studi secenteschi", VII（1966）, pp. 35—65, 尤 其 是 p. 60 nota 104；另参见 G. C. Roscioni, *Sulle tracce*, cit., p. 171。

② C. Ginzburg, "Straniamento", in *Occhiacci di legno. Nove riflessioni sulla distanza*, Milano 1998, pp. 15—39.

希腊人正在做什么？在得知他们正在举行奥林匹亚竞技会后，薛西斯问，奖品是什么？一项橄榄枝冠，他们回答道。

　　薛西斯的那些问题，是任何一个希腊人做梦也不会认为有人会问的。这板上钉钉地证实了他的野蛮性和外部性——对于一个把勇气而非金钱视作最渴望之奖赏的世界，他是个野蛮人和外人。保留给竞技会胜者的橄榄枝冠，最终成为了希腊人与野蛮人彼此疏远间离关系的象征。在琉善（Luciano di Samosata）的对话录中，一位来到希腊的锡西厄人得知年轻人竟然会为一顶由野生橄榄树枝或松枝编成的花冠而你争我夺后，忍不住放声大笑。这个锡西厄人的名字，正是阿纳卡西斯。[①]

　　这个与巴泰勒米《青年阿纳卡西斯希腊游记》主人公同名的人，对希腊社会中的竞技规则同样茫然无知。这个野蛮人提出的问题，让那些被古代和现代历史学家视作理所当然、从而不屑于提及的东西，清晰地展现在我们面前。

　　9. 在《青年阿纳卡西斯希腊游记》漫长的构思过程中，一部类型迥异的作品问世了，而它注定将享有更持久的声誉。这本书，便是《罗马帝国衰亡史》(*The History of Decline and Fall of the Roman Empire*)。它的作者爱德华·吉本（Edward Gibbon）深受法兰西铭文与美文学书院（Académie des Inscriptions）[②]古典

---

① 　C. Ginzburg, *Rapporti di forza. Storia, retorica, prova*, Milano 2000, pp. 55—56。
　　另见 G. C. Roscioni, *Sulle tracce*, cit., p. 164。
② 　译者注：即法兰西文学院。

文化的滋养，而巴泰勒米便是这一古典文化的产物。[1] 但是，其他元素也汇入了吉本的创作之中，首当其冲的便是巴泰勒米神父事实上一无所知的那些哲学理念。[2] 吉本之所以被定义为现代历史书写的创始人，正在于他懂得如何将对古文物的癖好与历史哲学结合起来。[3] 巴泰勒米神父所遵循的那条更为谨慎的、将对古文物的癖好与传奇小说结合起来的道路，从长期来看，则成了一个失败的策略。

19 世纪将巴泰勒米笔下的希腊视作一幅巨大的全景画。[4]《青年阿纳卡西斯希腊游记》的成功仿如焰火，盛放了一百年后，如今已永远归于沉寂。然而，或许在这本如今已难以卒读的书中，我们可以正确地辨认出一个历史民族志的雏形，而在锡西厄人阿纳卡西斯身上，除了作为益格鲁-波斯间谍克雷德的

---

[1]　参见 A. Momigliano, "Il contributo di Gibbon al metodo storico", in *Sui fondamenti della storia antica*, cit., pp. 294—311。

[2]　对吉本的风趣十分喜爱的迪德方夫人，对他的书反应冷淡：她在写给 Horace Walpole 的信中说，"Je souscris à vos éloges sur la *Décadence de l'Empire*", "je n'en ai lu que la moitié, il ne m'amuse ni m'intéresse; toutes les histoires universelles et les recherches des causes m'ennuient; j'ai epuisé tous les romans, les contes, les théatres; il n'y a plus que les lettres, les vies particulières et les mémoires écrits par ceux qui font leur propre histoire qui m'amusent et m'inspirent quelque curiosité. La morale, la métaphysique me causent un ennui mortel. Que vous dirais-je? J'ai trop vécu", *Horace Walpole's Correspondence*, a cura di W. S. Lewis, vol. VI: *Madame du Deffand and Wiart*, New Haven (Ill.) 1939, tomo IV, pp. 469—470（迪德方夫人致 Walpole，1777 年 8 月 23 日）。

[3]　参见 A. Momigliano, "Il contributo di Gibbon", cit。

[4]　S. Bordini, *Storia del panorama. La visione totale nella pittura del XIX secolo*, Roma 1984. 关于"全景画（panorama）"这部分内容，参见 W. Benjamin, *Parigi capitale del XIX secolo*, a cura di R. Tiedemann, Torino 1986, pp. 679—689。

一个衍生人物，也可看到一个离我们更近的、人类学家或法官的先驱。[①]

　　* 感谢弗朗索瓦·哈尔托赫（François Hartog），通过他，我才得以与《青年阿纳卡西斯希腊游记》这本书邂逅。谢里尔·戈尔茨坦帮助我注意到文首引用的那段福楼拜的文字，对此亦表感谢。

[①] 　参见本书第 14 章"作为人类学家的宗教法庭审判官"。

第8章　寻访伊斯拉埃尔·贝尔图乔

1. 在埃里克·霍布斯鲍姆（Eric Hobsbawm）的自传中，题为"与历史学家为伍"的那一章开篇提出了一个问题："在我一生之中，史学发生了怎样的转变？"这个问题的答案为我们绘出了一幅光影掩映的画面。它始于创新者（霍布斯鲍姆口中的"现代化主义者"）与传统主义者于1890年前后开始、在20世纪中期达到顶峰的那场长期斗争。有一段时间，创新者自称为"社会历史学家"，这是一个霍布斯鲍姆并不完全认同的含混表达。他们的打击目标，是"那些更看重帝王将相和战争条约（换言之，更看重自上而下发号施令的决策者，不管是政治决策者还是军事决策者）的老一辈历史学家的传统偏见"。[1] 霍布斯鲍姆解释了创新者是如何在国际舞台上夺取更大权威的："大约

---

[1] E. Hobsbawm, *Anni interessanti: autobiografia di uno storico*, tr. it. di D. Didero e S. Mancini, Milano 2002, pp. 312, 318（E. Hobsbawm, *Interesting Times: A Twentieth-Century Life*, London 2002, p. 288）. 意大利文版的副标题有所改动。

是在 1970 年，似乎可以合理地作出假设，发轫于 19 世纪最后
十年的那场史学现代化之战如今已经获得了胜利。"[1] 但是在 20
世纪 70 年代，周遭景象却突然发生了转变。很明显，这对霍布
斯鲍姆来说并不是一种进步。为了说明这种转变，他一方面援
引了布罗代尔的《地中海与菲利普二世时代的地中海世界》(*Il
Mediterraneo*)，另一方面也提到了克利福德·格尔茨（Clifford
Geertz）关于巴厘岛斗鸡的"精炼有力的典范之作"。前者是
一本巨著，后者是一篇短文，它们分别象征着"结构"研究和
"文化"研究。霍布斯鲍姆继续阐述道："它们抽身远离那些历
史模型或'究因析理的大问题（grandi perché）'，从分析模式
转向描述模式，从经济与社会结构转向文化，从还原事实转向
还原印象，从望远镜转向显微镜，正如意大利青年历史学家卡
洛·金茨堡在一本影响巨大的、关于某个不寻常的 16 世纪弗留
利磨坊主的专著中所做的一样。"[2] 在一则注释中，霍布斯鲍姆评
论说，这位作者的第一本书《夜间的战斗》(在他看来也是"更
有趣的"一本)"很奇怪地未能在当时引起注意"，虽然他在书出
版后立即在《泰晤士报文学增刊》上发表了书评。[3]

---

[1]　E. Hobsbawm, *Anni interessanti: autobiografia di uno storico*, tr. it. di D. Didero e S. Mancini, Milano 2002, p. 324 (*Interesting Times*, cit., p. 293)。

[2]　出处同上，p. 325 (*Interesting Times*, cit., p. 294)。关于分析模式和描述模式的比较，引自 L. Stone, *The Revival of Narrative: Reflections on a New Old History* (in "Past and Present", 85 [1979], pp. 3—24)。

[3]　E. Hobsbawm, *Anni interessanti*, cit., p. 473 nota 14 (*Interesting Times*, cit., p. 428 nota 12). 按照当时《泰晤士报文学增刊》的惯例，这篇书评发表时未署名。后来它作为前言被收入了《夜间的战斗》一书的英文版 (*The Night Battles: Witchcraft and Agrarian Cults in the Sixteenth and Seventeenth Centuries*, London 1983)。

　　将近四十年过去了。我这个已经不再年轻的历史学家，满
怀感激之情地忆起了那篇不吝赞美的书评，以及在那之前阅读
霍布斯鲍姆部分作品时留下的深刻印象。[1] 如今，在我的作品中，
霍布斯鲍姆却看到了一种令人遗憾的、危及了创新运动之积极
影响的史学转向的具体表现。我并不全然认同对我的这种总结
概括（比方说，我认为自己一直都与那种纯描述保持着距离），
但这并不重要。让我感兴趣的是霍布斯鲍姆对今日史学状态的
评论，以及这些评论所暗含的意思。据霍布斯鲍姆说，史学在认
知层面上的雄心大志，已经被 20 世纪 60 年代出现的新的社会运
动动摇了："今时今日，历史正在以前所未有的程度被人们改写
或发明，这些人不想查明真实的过往，只想描述一个符合其自身
意图的昔日。我们如今生活在一个伟大的历史神话时代。"来自
女性、少数族裔或性少数群体的获得认可的请求，与历史书写号
称要制订出一套普遍性话语的虚张声势形成了冲突。被动摇的是
"某种对历史研究的信念，它相信，借助证据和普遍接受的逻辑
规则，历史研究能够区分事实与想象，区分有可能的与无法被验
证的，区分实际发生的与我们想要让其发生的"。[2]

　　在最后这一点上，我完全同意霍布斯鲍姆的想法：我在过去
二十年里写的大部分文字，正与这一主题密切相关。[3] 但关于之

---

① 　参见本书第 15 章 "女巫与萨满"。

② 　E. Hobsbawm, *Anni interessanti*, cit., p. 327（*Interesting Times*, cit., p. 296）。

③ 　例如，本书第 11 章 "孤证"（"*Unus testis. Lo sterminio degli ebrei e il principio di realtà*"）；作者同上，*Occhiacci di legno. Nove riflessioni sulla distanza*, Milano 1998；作者同上，*Rapporti di forza. Storia, retorica, prova*, Milano 2000。

前的那些评价，则颇有可商榷之处。而他对后现代主义只是一时
风尚、不过浮皮潦草地触及严肃史学的盖棺定论，在我看来也过
于仓促。[1] 总的来讲，我认为有必要在问题与答案之间作出区分：
这一课，我是从某个对霍布斯鲍姆十分重要的人那里学到的。葛
兰西在《狱中札记》中进行的那些反思，正是源自于意识到，法
西斯主义之所以获得胜利，便是因为它能够为那些并不反动的问
题提供一个（反动的）答案。[2] 这一见解有着深远的影响，甚至
影响到了历史学家的工作。驳斥那些敷衍潦草或胡诌瞎扯的答案
是一回事；驳斥那些产生了这些答案的问题，是另外一回事。

　　2004 年 12 月，《外交世界报》(Le Monde diplomatique) 发
表了一篇题为 "历史宣言"(Un manifesto per la storia) 的文
章，其内容正是霍布斯鲍姆一个月前在英国国家学术院（British
Academy）组织的一场马克思主义史学会议上宣读的文章。这
篇文章的法文版中包括了一个并未出现于原文中的段落，霍布
斯鲍姆在其中再次评价道，当今的史学已经 "从定量视角转
向定性视角，从宏观历史转向微观历史，从结构分析转向叙
事，从社会史转向文化史"。[3] 在这一系列的对比中，我发现

---

① E. Hobsbawm, *Anni interessanti*, cit., p. 325 (*Interesting Times*, cit., p. 294).

② 参见 C. Ginzburg, *L'historien et l'avocat du diable*, seconda puntata di una conversazione
con L. Vidal e C. Illouz, in "Genèses", 54 (marzo 2004), 尤其是 pp. 117—121；另参见
同一作者的 "Mitologia germanica e nazismo: su un vecchio libro di Georges Dumézil",
in *Miti emblemi spie. Morfologia e storia*, Torino 1986, p. 210。

③ E. Hobsbawm, *Manifeste pour l'histoire*, in "Le Monde diplomatique", dicembre
2004, p. 20. 霍布斯鲍姆让我阅读了他在英国国家学术院会议上的演讲稿，并回答
了我关于两个文本之间歧异的问题，我对此深表感谢。

自己总是站在错误的那一边。但是，当霍布斯鲍姆写道，"当今史学面临的最大的直接政治风险，便是'反普遍主义（anti-universalismo）'，也就是那种'我的真相与你的真相不相伯仲，无论证据如何表明'的看法"时，对此我却完全赞同。

同一场战斗，可以采取不同的战术来进行。在本文分析的这个案例中，我试图在微观尺度上与那种企图消除历史与虚构之间差别的后现代倾向展开斗争。换言之，我去到对手的地盘上，从他的那些问题出发；但是，我却得出了完全不同的答案。

2."伊斯拉埃尔·贝尔图乔难道不比所有那些威尼斯贵族都更有个性吗？我们这位平民出身的叛逆者想到……"

说话的人是于连·索雷尔，《红与黑》的主人公。司汤达在1828年到1830年间满怀狂热的激情写下了这部长篇小说，旋即于七月革命后完成校对。我引用的这句话，摘自《红与黑》中最不同凡响的一章。于连·索雷尔陪同玛蒂尔德·德拉莫尔参加了一场巴黎上流社会的舞会。以第三人称进行的叙述不时被各色人等的反思所打断。[1] 读者对这场舞会的观察，主要是通过于连的双眼来实现的，身为一名农家子弟，他带着愤恨与轻蔑打量着这个自己并不身属其中、而且梦想着加以摧毁的上流社会。于连在心里对族谱可上溯至公元700年的威尼斯世家贵族和新晋的巴黎精英贵族进行了比较，然后得出结论："好吧，这些威尼斯贵族尽管家世显赫，但给人留下深刻印象的，还是伊

---

[1] 我在本书第9章"苦涩的真相"中分析了这一技法。另参见 S. Crippa, *Au bal avec Stendhal*, in "L'année stendhalienne", 1（2002），pp. 190—206。

斯拉埃尔·贝尔图乔这样的人物。"

　　这个让"平民出身的叛逆者"于连·索雷尔深感认同的伊斯拉埃尔·贝尔图乔，究竟是何许人也？司汤达本人给出了解答："两天前，于连刚看过卡齐米尔·德拉维涅（Casimir Delavigne）的悲剧《马里诺·法列罗》（*Marino Faliero*）。"[①] 这是一个准确的出处，但我们很快便会看到，它是具有误导性的。

　　1829 年 5 月 30 日，卡齐米尔·德拉维涅的《马里诺·法列罗》在巴黎的圣马丁门剧院上演。[②] 排在这出悲剧之前（早至 5 月 7 日）演出的是一部滑稽戏：由瓦尔纳（Varner）和巴亚尔（Bayard）创作的轻歌舞剧（vaudeville）《马里诺·法列罗在巴黎》（*Marino Faliero à Paris*）。剧中穿插了一些诸如此类的歌曲："机器！支配一切的正是它；机器，它的世纪已经到来。"[③] 但是，即便是在德拉维涅的悲剧中，也不乏对当下的提及，以及对在 1829 年的巴黎公众心中即将到来的某种未来的讨论。老总督马林·法列耶（Marin Falier）[④] 向密谋作乱者发表的演讲，预示着一个"只有工作才能带来财富，有才干者掌权，有德行

---

① Stendhal, *Le Rouge et le Noir*, in *Oeuvres romanesques complètes*, I, a cura di Y. Ansel, Ph. Berthier, Paris 2005, p. 616: "Il se trouvait que, justement l'avant-veille, Julien avait vu *Marino Faliero*, tragédie de M. Casimir Delavigne. Israël Bertuccio n'a-t-il pas plus de caractère que tous ces nobles vénitiens? se disait notre plébéien révolté" 等（tr. it. di D. Valeri, *Il rosso e il nero*, Torino 1976, pp. 302—303，各处有少许改动）。另参见 p. 623: "son triste rôle dé plébéien révolté"。

② C. Delavigne, *Marino Faliero*, in *Œuvres*, 4 voll., Bruxelles 1832, vol. III.

③ A.-F. Varner e J.-F.-A. Bayard, *Marino Faliero à Paris*, folie-à-propos, vaudeville en un acte, Paris 1829, p. 15.

④ 译者注：即 Marino Faliero 一名的威尼斯本地语言拼写方式。

者尊贵"的社会——一个市民阶级的社会。^①参与密谋的那帮好
事之徒，是一群渔夫、手艺人和贡多拉船夫，他们的首领正是
伊斯拉埃尔·贝尔图乔，"一个众望所归之人……一个带头老大
（ *un homme du peuple* [...] *un patron de galère* ）"。^②在剧中，贡
多拉船夫彼得罗像对待熟人那样随意拍了一下总督的肩膀，而
当面对后者的愤怒时，他惊呼道，"哥儿们之间这算啥呀！"这
一幕，很可能引发了于连·索雷尔的思索："一场密谋，取消了
社会随心所欲赋予的各种头衔。"^③但是，德拉维涅笔下的贝尔图
乔驳斥了这位贡多拉船夫彼得罗，重新确认了总督的权威。这
是一个没什么光彩的角色，正如卡齐米尔·德拉维涅的《马里
诺·法列罗》，也不过是对拜伦创作于1820年的同名原作的没
什么光彩的模仿。在拜伦的作品中，老总督的妻子是一个面对
诽谤依然泰然自若的受害者，但德拉维涅却将她改写成了一名
荡妇。除了这种做法所表现出来的陈腐思想，德拉维涅的仿写
也相当拙劣，甚至罔顾真相自称原创。^④司汤达也注意到了这
一点，在一篇匿名发表于《新月刊》（ *New Monthly Magazine* ）
的文章中，他对德拉维涅——一位在他看来不值得尊敬的作

---

① C. Delavigne, *Marino Faliero*, cit., p. 87: "Les travaux, eux seuls, donneront la richesse;/le talent le pouvoir; les vertus, la noblesse".

② 出处同上，p. 27。

③ "Une conspiration anéantit tous les titres donnés par les caprices sociaux"（Stendhal, *Le Rouge et le Noir*, cit., pp. 616—617）。

④ C. Delavigne, *Marino Faliero*, Paris 1829, pp. 11—12（1832年布鲁塞尔版的 *Œuvres completes* 中未收入这篇前言）。我未能参阅 K. Kiesel, *Byron's und Delavigne's Marino Faliero*, Düsseldorf 1870; T. Schorr, *Über Casimir Delavigne*, Giessen 1926。

者——的悲剧进行了言辞冷峻的点评。[1] 于连·索雷尔和司汤达的态度并不一致。正如其惯常所为，司汤达经常误导自己的读者：对德拉维涅的明言提及，背后隐藏着对拜伦的暗中致敬。

3. 在 1816 年到 1817 年之间，司汤达与身在米兰的拜伦交往甚频。许多年之后，司汤达回忆道，他一直"被某种激情所扰动"，在他身上，有诗人的天才，贵族的昏聩，以及一种几近疯狂的虚荣，一刻不停地交替出现。[2] 但是，当司汤达心血来潮地列出他所见过的三位伟人时，拿破仑之后总是跟着拜伦的名字，而排名其后的视情况而定，或为安东尼奥·卡诺瓦（Antonio Canova），或为焦阿基诺·罗西尼（Gioacchino Rossini）。[3] 拜伦在世时，司汤达总是迫切期待看到他的新作。1820 年 12 月，他写信给一位朋友，请他给自己寄一本拜伦《马里诺·法列罗》的再版本（这本书的初版已经售罄），假如书价

---

[1] Stendhal, *Courrier Anglais. New Monthly Magazine*, a cura di H. Martineau, Paris 1935, vol. III, pp. 480 以下页码（从英文版回译而来；法文原版已佚失）。对德拉维涅的轻蔑提及，参见 *Correspondance générale*, a cura di V. Del Litto, Paris 1999, vol. III, p. 619。

[2] 出处同上，vol. III, pp. 455—459（致 Louise Swanton-Belloc 的信，后者在自己 1824 年发表的关于拜伦的书中收录了该封信件）；*Souvenirs sur Lord Byron*（1829 年 8 月），由 Romain Colomb 发表（*Journal littéraire*, Paris 1970, vol. III, pp. 167—173［éd. du Divan, vol. 35］）；*Lord Byron en Italie. Récit d'un témoin oculaire*（*1816*），发表于 "Revue de Paris"，1830 年 3 月（*Mélanges*: II, *Journalisme*, Paris 1972［éd. du Divan, vol. 46］）。

[3] Stendhal, *Correspondance générale*, cit., vol. III, p. 106（致 Adolphe de Mareste, 1818 年 4 月 14 日）。1830 年的这份清单略有不同：罗西尼、拿破仑、拜伦勋爵（p. 754, 致 Sophie Duvancel）。司汤达列出的另一个三人组合：柯勒乔（Correggio）、莫扎特和拿破仑。

不太贵的话。① 这之后的某个时间，司汤达应该是读了这本书。

我对于连·索雷尔与伊斯拉埃尔·贝尔图乔惺惺相惜这件事的解读，正是建立在司汤达有可能读过拜伦作品的基础之上。但首先，我们需要介绍一下这部《马里诺·法列罗》的故事情节。②

在这部作品的扉页，拜伦宣称，该出悲剧的注释部分足以证实某些细节的历史真实性。紧随注释后的附录，是从几部与马林·法列耶生平事迹有关的编年史和历史学家著述中摘引的段落。在这些编年史中（或者说，是我们看到的那部分编年史中），1355 年的那场反对贵族统治的密谋，被描述为由两桩冒犯事件所引发，其中一桩的被冒犯者是老总督马林·法列耶，在某些年轻贵族炮制散发的传单中，他被描述为一个被背叛的丈夫，而另一桩的受害人是威尼斯军火库的首领伊斯拉埃尔·贝尔图乔，他在一次无谓的纷争中被一名贵族扇了个耳光。拜伦采用了平行叙事的手法：两个看似身份悬殊的男人，彼此的命运在一个夜晚发生了纠缠。密谋者做好了准备。第二天——4 月 15 日——一早，总督将鸣钟示警（当时与热那亚的战争正在进行中）。贵族们将涌向总督府，在那里，他们将被大举屠杀，而他们的宅第也会被洗劫一空。但是，一个密谋者叛变了，

---

① Stendhal, *Correspondance générale*, cit., vol. III, p. 323。

② Lord Byron, *Marino Faliero, doge of Venice. An Historical Tragedy in Five Acts with Notes. The Prophecy of Dante, a Poem*, London 1821, p. XX（除非特别注明，引文均摘自这一版本）。

整个行动偏离了预期。密谋被揭露；并非出身贵族的伊斯拉埃尔·贝尔图乔和菲利波·卡伦达里奥（Filippo Calendario）被处以绞刑；总督被斩首。

对于拜伦和他的读者来说，这个故事对现实的影射是显而易见的。许多人都已经指出了这一点。^① 拜伦创作《马里诺·法列罗》是在 1820 年，当时他与特雷莎·圭乔利（Teresa Guiccioli）一道生活在拉文纳（但这部剧的构思可以追溯到三年前）。通过圭乔利的家族关系，他接触到了烧炭党人的小圈子。当然，对意大利有益的事，对英国未必是好事。比如说，1820 年 2 月，拜伦就曾尖锐地抨击了企图刺杀部分英国内阁成员的凯托街阴谋（congiura di Cato Street）。他的这种反应，支持了从自传角度解读《马里诺·法列罗》的传统做法：在老总督面对屠杀威尼斯贵族时的犹疑不定中，拜伦或许投射了他自己对贵族出身的矛盾态度。^②

4. 这些猜想都是貌似有理的，它们将我们引入了这部作品的门径。在这里，我们看到了拜伦的构思是如何成型的。拜伦承袭了这个历史传说的精华部分，但却由此而生发出去（正如他在序言中指出的），将这次密谋描写为一个既成事实。在悲剧中，总督半道加入了一个已经策划完成的密谋，"而在现实

---

① 参见 A. Richardson, *Byron and the Theatre*, in *The Cambridge Companion to Byron*, a cura di D. Bone, Cambridge 2004, pp. 133—150，尤其是 pp. 139—141。

② Lord Byron, *Marino Faliero*, in *The Complete Poetical Works*, a cura di J. J. McGann, Oxford 1992, vol. IV, pp. 525—526。

中，他和伊斯拉埃尔·贝尔图乔一道策划了这场阴谋"。拜伦想要创作一出遵循亚里士多德三一律的悲剧，避免"充斥于英国戏剧创作中的不合规矩的弱点"，这个念头让拜伦把伊斯拉埃尔·贝尔图乔塑造成了行动的中心人物。[1] 这种结构上的选择，其重要性并未被评论家察觉：即便已经有人论证指出，就在拜伦打着亚里士多德三一律的旗号对莎士比亚百般嫌弃之时，他却在创作着一部与莎士比亚的剧作——尤其是《麦克白》——屡屡唱和呼应的悲剧。[2] 正如已经被注意到的，《马里诺·法列罗》对《麦克白》的借鉴，留下了斑斑血迹为证。在班柯被杀害之后，痛悔万分的麦克白喊道："大洋里所有的水，能够洗净（incarnadine）我手上的血迹吗？不，恐怕我这一手的血，倒要把一碧无垠的海水染成一片殷红呢。"[3] 这里的"incarnadine"是一个动词。而在《马里诺·法列罗》中，同一个词被当成了形容词来使用。"当一切结束之时，"这位总督对伊斯拉埃尔·贝尔图乔说，"你将自由而欣悦，平静地把那双血手洗净（wash

---

[1] Lord Byron, *Marino Faliero*, in *The Complete Poetical Works*, a cura di J. J. McGann, Oxford 1992, vol. IV, p. XX: "I forgot to mention that the desire of preserving, though still too remote, a nearer approach to unity than the irregularity, which is the reproach of the English theatrical compositions, permits, has induced me to represent the conspiracy as already formed, and the Doge acceding to it, whereas in fact it was of his own preparation and that of Israel Bertuccio".

[2] R. Landsdown, *Byron's Historical Dramas*, Oxford 1992, pp. 102 以下页码；另参见附录，"Shakesperian Allusions in *Marino Faliero*"（pp. 237 以下页码）。

[3] *Macbeth*，第二幕第二场，pp. 62 以下页码；引文摘自 G. Baldini 的译本（W. Shakespeare, *Tragedie*, Milano 1963, p. 628）。

those hands incarnadine)。"[1] 但是，两段话中的相似之处，却也带出了彼此的差异。麦克白因为痛悔已做之事而意气消沉，总督的烦恼却是筹备中的行动：对那些将被召至总督府的贵族展开屠杀。总督的犹疑不决与伊斯拉埃尔·贝尔图乔的坚定不移形成了对比，而这与麦克白的软弱动摇和麦克白夫人的心硬如铁这一组对比正好遥相呼应。但是，拜伦在回顾法国大革命和展望初具雏形的未来的过程中，对莎士比亚进行了重读与改写。伊斯拉埃尔·贝尔图乔体现了一种新的现实：革命对所有一切不管不顾的冷酷无情。在一场团结一致与阶级仇恨针锋相对的对话中，总督对伊斯拉埃尔·贝尔图乔喊道："你是个爱国者，一个平民出身的格拉古（Gracchus）[2]。"[3] 正是这个"平民出身的格拉古"，让"平民出身的叛逆者"于连·索雷尔生出了认同之意：他这个不合时宜的雅各宾派，一身能量无用武之地，徒然转化为一场悲剧式的私人暴力行径。[4] 而和伊斯拉埃尔·贝尔图乔一样，于连·索雷尔也在被处死前对前来探望他的神父口出恶言，毫无悔改之心。想必正是此种"骇人听闻"的劣性，让梅

---

[1] Lord Byron, *Marino Faliero*, cit., 第三幕第二场，p. 95。

[2] 译者注：提比略·格拉古和盖约·格拉古两兄弟是古罗马著名的平民派政治家，均曾当选保民官，并在任期内推行土地法和其他改革措施，因与贵族派的冲突而丧生。

[3] Lord Byron, *Marino Faliero*, cit., 第三幕第二场，p. 93。另参见 M. Simpson, *Closet Performances. Political Exhibition and Prohibition in the Dramas of Byron and Shelley*, Stanford 1998, pp. 172 以下页码。

[4] 如果我没看错的话，在德拉维涅的剧中，*plébéien* 这个词只出现了一次，是在法列罗的独白中："Mais prince or plébéien, que je règne ou conspire/Je ne puis échapper aux soupçons que j'inspire"（第三幕第三场）。

里美这样一个才智出众而又颇不拘小节的读者也深感被冒犯。[①]

　　5. 拜伦的作品读起来同样令人深感冒犯（正如作者其人）。1822 年，一位以"菲洛-米尔顿（Philo-Milton）"为笔名的评论家，对他的《该隐》(Cain）进行了严厉批判。这位评论家指出，虚构作品要比随笔和历史书籍更危险，因为前者售价更低廉，更容易为广泛的受众所获。这位"菲洛-米尔顿"写道，对于那些总体上有害的作品，有必要以最有效的手段阻止其传播。[②] 这在一年前便已经发生了，当时，《马里诺·法列罗》在德鲁里巷上演时，就被删改得面目全非。拜伦这出悲剧的一个版本被保存在加利福尼亚圣马力诺亨廷顿图书馆中（Huntington Library di San Marino, California）中，从中可见审查官查禁了一半的文字内容，对于总督和伊斯拉埃尔·贝尔图乔的台词尤其手不容情。[③] 在审查官看来，像《马里诺·法列罗》这样的悲剧具有双重危险性，因为它将历史的危险与虚构作品的吸引力结合在了一起。对于我们而言，司汤达、德拉维涅和拜伦笔下的人物，属于文学虚构的世界。对拜伦来说，情况却有所不同：在《马里诺·法列罗》的序言中，他指出，除了总督之妻安焦莉娜（Angiolina），所有人物都"严格忠于历史"，而关于真实

---

① 　关于这一点，参见本书第 9 章 "苦涩的真相"。

② 　[Philo-Milton], *A Vindication of the Paradise Lost from the Charge of Exculpating "Cain". A Mystery, London 1822.*

③ 　T. L. Ashton, *The Censorship of Byron's* Marino Faliero, in "The Huntington Library Quarterly", 36 (inverno 1972), pp. 27—44. 另 参 见 M. Simpson, *Closet Performances*, cit., pp. 172 以下页码。

的史实，他请读者去查阅附录中的那些文本。[1]

　　我们将接受他的邀请。关于这次密谋，拜伦使用的主要原始资料，是马林·萨努多（Marin Sanudo）的《历任总督生平传略》（*Vite dei dogi*），它被收录于穆拉托里（Muratori）的《意大利史家文集》（*Rerum Italicarum Scriptores*）之中。[2] 在拜伦摘引的萨努多的文本中，我们发现了伊斯拉埃尔·贝尔图奇（Israel Bertucci）这个名字："遣人寻海客头领菲利波·卡伦达里奥与狡黠机师贝尔图奇·伊斯拉埃洛（原文：Mandarono per Filippo Calendaro, uomo maritimo e di gran seguito, e per Bertucci Israello, ingegnere e uomo astutissimo）。"[3] 在这里，出现了两个歧异之处。第一处显然是可以忽略不计的，那便是颠倒的姓名：贝尔图奇·伊斯拉埃洛，而不是我们所期待的伊斯拉埃尔·贝尔图乔（或贝尔图奇）。第二处则是职位：机师，而不是拜伦悲剧中的海军统领（ammiraglio）。第二处歧异很容易解决：萨努多抄录的那部"古代编年史"中，在前面引用的那段文字前还有一段，其中提到，一位出身巴尔巴罗家族的贵族打了威尼斯军火库海军统领一拳，而后者去总督那里就此事提出抗议。拜伦将这两段文字合为一处，有意把伊斯拉埃尔·贝尔图乔和军火库海军统领写成了同一个人。但是，第一处文本歧异，事实上要比第一眼看去更加重要。如果我们将《马里诺·法列罗》

---

[1]　Lord Byron, *Marino Faliero*, cit., pp. XX—XXI.

[2]　出处同上，pp. 175—184。

[3]　出处同上，p. 179。

附录中摘引的那段出自萨努多之手的文字与《意大利史家文集》中的对应段落加以比较，便会发现，拜伦（或是他的某个帮手）抄录的文本是不准确的。穆拉托里所抄录的文本说的是"狡黠机师贝尔图齐·伊萨雷洛（Bertucci Isarello）"。[①]

　　6. 到底是伊斯拉埃洛，还是伊萨雷洛？这并不是一个无关紧要的变动。如果我们接受"伊萨雷洛"这个拼写，他或许是个犹太人的可能性[②]便消失了。（此外，在 14 世纪的威尼斯，一名犹太人固然一定当不上海军统领，但当上一名"机师"——不管"ingegnere"这个词到底是何含义——的可能性又有多大呢？）一次文本比对是确有必要的。不过，我们如今在《意大利史家文集》中读到的《历任总督生平传略》，是完全靠不住的：这是一个被意大利化的版本，疏漏谬误比比皆是。[③]将其与《历任总督生平传略》对应部分的抄本（萨努多手稿的第二卷已佚失）相比对，"伊萨雷洛"这个拼法再次出现了。[④]但是，研究不能到此为止。关于马林·法列耶阴谋事件，最早的一个证据见于一部未完成的拉丁编年史中，这本书的作者是克里特主教座堂高级教士洛伦佐·德莫纳齐（Lorenzo

---

[①] *Rerum Italicarum Scriptores*, a cura di L. A. Muratori, Mediolani 1733, vol. XXII, coll. 628—635, 尤其是 col. 632。

[②] 译者注：Israel 和 Israello 都源于希伯来语，是犹太人常用的教名。

[③] M. Sanudo il Giovane, *Le vite dei dogi 1423—1474*, vol. I: *1423—1457*, a cura di A. Caracciolo Aricò, Venezia 1999，导言。

[④] 参见 Biblioteca Correr, Marin Sanudo, *Vite dei dogi*, ms. Cicogna 1105—1106（3768—3767）。关于马林·法列耶阴谋事件的部分内容，保存于 ms. Cicogna 1105（3768），cc. 178v—181v。

de' Monaci, cancelliere di Creta，即修士洛伦佐），成书时间
在 1420 年后不久，但到了 1758 年才付印。在这部编年史中记
载的众多事件中，提到了一名贵族——此处给出的名字是乔瓦
尼·丹多洛（Giovanni Dandolo）——给了圣巴西利奥人"贝
尔图丘姆·伊斯拉埃罗（Bertucium Israelo）"一记耳光或一
拳，后者是一个富有的水手，"海员中家境优越者"（拉丁文原
文：notabilis conditionis inter marinarios）：很可能是名船主（un
armatore）。我们还在洛伦佐·德莫纳齐这部编年史的人名索
引中发现了"叛乱分子贝尔图丘斯·伊斯拉埃尔（Bertuccius
Israel rebellis）①"的字样。②我们发现，这个名字被抄录入了拜
伦的《马里诺·法列罗》的附录之中（我相信这是一次独立行
为）。这是我们寻访的这位人物的真实名字吗？又或者，这是一
种为尊者讳的掩饰，将"伊萨雷洛"变成了"伊斯拉埃罗"？而
如果这真的是一种掩饰的话，那又是谁干的呢？是洛伦佐·德
莫纳齐？还是出版了这部作品的那位 18 世纪学者？对最后这一
个问题的答案，可以在洛伦佐·德莫纳齐所著的《威尼斯历代
大事记》(*Chronicon de rebus Venetis*) 的手抄本中得出（克里斯
特勒的《意大利之旅》(*Iter Italicum*) 中提到，在大英图书馆中

---

① 译者注：亦可理解为犹太叛乱分子贝尔图丘斯。
② *Laurentii de Monacis Veneti Cretae Cancellarii Chronicon de rebus Venetis ab U. C.*
ad annum MCCCLIV sive ad conjurationem ducis Faledro... omnia ex mss. editisque
codicibus eruit, recensuit, praefationibus illustravit Flaminius Cornelius senator
Venetus, 摘自 Typographia Remondiniana, *Venetiis 1758, p. 316.*

保存着一份 17 世纪的抄本）。[①] 不过，另外的问题却依然悬而
未决。

所有这一切，当然都让我们偏离了在编年史中寻找实际发生的
事实真相的那种念头（拜伦就是这么想的，而他无论如何都算不上
一位历史学家）。要破译编年史之间冲突抵触的秘密，我们必须试
着对其进行批判性阅读，并尽可能地将它们置入更宽泛的文献语境
之中去理解。简言之，我们必须继续这段反向推导之旅，循着伊斯
拉埃尔·贝尔图乔这个名字，从一部长篇小说追踪到一出（或者是
两出）悲剧，又从那里找到了几部编年史。但是，在转移到下一个
阶段之前，我们有必要澄清一下这段旅程的总体意义。

7. 我们的起点，是马林·法列耶阴谋事件在文学中的回声
余响；从此回溯，我们便迎头遇上了这场阴谋。关于它的具体
研究已经颇为不少，有些甚至相当精彩；但全面的研究却仍嫌
不足。鉴于这个故事的特殊性，以及威尼斯历史的特殊性，人
们当然希望这种研究应当是以一种比较的视角来进行的（这个
表述只是看起来有些自相矛盾而已）。然而，我们如今似乎却
有理由质疑一下那些权威学者近几十年来给出的解读：即马
林·法列耶阴谋事件的起因，是贵族之间的派系斗争。[②] 这种

[①]　*Add. Mss.* 8574：参见 P. O. Kristeller, *Iter Italicum*, Leiden 1989, vol. IV, p. 69，其
中提到了（但抄本日期有印刷错误）C. Foligno, *Codici di materia veneta nelle
bibliteche inglesi*, in "Nuovo Archivio Veneto", nuova serie, 10（1905），p. 104
nota 10。我诚挚地向 Filippo de Vivo 表示感谢，他告诉我，在 c. 158r 中，同
一个人物被分别表述为 "Bertasium Isardo"、"Bertucius" 和 "Bertucius ergo
Isardo"。最后一个版本被不同于抄写员的另一个人改成了 "Isarelo"。

[②]　G. Pillinini, *Marino Falier e la crisi economica e politica della metà del'300 a
Venezia*, in "Archivio Veneto", quinta serie, 119（1968），pp. 45—71. 更谨慎的解
读，参见 F.C. Lane, *Venice. A Maritime Republic*, Baltimore 1973, pp. 181—183。

解读，看起来无论如何都与这起阴谋事件参与者的鱼龙混杂互不相容：在总督之外，共襄其事的还有来自下层民众的人物，他们被洛伦佐·德莫纳齐称为"家境宽裕的平民（拉丁文：populares pinguis conditionis）"。[1] 对总督和出身平民的某个人物双双受辱的细致描述（这在后来的文学作品中被进一步生发），显然是想要从奇闻逸事的角度解释催生了这场阴谋的那个异乎寻常的社会联盟。

　　我们是否可以做出假设，在某些情况下，这些奇闻逸事是对真实事件的改写和夸大？在对马林·法列耶阴谋事件的知识构建上，维托里奥·拉扎里尼（Vittorio Lazzarini）的贡献无人能出其右，而他并没有排除这种可能性。在一篇最早发表于 19 世纪末、后来于 1963 年收入文集的学术研究杰作中，拉扎里尼分析了洛伦佐·德莫纳齐编年史中关于贵族乔瓦尼·丹多洛打了贝尔图齐·伊萨雷洛一记耳光的那段文字。[2]（事实上，正如我们在前面看到的，德莫纳齐提到的是"贝尔图乔·伊斯拉埃罗"：这处异文并未被拉扎里尼记录下来。）在后来的编年史中，这一事件重被提起并加以夸大。主人公的名字变了：在所谓的巴尔巴罗编年史（cronaca Barbaro）中，打耳光的人是马尔科·巴尔巴罗（Marco Barbaro），而被打的人则是军火库海军统领、人称吉塞罗的斯特凡诺·贾齐扎（Stefano Giazza），据说后者对马林·法列耶说："总督大人，让我们把这些穷凶极恶

---

[1]　*Laurentii de Monacis Veneti Cretae Cancellarii Chronicon de rebus Venetis*, cit., p. 317.

[2]　V. Lazzarini, *Marino Faliero*, Firenze 1963, p. 155.

的家伙绑起来，要是不能绑住他们的话，就把他们都杀了（原
文：Meser lo dose, le bestie maligne se liga, e se ne le se pol ligar
le se ammazza）。"拉扎里尼评论道："我们猜想，这两个不同
的故事，是基于同一个事实的传说，不管是哪种情形，我们都
认为，其中一方是丹多洛，而另一方则是贝尔图乔·伊萨雷
洛，因为其叙述者是德莫纳齐这位几乎生活在同时代的编年史
作家，因为乔瓦尼·丹多洛当时是海军指挥官麾下的高级委员
（supracomito）和顾问，因为贝尔图乔·伊萨雷洛是一个历史人
物，而斯特凡诺·贾齐扎却从未出现于当时的历史文献和编年
史中……"①

　　"贝尔图乔·伊萨雷洛是一个历史人物。"支持这一论断
的，是对威尼斯法律文书的精心爬梳剔抉。在拉扎里尼查考的
五份历史文献中，仅举来自格拉齐文献特藏（fondo Grazie）中
的两份为例便已足够。在日期标注为 1330 年 7 月 13 日的第一
份文献中，我们可以看到，贝尔图乔·伊萨雷洛当时是一位
船主（nauclero），与某个名叫雅各贝洛·兰巴尔多（Jacobello
Lambardo）共同拥有一艘船。②而日期标注为 1345 年 2 月 22
日的第二份文献则告诉我们，贝尔图乔·伊萨雷洛被豁免了
（viene condonata）一项罚金，其数目相当于半船胡椒所值。③

---

① 　V. Lazzarini, *Marino Faliero*, Firenze 1963, pp. 156—157。

② 　ASV, *Grazie*, vol. III, c. 56（参见 V. Lazzarini, *Marino Faliero*, cit., p. 158；我改正
　　了 *navelero* 一词，这可能是个印刷错误）。

③ 　出处同上，vol. x, c. 81（cfr. V. Lazzarini, *Marino Faliero*, cit., p. 158）。

　　这便是那个可能参与到总督马林·法列耶阴谋事件中的人的
名字，与他一道的，还有他的岳父菲利波·卡伦达里奥。在一篇
堪称典范的文章中，拉扎里尼驳斥了将菲利波·卡伦达里奥认定
为总督府建筑师的传统说法。① 在各种文献中，提到菲利波时，
一直都说他是个"石匠（taiapiera）"，只有在前面提到的萨努
多抄录的那份"古代编年史"里是个例外，其中的说法是"海客
头领菲利波·卡伦达里奥与狡黠机师贝尔图奇·伊斯拉埃洛"。②
拉扎里尼敏锐地认定，在这段文字中，岳父和女婿的职业被弄反
了：贝尔图乔·伊萨雷洛才是那个"海客头领"。③ 为了理解最
后这一点的重要性，我们有必要回忆一下，这场阴谋事件是如何
发生的。当时在十人议会（Consiglio dei Dieci）中担任议员的尼
科洛·特雷维桑（Nicolò Trevisan），曾在其撰写的编年史中写
道，"菲利波·卡伦达里奥与城堡区 ④ 一干人等，即当晚（与谋）
之众海客，不得已逃奔至陆上（原文：Philippo Calendario con
tutti quelli de Castello cioè li homeni de mar in quella nocte propria

① V. Lazzarini, "Filippo Calendario l'architetto della tradizione del palazzo ducale", in *Marino Faliero*, cit., pp. 299—314. 另参见 L. Puppi 为《意大利人传记辞典》（*Dizionario biografico degli italiani*）撰写的相应词条。

② Biblioteca Correr, Marin Sanudo, *Vite dei dogi*, ms. Cicogna 1105（3768）, c. 179v.

③ V. Lazzarini, *Marino Faliero*, cit., p. 300. 在萨努多抄录的尼科洛·特雷维桑编年史的一段文字中，这种身份互换已经显而易见："Erano nel tractado questi capi: Bertuzi Isarello tajapiar a San Trovaso, Filippo Calandario suo genero"（Cod. Marc. cl. VII it., 800, c. 199v）。

④ 译者注：Castello 是从 13 世纪起围绕着威尼斯军火库发展来的一个城区，得名于圣彼得城堡岛。

[della congiura] dovevan corer a la terra)。" ① 在被判处绞首的 10 名密谋参与者中，出于各种各样的原因，只有 5 人是"海客（ homeni da mar ）"。② 另外四个"在上述叛乱中出力谋划、背信弃义的海客"之前成功逃脱，遂被判处放逐。③ 只有展开一次深入研究，才能告诉我们，到底是什么促使这些"海客"在热那亚舰队取得隆戈港（ Porto Longo ）海战大捷后，居然会对马林·法列耶成为威尼斯"执杖至尊（ signore a bacheta ）"的企图表示支持。当然了，这些密谋参与者并非孤军奋战。十人议会任命的 4 位治安官（ magistrati ）以雷霆手段应对了局势。有必要杀一儆百，防微杜渐："斯时大地 ［ 为之而 ］ 震动（ 原文：La terra era in moto ）"，一部编年史言简意赅地写道。④

　　在这些判决中，可以窥见一种象征性的等级分化。处于最高层的，是贝尔图乔·伊萨雷洛和菲利波·卡伦达里奥。4 月 16 日，就在密谋被发现的次日，他们被"口中塞入嚼子（ con sparange in bocha ）"，处以绞首之刑：这或许是为了防止他们对围观群众大放厥词。⑤ 其他的被判刑者并未享受到此种恐怖的殊荣。4 月 17 日，总督被斩首，在那之前，象征他尊贵身份的总督帽（ berretta ）被弃掷于地。

---

① 我使用的是 15 世纪的版本，藏于 ASV, *Miscellanea Codici* I, *Storia veneta* 142（ 原为 *Miscell. Codd.* 728 ），c. 1v。关于这一事件，参见 V. Lazzarini, *Marino Faliero*, cit., p. 98。ASV（ ASVat ），梵蒂冈私密档案馆（ Archive Segreto Vaticano ）的缩写，现名梵蒂冈宗座档案馆（ Archivio Apostolico Vaticano ）。
② 这一研究结果出自 V. Lazzarini, *Marino Faliero*, cit., p. 159 以下页码。
③ ASV, *Miscellanea Codici* I, *Storia veneta* 142 (già *Miscell. Codd.* 728), c. 5r.
④ *Cronaca pseudo-Zancaruola*, Biblioteca Marciana, VII it., 50 (9275), c. CCCXI r.
⑤ ASV, *Miscellanea Codici* I, *Storia veneta* 142 (原为 *Miscell. Codd.* 728), c. 2v.

8. 我们的这一寻访之旅，从图书馆回到档案馆，从于连·索雷尔倒追至马林·法列耶阴谋事件，一路之上，屡逢断路歧途。隔开伊斯拉埃尔·贝尔图乔与贝尔图乔·伊萨雷洛的，不仅仅是虚构与历史真实之间的分歧。在连续的语境变化中，所有一切——从名字到社会地位——全都消散分解了。这让我们想起了利希滕贝格（Lichtenberg）的那句格言："如果我先换掉了刀刃，然后又换掉了刀柄，我手上的还是同一把刀吗？"

但是，利希滕贝格的一位热心读者邀请我们以不同的方式来看待这件事。我说的这位读者，便是路德维希·维特根斯坦（Ludwig Wittgenstein），而那种不同的方式，则是他的"家族相似（rassomiglianze di famiglia）"概念。维特根斯坦的出发点，是弗朗西斯·高尔顿（Francis Galton）的"复合肖像（ritratti compositi）"：将同一家族或特定社会群体之成员的照片叠置而形成的图像。[①] 一开始的时候，维特根斯坦用高尔顿的"复合肖像"来表明，有可能从特定整体中抽离出一个共同的元素，一条红线（这个比喻取自歌德的《亲合力》）。后来，在维特根斯坦去世后出版的《哲学研究》（*Philosophische Untersuchungen*）中，他回顾了高尔顿的这项实验，并提出了一个完全不同的观点。"复合肖像"模糊的轮廓，是部分重合与相互叠加所产生的结果，这表明了一种不同的、非本质主义（non essenzialista）的家族相似。一根红线贯穿整根绳索的比喻，让

---

① 　C. Ginzburg, *Somiglianze di famiglia e alberi genealogici. Due metafore cognitive*, in C.-C. Härle（a cura di）, *Ai limiti dell'immagine,* Macerata 2005, pp. 227—250.

位于更复杂的错综交织。在一系列发人深省的论文中，英国人类学家罗德尼·尼达姆（Rodney Needham）重构了维特根斯坦这一概念的数个历史先例，表明早在 18 世纪时的植物学家阿当松（Adanson）就已经阐述过类似的分类法。被尼达姆定义为"多性状（politetiche）"的系列，其中可以包含特征截然不同的组成部分，比如 aba、bcb、dcd 等等：在这种情况下，该系列的第一个成分和最后一个成分完全没有共同特征。①

9. 隔着几个世纪的岁月，贝尔图乔·伊萨雷洛在其身后投下了一道长长的阴影，但这个身影是不真实的，是张冠李戴的。他的声音被扼杀于绞刑架上，未能传入我们的耳中。但是，正因为区分真实与虚构是如此的重要，我们才必须学习，如何在真实与虚构相互交织、彼此传送司汤达所谓的"能量"之时，辨识出它们的本来面目。②

　　＊我曾在下列场合宣读过这篇论文的不同版本：2005 年 1 月，在威尼斯国家档案馆举行的档案、古文书学及外交学院（Scuola di Archivistica, Paleografia e Diplomatica）一百五十周年纪念活动；2005 年 4 月，在锡耶纳大学历史系；2005 年 11 月，在比萨大学历史系。

---

① R. Needham, "Polythetic Classification", in *Against the Tranquility of Axioms*, Berkeley-Los Angeles 1983, pp. 36—65.

② 参见 C. Wang（a cura di），*One China, Many Paths*, London 2003, pp. 254—255：一个来自乡下（确切的说是江苏盐城）的年轻人在日记中提到，于连是那些想要在官僚制的压迫社会中出人头地者的榜样。编者指出，这里指的或许不是司汤达的小说，而是 20 世纪 80 年代在中国上映的 Autant-Lara 导演的电影，其中于连的扮演者是 Gérard Philipe。

第9章　苦涩的真相

——司汤达对历史学家的挑战

1. 巴尔扎克对与他同时代的历史学家发起了一场公然挑战，而司汤达也在暗中递出了战书，只不过对象是未来的历史学家而已。第一种挑战已经广为人知，但第二种较量，却还默默无闻。本文便试图对后者的一个方面加以分析。

埃里克·奥尔巴赫（Erich Auerbach）在《摹仿论》（*Mimesis*）的一个重要章节中，专门讨论了司汤达和巴尔扎克与历史的关系。[①] 为了对此加以评估，我们有必要指出一个很奇怪地被许多批评家所忽略的事实：在《摹仿论》分析的一长串段落文本中，诗人和小说家（荷马、但丁、司汤达、巴尔扎克、普鲁斯特，等等）的作品，是与历史学家（比如塔西佗、阿米亚诺·马尔切

[①]　参见 E. Auerbach, *Mimesis. Il realismo nella letteratura occidentale*, tr. it. di A. Romagnoli e H. Hinterhäuser, Torino 1970, vol. II, pp. 220 以下页码；另参见结论部分，p. 339。

利诺 ① 和图尔的格列高利）及回忆录作家（比如圣西门）的作品
交替出现的。

今时今日，这种共存或许看起来顺理成章。许多读者会理
所当然地认为，奥尔巴赫讨论的所有文本，多多少少都要算是
虚构文本。对《摹仿论》的此种阐释，毫无疑问对奥尔巴赫在
美国大学中的声誉有所贡献，但这却会令奥尔巴赫本人深感惊
骇。② 毕竟，奥尔巴赫这本书的副标题，乃是"西方文学中
现实的再现（Dargestellte Wirklichkeit in der abendländischen
Literatur）"。③ 奥尔巴赫对于真实有着强烈的个人意识，而社
会真实（realtà sociale）尤其处于首要位置。他的"视角"研
究方法，受到了詹巴蒂斯塔·维柯（Giambattista Vico）的启发
（尽管在我看来，其关键内核是圣奥古斯丁之理念的世俗版本），
而其所依据的理念，乃是历史的发展通常会生成多种抵达真实
的路径。④ 但是，奥尔巴赫并不是一个相对主义者。在点评塔

① 译者注：即 Ammianus Marcellinus，公元四世纪时的罗马士兵和历史学家，以拉
丁文撰写的《罗马史》（Res Gestae）是关于罗马帝国后期内政外交和军事活动的
重要史料。
② 参见 H. White, "Auerbach's Literary History: Figural Causation and Modernist Historicism",
in Figural Realism. Studies in the Mimesis Effect, Baltimore-London 1999, pp. 87—100
（我在一项即将发表的关于奥尔巴赫与但丁的研究中讨论了这篇文章）。
③ 意大利版的副标题——"西方文学中的现实主义（Il realismo nella letteratura
occidentale）"——略显武断。然而，值得注意的是，奥尔巴赫在结论中提到了
"中世纪的现实主义（Realismus des Mittelalters）"，并着重指出了它与现代现实
主义的区别与连续性（Mimesis. Dargestellte Wirklichkeit in der abendländischen
Literatur［1946］, Tübingen 1994, p. 516）。
④ C. Ginzburg, Occhiacci di legno. Nove riflessioni sulla distanza, Milano 1998,
pp. 171—193.

西伦和阿米亚诺著作中关于军队叛乱的描述时，奥尔巴赫强调指出，这些历史学家并不关心"客观问题"，比如"罗马民众的生存处境"，他还指出："一个现代历史学家会试着加以解释——或者至少会想要知道——这种乱局是如何产生的；但这些事却未能引起阿米亚诺的兴趣，而他在这一点上，甚至比塔西佗还过分。"①

如此一来，通过将塔西佗或阿米亚诺的观点与更现代、更如实反映真相的观点相对照，奥尔巴赫便总结出了他们笔下段落的独特特征。这并非一个孤例。即便在检视那些虚构作品之时，奥尔巴赫也总是会将被现代意识所感知的历史真实这一问题纳入考虑，只不过有时是明确点出，有时则含蓄暗示。例如，在关于司汤达的那一章中，奥尔巴赫写道："这种时间视角处处可见……司汤达是那种严肃的、现代的现实主义的奠基者，根据这种现实主义，倘若不把一个人纳入到时刻变化的政治、社会和经济现实之中，就无法完成对他的表现，而这是今天的任何一部小说或电影都会遵行的。"②

但是，在奥尔巴赫看来，司汤达的那种严肃的、"现代的"现实主义，终究不是全然现代的："司汤达看待各种事件所持的心态，以及他在试图再现这些相互交织的事件时所采取的方式，几乎丝毫没有受到历史主义（Historismus）的影响……他对事件的呈现，意在'剖析人心（analyse du cœur humain）'，这完全贯彻了古典道德心理学的精神，而并非受到历史调查或历史

---

① 　E. Auerbach, *Mimesis*, cit., vol. I, p. 60（引用译文有改动）。
② 　出处同上，vol. II, pp. 230—231。

直觉的驱使。在他身上，我们能够发现理性的、经验主义的和
感觉论的主题，但却几乎没有浪漫主义史学主题的痕迹。"① 奥尔
巴赫指出，要想寻找一种真正的历史主义态度，我们必须转向
巴尔扎克。在他身上，小说家和历史学家的身份合为一体，充
分表明了浪漫主义理念的真谛。那便是，某个时期的多种文化
形式，是由其潜在的一致性而联系在一起的："作为氛围的历
史主义与作为氛围的现实主义，是紧密联系在一起的；米什莱
（Michelet）② 和巴尔扎克被同样的潮流所推动……（巴尔扎克的）
这种概念与实践是全然历史主义的。"③

　　行文至此，读者或许会想要把奥尔巴赫的观点与德国历
史主义（l'Historismus tedesco）等同起来——后面的这个范
畴，不可与意大利历史主义或美国新历史主义混为一谈。④ 当
然，《摹仿论》中的许多段落，都指向了这一方向。但在这本书
快结尾的地方，它却走上了另一条路径。奥尔巴赫明确说出了
读者已经开始心生疑虑的那些问题，那就是，《摹仿论》最后
一章的主人公——马塞尔·普鲁斯特和弗吉尼亚·伍尔夫——
同样为这本书所依据的那些形式原则提供了灵感。从《到灯塔
去》和《追忆似水年华》中，奥尔巴赫获得了那种与传统文
学历史大相径庭的理念，即透过一个意外事件、一个普通人

---

① 　E. Auerbach, *Mimesis*, cit., vol. II, p. 231。

② 　译者注：法国民族主义和浪漫主义历史学家。

③ 　出处同上， vol. II, pp. 244, 253。

④ 　奥尔巴赫曾反复提及弗里德里希·迈内克的《历史主义的兴起》（F. Meinecke,
　　Die Entstehung des Historismus, 1936）；参见《摹仿论》的索引部分。

生、一个随意撷取的片段，我们可以达成对总体全貌的更深入理解。①

　　这种历史视角，如何与《摹仿论》所分析的、摘自历史著作和虚构作品的那些各具特色的段落文本调和一致？对明确理论阐述心存疑虑的奥尔巴赫回避了这个问题。② 但我们却可以试着加以解答，而方法，便是将身为视角主义大师的奥尔巴赫置于特定视角之下。这个套盒游戏——或戏中戏（*mise en abîme*）——的起点，是摘自《红与黑》的一个段落，它是奥尔巴赫最著名的分析之一的灵感所自。③ 不过，我们最好还是先来设定一些语境要素。

　　2. 米兰索尔马尼市立图书馆（la Biblioteca Comunale Sormani di Milano）的布奇基金专藏中，存有一本《红与黑》，在其护页上，司汤达写了几行字："罗马，1834 年 5 月 24 日。年轻时，我写过几部传记（莫扎特、米开朗琪罗），在某种程度上算是历史。我后悔写了它们。我相信，既存在于小事情中、也存在于大事件里的真相（*la verità*），是几乎不可企及的——至少是那种有赖于周遭环境的真相。德特拉西先生（Monsieur de Tracy）曾跟我说：[在如何寻找真相的问题上] 只能从小说中抵达真相。每一天，我都更清楚地看到，在别的地方，你见

---

① E. Auerbach, *Mimesis*, cit., vol. II, pp. 332—333。

② 出处同上，vol. II, pp. 341—342（另参见结论全文）。

③ 出处同上，vol. II, pp. 220 以下页码。关于该主题的一般性讨论，参见 L. Dällenbach, *Le récit spéculaire. Essai sur la mise en abîme*, Paris 1977。

到的只不过是浮言虚论。这便是为什么……"①

　　这部两卷本的《红与黑》的卷首题词，可以帮助我们理解上述言论。第一句题词出自丹东（Danton）："真相，苦涩的真相（La vérité, l'âpre vérité）。"第二句则出自圣伯夫（Sainte-Beuve）："伊人不妍，无饰红妆（Elle n'est pas jolie, elle n'a point de rouge）。"对于司汤达来说，"真相"首先意味着拒绝任何虚饰。他骄傲地宣称，我的书不事工妍，它直截了当，尖锐犀利。它是一部尖锐的编年史：这部小说的首版（1831年）副标题是"19世纪编年史（Chronique du XIXe siècle）"，几页后变成了"1830年纪事（Chronique de 1830）"②。较为晚近的版本中，有时候会从这两个副标题中删去其一。③

　　当然了，没有任何一个读者会把"编年史"这个词当回事。《红与黑》一直被当成一本小说来读。但是，司汤达的意图却很

---

①　保存于米兰索尔马尼市立图书馆（la Biblioteca Comunale Sormani di Milano）布奇基金专藏的插有空白衬纸的《红与黑》："Rome, 24 mai 1834. J'ai écrit dans ma jeunesse des biographies（Mozart, Michelange）qui sont une espèce d'histoire. Je m'en repens. Le *vrai* sur les plus grandes, comme sur les plus petites choses, me semble presque impossible à atteindre, au moins un vrai *un peu détaillé*. M. de Tracy me disait:［canc.: il n'y a plus de vérité que dans］on ne peut plus atteindre au *Vrai*, que dans le Roman. Je vois tous les jours davantage que partout ailleurs c'est une prétention"。这段话与 Y. Ansel 编校版中几乎完全一致（Stendhal, *Œuvres romanesques complètes*, Paris 2005, p. 997），下文中所引语均摘自该版本。

②　译者注：两个副标题中均使用了 chronique 一词，但依照中文惯例，在所涉史实超过一年时译为"编年史"，一年之内时译为"纪事"。

③　H. 马蒂诺编校的 Pléiade 版只给出了第二个副标题。奥尔巴赫摘引了两个副标题，但未加评论（*Mimesis*, cit., vol. II, pp. 455, 480）。根据 R. Alter 的观点，原本的副标题被改为"1830年纪事"，是因为它似乎在影射1830年7月的巴黎街垒战（R. Alter, *A Lion for Love*, New York 1979, p. 201 nota）。

明确。借助一个基于虚构人物和虚构事件的故事，他希望能够抵达更深层次的历史真相。这是为其他 19 世纪早期小说家所共有的一种态度，而一马当先的，便是被波德莱尔（Baudelaire）称为"伟大历史学家"的巴尔扎克。[1] 但是，司汤达有着不同的目标，走的是另一条道路。

3. 在被奥尔巴赫选中作为分析起点的那段《红与黑》的文字中，小说主人公于连·索雷尔（Julien Sorel）和他的保护人、詹森教派的皮拉尔修道院长在德拉莫尔侯爵府邸中交谈。于连刚开始为侯爵工作，后者邀他与其一同用餐。于连请皮拉尔修道院长从中斡旋，让他可以拒绝这一邀约，因为他对这些觥筹交错的场合深感无聊乏味。身为"一个回头浪子（un vero villan rifatto）"，皮拉尔被这个农家小子的傲慢无礼震惊了。"一点轻微的声响"表明，侯爵的女儿德拉莫尔小姐正在倾听这场谈话："她来拿本书于是听到了一切；她立刻对于连生出几分敬意。这是一个生来不肯屈膝于人的家伙，她想着，跟那个老修道院长不一样。上帝啊！那个乡巴佬。"[2]

我们回头还将对此加以讨论。与此同时，奥尔巴赫是这样点评的：

> 这一场景让我们深感有趣，原因在于：如果对那个特

---

[1] 参见 Baudelaire, *Conseils aux jeunes littérateurs*（1846）, in *Œuvres complètes*, a cura di C. Pichois, Paris 1976, vol. II, p. 17。

[2] E. Auerbach, *Mimesis*, cit., vol. II, p. 455（*Il rosso e il nero*, tr. it. di D. Valeri, Torino 1976, p. 260, 略有改动）。参见 Stendhal, *Le Rouge et le Noir*, cit., p. 578。

定历史时刻——七月革命即将到来之际——法国的政治、
社会和经济状况没有特别确切的了解，便几乎无法理解这
一场景，而这又对应着小说的副标题"1830 年纪事"。于
连所抱怨的、充斥于这个贵族家庭餐桌和起居室中的无聊
乏味，并不是通常的无聊乏味；它并非源自府中云集的各
色人等的颟顸闭塞，事实上，他们是博闻强记、出类拔萃、
平易近人的一群人，而宅邸的主人亦聪慧明达、和蔼可亲。
但是，促成这种无聊乏味的，是复辟时期的某种历史政治
现象。早在 17 世纪时，这类沙龙活动绝对不会无聊乏味，
而 18 世纪就更是如此。[①]

　　奥尔巴赫的观察相当敏锐，但他的结论却是值得商榷的。
我们可以论证说，司汤达不仅把无聊乏味视作一种与复辟时
期法国社会联系在一起的旧日现象，还将其当成一个反映了
当前——七月革命后的法国社会——以及可预见将来之特征的
现象。作为对此种阐释的支持，我们可以援引一下司汤达本
人为《红与黑》一书撰写的书评，该文于 1832 年发表于《选
集》(L'Antologia) 杂志上。这篇作家本人撰写的书评，与温琴
佐·萨尔瓦尼奥利（Vincenzo Salvagnoli）在司汤达授意下所写
的文章，都是在司汤达去世后才发表的。[②] 奥尔巴赫是在流亡伊

---

① 　E. Auerbach, *Mimesis*, cit., vol. II, pp. 221—222.

② 　参见 Stendhal, "Projet d'article sur *Le Rouge et le Noir*" (1832), in *Oeuvres romanesques*,
　　cit., pp. 822—838 (tr. di D. Valeri, pp. 517—535); V. Salvagnoli, *Deiromanzi* (转下页)

斯坦布尔的时候写的《摹仿论》，当时他接触不到二手资料，一手资料也相当有限。从《红与黑》中摘选的这段文字，以及奥尔巴赫的点评，很可能便受到了他对司汤达本人撰写的这篇书评之模糊记忆的影响。

这是一个非同寻常的文本，一个恰如其分的间离实验（esercizio di straniamento）。隔着笔名的面纱，司汤达在对一群陌生的读者致辞，而他在反思两年前发表的小说时，中间隔着地理和文化的双重距离。司汤达指出，《红与黑》中描写的习俗与道德风尚，根源于"1806 年到 1832 年之间"的法国。正如我们可以从贝桑瓦尔（Besenval）"精致小巧的小说"《忧郁》（Lo Spleen）中见到的，大革命之前的法国外省生活是相当生气勃勃的。司汤达接着说道，如今，"在一个拥有六千到八千居民的城市中，一切都是令人难过伤情的。外来访客不知道如何打发晚间时光，正如在英格兰一样。"①

司汤达的读者，能够从阅读贝桑瓦尔的《忧郁》中获益良多。这部小说的故事发生于贝桑松（Besançon），《红与黑》中的部分情节也发生在这里；书中主人公名叫德勒农夫人

（接上页）*in Francia e del romanzo in particolare di M. Stendhal* Le Rouge et le Noir（1832），未出版，附有司汤达的亲笔签名和评注，A. Bottacin 编校，1999 年，佛罗伦萨。另参见 A. Jefferson, *Stendhal and the Uses of Reading*: Le Rouge et le Noir, in "French Studies", 37（1983），pp. 168—183，尤其是 p. 175。

① *Oeuvres romanesques*, cit., p. 824: "Rien de semblable aujourd'hui, tout est triste et guindé dans les villes de six à huit mille âmes. L'étranger y est aussi embarassé de sa soirée qu'en Angleterre"（tr. di D. Valeri, p. 519，有改动）。

（Madame de Rennon），难免让人联想起德勒纳尔夫人（Madame de Rênal）；这位主人公痛恨她的父亲，于连·索雷尔也是如此（以及司汤达本人）。[①]但更值得注意的一点在于，司汤达以贝桑瓦尔的《忧郁》为起点，将无聊乏味确定为《红与黑》的中心主题。正如奥尔巴赫正确指出的，无聊乏味对于司汤达而言是一种历史现象，与特定的空间与时间相关。但是，被明确指出的这段时期——从拿破仑帝国创立后不久的 1806 年，到这篇作者自评成稿的 1832 年——以及与英格兰的对比，与奥尔巴赫的想法并不一致。后者认为，司汤达所描述的那种无聊乏味，应当发生于"七月革命即将到来之际的法兰西"。

这种无聊乏味究竟为何物？根据司汤达在作者自评中的说法，这是一种道德产物，一个迄今尚未为外人所知、但却即将成为整个欧洲之典范的"道学法兰西（Francia morale）"的产物：

> 道学法兰西在国外尚不为人所知。正因如此，在正式讨论 S 先生（司汤达）的小说之前，我们有必要提一下那个欢快、有趣、略带放诞不羁的法兰西，从 1715 年到 1789 年，它曾是欧洲的典范，但如今却已不复存在：没什么能比如今这个死气沉沉、陈腐道学的法兰西更不像它了，而如今的它，是 1814 年到 1830 年的耶稣会士、全体教徒和波旁政府留赠给我们的遗产。就小说而言，因为刻画生命

---

① 参见 P.-V. baron de Besenval, *Spleen*...［1806］, Paris 1895。

　　而不照搬书本是极度困难的，在 S 先生之前，没有人敢于
描述这些毫无吸引力的风俗习惯，然而，考虑到当下欧洲
满是驯服如羊的懦夫，这些风俗习惯很快便会传遍从那不
勒斯到圣彼得堡的各个地方。①

　　这便是司汤达在 1832 年对自己的看法。但是，他在回望自
身的时候，是否有可能曲解了自己笔下小说的含义？从这个问
题中，可以引发出另一个已经被激烈讨论的问题，那就是《红与
黑》的成书时间。在这篇作者自评中，司汤达写道，因为将背景
设定为"1829 年的社会（小说撰写之时）"，作者其实冒着身陷
囹圄的危险。②《红与黑》卷首的"敬告读者"曾给出过一个不同
的时间："我们有理由相信，它（这部作品）写作于 1827 年。"③
　　这两个略有出入的时间，都是不准确的。我们从司汤达本

---

① Stendhal, "Projet d'article", in *Oeuvres romanesques*, cit., p. 827: "La France *morale* est ignorée à l'étranger, voilà pourquoi avant d'en venir au roman de M. de S［tendhal］il a fallu dire que rien ne ressemble moins à la France gaie, amusante, un peu libertine, qui de 1715 à 1789 fut le modèle de l'Europe, que la France grave, morale, morose que nous ont léguée les jésuites, les congrégations et le gouvernement des Bourbons de 1814 à 1830. Comme rien n'est plus difficile en fait des romans que de peindre d'après nature, de ne pas *copier des livres*, personne encore avant M. de S.［tendhal］ne s'était hasardé à faire le portrait de ces mœurs si peu aimables, mais qui malgré cela, vu l'esprit mouton de l'Europe, finiront par régner de Naples à Saint-Pétersbourg"（tr. di D. Valeri, pp. 522—523）.

② 出处同上，p. 827: "En faisant le portrait de la société de 1829（époque où le roman a été écrit）..."（tr. di D. Valeri, p. 523）。

③ 出处同上，p. 349: "Nous avons lieu de croire que les feuilles suivantes furent écrites en 1827"（tr. di D. Valeri, p. 3）。

人那里获知，《红与黑》的构思是在 1829 年 10 月 25 日到 26
日的那个晚上闪过他脑海的，当时他是在马赛。他在 1829 年
到 1830 年的那个冬天动笔撰写了这部小说，并于 1830 年 4 月
8 日与出版商勒瓦瓦瑟尔（Levavasseur）签订了合同。当年 5
月，他校订了初稿；但在 6 月 1 日那天，他仍在"口述"本书
上卷第 28 章中贝桑松大教堂中的那一幕。这些最新增补内容的
重要性，没能逃过维克托·德尔利托（Victor Del Litto）的眼
睛。[1] 显然，司汤达在校订书稿时，仍在继续对这部小说进行
润色。一条标注为"1830 年 8 月 11 日"的令人费解的脚注，表
明在七月革命之后，校阅工作（很可能伴随着整段文字的新增
或改写）依然在进行中。米歇尔·克鲁泽（Michel Crouzet）认
为，《红与黑》"全书完成于 1830 年 7 月以前，因此与复辟时期
的苦难有着本质联系"。这是一个并不能让人信服的论点。克
鲁泽本人便在一条脚注中提到了与他的这个年代推定不相符的
元素：歌手路易·拉布拉什（Louis Lablache）。1830 年 11 月 4
日，拉布拉什曾在巴黎上演的作曲家奇马罗萨（Cimarosa）的
作品《秘密婚礼》（*Matrimonio segreto*）中成功扮演了杰罗尼莫
（Geronimo）这个角色，而司汤达以他为原型，塑造了于连·索
雷尔之友杰罗尼莫的形象。[2] 这一事实表明，正如亨利·马蒂诺

---

[1] Stendhal, *Œuvres intimes*, a cura di V. Del Litto, Paris 1982, vol. II, p. 129: "Je dicte
     la scène de la cathédrale de Bisontium [i.e. Besançon]"；另参见 p. 1079 上 Del
     Litto 的评论。

[2] M. Crouzet, *Le Rouge et le Noir. Essai sur le romanesque stendhalien*, Paris 1995,
     pp. 10—11. 参见词条 "Lablache, Louis", in *Nouvelle biographie française*. 另参
     见 Y. Ansel in *Oeuvres romanesques*, cit., pp. 960—962。

（Henri Martineau）所指出的，司汤达"继续对这部小说进行编辑校正，一直持续到 11 月"。他或许是在 11 月 6 日晚上口述了提及杰罗尼莫演出大获成功的那一段，第二天，他便动身从巴黎前往的里雅斯特，就任领事一职。《红与黑》出版的消息于 11 月 15 日正式宣布。①

　　对于成书年代的这番讨论，看起来或许有些卖弄学问，无关紧要。但是上面列出的那些证据，却解释了司汤达将撰写这部小说的时间定位于 1827 年（在"敬告读者"中）和 1829 年（在作者自评中）的缘故。这两个均不够准确的时间，是为了令读者认为，《红与黑》是对复辟时期法国社会的精确再现——甚至是奥尔巴赫也上当受骗了。这种忠实还原，当然是无可置疑的；但是，书中描述的那些特征，却注定要扩展到其初始发生地点以外的那些地方，正如司汤达在《红与黑》的副标题之一——"19 世纪编年史"——中间接暗示的那样。位于小说结尾处的一个脚注，第一眼看去似乎是要表明书中事件发生地——韦里埃（Verrières）和贝桑松——的随机性，但司汤达却在其中暗示了他所讲述的这个故事的更具普遍意义的历史影响："在以公共舆论为法度的国家，固可实现自由，但也存在着一个弊端，那便是它会与不相干的东西——比如私人生活——搅和在一起。美国和英国正是因此才会暮气沉沉。"②

---

① H. Martineau, introduzione a Stendhal, *Romans et nouvelles*, Paris 1956, vol. I, p. 198.

② *Le Rouge et le Noir*, p. 807: "L'inconvénient du règne de l'opinion, qui d'ailleurs procure *la liberté*, c'est qu'elle se mêle de ce dont elle n'a que faire; par （转下页）

通过使用"舆论"和"自由"这种会让人联想起 1830 年革命政治氛围的词语，司汤达表明了这部小说对于后复辟时期法国社会的重要意义。对英国和美国的提及，同样意味深长。对于司汤达而言，这两个国家象征着未来：这是一个暗淡阴郁的未来，在其中，所有激情都将消弭，唯留对金钱的强烈渴望。[①]道德侵入私人生活而一手导致的无聊乏味和暮气沉沉，成为了包括法国在内的现代工业社会的特征。[②]

4. 奥尔巴赫写道，巴尔扎克"在人物与历史的有机联系这一点上，远远超过［司汤达］。［巴尔扎克的］这种理念和实践完全是历史主义的"。[③] 这个评价对司汤达来说并不公允。被历史主义误导的奥尔巴赫没能在司汤达的小说中注意到，那种人与历史之间有机联系的缺失，乃是有意为之的结果，而这是通过一个特定的常规手法（procedimento formale）来实现的。司汤达书中人物的遗世独立状态（L'isolamento），是通过他们的内心反思而突出强调的，这些内心反思与对他们行动的描述交替出现，从而产生了某种对比衬托的效果。这个被称作"自由直接话语（discorso diretto libero）"的常规手法，通常是这样

（接上页）exemple: la vie privée. De là la tristesse de l'Amérique et de l'Angleterre"（tr. di D. Valeri, p. 514, 略有改动）。参见 *Correspondance*, a cura di V. Del Litto e H. Martineau, Paris 1967, vol. II, pp. 193—194（致 Daniello Berlinghieri 的信）。

① 关于这一主题的富有启发性的论述，参见 F. Moretti, *Il romanzo di formazione*（1986）, Torino 1999, cap. II: "Waterloo Story", pp. 82—141。

② 《红与黑》下卷第 19 章当时的备选标题之一是 "一个道学世纪（Un siècle moral）"（参见 *Oeuvres romanesques*, p. 1104；关于备选标题，参见 pp. 981—983）。

③ E. Auerbach, *Mimesis*, cit., vol. II, p. 253.

的：一段第三人称的叙事，被出自叙事主人公之口的一系列短句所打断。[1]尽管自由直接话语要比不拘形式的内心独白更结构严谨，它却能让读者与小说中最重要的那些角色——于连·索雷尔、德勒纳尔夫人和德拉莫尔小姐——发生出更亲近、近乎私密的关系。让我们来重读一下描述德拉莫尔小姐对于连和皮拉尔修道院长那番对话之反应的那段文字吧："她来拿本书于是听到了一切；她立刻对于连生出几分敬意。这是一个生来不肯屈膝于人的家伙，她想着，跟那个老修道院长不一样。上帝啊！那个乡巴佬。"[2]

　　正如读者所能察觉到的，司汤达很少使用标点符号。[3]有两个句子没有用引号括起来，尽管它们是直接引语或插话（interiezioni）：第一个是"她想着"的内容，第二个则是"上帝啊！"这个感叹句。但是，当标点符号付之阙如时，从第三人

---

① 一些精彩的评论，参见 J. T. Booker, *Style direct libre: The Case of Stendhal*, in "Stanford French Review", 1985, pp. 137—151。

② E. Auerbach, *Mimesis*, cit., vol. II, p. 221（*Il rosso e il nero*, tr. di D. Valeri, p. 260）。我依据原文改正了标点符号。

③ V. Mylne, *The Punctuation of Dialogue in Eighteenth-Century French and English Fiction*, in "The Library: A Quarterly Journal of Bibliography", 1（1979），pp. 43—61. 同一年发表的两篇反对滥用标点符号的文章值得一读：A. Frey, ancien prote et correcteur d'imprimerie, *Principes de ponctuation fondés sur la nature du langage écrit*, Paris 1824 以及作为附录收入 F. Raymond, *Dictionnaire des termes appropriés aux arts et aux sciences, et des mots nouveaux que l'usage a consacrés...*, Paris 1824 中的 *Traité raisonné de ponctuation*。在后一本书的附录中，尤其值得一读的是第 10 章 p. XXVIII 关于括号和引号的表述："Leur apposition dans le langage est presque abandonnée dans ce moment. Les auteurs en général évitent les parentheses, le tiret et les guillemets, le plus possible"。

称向第一人称的转换——不管这发生在单一句子之中，还是发生在两个连续的句子里——要更突然，也更令人吃惊。下面分别针对于连·索雷尔和玛蒂尔德·德拉莫尔的两个例子，便摘自《红与黑》的原文："端详着这位诺贝尔伯爵，于连注意到他足蹬长靴且配有马刺；而我必须穿便鞋，显见着低人一等（法文原文：A force d'examiner le comte Norbert, Julien remarqua qu'il était en bottes et en éperons; ［分号］et moi je dois être en souliers, apparemment comme inférieur）。"以及："这个索雷尔倒有几分我父亲在舞会上扮演拿破仑的神气。她把丹东全然忘到了脑后。肯定是这样，今晚，我太无聊了。她抓住了哥哥的手臂（法文原文：Ce Sorel a quelque chose de l'air que mon père prend quand il fait si bien Napoléon au bal. ［句号］Elle avait tout à fait oublié Danton. ［句号］Décidément, ce soir, je m'ennuie. ［句号］Elle saisit le bras de son frère... ）。" ①

　　在迭戈·瓦莱里（Diego Valeri）翻译的意大利文版中，这两段的标点符号被改得更加中规中矩了："A forza di esaminare il conte Norberto, notò che aveva gli stivali e gli speroni ［句号］. E io devo portare le scarpe basse, evidentemente perché sono un inferiore! ［叹号］。" " 'Quel Sorel ha qualcosa che mi ricorda mio padre quando fa il Napoleone nei balli in costume—. ［破折号］Ella aveva completamente dimenticato Danton.— ［破折号］

---

① Stendhal, *Le Rouge et le Noir*, pp. 569, 612.

'Decisamente questa sera mi annoio'［引号］. Prese sotto braccio suo fratello..." ①

　　译者想必担心读者或许会感到晕头转向，哪怕只不过是在刹那之间：因此，文本中插入了句号、叹号、破折号和单引号。但是，司汤达的意图正在于此：通过断续破碎的语句，为叙事赋予一种躁动不安的节奏，从而让读者晕头转向，由此带来突然的视角转变。②

　　5. 在奥尔巴赫分析的这个段落中，于连用玛蒂尔德来证明与侯爵一道用餐时感到的乏味无聊："我看到有时候就连德拉莫尔小姐也会打哈欠。"几章之后，玛蒂尔德再度现身，打着哈欠，紧盯着于连，"从她美丽的双眼中流露出至深的厌倦之意"。③ 玛蒂尔德要求于连陪她跳舞。于连深知自己必须接受；但方一起舞，他便不再对她感兴趣了。在这个场景中（整部小说里最不同寻常的场景之一），所发生的一切都是透过玛蒂尔德的眼睛看到的。我们所能接触到的想法，都是她的想法，"肯定是这样，今晚，我太无聊了"，如此种种。当时，于连正沉浸于与阿尔塔米拉伯爵（conte Altamira）的热烈交谈中。和司汤达的朋友多梅尼科·菲奥雷（Domenico Fiore）一样，这位伯爵是一名从那不勒斯脱身而逃的流亡人士，曾在那里因为政治原因

---

① *Il rosso e il nero*, tr. di D. Valeri, pp. 249, 298.
② 参见 F. Moretti, *Il romanzo di formazione*, cit., p. 107: "Certe pagine di Stendhal aperte e quasi frantumate dai bruschi passaggi da un punto di vista all'altro"。
③ *Il rosso e il nero*, tr. di D. Valeri, p. 288.

而被判处死刑。两个男人靠得很近。玛蒂尔德"一字不漏地听到了这场对话。无聊消失不见了"。①

玛蒂尔德和于连都被这位阿尔塔米拉伯爵迷住了。他对政治的激情投入，是消解无聊的灵丹妙药。阿尔塔米拉告诉于连："19 世纪中不复存在真正的激情；正因如此我们在法国才会如此无聊。"②

阿尔塔米拉提及 19 世纪之时，就如同复辟时期的法国只是一个证实一般规律的特例。在这种意义上，他所做的，只不过是呼应了小说的两个副标题："19 世纪编年史"和"1830 年纪事"。阿尔塔米拉是在替司汤达代言。有些人或许会提出反对意见，认为《红与黑》的第一批读者，事实上是以七月革命为时代背景来解读这几页文字乃至于整本小说的。在一段文字中，阿尔塔米拉希望南美国家的经验可以将自由理念传播至欧洲，与这段文字相伴的，是一条出版商添加的脚注（很可能是司汤达本人撰写的），简要指出小说的这部分"于 1830 年 7 月 25 日交付印刷"，并于"8 月 4 日印刷完毕"。在此基础上，米歇尔·克鲁泽认为，舞会上的这一幕以及阿尔塔米拉的反思"与［七月］革命完全一致，既是革命希望也是革命宣言。尽管并未

---

① *Le Rouge et le Noir*, p. 613: "Mathilde ne perdait pas une syllabe de leur conversation. L'ennui avait disparu"（tr. di D. Valeri, p. 299）. 关于可能为司汤达提供了灵感的时代背景，参见 C. Liprandi, *Sur un épisode du* Rouge et Noir: *le bal du duc de Retz*, in "Revue des sciences humaines", 76（ottobredicembre 1954）, pp. 403—417。

② *Le Rouge et le Noir*, p. 614: "Il n'y a plus des passions véritables au XIXe siècle; c'est pour cela que l'on s'ennuie tant en France"（tr. di D. Valeri, pp. 299—300）。

指名道姓，但司汤达告知读者，他的小说通向了街垒战"。[1] 但是，这条脚注和这部小说却有着截然不同的含义。于连·索雷尔并不是一个自由主义者，他是一个生不逢时的雅各宾派；《红与黑》讲述的是一个悲剧性个体的失败故事，而不是一场大获全胜的革命。司汤达认为，他在拿破仑进攻俄国那段时间所经历的政治是一件陈年旧事，乏味的工业和商业时代已令其彻底过时。而传统上与公共生活史（la storia della vita pubblica）画等号的历史书写，如今已被小说所超越，正如德斯蒂·德特拉西（Destutt de Tracy）对司汤达所言。历史事件注定会自我重复，但却是以简化和扭曲的形式。玛蒂尔德在看向阿尔塔米拉的时候，模糊地意识到了这一点："我怎么没发现，死刑会让一个人与众不同，玛蒂尔德想着，这是唯一一样买不到的东西。"[2]

　　在这里，正如在司汤达的小说中经常发生的一样，将来之事被以隐晦或象征的方式预料出来。玛蒂尔德将会埋葬于连被砍下的头颅，正如玛格丽特·迪纳瓦拉（Margherita di Navarra）王后埋葬在宗教战争中遭斩首的情人博尼法乔·德拉莫尔（Bonifacio de La Mole）的头颅。于连并未死于政治原因，而是因为企图杀死自己的情妇德勒纳尔夫人；他并未作为英雄而死

---

[1] M. Crouzet, *Le Rouge et le Noir*, cit., p. 11: "Les propos du bal de Retz et les pensées d'Altamira sont en parfaite consonance avec la Révolution, ils l'appellent et l'annoncent. Stendhal indique au lecteur qu'il l'avait bien dit, que son roman conduit aux barricades et les contient, même s'il n'en parle pas".

[2] *Le Rouge et le Noir*, p. 607: "Je ne vois que la condamnation à mort qui distingue un homme, pensa Mathilde, c'est la seule chose qui ne s'achète pas" (tr. di D. Valeri, p. 292；我改动了标点符号)。

去，反倒是身为罪犯。正如玛蒂尔德所说，在"一个堕落而无
聊的时代"，什么都能被买到，而英雄主义是不可能的。①

6. 让我们再回到舞会的那一幕。在这里，玛蒂尔德听到了
于连与阿尔塔米拉的对话："德拉莫尔小姐兴趣十足地把头靠了
过去，她离他是那么的近，以至于秀发蹭到了他的肩膀。"②

玛蒂尔德再一次被描写为一个正在偷听的形象——正如司
汤达偷听到了笔下人物的对话，并且迫使他的读者也这样做。
对于司汤达来说，自我（io）是多重性（molteplicità）的同义
词。有时候，他会带着一种戏谑、茫然或厌倦的神气打量着多
重的自我，正如他在一本《阿尔芒丝》（*Armance*）上写下的那
个句子："无聊的星期天，和司汤达先生一起跟着游行的人群
（Corso）走啊走，就这么走一辈子，到死为止。"③

50 年前，让·斯塔罗宾斯基（Jean Starobinski）在一篇精
彩的论文中分析了司汤达对使用不同笔名的嗜好（已知的笔名
约有两百个，既用于公开场合也用于私下场合）。身兼文学批评
家和精神分析学家的斯塔罗宾斯基强调指出了司汤达酷爱窥探

---

① *Le Rouge et le Noir*, p. 644. 一个十分相似的评论，参见 A. Sonnenfeld, *Romantisme*
（*ou ironie*）*: les épigraphes du "Rouge et Noir"*, in "Stendhal Club", 78（1978 年
1 月），pp. 143—154，尤其是 p. 153。

② *Le Rouge et le Noir*, p. 613: "Mlle de la Mole, penchant la tête avec le plus vif
intérêt, était si près de lui, que ses beaux cheveaux touchaient presque son épaule"（tr.
di D. Valeri, p. 299）.

③ *Romans*, a cura di H. Martineau, vol. I, p. 1432: "Dimanche ennuyeux, promenade
au Corso with Mister Sten［dahl］, et pour toute sa vie ainsi till the death. 15 mars
35"（《阿尔芒丝》布奇基金专藏本上的评注，只有部分得到破译，参见 *Oeuvres
romanesques*, p. 896）。

隐私的那一面，并摘引了司汤达日记中关于其多种性爱癖好的一段来支持自己的解读。在这篇论文中，斯塔罗宾斯基并未提及司汤达的作品。而文学作品与作者心理之间的关系，远没有那么简单：斯塔罗宾斯基指出，文学批评家应当仔细考察这两者之间的空间。① 司汤达的小说充满了情欲，但他笔下人物的爱恋纠葛，却总是留给了读者去自行想象。② 作为一个作家，司汤达一直极力避免那种严格意义上的窥伺癖；但是，正如我们所见到的，听壁脚式的窥探隐私在他的叙事中发挥着重要功能。③ 在《亲合力》(*Affinità elettive*) 中，歌德也会偶尔用到自由直接话语。司汤达读过这部小说，甚为喜爱，并且在《红与黑》上卷第 7 章标题中向其致敬。但是，某个心理要素或许也促成了司汤达对此种常规手法的系统运用。

　　7. 1834 年到 1835 年间，司汤达带着矛盾的心情重读了《红与黑》。在《吕西安·勒文》(*Lucien Leuwen*) 的手稿上，他写下了自己的评论。他突出批评了 "一些破碎的句子，以及缺乏帮助读者想象所发生之事的那些小词儿"。④ 这篇小说在他看来

---

① J. Starobinski, *L'oeil vivant*, Paris 1961, cap. "Stendhal pseudonyme", pp. 191—240；作者同上 , *Leo Spitzer et la lecture stylistique*, introduzione a L. Spitzer, *Études de style*, Paris 1970, pp. 27—28。

② 一些评论，参见 Y. Ansel, *Oeuvres romanesques*, pp. 1131—1133。

③ 这一阐述需归功于 Vyacheslav Ivanov。

④ Stendhal, *Romans*, a cura di H. Martineau, cit., vol. I, p. 1401: "5 mai 1834. [...] A Marseille, en 1828, je crois, je fis trop court le manuscrit du *Rouge*. Quand j'ai voulu le faire imprimer à Lutèce, il m'a fallu faire de la substance au lieu d'éffacer quelques pages et de corriger le style. De là, entre autres défauts, des phrases heurtées et l'absence de ces petits mots qui aident l'imagination du lecteur bénévole à se figurer les choses".

"真实，但却枯燥"，而风格"太过突兀，太不连贯"；"我在写这本书时，"他指出，"我只关心那些事情的本质。"①

通常都是在兴奋状态下写作的司汤达，没办法对自己的文本作出修正。②对《红与黑》文风"枯燥"的不满，似乎预示了《帕尔马修道院》(*Certosa di Parma*) 的风格会更圆融。但这种"枯燥"，却是司汤达始自青年时代的智识追求的全面体现。1805 年 3 月 29 日，在他只有 20 岁时，司汤达在日记中写道：

> 我迫切想要向所有人展示一个被剥光的形象。就像是一个画家想要尝试一下阿尔瓦尼（Albani）的风格，于是便循规蹈矩地从学习解剖学入手，但他却对这个实用工具产生了极大的兴趣，结果没画出一幅讨男人欢心的胸部画像，反倒画出了剥开一个美丽女子胸部皮肤后呈现出来的血淋淋的肌肉；而更恐怖的，是这种荒唐行径对那些期待看到美好之物的人造成的后果；从所呈现对象的真实之中，生出了一种奇特的厌恶之情；如果它们是假的，你可以对其视若不见，但它们是真实的，不给想象留半点余地。③

---

① Stendhal, *Romans*, a cura di H. Martineau, cit., vol. I, pp. 1458, 1483。第一条评注如今已不可考：参见 *Oeuvres romanesques*, p. 992。

② R. Alter, *A Lion*, cit., p. 168.

③ Stendhal, *Œuvres intimes*, a cura di V. del Litto, Paris 1981, vol. I: *Journal*, pp. 301—302: "C'est un peintre qui voudrait s'illustrer dans le genre de l'Albane, qui aurait judicieusement commencé par l'étude de l'anatomie, et pour qui, comme objet utile, elle serait devenue tellement agréable, qu'au lieu de peindre un joli sein, voulant enchanter les hommes, il peindrait à découvert et sanglants tous les（转下页）

　　25 年后，梅里美（Mérimée）写信给自己的至交好友之一
司汤达，抒发自己对刚刚出版的《红与黑》的想法。梅里美借
用了青年司汤达用过的那个譬喻，他或许是在二人的某次谈话
中听到的这种说法；但是，他并没有把自己当成那个画家，而
是自我认同为受到了惊吓的公众。在这封已经佚失的信的第一
部分，梅里美指出，有人指控司汤达犯下了最严重的罪行，"那
便是揭破并暴露出了人们心中某些不堪入目的伤口"。

　　"这个评论在我看来恰如其分，"梅里美写道，"于连这个角
色有着一些残暴的特性；它们毫无疑问是真实的，但却依然恐
怖。艺术的目的不是去突出展示人性中的这些侧面。"此外，梅里
美还将《红与黑》与斯威夫特的《女士更衣室》(*Spogliatoio della
signora*)相比较，评论说："你满是这些让人无法忍受的真相。"[①]

　　（接上页）muscles qui forment la poitrine d'une jolie femme, d'autant plus horrible,
en leur sotte manie, qu'on s'attendait à une chose plus agréable. Ils procurent
un nouveau dégoût par la vérité des objets qu'ils présentent. On ne ferait que les
mépriser s'ils étaient faux, mais ils sont vrais, ils poursuivent l'imagination"(*Diario*,
tr. it. di E. Rizzi, Torino 1977, vol. I, p. 164, 有改动)。另参见 *Œuvres intimes*,
cit., vol. II: *Journal*, p. 108, 1829 年 12 月 13 日："Il faut avoir le courage des
Carrache"。

①　Stendhal, *Correspondance*, a cura di V. Del Litto e H. Martineau, Paris 1962, vol. II,
pp. 858—859. 梅里美认为，考虑到司汤达与阿聚尔夫人（Madame Azur）的关
系，他无法像斯威夫特那样给出阳痿的不在场证明。梅里美和司汤达都曾是阿聚
尔夫人（Alberthe de Rubempré）的情人，后者在不久之前曾在一个巴黎的沙龙上
热情洋溢地提及司汤达的床上功夫：参见 R. Alter, *À Lion*, cit., pp. 183—184。在
一封标注日期为 1826 年 12 月 23 日、写给梅里美的信中，司汤达在谈及《阿尔
芒丝》的情节时，曾提及斯威夫特的阳痿（参见 *Romans et nouvelles*, cit., vol. I,
pp. 190—192）。

8. 梅里美将司汤达与斯威夫特相提并论的做法，不应仅从字面意义上加以理解。《红与黑》中没有任何淫秽下流的内容。让梅里美深感震惊的，是司汤达对社会习俗的疏离态度以及非要将其扒光的渴望。但是，梅里美提出的这种司汤达与斯威夫特之间的可比性，却需要被深入探讨。在未完成的小说《米娜·德万格尔》(*Mina de Vanghel*) 的手稿上，司汤达在一条页边注释上写道："在小说中，对风俗习惯和传统的描述会让人意兴阑珊。人们会产生那种有人正试图道德教化的印象。有必要将这种描述转变为某种惊喜，比如引入一个让人惊奇的陌生人，也有必要让这种描述转变为一种感觉。"[1] 司汤达已经用过了这种常规手法。身为农民之子的于连·索雷尔，便令人惊奇地游走于德勒纳尔夫人家、神学院与德拉莫尔侯爵府邸之间。司汤达远远地打量着他那个时代的法国社会，透过一个缺乏经验、分不清自身社会定位的年轻人的双眼。梅里美与司汤达一样，热爱那些扎实的、与人类文化相关的细节，但《红与黑》中"苦涩的真相"，却超出了他的承受范围。

这一对至交好友，在其作家身份和为人处事上均有很大不同。司汤达去世几年后，梅里美撰写了一篇充满感情但也语含讽刺的人物札记，其中写道："终其一生，他都为自己的想象力所役；他行事向来不预先考虑，总是感情用事。他号称所做一切都依据理性。他说，'在一切事上，人都应当以逻辑为指导

---

[1]　摘引自 M. Augry-Merlino, *Le cosmopolitisme dans les textes courts de Stendhal et Mérimée,* Genève-Paris 1990, p. 102。

[*Il faut en tout se faire guider par la LO-GIQUE*]'，总是在最后
一个词（'逻辑'）的两个音节之间稍作停顿。但当他人的逻辑
与他自己的逻辑不相符时，他便失去了耐心。"①

　　透过被梅里美凭直觉感受到的这种心理特性，我们看到了
司汤达同启蒙运动与浪漫主义、理性与情感、逻辑与信仰之间
的双重且相互矛盾的联系。正如我们从《亨利·布吕拉尔传》
（*Vita di Henry Brulard*）中获知的，在 14 岁的司汤达身上，这
种错综复杂的关系已然存在。那时，他已经开始学习数学；他
无法理解，为什么当负数与负数相乘的时候，得到的会是正数。
但最糟糕的还在后面：

　　　　在几何课一开始，就提到："我们将无限延伸后永不相
　　交的两条直线命名为平行线。"而在静力学的一开始，那个
　　叫路易·蒙热（Louis Monge）的家伙却说："两条平行线
　　可以被视为相交，如果我们将它们无限延长的话。"

　　　　我觉得我好像是在读教理问答，而且还是最愚蠢的那
　　种。我徒劳无功地向沙贝尔先生［另一位数学老师］寻求
　　解答：

---

① P. Mérimée, "H. B." (1850), in *Portraits historiques et littéraires*, a cura di P.
　　Jourda, Paris 1928, p. 155: "Toute sa vie il fut dominé par son imagination, et ne fit
　　rien que brusquement et d'enthousiasme. Cependant, il se piquait de n'agir jamais
　　que conformément à la raison. 'Il faut en tout se guider par la LO-GIQUE', disait-il
　　en mettant un intervalle entre la première syllabe et le reste du mot. Mais il souffrait
　　impatiemment que la *logique* des autres ne fût pas la sienne".

——小伙子——他说，装出一副慈父般的口气，虽然这和他身为爱德华·穆尼耶（Edouard Mounier，1836 年时的法国贵族）之后的身份十分不符——小伙子，你以后会知道的。

然后那个家伙走近油布黑板，画了两条相邻的平行线：

你看——他跟我说——可以说它们是不定相交的。我站在那儿，彻底放弃了。这位告解神父，这个本领高超的耶稣会士，在那一刻，通过对这一基本原理的评论完成了对我的转化：

——你看，一切都是错的，或者说，没什么是假的，也没什么是真的；一切都不过是约定俗成。接受这种约定俗成，会让你更容易被这个世界接受。民众是群情激昂的，总会把问题的这一面搞得乌七八糟；让你自己成为一个像你家人一样的贵族，我们会找办法把你送去巴黎，把你介绍给有影响力的贵妇。直言不讳地说，我本可以变成个恶棍，然后在 1836 年的今天，我会极度富有。①

回顾这段经历，司汤达将他早熟的对逻辑的热情与对传统习俗的憎恨联系在了一起。但是，让这段经历在近 40 年的时间里一直在司汤达的记忆里栩栩如生的，却必定是那个突然的发现——在看似坚如磐石的欧几里得几何中，突然发现了一道裂

---

① Stendhal, *Vie d'Henry Brulard*, in *Œuvres intimes*, cit., vol. II, pp. 858—859.

缝。这个发现，或许促成了他对那些理性必须学着去分析的非理性现象——比如激情——的持久兴趣。年轻的司汤达对帕斯卡十分崇敬，他不仅将其与莎士比亚相提并论，也与自身相比。"我读帕斯卡的时候，"他写道，"会有一种读我自己的印象……我相信，在所有的作家之中，他与我的灵魂最为接近。"① 这段话似乎并不曾吸引学者的关注，但它并不像表面上看起来那么令人吃惊。对那些询问自己究竟从事何种职业的外省人，司汤达总是回答道："人心观察家。"② 或许，他是想起了帕斯卡的那句名言，"人心具有理性所不知的理性。"在一封写给与自己关系亲密的妹妹波利娜的信中，司汤达将帕斯卡尔的话以蒙田那句"我知道什么？（*Que-sais-je?*）"的方式转译了出来："我满心欢喜地重读了德特拉西的《逻辑论》（*Logica*）；我试着正确地运用理性找出这个问题的确切答案：'我渴望什么？'"③

在《自恋回忆录》（*Ricordi d'egotismo*）中，司汤达写道："你能知晓一切，除了你自己。"④

9. 自由直接话语为司汤达笔下人物的遗世独立赋予了声音，

---

① Stendhal, *Vie d'Henry Brulard*, in *Œuvres intimes*, cit., vol. I, p. 208；作者同上，*Journal littéraire*, in *Œuvres complètes*, cit., vol. XXXIV, p. 172；另参见 pp. 166, 168。

② P. Mérimée, "〔Stendhal〕Notes et souvenirs", in *Portraits*, cit., p. 179.

③ Stendhal, *Correspondance*, cit., vol. I, p. 352（致 Pauline Beyle, 1807 年 6 月 3 日）: "Je relis la *Logique* de Tracy avec un vif plaisir; je cherche à raisonner juste pour trouver une réponse exacte à cette question: 'Que désiré-je?'"。

④ 作者同上，*Souvenirs d'égotisme*, a cura di B. Didier, Paris 1983, p. 114: "On peut tout connaître, excepté soi-même"。

也为他们身上特有的那种生机活力赋予了声音，而这种生机活力业已被压制和贬损其奇思异想的某种历史过程所击败。[①] 这是一种看似向历史学家关上大门的常规手法，因为自由直接话语就其定义而言，没有留下任何文献痕迹。我们所处的领域，位于历史知识的这一边（或者更在其外），而且与其并不相通。但是，叙事常规手法正如磁场：它们会引发疑问，引出可能存在的文献记录。[②] 在这种意义上，像自由直接话语这样的常规手法，生来就是为了在虚构叙事的领地之上回答历史所给出的一系列问题，从而可以被视作对历史学家的直接挑战。有朝一日，它们或许会以我们今天所无法想象的方式迎面相遇。

　＊本文的不同版本在不同的场合下被提交发布：哈佛"文学与历史"研讨会；慕尼黑西门子基金会；锡耶纳大学历史系。我要向西门子基金会及其主任海因里希·迈尔（Heinrich Meier）表示感谢，他们让我得以在慕尼黑度过了一段成果丰富的研究时光（2000 年）。

---

① N. Chiaromonte, "Fabrizio a Waterloo", in *Credere e non credere*, Bologna 1993, pp. 23—48, 尤其是 p. 30, 文中写道："司汤达不仅不相信大写的历史，甚至也不相信他自己讲述的历史。" 事实上，他两者皆信：这才导致了那种独特的蔑视（晚年时的厌恶）与喜悦交织的态度。

② C. Ginzburg, *Rapporti di forza. Storia, retorica, prova,* Milano 2000, p. 48.

第 10 章　对敌人的呈现

——《锡安长老会纪要》的法国前史

1. 我将在本文中讨论的，是两个文本以及它们之间的关系。第一个文本几乎仅为学者所知，而第二个文本则传遍了整个世界。我将从第一个文本入手。这个文本，就是 1864 年以匿名形式出现于布鲁塞尔的《马基雅维利与孟德斯鸠在地狱中的对话》（*Il Dialogo agli Inferi tra Machiavelli e Montesquieu*，以下简称《地狱对话》）。[①] 该书作者莫里斯·若利（Maurice Joly）在书名页上将自己描述为"一个当代人"。接下来的那一年，法国警方查出了若利的身份，审判后判处其监禁 15 个月，罪名是撰写攻击拿破仑三世的煽动性文字。这部《地狱对话》很快便被翻译成了德文；1868 年，它在布鲁塞尔重印了两次，而且附上了作

[①] M. Joly, *Dialogue aux Enfers entre Machiavel et Montesquieu*, con un'introduzione di J.-F. Revel, Paris 1968. 引用部分摘自 M. Joly, *Dialogo agli Inferi tra Machiavelli e Montesquieu*, a cura di R. Repetti, tr. it. di E. Nebiolo Repetti, Genova 1995。

者的真实姓名。[①] 法兰西第二帝国倒台后，作为一名不太成功的律师，若利曾试图从政。但在与长期为他提供政治庇护的朱尔·格雷维（Jules Grévy）发生了一次激烈争执之后，若利发现自己已处于完全孤立状态。1878 年，他自杀了，终年还不到50 岁。

《地狱对话》的一个西班牙文译本，于 1898 年出现于布宜诺斯艾利斯；那之后，这本书便被人遗忘了。它被重新发现于1921 年，当时（我会在后文中讨论这一点），它被认定为《锡安长老会纪要》（*Protocolli dei Savi di Sion*）——1903 年出现于俄国的一本反犹小册子——的素材来源。在很长一段时间中，《锡安长老会纪要》十分不幸地大获成功，甚至在今日流传之广更盛以往，而这掩盖了《地狱对话》的原创性。然而，若利的书作为一个反映 19 世纪政治思想的重要文本，其价值最近重又被人们发现，而且尤以法国为然。有人称之为"一部经典"。我想要做的，就是分析一下这种姗姗来迟的时来运转背后的原因，以及可能产生的后果。

2. 在一份 1870 年撰写的自传式文本中，若利如此描述《地狱对话》的诞生经过：

---

① 若利的传记，参见 P. Charles, *Les Protocoles des sages de Sion*（1938），再版收入 *Les Protocoles des Sages de Sion*, a cura di P.-A. Taguieff（d'ora in poi Taguieff），2 voll., Paris 1992, vol. II, pp. 9—37, 尤其是 p. 25（我校正了关于 1868 年版的一处不准确描述）。另参见 M. Joly, *Dialogo agli Inferi*, cit., p. 12 nota 4。1870 年，若利宣称，他在被囚禁于 Sainte-Pélagie 监狱时对这部对话录进行了扩充，这个扩充的第二版正在印刷：没有证据表明该版最终得以出版（*Maurice Joly. Son passé, son programme, par lui-même*, Paris 1870, p. 10 nota 2）。

一个傍晚，我在皇家桥附近的河边散步（我记得当时天气很糟糕），突然间，孟德斯鸠的名字闪过眼前，这个人，完全可以成为将我想要表达的一部分理念倾诉而出的具体化身。但谁能成为他的对话者呢？

一个念头在心中生起：天呐，马基雅维利啊！

马基雅维利可以成为反对孟德斯鸠的政治力量的化身，而孟德斯鸠代表着正义的一方；马基雅维利可以变成拿破仑三世，阐述着他那些令人生厌的政策。[①]

判处若利有罪的那些警察和法官，对《地狱对话》的解读与其作者的意图是相吻合的。这种意见趋同，让我们可以得出一个强有力的结论，那就是这本书的立意清晰明了，没有任何歧义。但是，对它的近距离解读，却会令一个不同的、更加复杂的故事浮现出来。

文学批评家很早就教导我们，要带着怀疑态度看待作者的

---

① *Les Protocoles des Sages de Sion*, a cura di P.-A. Taguieff (d'ora in poi Taguieff), 2 voll., Paris 1992, vol. II, p. 9: "Un soir que je me promenais sur la terrasse au bord de l'eau, près du Pont Royal, par un temps de boue dont je me souviens encore, le nom de Montesquieu me vint tout à coup à l'esprit comme personifiant tout un côté de mes idées que je voulais exprimer. Mais quel serait l'interlocuteur de Montesquieu? Une idée jaillit de mon cerveau: et pardieu c'est *Machiavel*!

Machiavel qui représente la politique de la force à côté de Montesquieu qui représentera la politique du droit; et Machiavel, ce sera Napoléon III, qui peindra à lui-même son abominable politique".

意图。对这些意图视而不见显然是荒谬的，但作者也肯定不见
得是自身作品最合适的解读者。莫里斯·若利便是这一观点的
力证。

　　我们必须提出的第一个问题，便是《地狱对话》到底属于
哪一种文学体裁。我刚刚提到的那段文字表明，若利在马基雅
维利和孟德斯鸠这两个名字浮现于脑海中之前，便想着要撰
写一部对话录。若利说，撰写对话录的这个念头，是在他思考
《关于谷物贸易的对话》(*Dialogue sur le commerce des bleds*) 时
生出来的。这部作品出自加利亚尼修道院长（abate Galiani）之
手，1770 年时以匿名形式发表，随后被重印了数次。但是，号
称存在于这两个文本之间的关联，虽然被《地狱对话》的所有
评论者众声响应，却并不令人信服。在加利亚尼的这本小册子
中，作者的代言人扎诺比骑士（cavalier Zanobi）与两个陌生人
展开了一场讨论，其中一个陌生人仅以姓名缩写相称。[1]若利在
另一个场合下，还提到过一本反天主教的小册子《对西班牙万
灵药之疗效的梅尼普式讽刺》(*La Satyre Ménippée de la vertu du
Catholicon d'Espagne*)。这个受琉善（Luciano di Samosata）[2]启
发而创作的文本，似乎与若利的作品更加密切相关。[3]发生于马
基雅维利与孟德斯鸠之间的这场想象出来的名人对话，立时便

---

[1]　F. Galiani, *Dialogue sur le commerce des bleds*, in *Opere* (*Illuministi italiani*, vol.
　　VI), a cura di F. Diaz, Milano-Napoli 1975, pp. 357—612.

[2]　译者注：古罗马著名作家，以希腊文创作了众多宣扬无神论的讽刺作品。

[3]　*Satyre Menippée ou la vertu du Catholicon d'Espagne,* a cura di Ch. Nodier, 2 voll.,
　　Paris 1824.

让人联想起亡灵对话录这种文学体裁，生活在公元 2 世纪的琉善就算不是该体裁的发明者，也是将其发扬光大的功臣。[1] 正如我们将在后文中见到的，对这个先例文本的追访，不仅没有削弱若利的《地狱对话》的原创性，反而令其原创性更见突出。

3. 一部作品的体裁，是由一系列特征定义的，它们既施加限制，也预示着可能。以往，这些特征被称作“律（leggi）”——与现实中的律法一样，它们可以被违背或变更。在琉善的《亡灵对话录》（*Dialoghi dei morti*）中，真实人物与神话人物成对出现，仿佛是在彼此比较，这应该是间接受到了把汉尼拔和亚历山大大帝放在一起描写的普鲁塔克的启发（在其中，弥诺斯充当阴间判官，而西庇阿在结尾时加入了对话）。[2] 但是，在 17 世纪末，丰特内勒（Fontenelle）却在他的《新亡灵对话录》（*Nouveaux dialogues des morts*）中去掉了神话人物而仅留真实人物：他以这种方式对该体裁进行了彻底改造，但同时又继续得益于这一体裁所赋予的可能性，那便是以轻薄嘲讽的口气强调现代人相对于古人的优越性。[3] 这种文

---

[1]　完成这部分文字的写作后，我发现，已经有人指出了这种关联，参见 Johannes Rentsch, *Lukian-Studien*, Plauen 1895, p. 39（摘自 N. Marcialis, *Caronte e Caterina: dialoghi dei morti nella letteratura russa del XVIII secolo*, Roma 1989, p. 19）。Rentsch 提到了没有标明作者姓名的《地狱对话》德文译本。

[2]　参见 Luciano, *Dialoghi dei morti*, 12。

[3]　B. de Fontenelle, *Nouveaux dialogues des morts*（1683），新增补版（Londres 1711），致琉善的献词：“J'ai supримé Pluton, Caron, Cerbère, et tout ce qui est usé dans les Enfers.”关于古人与现代人的对比，参见希腊医生 Erasistrato 与哈维（Hervé）的对话。

学程式迅速在欧洲散布开来，从法国传到英格兰，从德国传到俄罗斯。①

　　若利很有可能对丰特内勒的《新亡灵对话录》知之甚稔，他采用了这一体裁，但却选择了一个不同的角度。马基雅维利与孟德斯鸠在地狱中的讨论，是借助 25 则对话来实现的（此外还有一个完成于几年后的尾声，这部分直到最近才被作为正文的附录而再版出来）。② 孟德斯鸠一开始回忆了他在《论法的精神》(*Esprit des lois*) 中阐述的理念：首先便是立法权、行政权和司法权的三权分立。孟德斯鸠认为，这一原则的胜利，是欧洲现代国家的独特标志，而如今这已被视作理所当然；但是，他关于近代历史的了解，却止于 1847 年。恶意满满的马基雅维利把那之后发生的事告诉给了孟德斯鸠，含蓄地针砭了当时的法国时事：1848 年革命及其血腥镇压；发生于 1851 年 12 月 2 日的政变；一年后举行的公民投票以及法兰西第二帝国的宣告成立。马基雅维利总结道，在一个被政治和社会紧张局势而撕裂的、欧洲最进步的国家之中，一个人（路易·波拿巴）便是

①　J. Egilsrud, *Le "Dialogue des Morts" dans les littératures française, allemande et anglaise* (*1644—1789*), tesi, Paris 1934; F. Keener, *English Dialogues of the Dead: A Critical History, an Anthology, and a Check-List*, New York 1973; N. Marcialis, *Caronte e Caterina*, cit。一个典型的例子：［A.-A. Bruzen de la Martinière］, *Entretiens des ombres aux Champs Elysées*, Amsterdam 1723，其中第六则为孔子与马基雅维利的对话 (vol. II, pp. 111—232)。

②　M. Joly, *Dialogue aux enfers entre Machiavel et Montesquieu*, preceduto da *L'État retors* di Michel Bounan, Paris 1987, 1999³。后记以独立文本的形式出版：M. Joly, *Le plébiscite. Épilogue du Dialogue aux enfers entre Machiavel et Montesquieu*, con una postfazione di F. Leclercq, Paris 1996。

这样靠暴力夺取了权力，建立了一个将和平与繁荣有效结合在一起的新政权。在一段力挺拿破仑三世政权的辩护词中，马基雅维利解释道，要克服威胁所有现代社会的那种脆弱性，这是最合适的解决方案：

> 我看不出，对于这些社会，这些泥足的巨人，还有任何救赎的可能，除非建立起一个绝对的中央集权制度，将所有的公权力都置于统治者手中；在一个像罗马帝国那样等级分明的行政系统中，让个体的所有行动都受到周密管控；在一个法网恢恢的立法体系中，逐一收回曾被轻率赋予的所有自由；最后，在一个庞然大物的专制统治中，雷厉风行、随时随地地对任何抵抗和抱怨予以镇压。我认为，在低级阶段的帝国中奉行的凯撒主义独裁（cesarismo），似乎能更好地实现我对现代社会富强安定的愿望。感谢那些在不止一个欧洲国家中已经奏效的大规模国家机器，它们向我表明，人们能够生活在和平之中，正如中国、日本和印度的情形。那种让我们鄙视这些东方文明的庸俗偏见是不正确的，我们正学会日益欣赏这些文明的制度。中国人便是非常活跃而又被善加管理的范例。①

---

① M. Joly, *Dialogo*, cit.; *Dialogue*, cit., p. 40（第四则对话结尾）: "Je ne vois de salut pour ces sociétés, véritables colosses aux pieds d'argile, que dans l'institution d'une centralisation à outrance, qui mette toute la force publique à la disposition de ceux qui gouvernent; dans une administration hiérarchique semblable à celle de l'empire romain, qui règle mécaniquement tous les mouvements des （转下页）

对于《地狱对话》的第一批读者而言，马基雅维利的话有着清晰的含义。1850 年，奥古斯特·罗米厄（Auguste Romieu）发明了"凯撒主义独裁"这个词，用来定义一种政权，它是"某个文明发展到极盛阶段的必然结果……既非君主制也非帝国，也不是专制统治或暴政，而是某种独特的、迄今尚未被充分了解的东西"。[①] 接下来的那一年，罗米厄撰写了一本题为《1852 年的红色幽灵》（*Le spectre rouge de 1852*）的小册子，将路易·拿破仑即将发动的政变粉饰为有能力避免下层阶级叛乱

（接上页）individus; dans un vaste système de législation qui reprenne en détail toutes les libertésqui ont été imprudemment données; dans un despotisme gigantesque, enfin, qui puisse frapper immédiatement et à toute heure, tout ce qui résiste, tout ce qui se plaint. Le Césarisme du Bas-Empire me paraît réaliser assez bien ce que je souhaite pour le bien-être des sociétés modernes. Grâce à ces vastes appareils qui fonctionnent déjà, m'a-t-on dit, en plus d'un pays de l'Europe, elles peuvent vivre en paix, comme en Chine, comme au Japon, comme dans l'Inde. Il ne faut pas qu'un vulgaire préjugé nous fasse mépriser ces civilisations orientales, dont on apprend chaque jour à mieux apprécier les institutions. Le peuple chinois, par exemple, est très commerçant et très bien administré".

① 这一句摘引自 A. Momigliano "Per un riesame della storia dell'idea di cesarismo", in *Sui fondamenti della storia antica*, cit., pp. 378—388, 尤其是 p. 380 nota 5。另参见 "Contributi ad un dizionario storico: J. Burckhardt e la parola 'cesarismo'", ivi, pp. 389—392。莫米利亚诺并未提及若利的《地狱对话》。对于后者借鉴了罗米厄《凯撒的时代》（*Ère des Césars*）这一点的强调，参见 T. Sarfatti, *Reading Machiavelli in Mid-Nineteenth Century France: Auguste Romieu, Maurice Joly and a Critique of Liberalism*（2002 年冬作者提交给 UCLA 研讨会的论文）。关于这一问题的全面讨论，参见 I. Cervelli, *Cesarismo: alcuni usi e significati della parola*（*secolo XIX*）, in "Annali dell'istituto storico italo-germanico di Trento", 22（1996）, pp. 61—197（尤其是 pp. 103 以下页码关于罗米厄的内容；pp. 135—136 nota 255 关于若利的内容）。

的唯一解决方案。罗米厄歌颂暴力，以轻蔑的口吻驳斥自然法的主张："我相信社会需要，不相信自然权利。在我看来，权利（DIRITTO）这个词毫无意义，因为自然中根本就没有这回事。这是一个人类的发明创造……"①

在这一点上，若利笔下的马基雅维利与罗米厄形成了唱和："所有的最高权力都源自暴力，也就是说，源自对权利的否定……你难道不曾意识到，'权利'这个词的含义是多么的模糊？"②但是，若利笔下的马基雅维利，粗暴地将"凯撒主义独裁"与"庞然大物的专制统治"联系在一起。这是针对孟德斯鸠——那个真实的孟德斯鸠——的挑衅，后者在东方的专制统治中，看到了欧洲文明所体现的进步思想的对立面。③若利必定想起了托克维尔对民主社会未来的沉痛反思，在这个未来中，一种新的奴役形式，"管理有方、温和适度、不动声色"的那一种，将会"在人民当家作主的阴影中"与"某些自由的外部形式"混合在一起。④但是，托克维尔依然视新闻出版自由为平等

①　A. Romieu, *Le spectre rouge de 1852*, Paris 1851², pp. 5—6: "Je crois à des besoins sociaux, non à des droits naturels. Le mot DROIT n'a aucun sens pour mon esprit, parce que je n'en vois, nulle part, la traduction dans la nature. Il est d'invention humaine..."。

②　M. Joly, *Dialogo*, cit., p. 33; *Dialogue*, cit., p. 12（第一则对话）: "Tous les pouvoirs souverains ont eu la force pour origine, ou, ce qui est la même chose, la négation du droit[...]. Ce mot de droit lui-même, d'ailleurs, ne voyez-vous pas qu'il est d'un vague infini?"。

③　关于 18 世纪的讨论，参见 F. Venturi, *Despotismo orientale*, in "Rivista storica italiana", LXXII（1960）pp. 117—126。

④　A. de Tocqueville, *De la Démocratie en Amérique*, a cura di F. Furet, Paris 1981, vol. II, p. 386: "J'ai toujours cru que cette sorte de servitude, réglée, douce（转下页

之恶的最强效的解毒剂。① 曾经亲身体验过法兰西第二帝国的若利，对这一点并不存任何幻想。根据他笔下马基雅维利的观点，最适合现代社会的未来，将是某种让议会制度和新闻出版自由得保完好无损的专制统治（我们可以将其定义为西方专制主义）。"我的重要原则之一，"若利笔下的马基雅维利说，"就是以毒攻毒。正如我会用报刊来攻击报刊，我也会用论坛来对抗论坛……议院中的 20 个人里，将会有 19 个是我的人，听从我的命令投票表决，而我则在背后像操弄牵线木偶一样控制那一个暗中招揽来的假反对派。"②

他的谈话对象孟德斯鸠评论道，这个策略会导致"党派被消灭，社会力量被摧毁"，即便政治自由从形式上依然得保完好无损。③ 马基雅维利表示同意。他提议，可以使用类似的策略来对付新闻出版：

（接上页）et paisible, dont je viens de faire le tableau, pourrait se combiner mieux qu'on ne l'imagine avec quelques-unes des formes extérieures de la liberté, et qu'il ne lui serait pas impossible de s'établir à l'ombre même de la souveraineté du peuple". 另参见 C. Cassina, *Alexis de Tocqueville e il dispotismo "di nuova specie"*, in D. Felice（a cura di）, *Dispotismo. Genesi e sviluppi di un concetto politico-filosofico*, Napoli 2002, vol. II, pp. 515—543.

① A. de Tocqueville, *De la Démocratie en Amérique*, cit., vol. II, p. 392.

② M. Joly, *Dialogo*, cit., p. 130; *Dialogue*, cit., pp. 153—154（第 十 五 则 对 话 结 尾）: "Un de mes grands principes est d'opposer les semblables. De même que j'use la presse par la presse, j'userai la tribune par la tribune [...]. Les dixneuf vingtièmes de la Chambre seraient des hommes à moi qui voteraient sur une consigne, tandis que je ferais mouvoir le fils d'une opposition factice et clandestinement embauchée".

③ 作者同上，*Dialogo*, cit., p. 131; *Dialogue*, cit., p. 155（第十六则对话开头）: "L'anéantissement des partis et la destruction des forces collectives".

> ……我看到一种用报刊本身干掉报刊的可能性。鉴于新闻业是这样一股巨大的力量，你可知道，我的政府将会怎么做吗？它将成为一个新闻记者，它将成为新闻业的化身……正如毗湿奴神，我的新闻出版业亦有百臂，这些手臂将向各种趋势、各种意见施援，让它们遍布整个国家。你将在不知不觉中成为我的党羽。那些自以为说着自己的一套话语的人，实际上却在替我发声，那些自以为效力于各自党派的人，实际上却在为我助力，那些自以为在各自的旗帜下前进的人，实际上却是我麾下走卒。

"这些是具有可行性的设想，还是虚幻的奇思异想？我有点儿晕了。"孟德斯鸠喃喃自语。[①]

4. 在马基雅维利冷酷无情的逻辑推理之步步紧逼下，孟德斯鸠陷入了震惊与惶恐之中。孟德斯鸠是一个往昔之人；马基雅维利却是一个活在当下、甚至可能活在未来的人。对这二人

———————

① M. Joly, *Dialogo*, cit., pp. 103—104; *Dialogue*, cit., pp. 112, 114（第十二则对话）: "...j'entrevois la possibilité de neutraliser la presse par la presse elle-même. Puisque c'est une si grande force que le journalisme, savez-vous ce que ferait mon gouvernement? Il se ferait journaliste, ce serait le journalisme incarné. [...] Comme le dieu Wishnou, ma presse aura cent bras, et ces bras donneront la main à toutes les nuances d'opinion quelconque sur la surface entière du pays. On sera de mon parti sans le savoir. Ceux qui croiront parler leur langue parleront la mienne, ceux qui croiront agiter leur parti agiteront le mien, ceux qui croiront marcher sous leur drapeau marcheront sous le mien". "Sont-ce là des conceptions réalisables ou des fantasmagories? Cela donne le vertige".

在历史上出现的先后顺序的荒谬逆转，也逆转了"亡灵对话录"
这一体裁自丰特内勒以来约定俗成的含义；从更普遍的意义上
说，这似乎是对进步理念的讽刺挖苦和不屑一顾。但是，若利
在运用对话体这一表现形式时的手法非常巧妙，从而令他的真
实态度藏匿其中，几乎到了无法破译的地步。当若利宣称已经
把身为作者的自己从书中剔除的时候，除了显而易见的字面意
思——他审慎地决定不在《地狱对话》的封面署名——很可能
包含着一些言外之意。①

　　正如我们前面提到的，若利后来表示，让孟德斯鸠粉墨登
场的这个念头，令他联想起马基雅维利"可以变成拿破仑三世，
阐述着他那些令人生厌的政策"。② 在引用这些话的时候，我们
忘了提及，若利之前还曾经写过几行字：也就是说，他认为孟
德斯鸠"这个人，完全可以成为将我想要表达的一部分理念倾
诉而出的具体化身"。正如孟德斯鸠并不代表若利的全部理念，
马基雅维利也并不代表拿破仑三世的全部观点和政策。

　　有一段文字可以表明这种说法的确实可靠。马基雅维利对
孟德斯鸠解释说，经政变而诞生的新宪法，将会被提交全民公
决，而结果将会是全盘接受或全盘否决。这显然是在影射 1852
年 12 月 2 日的公民投票，它让路易·拿破仑借助普选而成为

---

① M. Joly, *Dialogue*, cit., p. 4: "On ne demandera pas quelle est la main qui a tracé ces
pages: une œuvre comme celle-ci est en quelque sorte impersonnelle. Elle répond
à un appel de la conscience; tout le monde l'a conçue, elle est executée, l'auteur
s'efface..." .

② Taguieff, vol. I, pp. 70—71.

具有合法性的皇帝：这是一个史无前例的杂交事件。^①马基雅维利接着否定了美国的范例：我们是在欧洲，在投票表决前对宪法进行讨论的想法是荒谬的。一部宪法必须出自一人之手，因为"事情从未有异于此：所有帝国缔造者——像是辛努塞尔特（Sesostri）、梭伦（Salone）、吕库古（Licurgo）、查理曼（Carlomagno）、腓特烈二世（Federico II）和彼得一世（Pietro I）——的历史都证明了这一点"。

"你这是在鼓吹你的一位弟子的著作。"孟德斯鸠指出。

"谁？"马基雅维利问道。

"约瑟夫·德迈斯特（Joseph de Maistre），"孟德斯鸠回答说，"有些总体上的思考可能是正确的，但我看不到其实施的可能性。"^②

孟德斯鸠所指的这部著作，是德迈斯特的《对法兰西的思考》（*Considérations sur la France*）。在题为"论宪政中的神圣影响"的一章中，我们读到这样的文字："光是聚集民众并不足以构成一个国家：这种企图在疯狂程度上胜过了世上所有疯人

---

① 关于普选作为新的合法性形式，参见 D. Losurdo, *Democrazia o bonapartismo. Trionfo e decadenza del suffragio universale*, Torino 1993; A. O. Hirschman, *Shifting Involvements. Private Interest and Public Action*, Princeton 1982, 尤其是 pp. 112—120（信息提供者为 Andrea Ginzburg）。

② M. Joly, *Dialogo*, cit., p. 83; *Dialogue*, cit., p. 80（第 9 则对话）："'Jamais les choses ne se sont passés autrement, j'en atteste l'histoire de tous les fondateurs d'empire, l'exemple des Sésostris, des Solon, des Lycurgue, des Charlemagne, des Frédéric II, des Pierre Ier.' 'C'est un chapitre d'un de vos disciples que vous allez me développer là.' 'Et de qui donc?' 'De Joseph de Maistre.' Il y a là des considérations générales qui ne sont pas sans vérité, mais que je trouve sans application.'"

院所能产生的荒唐放荡。"①

为了支持这一态度轻蔑的论述，德迈斯特在注释中引用了马基雅维利《论李维》(*Discorsi sulla prima deca di Tito Livio*) 中的一段（I, 9）："只需有一人指示路向，一切法令皆取决于一意独裁。"② 在《对法兰西的思考》同一章的稍后处，德迈斯特讽刺地将孟德斯鸠比作迂腐的诗人，而将为斯巴达制定律法的吕库古比作荷马。如此一来，在宪法的问题上，德迈斯特所诉诸的权威实际上是马基雅维利，而不是在他看来脱离现实的抽象理论家孟德斯鸠。

若利也赞同这一观点，因为在宪法的问题上，他所诉诸的权威是极端保守主义的德迈斯特，而不是孟德斯鸠。在《地狱对话》问世的前一年，若利出版了一本题为《巴黎律师群像：政治与文学研究》(*Le barreau de Paris: Études politiques et littéraires*) 的书。书中收录了一系列常规的反思文章，也混杂了几篇律师的人物特写，后者通常都带着一丝讽刺的语气，有时候还以假名相称。在《巴黎律师群像》的一个注释中，若利轻蔑地暗示，"宪法愚蠢之极，没有任何建设性"。在这之后，他马上便对德迈斯特大加称赞，将他定义为"一个拥有预言家之声的作家，在本世纪肇始时，其声音拥有无可辩驳的权

---

① J. de Maistre, *Considérations sur la France*, a cura di J. Toulard, Paris 1980, p. 63: "Une assemblée quelconque d'hommes ne peut constituer une nation; et même cette entreprise excède en folie ce que tous les *Bedlams* de l'univers peuvent enfanter de plus absurde et de plus extravagant".

② 出处同上，p. 110 nota 9。

威性"。他还满怀赞许地从德迈斯特的《论宪政和其他人类制度的生成原则》(*Essai sur le principe générateur des constitutions politiques et des autres institutions humaines*)中引用了一系列段落，紧接在引自《对法兰西的思考》、提到了马基雅维利的《论李维》的那段文字之后。①

我知道，我的这段论证颇有些复杂难解；让我试着来总结一下。我比较了 4 本书，其中两本出自德迈斯特之手（《对法兰西的思考》和《论宪政和其他人类制度的生成原则》），另外两本则为若利所著（《巴黎律师群像》和《地狱对话》）。德迈斯特在他的第二本书中引用了自己的第一本书；而在几乎撰写于同一时期的若利的两本书中，都或明或暗地引用了德迈斯特的两本书（《地狱对话》的读者不会领会不到《巴黎律师群像》中提到的"阴间的马基雅维利主义"的含义）。② 我们可以将这 4 本书视为同一语境的零星碎片。但如果我们将它们并排放在一起，便能看到一个模糊的影像浮现出来。真实与虚构之间的界限被模糊了：想象出来的马基雅维利，推演出了一套已经被真实的德迈斯特阐述过的论证，而反过来，德迈斯特又推演出了一套

---

① J. de Maistre, *Essai sur le principe générateur des constitutions politiques et des autres institutions humaines,* Paris 1814, p. VI。

② M. Joly, *Dialogue*, cit., pp. 142—143: "Un machiavélisme infernal s'emparant des préjugés et des passions populaires a propagé partout une confusion de principes qui rend toute entente impossible entre ceux qui parlent la même langue et qui ont les mêmes intérêts"。同样引用了这一段的，还有 H. Rollin, *L'Apocalypse de notre temps: les dessous de la propagande allemande d'après des documents inédits*, Paris 1939（1991），p. 235。

由真实的马基雅维利所提出的论证。在《地狱对话》中，若利借孟德斯鸠之口，将德迈斯特誉为真实的马基雅维利的"弟子"或"追随者"，这一评价最终也适用于想象出来的马基雅维利。[①]简言之，若利似乎将自己的一部分投射到了这场对话的两位对话者身上。一方面，若利认同孟德斯鸠的自由理念；而另一方面，他在描述马基雅维利的论点时，将它们呈现得更为有力，甚至是根本无法辩驳。这种痛苦的自我分裂，让读者迎头遇上了一场充满冒犯的对话，它建立在理想与现实、渴望与理念之间不可逾越的分歧之上：这是一种与自我安慰相反的紧张状态。[②]

5. 若利对拿破仑三世政权的态度肯定充满了敌意。但《地狱对话》并不仅仅是一个词锋激烈的批判小册子。若利攻击了路易·拿破仑，也攻击了他犬儒主义的冷酷弄权手段，但与此同时，若利也试图理解这个政权，这个在他看来史无前例的历史构成（formazione storica）。若利认为，1852 年 12 月 2 日的公民投票远比 1851 年 12 月 2 日的政变更加意义重大。路易·拿破仑用来镇压反对者的暴力手段，其原创性远比它达成的结果——一个治安控制与新闻出版自由、专制统治与大众合法性的杂合体（ibrido miscuglio）——低得多。若利明确表示，

---

① M. Joly, *Dialogue*, cit., p. 49（第六则对话）: "Un de plus vos illustres partisans". 另参见前面提到过的段落，pp. 78—80。

② H. Speier, *La vérité aux enfers: Maurice Joly et le despotisme moderne, in* "Commentaires", 56（1991—1992），pp. 671—680，尤 其 是 p. 673。 另 参 见 F. Leclercq, *Maurice Joly, un suicidé de la démocratie*, postfazione a M. Joly, *Le plébiscite. Épilogue du Dialogue aux enfers entre Machiavel et Montesquieu*, cit., pp. 107—108。

为了理解这些新鲜事物，对这样一个升级版的马基雅维利——
而不是孟德斯鸠的那些幻想——必须抱着一种置身事外的态度，
不能感情用事。但是，在马基雅维利对近期时事的苦涩预言中，
我们并没有看到那种预料之中的、一位拿破仑三世代言人理应
带有的洋洋自得之意。若利笔下的马基雅维利，是一个更加复
杂的人物，在他身上，真实的马基雅维利（尤其是作为《君主
论》作者的那个）、拿破仑三世和若利本人重叠在了一起，从而
生成了一幅复合肖像，而这让人联想起了几年后弗朗西斯·高
尔顿（Francis Galton）着手进行的那些摄影实验。①

　　高尔顿构建的那些模糊影像，或许可以被当成《地狱对话》
中通篇可见的那种含糊其辞的视觉对应表达。为了理解法兰西
第二帝国，若利与打着马基雅维利的名号、实为拿破仑三世化
身的这个笔下人物形成了一种复杂而矛盾的关系。然而，与此
同时，对话录的形式却也让作者得以与自己创造出来的人物保
持一定距离。这就像是若利在旁听着假扮成孟德斯鸠的这个自
己被假扮成马基雅维利的那个自己猛烈攻击。

　　这个想象出来的马基雅维利的声音，乃是敌人的声音。我
不会在这里引用卡尔·施米特（Carl Schmitt）的那句关于敌
人（hostis）的名言，尽管它形象地表述出了我们的问题。我

---

① 参见 P. Saurisse, *Portraits composites: la photographie des types physionomiques à la fin du XIXe siècle*, in "Histoire de l'art", 37—38（1997 年 5 月），pp. 69—78, 以及这位作者的 *Somiglianze di famiglia e alberi genealogici. Due metafore cognitive*, in C.-C. Härle（a cura di），*Ai limiti dell'immagine*, Macerata 2005, pp. 227—250。高尔顿于 1878 年——若利去世的那一年——开始制作复合肖像。

宁愿援引一句若利或许知道的奥维德的话（《变形记》，第 4 卷
428 行）：诚然，我们也要接受敌人的指教（*Nam et fas est et ab
hoste doceri*）。[①] 若利或许还会说：首先就要接受敌人的指教。
我们必须从敌人那里学到，是哪些原因导致了我们的失败。

6. 若利写道，专制统治的现代形式包括了选举自由和新闻
出版自由。对于这两者，他显然并不认同自由主义者的那些幻
想；在他眼中，真正的权力在于别处。1864 年，当《地狱对话》
首次出版时，这种说法在许多读者看来似乎都有些自相矛盾。
如今，它听起来远没有那么自相矛盾了。我同样相信，民主正
如温斯顿·丘吉尔所说，"是最糟糕的政体，只不过比所有其他
政体都要强些。"但是，在美国这个全世界最大的民主国家中，
当大选中只有少数公民行使投票权时（他们的政治参与通常也
就止步于这一权利），民主政治自封的合法性似乎便被猛烈动摇
了。更令人生疑的，是投票者影响真正的权力中心及其决策的
能力。21 世纪初的民主国家，似乎要比 150 年前若利出版这部
对现代专制统治进行分析的作品时更强大有力；它们对社会的
控制似乎要更精细有效；公民的权力却在无限缩小。

所有这些，都帮助我们进一步了解了《地狱对话》在 20 世
纪的接受状况。正如我们看到的，在 20 世纪 20 年代和 30 年
代，对它的讨论仅限于它与《锡安长老会纪要》之间的联系。
第二次世界大战结束后，《地狱对话》在法国被出版了 3 次，德

---

①   C. Ginzburg, *Nessuna isola è un'isola*, Milano 2002, p. 55.

国 4 次，西班牙 2 次，意大利和美国各 1 次。[①]一些读者在《地狱对话》中看到了对二十世纪各种极权主义的清醒预言。[②]但是，被重印了 3 次（1987、1992 和 1999 年）的最新一版《地狱对话》法文译本，却对这本书进行了不同的描述。对于该版前言作者米歇尔·布南（Michel Bounan）来说，这是"一部政治学经典，提前一百年揭露了现代专制统治的面目"，而直到那些极权主义政权垮台之后，这种现代专制统治才真正大白于天下。[③]布南从这一结论出发，发展出了一系列近期发表的论文，他对若利这部《地狱对话》的解读，是借助另一部作品的滤镜而完成的，那就是《锡安长老会纪要》，《地狱对话》出乎预料且备受扭曲的后继者。要对布南的分析发表意见，首先需要对这两部作品之间的关系进行一次细致的检视。

　　7. 曾有人称，《锡安长老会纪要》在世界畅销书排行榜上位居第二，仅次于《圣经》。这或许是夸大其词；然而，可以确定的是，每一年都有新版本的《锡安长老会纪要》出现在世界各地：中东，拉丁美洲，日本，欧洲（我记得在布达佩斯市中心

---

① 法文版和译本目录，参见 M. Joly, *Dialogue...*, Paris 1999. Vedi anche M. Joly, *The Dialogue in Hell between Machiavelli and Montesquieu*, a cura di J. S. Waggoner, Lanham（Md.）2003（2002 年首版）。

② H. Barth, *Maurice Joly, der plebiszitäre Cäsarismus und die "Protokolle der Weisen von Zion"*, in "Neue Zürcher Zeitung", 31 marzo 1962; W. Kaegi, *Jacob Burckhardt e gli inizi del cesarismo moderno*, in "Rivista storica italiana", LXXVI（1964）, pp. 150—171, 尤其是 pp. 150—152。

③ 原文："Un classique de la politique qui, avec un siècle d'avance, a mis a nu les procédés du despotisme moderne."

一家书店的橱窗中见到过其身影）。正如我们所知，这份《锡安长老会纪要》号称是一群犹太阴谋家某次秘密会议的产物，这些人计划对社会的各个层面——经济、传媒、军队、政党等等——进行渗透。该阴谋的胜利，将带来一个主宰全世界的犹太王国。这份《锡安长老会纪要》还伴有一份"译者附言"，其中指出，该文本是一个新修版，其前身乃是所罗门王与锡安长老会于公元前 929 年设计出的某个阴谋计划。

　　已经有大量研究对《锡安长老会纪要》的起草经过及其异乎寻常的成功进行了细致入微的分析。这里是一些基本事实。[①]这本书于 1903 年在俄罗斯首次出版；接下来的几年中，陆续出现了内容略有不同的其他俄文版。但是，《锡安长老会纪要》在全世界范围内的流行，却发生于被一些极端保守主义的新闻媒体描绘为一桩犹太阴谋的十月革命之后。出现于 1919 年的德文版，一年后被伦敦《泰晤士报》（Times）誉为一份重要文献，这也就意味着认定了其真实可靠。1921 年，驻伊斯坦布尔的《泰晤士报》通讯记者菲利普·格雷夫斯（Philip Graves）撰写了三篇文章，证明《锡安长老会纪要》乃是伪造品，因为书中许多段落都与半个世纪前问世的一本被人遗忘的书十分相似，这本

---

① 我仅在此引用了以下资料来源：N. Cohn, *Warrant for Genocide. The Myth of the Jewish World Conspiracy and the Protocols of the Elders of Zion*, London 1967; *Les Protocoles des Sages de Sion*, a cura di P.-A. Taguieff, cit.; C. G. De Michelis, *Il manoscritto inesistente. I "Protocolli dei Savi di Sion": un apocrifo del XX secolo*, Venezia 1998（另见有所增补的英文译本：The Non-Existent Manuscript. *A Study of the Protocols of the Sages of Zion*, Lincoln-London 2004）。

书，便是莫里斯·若利的《马基雅维利与孟德斯鸠在地狱中的对话》。格雷夫斯从一个他并未称名道姓的俄国移民那里得知，在这两个文本之间存在此种联系，这个人后来被认定为米哈伊尔·拉斯洛夫列夫（Mikhail Raslovlev）。尽管《锡安长老会纪要》的一些"原始出处"之前就被人报道过，格雷夫斯的文章却引起了轰动。[1] 但是，这份《锡安长老会纪要》的广泛流传依然不受干扰。时任天主教教廷最高书记（protonotaro apostolico）的茹安（Jouin），将这份《锡安长老会纪要》译成了法文，他评论道："《锡安长老会纪要》是不是真的关系不大；只要其可能为真，就足够了（Peu importe que les Protocoles soient authentiques; il suffit qu'ils soient vrais）。"[2] 本着同样的精神，中世纪的神职人员也曾如此编造他们的虔敬骗局（piae fraudes）：出于真正的信仰而进行的弄虚作假。1934 年，一些位于瑞士的犹太组织提起诉讼，控告两个本地国家社会主义党领袖犯有诽谤罪。被告人四处散发《锡安长老会纪要》，以此作为遍布全球的犹太阴谋确实存在的自白证供。由此引发的讨论，再一次聚焦在《锡安长老会纪要》中剽窃自若利《地狱对话》的段

---

[1] P. Charles, *Les Protocoles*, cit.; J.-F. Moisan, *Les Protocoles des Sages de Sion en Grande-Bretagne et aux USA*, in Taguieff, vol. II, pp. 163—216。近作参见 M. Olender, *La chasse aux évidences. Sur quelques formes de racisme entre mythe et histoire*, Paris 2005, pp. 187—142: "La chasse aux 'evidences'. Pierre Charles（s.j.）face aux *Protocoles des Sages de Sion*"。

[2] P. Pierrard, *L'entre-deux-guerres: Les* Protocoles des Sages de Sion *et la dénonciation du péril judéo-maçonnique*（引自 *Juifs et catholiques français. De Drumont à Jules Isaac* ［*1886—1945*］, Paris 1970; ed. ampliata 1997）, in Taguieff, vol. II, p. 241; 另参见 P.-A. Taguieff, in Taguieff, vol. I, p. 94。

落上。①

"正如毗湿奴神，我的新闻出版业亦有百臂。"若利笔下的
马基雅维利说："正如印度教中的毗湿奴神，我们将有百臂。"
在《锡安长老会纪要》敦促对具有政治倾向的新闻媒体进行渗
透的一章中，锡安长老们如是说。②——列举这些剽窃之处的单
子，可以拉得很长。③这个以《地狱对话》为模版炮制出了《锡
安长老会纪要》的某人，经常犯一些马虎大意的错误，比如，
在《锡安长老会纪要》的另外一个章节中，关于毗湿奴的比喻
便再度出现了。④锡安长老和若利笔下的马基雅维利所分别描述
的旨在控制社会的策略，存在着很强的结构相似性：例如，前
者提到反犹太主义最终将强化犹太人的秘密权力，正如后者认
为政敌们最终会成为拿破仑三世政权的统治工具。如何对这些
相似之处作出解释？

直到最近，人们都认为《锡安长老会纪要》被炮制于 1894
年到 1899 年间的法国。⑤在切萨雷·G. 德米凯利斯（Cesare G.
De Michelis）的近作《不存在的手稿》（*Il manoscritto inesistente*）
中，他根据其他内在文本要素提出了一个不同的假说：《锡安长

---

① P. Charles, *Les Protocoles*, in Taguieff, vol. II, pp. 11—37.

② M. Joly, *Dialogue*, cit., p. 114（第十二则对话）；C. G. De Michelis, *Il manoscritto*,
   cit., p. 264.

③ 在被德米凯利斯收入其专著附录的意大利文版《锡安长老会纪要》中，从若利
   《地狱对话》中借鉴的那些文字是以斜体印刷的。参见 *Il manoscritto inesistente*,
   cit., pp. 227—289.

④ C. G. De Michelis, *Il manoscritto*, cit., p. 276.

⑤ 包括 N.Cohn（转引自 C. G. De Michelis, *Il manoscritto*, cit., p. 17）。

老会纪要》很可能产生于 1902 年到 1903 年间的俄国。① 但是，这个假设的俄国起源，很难解释为什么《锡安长老会纪要》的文本会与若利的《地狱对话》——一个被人遗忘、难以找到的文本——如此丝丝入扣。② 德米凯利斯的反驳意见是，《地狱对话》无论如何都不是 "一部寂寂无名之作"，但为了支持这一说法，他仅援引了在原著沉寂 30 年后才于 1898 年出版于布宜诺斯艾利斯的一个西班牙译本为证。③ 毕竟，虽然德米凯利斯将若利的书视为《锡安长老会纪要》的一个 "潜文本"，甚至使用前者来重新构建后者的文本流传过程，但他还是不得不随即认定——尽管是以非常含糊的方式——这部伪作的作者（假定为俄国人）与法国有着千丝万缕的联系，而正是借助这些联系，他们要么弄到了若利的原书，要么得以从若利的书中窃取了上百句话。④ 在这个东拼西凑的过程中，《锡安长老会纪要》中与法国作家塔尔德（Tarde）或沙布里（Chabry）唱和相应的那些段落，很可能也是如此收录进来的。⑤

　　如此一来，我们就又回到了法国。但是否有可能确定，这样一条将若利的书与《锡安长老会纪要》联系在一起的法国链

---

① C. G. De Michelis, *Il manoscritto*, cit., pp. 58—60.

② 德米凯利斯写道（出处同上，p. 40），"关于若利的文本是否 '稀罕' 的讨论是空泛的；最终只有狂热分子才会对此感兴趣"，这些人便是支持《锡安长老会纪要》真实性的那些人。但对某个事实的功利利用，并不足以表明这个事实不存在。

③ 出处同上，p. 53。最后一个法文版问世于 1868 年。

④ 出处同上，p. 230（关于拼凑而成的猜测，另参见 p. 56）。

⑤ 出处同上，p. 50（Tarde），p. 52（Chabry）。

条真的存在？奇怪的是，德米凯利斯并未提及这一猜测，而是
试图借助一本书来解答这个问题。这本书，就是被他恰如其分
地称为《锡安长老会纪要》文学"基石"的亨利·罗兰（Henri
Rollin）的《我们时代的启示录：未发表文献中揭示的德国
宣传阴暗面》（*L'Apocalypse de notre temps: Les dessous de la
propagande allemande d'après des documents inédits*）。[1] 这是一
部极其出色的作品，出自一位与学术世界并无瓜葛的历史学家之
手（罗兰为法国秘密情报机构工作），它于第二次世界大战刚刚
爆发的 1939 年首次出版，并于 1991 年再版。罗兰慎思明辨，旁
征博引，重现了《锡安长老会纪要》问世的来龙去脉。在书中某
处，他注意到，1872 年时，若利开始与一家极右报纸《自由报》
（La liberté）合作（这不能不说是一个意外）。在为《自由报》效
力的记者中，有一位爱德华·德吕蒙（Édouard Drumont），后
来，他撰写了《犹太人的法兰西》（*La France juive*，1886）等书
籍，还担任了日报《自由言论报》（La libre parole）的编辑，并
凭借这些成为了暴力反犹势力的代言人。[2] 德吕蒙在《犹太人的
法兰西》一书和自传《一个反犹分子的自白》（*Le testament d'un
antisémite*，1891）中都提到了若利（"这个好人儿若利"），尽管拼
写错了他的名字（拼为 Jolly 而非 Joly）。[3] 1894 年，法兰西共和

①　Paris 1939; 新版 Paris 1991。另见 C. G. De Michelis, *Il manoscritto*, cit., p. 11。

②　R. Repetti, introduzione a M. Joly, *Dialogo agli Inferi*, cit., p. 19.

③　É. Drumont, *La France juive*, Paris 1885, Paris 1886[23], vol. II, pp. 410—411; 作者同
　　上，*Le testament d'un antisémite*, Paris 1891, p. 285。

国总统萨迪·卡诺（Sadi Carnot）被一位意大利无政府主义者刺杀，德吕蒙随即逃亡到了布鲁塞尔，以免因文获罪：他的一些文章中含有一些模棱两可、但可以被理解为赞同无政府主义的段落（德吕蒙很巧妙地将天主教的反犹主义主题与社会党人的反犹主义主题结合在了一起）。① 在 1894 年 7 月 18 日刊登于《费加罗报》（Figaro）的一篇访谈中，德吕蒙威胁说，要重新发行一份法兰西第二帝国时期的反拿破仑式专制统治的小册子。他宣称，"我们必须着手起草一些新的《拉宾努斯的演说》（Propos de Labiénus）②。"随后，他指向一口大箱子："文献——真实的文献！直到目前，出于同情心或基督徒的爱心，我一直保持着沉默。我守着规矩来打这一场仗。但如果不公正的法律将我们变成了法外狂徒，我将会发动一场毫不留情的战争。"罗兰猜

---

① 天主教反犹趋势的一些例子：l'*abbé* E.-A. Chabauty, chanoine honoraire d'Angoulême et de Poitiers, *Les Juifs, nos Maîtres!, Documents et developpements nouveaux de la question juive*, Paris 1882（同一作者：*Lettre sur les prophéties modernes et concordance de toutes les prédictions jusqu'au règne d'Henri V inclusivement*, 校正和增补的第二版, Poitiers 1872; *Les prophéties modernes vengées, ou Défense de la concordance de toutes les prophéties*, Poitiers 1874; 关于 Chabauty, P. Pierrard, *Juifs et catholiques français. D'Édouard Drumont à Jakob Kaplan*［1886—1994］, Paris 1997）; C. C. de Saint-André（i.e. "l'*abbé* Chabotet"［!］：被手动添加到 BN 目录中）, *Francs-Maçons et Juifs. Sixième âge de l'Eglise d'après l'Apocalypse*, Paris 1880; Jean Brisecou, *La grande conjuration organisée pour la ruine de la France*, prefazione di É. Drumont, Paris 1887。社会主义反犹趋势的一个例子，参见 A. Toussenel, *Les juifs, rois de l'époque. Histoire de la féodalité financière*, 2 voll., Paris 1845³（1847²; 1886 重版，并得到 Drumont 的推荐, *La France juive*, cit., vol. I, pp. 341—342）; 同一问题，参见 *Travail et fainéantise. Programme démocratique*, Paris 184。

② 译者注：一本 1865 年出版的抨击性小册子，假托罗马将领拉宾努斯之口批评尤里乌斯·凯撒统治下的罗马，实则暗讽拿破仑三世的独裁。

测，德吕蒙应当已经读过了出自老同事之手的《地狱对话》：这
本书显然在其出版地布鲁塞尔要比在巴黎更容易搞到。① 尤其值
得重视的，是德吕蒙提到了"一些新的《拉宾努斯的演说》"：
这部针对拿破仑三世的讽刺作品，其表现方式正是一场想象出
来的、发生在两位古罗马人之间的对话，而其灵感明显来自一
年前出版的若利的《地狱对话》。②1896 年 1 月 10 日，德吕蒙
在《自由言论报》上再次大胆宣称，可能会撰写一本作为《拉
宾努斯的演说》后续的"出色的小册子"。10 天后，他再度提及
同一话题："假如《地狱对话》仍流行的话……"③ 所有这些，并
不能证明，德吕蒙将《地狱对话》视为一个具有反犹潜力的文
本，将一个虚构杜撰出来的文本当成了历史文献；这也无法证
明，德吕蒙将若利的文本传到了那些炮制出《锡安长老会纪要》
的俄国人手上。但是，罗兰提出的这条德吕蒙之路，却值得进
一步研究。1898 年——德吕蒙在当年年底愤愤不平地写道，这
是一个"犹太年（l'année juive）"——发生了一系列戏剧性事
件，导致了德雷福斯事件（l'affaire Dreyfus）的突然重审。证
明德雷福斯有罪的文件，原来系伪造而成；被认定为伪造了这
份文件、因此入狱的亨利上校，自杀身亡。就在这一时刻，德
吕蒙发动了攻势。《自由言论报》发起了一次大规模的认捐活动，

---

① H. Rollin, *L'Apocalypse de notre temps*, cit., p. 260.

② A. Rogeard, *Les propos de Labiénus, 22ᵉ éd. précédée de l'histoire d'une brochure* (1865), Paris 1870.

③ H. Rollin, *L'Apocalypse de notre temps*, cit., p. 283（该章标题为"Drumont, professeur de plagiat"）.

筹款为亨利上校修建纪念碑。德吕蒙在文章中写道，这个人出于幼稚，犯下了一个微不足道的小错误，其严重程度远远不如"犹太人使用的那些让他们自己富甲一方、成为我辈主宰的无耻手段"。[①] 没过多久，在 1899 年 2 月 26 日那天的《自由言论报》上，又发表了一篇署名为"于普（Gyp）"的头版文章。躲在这个假名背后的，是知名作家米拉波-马尔泰勒伯爵夫人西比勒·加布丽埃勒·玛丽·安托瓦内特（Sibylle Gabrielle Marie Antoinette comtesse de Mirabeau-Martel），她曾写下多篇文藻斐然的极端民族主义和反犹主义大作。这篇题为"亡灵论事（L'affaire chez les morts）"的文章，重拾了作为若利《地狱对话》之灵感来源的"亡灵对话录"体裁的荒诞文风。于普在文中描绘了两个阵营，攻击的一方是加尔文（Calvino）、圣女贞德（Giovanna d'Arco）、凯瑟琳·德梅迪奇（Caterina de'Medici）、伏尔泰（Voltaire）、拿破仑和加夫罗什（Gavroche），而另一方则是摩西（Mosè）、耶利米（Geremia）、迈尔·罗思柴尔德（Mayer Rothschild）、雅克·德雷纳克（Jacques de Reinach），后者全都说着带德国口音的法国话。一个在今天听起来颇为粗俗下流的笑话，流露出一种邪恶不详的预言之意。"在历史的进程中，我曾被猛烈抨击，"凯瑟琳·德梅迪奇说，"然而，假如说

---

① É. Drumont, *La fin d'un soldat*（in "La libre parole", 3 settembre 1898）: "Ce qu'il a fait n'est pas bien, mais c'est un enfantillage à côté de tous les moyens infâmes que les Juifs ont employés pour s'enrichir et devenir nos maîtres". 德吕蒙对比了亨利和俾斯麦的不同境遇：前者在身败名裂中死去，而炮制了埃姆斯密电（telegramma di Ems）的后者去世时却备极哀荣。

曾经发生过犹太版的圣巴托洛缪之夜（notte di San Bartolomeo）的话，我是一点儿都不会吃惊的。"[1] 以若利的《地狱对话》——一本已经不再有人阅读的书——为基础，编撰炮制《锡安长老会纪要》的活动，必定便诞生于这样的政治气氛之中，甚至可能就发生在这几个月。[2]

8. 但是，若利的《地狱对话》与《锡安长老会纪要》之间的相似之处，也必须从另外一个角度加以讨论，而这对于当下有着直接影响。《地狱对话》中有一处充满敌意地提到了犹太人，这段话被《锡安长老会纪要》所取用，但却把有关犹太人的内容删去了。[3] 但是，光是这一个交汇点本身，并不太重要。有一种观点认为，若利通过分析法兰西第二帝国这个"现代专制统治"的典范，破译了一个以不同形式呈现在我们面前的长期现象的秘密。对于那些接受此种观点的人来说，两个

---

[1] Gyp, *L'affaire chez les morts*（in "La libre parole", 26 febbraio 1899）: "On a beaucoup crié contre moi dans l'Histoire! [...] et pourtant il y aurait une Sainte-Barthélemy Juive que j'en ne sarais pas autrement surprise...".

[2] 《锡安长老会纪要》中提到某位"过去曾和巴拿马有过关系"的总统的当选，这显然指的是身处巴拿马丑闻事件中的埃米尔·卢贝（Émile Loubet）于 1899 年 2 月 18 日当选为法兰西共和国总统一事（De Michelis, *Il manoscritto*, cit., p. 58）：这个日期应当被视为《锡安长老会纪要》成文时间的上限而非下限。

[3] M. Joly, *Dialogue*, cit., p. 39（第四则对话）: "De la lassitude des idées et du choc des révolutions sont sorties des sociétés froides et désabusées qui sont arrivées à l'indifférence en politique comme en religion, qui n'ont plus d'autre stimulant que les jouissances matérielles, qui ne vivent plus que par l'intérêt, qui n'ont d'autre culte que l'or, dont les mœurs mercantiles le disputent à celles des juifs qu'ils ont pris pour modèles". 参见 *Protocolli*, cit., cap. IV（C. G. De Michelis, *Il manoscritto*, cit., p. 251）。对若利这段话的引述提及，参见 Rollin, *L'Apocalypse de notre temps*, cit., pp. 290—291。

文本之间的全面同态性（l'isomorfismo complessivo）是更攸关大局（也更令人不安）的。[①] 但如果是这种情况的话，如何对《锡安长老会纪要》做出阐释？把它当成一个拙劣的模仿吗？米歇尔·布南提出了一个不同的假说：《锡安长老会纪要》是"警方伪造出的一场革命动乱"。[②] 这个定义，似乎是从奥古斯特·倍倍尔（August Bebel）的那句名言——"反犹主义是蠢人们的社会主义"——生发而来的，但其波及范围却要更广。按照布南的观点，真实的阴谋为虚假的阴谋——《锡安长老会纪要》——提供了灵感，而这种真实的阴谋，是若利笔下描述的那个独特制度的典型特征："一个旨在将依附性永远维持下去的现代政府藏而不露但却永恒存在的阴谋。"但是，布南在行文中很可能故意使用了托克维尔的尖锐措辞，即奴役（servitude）。[③]

我对米歇尔·布南的生平所知无几。从他作品中零星提及自身的文字以及一些互联网上的内容，我们知道，他与居伊·德波（Guy Debord）和在 1968 年巴黎五月风暴中起带头作用的境遇主义者（situazionisti）小团体关系密切。如今，布南似乎对于一家小出版公司的业务颇具影响力，该公司再版了两

---

① C. G. De Michelis, *La definizione di regime*, in "la Repubblica", 2 febbraio 2004，该篇文章强调指出了若利描述的"马基雅维利-波拿巴模式"与西尔维奥·贝卢斯科尼领导下的"政权"之间的"种种结构相似性"。

② M. Bounan, *L'État retors*, introduzione a M. Joly, *Dialogue aux enfers entre Machiavel et Montesquieu*, Paris 1991, pp. XVII—XVIII。

③ M. Bounan, *L'État retors*, cit., p. XII.

部与本研究密切相关的著作，即若利的《地狱对话》和罗兰的
《我们时代的启示录》。在一系列显然受这些作品启发而写下、
文字优雅而言简意赅的论文中，布南阐发了一整套思路清晰的
历史阴谋论观点。在现代社会中，权力渗入了万事万物；除了
少数特权阶级精英，所有人的能量都被虚假的阴谋和虚假的目
的转移了方向；即便是那些沦为非正义行为牺牲品的人，他
们的感情也被从受害者的感知中抹去了，而我们每个人都是受
害者之一。布南于 2003 年发表了一本名为《恐怖主义的逻辑》
（ *Logique du terrorisme* ）的小册子，他的这部近作从这一角度分
析了近年来的一些事件。

　　我从来都不认同那种普遍存在的、自动将一切基于阴谋论
的解释性理论斥为荒唐无稽的态度。诚然，那些理论中的大多
数的确很荒唐，而且在某些情况下，甚至比荒唐更糟糕。但正
如我曾经在一本研究关于巫师夜间集会的刻板印象的专著中提
到的，阴谋的确存在，而虚假的阴谋经常隐藏着对立一方的真
实阴谋（布南也做出了同样的论述）。[①] 在 2001 年 9 月 11 日发
生在纽约、2004 年 3 月 11 日发生在马德里的那些事件之后，人
们不再那么抵触阴谋的存在了；但我清楚地知道，试图辨认出
那些隐藏着真实阴谋的虚假阴谋，往最少里说，也可能导致出
格的结论。在对某些特定官方口径的正常怀疑与对阴谋论的执
迷不悟之间，是否有可能划出一条界线？我相信，被"犯罪人

[①]　C. Ginzburg, *Storia notturna. Una decifrazione del sabba*, Torino 1989, pp. XXVI,
23—24。

即是获益人（ *is fecit cui prodest* ）"这条贻害不浅的原则带偏了的布南，或许越过了那条界线。该原则以一种全然不合逻辑的方式，将一个已经达成的结局反过来纳入了某个因果关系。（某国政府利用一场恐怖袭击展示出的种种政治前景，发动了一场战争，这一事实并不能证明，那场恐怖袭击就是该政府组织策划的。）布南似乎被他自己的研究对象（《锡安长老会纪要》）及其原始资料（若利的《地狱对话》）催眠了。但是，只是因为某个关于历史的阴谋论观点可能是《锡安长老会纪要》的反转版本，便对其加以摒弃，理由却也不够充分。我将再一次返回到若利的《地狱对话》与《锡安长老会纪要》之间关系的问题上，借此澄清我的观点。

　　若利选择了一种文学形式来阐述自己的理念，而他最终为此付出了代价。《地狱对话》中的马基雅维利，以第一人称详细描述了他将要采用的政治策略，这给人留下了一种印象，那就是现实（已经发生了的现实）必定会与他的愿望相符。对于那些更广阔的、无以名状的现象，比如现代社会的脆弱性，他仅予旁敲侧击，随即弃置不论。若利想象出了一个能够按照自身意图塑造社会的拥有无上权力的个体，而这样做的时候，他不明智地为《地狱对话》后来的不幸遭遇铺平了道路。那些炮制了《锡安长老会纪要》的人，将取自若利作品的材料注入了一个预先存在的模具，那便是阴魂不散的犹太阴谋论。但是，若利所使用的形式模型（ modello formale ），其部分元素却也促成了这种操作。所有的模棱两可语带双关都消失了。一则精致优雅的政治寓言，就此变成了一个粗鲁残暴的冒牌货。

＊本文曾在剑桥大学达尔文学院、锡耶纳大学历史系和卡利亚里大学历史系等场合提交宣读，内容略有差异。戈帕尔·巴尔克里什南、米凯莱·巴蒂尼、皮耶·切萨雷·博里、切萨雷·G.德米凯利斯、安德烈亚·金茨堡、玛丽亚·路易莎·卡托尼、米哈伊尔·格罗纳什和谢尔盖·科兹洛夫帮我进行了文字润色。

第11章 孤证：对犹太人的灭绝与真实性原则

——献给普里莫·莱维

1. 1348 年 5 月 16 日，生活在普罗旺斯小镇拉博姆（La Baume）的一个犹太人社群遭到了种族灭绝。当年 4 月，黑死病在法国南部的爆发，引发了一系列暴力事件，而这件事，只不过是其中一环而已。在土伦（Tolone），针对犹太人的敌意在圣周（settiman santa）① 期间第一次被付诸了行动，许多人认为他们是向井泉河流中投毒、从而导致疫病蔓延的罪魁祸首。犹太人的聚居区遭到攻击，男人、女人和小孩被杀害。接下来的几周中，类似的暴力事件也发生在普罗旺斯的其他地方，比如里耶兹（Riez）、迪涅（Digne）、马斯诺克（Manosque）和福卡尔基耶（Forcalquier）。在拉博姆这里，只有一个幸存者：这个人在事发 10 天前动身前往阿维尼翁（Avignone），在那里接受

---

① 译者注：复活节前的一周。

了焦万纳王后（regina Giovanna）的召见。他在一本《摩西五经》(*Torah*) 上留下了几行关于这起事件的伤痛回忆，这本书如今被保存在维也纳的奥地利国家图书馆。在一篇文辞优美的论文中，约瑟夫·沙茨米勒（Joseph Shatzmiller）把对《摩西五经》上这段文字的全新解读和一份来自赋税册籍的文献结合起来，成功确定了这位幸存者的身份：达亚斯·基诺尼（Dayas Quinoni）。1349 年的时候，他已经定居在了艾克斯（Aix），他的那本《摩西五经》就是在这里得到的。大屠杀发生后，他是否曾回到过拉博姆？我们不知道。①

　　现在，我想简单提一下和这件事存在某种关联的另一件事。1348 年对犹太人传播疫病的指控，遵循着一代人之前便已出现的某个模式。1321 年，也是在圣周期间，一则谣言突然间传遍了法国以及某些相邻地区（瑞士西部和西班牙北部）。在不同的版本中，麻风病人，或是被犹太人蛊惑煽动的麻风病人，或是被受到格拉纳达和突尼斯的穆斯林国王蛊惑煽动的犹太人所蛊惑煽动的麻风病人，策划出了一个毒害健康基督徒的阴谋。穆斯林国王显然是鞭长莫及的；但在两年的时间里，麻风病人和犹太人成了一系列暴力事件的打击对象，实施这些暴力行为的，既有平民百姓，也有政治和宗教权威。我在别的地方已经试图对这种事件之间的错综复杂关系予以厘清。② 在这里，我想要

---

① 参见 J. Shatzmiller, *Les Juifs de Provence pendant la Peste Noire*, in "Revue des études juives", 133（1974），pp. 457—480，尤其是 pp. 469—472。

② 参见 *Storia notturna*, Torino 1989, pp. 5—35。

做的，是对一本拉丁文编年史中的某个段落进行分析。这本书写作于 14 世纪初，作者是一个无名的修道士，据说是"楠日的威廉（Guglielmo di Nangis）[①] 衣钵承袭者"的他，和其前辈一样，生活在圣但尼隐修院。

　　在所谓的阴谋被发现之后，许多犹太人——尤其是生活在法国北部的那些——遭到了屠戮。据这位编年史作者说，在维特里-勒-弗朗索瓦（Vitry-le-François）附近，大约有 40 个犹太人被囚禁于一座塔中。为了避免死在基督徒手中，他们在长时间的讨论后决定自行赴死。一位德高望重的老者和一个年轻人负责采取行动。接下来，这位老者请求年轻人杀死自己。年轻人不情愿地接受了：但他并未随即自杀，而是在满地狼藉的尸首口袋中大肆翻检，掠取金银。这之后，他试图借助一根用床单结成的绳索从塔中逃脱。然而绳子不够长：这个年轻人掉到地上，摔断了腿，最后被处死了。[②]

　　这件事本身并非难以置信。然而，它却和弗拉维奥·约瑟夫（Flavio Giuseppe）的《犹太战史》（*Guerre giudaica*）中的两段文字有着无可否认的相似之处。第一段文字（III, 8）讲的是，有 40 个人藏身于加利利尤塔帕塔（Jotapata）附近的一个洞穴中，他们全都自杀了，只有两个人除外：约瑟夫本人和他的一个军中同袍，后者同意不杀死约瑟夫。第二段描述的，则

[①]　*译者注*：即 William of Nangis，另译为楠日的古列尔莫或楠日的纪尧姆。

[②]　参见 Bouquet, *Recueil des historiens des Gaules et de la France*, Paris 1840, vol. XX, pp. 629—630。

是著名的梅察达之围（assedio di Masada）①，聚集在堡垒中的犹
太人进行了殊死抵抗，最后集体自杀，这一次，依然有两个例
外——两名女子（VII, 8—9）。② 对于约瑟夫书中段落和上面提
到的、那位"楠日的威廉衣钵承袭者"在编年史中所写故事的
相似性，我们应当如何解释？我们该把这当成事有巧合，还是
反过来将其视作某种历史书写套路（un topos storiografico）的
体现（在最晚近的故事版本中，还包含了另一个套路，那就是
犹太人的贪婪）？

　　关于约瑟夫对梅察达所发生之事的讲述包含众多历史书写
套路的猜想，已经被人小心翼翼地提出来过。③ 弗拉维奥·约
瑟夫的著作，其希腊文版和拉丁文版在中世纪时均广为流传，
那个在法国北部和佛兰德散播尤广（至少从留存至今的抄本数
量上来判断，应是如此）的著名的拉丁文版本，是在卡西奥多
罗斯（Cassiodoro）的主持下翻译完成的。④ 我们知道，在1050
年前后，弗拉维奥·约瑟夫的著作是科尔比修道院（monastero

---

① 译者注：又译为马萨达之围。

② 参见 Flavio Giuseppe, *La guerra giudaica*, a cura di V. Vitucci, Milano 1982。另
可参考 P. Vidal-Naquet, "Flavius Josèphe et Masada", in *Les Juifs, la mémoire, le
présent*, Paris 1981, pp. 43 以下页码，其中对这两个段落的相似之处进行了颇具
洞察力的分析。这篇论文的意大利文译本并未收录于该文集的意大利文版（*Gli
ebrei, la memoria e il presente*, Roma 1985）中，参见 P. Vidal-Naquet, *Il buon uso
del tradimento*, tr. it. di D. Ambrosino, Roma 1980, pp. 161—183。

③ 参见前引 P. Vidal-Naquet, "Flavius Josèphe", p. 53 以下页码。

④ 参见 *The Latin Josephus*, a cura di F. Blatt, Aarhus 1958, vol. I, pp. 15—16。另参
见 G. N. Deutsch, *Iconographie et illustration de Flavius Josèphe au temps de Jean
Fouquet,* Leiden 1986, p. XI（地图）。

di Corbie）大斋节期间的课诵之一；然而，他的作品并未在一份 14 世纪圣但尼隐修院修士（那位前面提到的 "楠日的威廉衣钵承袭者" 便在其列）的课诵目录之中被提及。[①] 此外，也没有直接证据表明，圣但尼隐修院的图书馆中存有约瑟夫《犹太战史》的抄本。[②] 但是，这位无名的编年史作者很可能并不费力便能查阅到这些文本：在巴黎国家图书馆馆藏的许多抄本之中，便有一本（成书时间可追溯至 12 世纪）来自圣日耳曼-德普雷（Saint-Germain-des-Prés）修道院图书馆。[③] 所有这一切，都让我们可以宣称，这位 "楠日的威廉衣钵承袭者" 或许知道约瑟夫的《犹太战史》，或是以《赫格西仆本》(Hegesippo ）之名闻世的、这本书的 4 世纪改编版本。[④] 但从这并不必然推断出，发生在维特里-勒-弗朗索瓦附近的集体自杀事件从未发生过。关于这个问题，仍需要进一步研究，即便想要得出一个确

---

① 参见 Ph. Schmitz, *Les lectures de table à l'abbaye de Saint-Denis à la fin du Moyen Age*, in "Revue bénédictine", 42 (1930), pp. 163—167；A. Wilmart, *Le couvent et la bibliothèque de Cluny vers le milieu du XIe siècle*, in "Revue Mabillon", 11 (1921), pp. 89—124，尤其是 pp. 93, 113。

② 参见 D. Nebbiai-Dalla Guarda, *La bibliothèque de l'abbaye de Saint-Denis en France du IXe au XVIIIe siècle*, Paris 1985，其中提到赖歇瑙（Reichnau）给圣但尼隐修院去信，请求获取一份弗拉维奥·约瑟夫撰写的《犹太古史》(*Antiquitates Judaicae*) 的抄本（p. 61；参见同一出处的 p. 294)。

③ B. N. Lat. 12511：参见 *The Latin Josephus*, cit., p. 50。

④ *Hegesippi qui dicuntur historiarum libri V*, a cura di V. Ussani ("Corpus scriptorum ecclesiasticorum latinorum", vol. LXVI)，Vindobonae 1932, 1960, 由 K.Mras 作序（关于梅察达之围，参见 vol. V, pp. 52—53, 407—417)。巴黎国家图书馆（La Bibliothèque Nationale di Parigi) 藏有 12 份《赫格西仆本》，成书时间在 10 世纪到 15 世纪之间：参见前引 G. N. Deutsch, *Iconographie,* p. 15。

切的结论或许是不可能的。

　　这些发生在遥远的、半被遗忘的旧时岁月的事件，借助多条线索，与我在本文副标题中点明的主题联系了起来。皮埃尔·维达尔-纳凯（Pierre Vidal-Naquet）敏锐地认识到了这一点，因为他决定在同一本书——《犹太人、记忆与当下》（*Les Juifs, la mémoire, le présent*, Paris 1981）——中再度发表一篇关于《约瑟夫和梅察达》（*Flavio Giuseppe e Masada*）以及《纸人艾希曼》（*Un Eichmann di carta*）的评论文章。在这篇文章中，他详细讨论了那种支持纳粹种族灭绝营并不存在观点的所谓"修正主义"史学。① 但是，在我看来，存在于这两个例子中的内容相似性——在中世纪是对犹太人的迫害，在 20 世纪则是对犹太人的种族灭绝——与它们所引出的、同属一类的方法论问题相比，并没有那么重要。我会试着解释一下其中缘由。

　　约瑟夫书中关于尤塔帕塔事件和梅察达之围的两段文字，其相似之处除了集体自杀之外，还有两名个体的幸存：在前一例中，是约瑟夫和他的战友，在第二例中，则是两名女子。② 只要有一个人幸存，就足以满足提供证词的前提：但为什么要

①　后一篇文章的英文译本刊登在 1981 年 4 月号的《民主》杂志上（"Democracy", aprile 1981, pp. 67—95），标题为 *"A Paper Eichmann?"*（请注意，法文版原标题中没有问号；这篇文章的意大利文译本 *"Un Eichmann di carta"* 参见前引 *Gli ebrei*，pp. 195 以下页码）。

②　在我看来不太可信的一个由 Maria Daraki 提出的观点，参见 P. Vidal-Naquet（*Les Juifs*, cit., p. 59 nota 48; tr. it. *Il buon uso*, cit., p. 173 nota 50）。她指出，第一个例子中的平行叙事，指的是谴责弗拉维奥·约瑟夫及其同伴的女人。

是两个？我认为，对两名目击证人的选择，可以从罗马法和犹太法法律传统中共同拥有的一项广为人知的原则来解释，那就是拒绝承认审判中单一证供的合法性。[①] 当然，对于像约瑟夫这样成为罗马公民的犹太人来说，两种法律传统都是他所熟知的。后来，君士坦丁大帝将拒绝接受孤证的惯例转化为一条正式的法律规定，它随即被收入了《查士丁尼法典》(codice di Giustiniano) 之中。[②] 在中世纪，《申命记》第 19 章 15 节中暗示其意的那一句"不可凭一个人的口作见证 (Non stabit testis unus contra aliquem)"，变成了审判和法律文献中一个以暗示或明文形式反复出现的准则，那就是孤证不为证 (testis unus, testis nullus)。[③]

2. 让我们试着想象一下，如果将这一标准应用于历史研究，将会发生些什么。我们对 1348 年 5 月发生在拉博姆、1321 年某个夏日发生在维特里-勒-弗朗索瓦附近某地、公元 67 年 7 月发生在尤塔帕塔附近洞穴中的这些事件的认知，全都基于一个有时甚至算不上直接证人的证人。他们分别是那个在现藏于维也纳国家图书馆的《摩西五经》上写下几行字句的人（被认为

---

① 参见 H. Van Vliet, *No Single Testimony* ("Studia Theologica Rheno-Traiectina", IV), Utrecht 1958. 关于拥有多名证人的优点，参见 P. Vidal-Naquet, *Les Juifs*, cit., p. 51。

② 参见 H. Van Vliet, *No Single Testimony*, cit., p. 11。

③ 一个例子，参见 A. Libois, *À propos des modes de preuve et plus spécialement de la preuve par témoins dans la jurisdiction de Léau au XVe siècle*, in *Hommage au Professeur Paul Bonenfant* (1899—1965), Bruxelles 1965, pp. 532—546，尤其是 pp. 539—542。

是达亚斯·基诺尼）、楠日的威廉衣钵承袭者以及弗拉维奥·约瑟夫。没有任何一个靠谱的历史学家，会以从根本上不可接受为由，将这些证词弃诸一旁。根据通常的史学实践，每一份证词的价值都必须借助系统比对后加以确定。换言之，你必须建立起一个至少包含两份文献的系统。但是，让我们暂且假设一下，那位楠日的威廉衣钵承继者在描述发生于维特里-勒-弗朗索瓦附近的集体自杀事件时，只不过是在照抄弗拉维奥·约瑟夫的《犹太战史》。这起所谓的集体自杀事件，最终将不复为一个事实：但其描述，却依然构成了一份关于弗拉维奥·约瑟夫作品在 14 世纪初法兰西岛大区（Île-de-France）流传状况的重要文献。

由此看来，法律和历史学显然有着并非时时一致的认识论原则和基础。因此，法律原则便不能被强加到历史研究之中。[1]这一结论似乎与研究 16 世纪的学者所强调的接近律（stretta contiguità）相互抵触，法律史学家弗朗索瓦·博杜安（François Baudouin）便是这类学者之一，他曾庄严宣告，"历史研究必须依靠坚实的法律基础，而法学也必须与史学相结合。"[2]耶稣会士亨利·格里费（Henri Griffet）在他的《论用以证实历史真相

---

[1] 关于这一问题的简要介绍，参见 P. Peeters, *Les aphorismes du droit dans la critique historique*, in "Académie Royale du Belgique, Bulletin de la classe des lettres...", vol. XXXII（1946），pp. 82 以下页码（pp. 95—96 是关于"孤证不为证"的）。

[2] F. Baudouin, *De institutione historiae universae et ejus cum jurisprudentia conjunctione, prolegomenon libri II*，引自 D. R. Kelley, *Foundations of Modern Historical Scholarship*, New York-London 1970, p. 116（但整本书均很重要）。

的不同种类的证据》（*Traité des différentes sortes de preuves qui servent à établir la vérité de l'histoire*, 1769）中，曾经从与古典研究相关的一个不同角度出发，将历史学家比作确定多名证人可信性的法官。①

今时今日，这种类比听起来自然是有些老套。今天的历史学家在面对格里费著作标题中的那个关键词——证实（preuves）——的时候，很可能会略觉尴尬。但是，一些近来的讨论表明，被格里费强调指出的那种证据、真相与历史之间的联系，是不能被轻易推开不理的。

3. 我在前文中已经提到过《纸人艾希曼》这篇文章，它出自皮埃尔·维达尔-纳凯笔下，对罗贝尔·福里松（Robert Faurisson）等人提出的纳粹死亡营并不存在的荒谬假说进行了批驳。② 这篇文章最近被重新发表于一本名为《记忆杀手》（*Les assassins de la mémoire*）的纪念小册子中，维达尔-纳凯将它献给了自己 1944 年死于奥斯维辛的母亲。不难想象，正是道德和政治上的动机，驱使维达尔-纳凯投入到了这样一场涉及诸多细节的讨论之中，其内容甚至包括了对与毒气室相关的文献

---

① 我参考的是这篇论文的第二版（Liège 1770）。A. 约翰逊敏锐地察觉到并强调了这篇短文的重要性：A. Johnson, *The Historian and Historical Evidence*（1926）, New York 1934, p. 114）。他将其称为"自马比荣（Mabillon）的《论文书》（*De re diplomatica*）以来最重要的一本方法论著作"。参见 A. Momigliano, "Storia antica e antiquaria", in *Sui fondamenti*, p. 19。

② 参见 R. Faurisson, *Mémoire en défense. Contre ceux qui m'accusent de falsifier l'histoire. La question des chambres à gaz*, prefazione di N. Chomsky, Paris 1980。

资料（诸如证人证词、技术可能性等等）的细致分析。在维达尔-纳凯写给吕斯·贾尔（Luce Giard）的一封信里，他列出了其他一些更理论性的意涵。这封信被收录于几年后出版的一本米歇尔·德塞尔托（Michel de Certeau）纪念文集中。维达尔-纳凯写道，德塞尔托出版于 1975 年的《历史书写》（*L'écriture de l'histoire*）是一本重要著作，它抓破了历史学家们向来引以为傲的那张故作天真的脸："自那时起，我们已经意识到这一事实，那就是历史学家书写，他生成了一个空间和一个时间，尽管他自身置于某个空间和某个时间之中。"维达尔-纳凯继续写道，但我们一定不能因此抛弃"真实"这个老的概念，这种"真实"，是兰克在一个世纪之前就指出的、"真有其事"意义上的真实：

> 在福里松那件事发生的时候——很不幸，这事儿还在继续——我对所有这一切一清二楚。自然，福里松是和德塞尔托恰好相反的一个人。前者是一个简单粗暴的唯物主义者，以最触手可及的真实之名，从他所接触到的每一样事物——痛苦、死亡和制造死亡的工具——中拿走了真实。米歇尔·德塞尔托深为这种有悖常情的胡言乱语所撼，他就此给我写了一封信……我相信，关于毒气室的言说全都需要借助话语（*mon sentiment était qu'il y avait un discours sur les chambres à gaz, que tout devait passer par le dire*），但是在这之外，或者说在这方面，总有一些东西是不可减

损的，出于缺乏更佳方案的缘故，我会继续称其为真实。
没有这种真实，如何能够在虚构和历史之间作出区分？①

在美国，关于在虚构和历史之间作出区分的问题，通常都
是由海登·怀特（Hayden White）的研究工作所引发的，或者
至少与之有关。海登·怀特和米歇尔·德塞尔托在史学实践上
的不同观点是显而易见的：但不可否认，在 1973 年出版的《元
史学》（Metahistory）与 1975 年出版、收入数篇早年论文的《历
史书写》（L'écriture de l'histoire）之间，存在着某些共通之处。
但是，为了充分理解海登·怀特的贡献，我认为，有必要对他
的个人智识历程作一概述。②

4. 1959 年，海登·怀特把《从历史主义到社会学》（Dallo
storicismo alla sociologia）一书的英译本介绍给了美国的知
识界。这本书的作者卡洛·安东尼（Carlo Antoni）是克罗
齐（Croce）的紧密追随者之一。海登·怀特在导言中提到了
克罗齐早年间的一篇论文《艺术普遍概念下的历史》（La storia

---

①　*Michel de Certeau*, a cura di L. Giard, Paris 1987, pp. 71—72。从维达尔-纳凯的信
　　中，我们获知，此次通信的由头，是二人共同列席了一场弗朗索瓦·阿赫托戈
　　（François Hartog）的论文研讨会，这部著作后来出版时的书名是《希罗多德的镜
　　子》（*Le miroir d'Hérodote*, Paris 1980）。关于此书的影响，参见本书附录《证据
　　与可能性》。

②　接下来的这几页文字均基于海登·怀特发表过的作品。他在洛杉矶会议上提交的
　　论文《历史情节化与真实性问题》表现出了一种不那么刻板（但自相矛盾程度丝
　　毫不逊）的怀疑主义，参见：*Historical Emplotment and the Problem of Truth in
　　Probing*, cit., pp. 37—53。

ridotta sotto il concetto generale dell'arte），并将其定义为一个"革命性"的学术贡献。① 这篇论文发表于 1893 年，当时克罗齐只有 27 岁。这篇文章的重要性，已经被克罗齐本人在其回顾智识历程的自传《自我评论》（*Contributo alla critica di me stesso*）中着重指出，后来，R.G. 柯林伍德（R.G.Collingwood）也在《历史的观念》（*The Idea of History*）中强调了这一点。②正如我们可以想见的，《元史学》中关于克罗齐的那一章，对《艺术普遍概念下的历史》进行了细致的讨论。③ 但是，16 年后，怀特的态度却变得温和多了。他表示，他依然同意克罗齐文中的一些关键论述，比如在被视为纯粹学术活动的历史研究（ricerca storica）和与历史叙事画上等号的、严格意义上的历史（storia propriamente detta）之间，存在着鲜明的差异。但他随即做出了这样的结论：

> 很难不把克罗齐引入感性史（sensibilità storica）领域的"革命"视为一种实质上的倒退，因为它的影响之一，是将历史学从同一时期在社会学领域中兴起的、那种建立

---

① 参见 C. Antoni, *From History to Sociology*, 译者序（"On History and Historicism"）Detroit 1959, pp. XXV—XXVI（另参见 B. Mazlish 的书评："History and Theory", I［1960］, pp. 219—227）。

② 参见 B. Croce, *Contributo alla critica di me stesso*, Bari 1926, pp. 32—33; R. G. Collingwood, *The Idea of History*, Oxford 1956, pp. 91 以下页码。

③ 参见 H. White, *Metahistory. The Historical Imagination in Nineteenth Century Europe*, Baltimore 1973, pp. 281—288（意大利文译本：*Retorica e storia*, Napoli 1978）; B. Croce, *Primi saggi*, Bari 1927², pp. 3—41。

起有关社会的普遍科学（una scienza generale）的尝试中排除了出去。更严重的是，它影响到了历史学家对其工作中艺术性一面的反思。克罗齐将艺术视为认识真实的一种形式，而不仅仅是对真实的一种物理反应或直接体验，他是对的。但他将艺术定义为对真实的如实表现，事实上却把同样作为一名艺术家的历史学家从那些最近发生的、日益重要的艺术进步中孤立了出来，这种在表现不同层次的意识上的进步，是象征主义和后印象主义艺术家已经在整个欧洲范围内实现了的。①

在这段文字中，海登·怀特随后作品中的一些元素已经显现出来。自《元史学》出版以来，他对建构"有关社会的普遍科学"越来越缺乏兴趣，而对建构"历史学的艺术一面"越来越兴致盎然。这种重点转移，同克罗齐与实证主义者的长期斗争所去不远；而后者的影响之一，便是导致了他对各个社会科学学科的轻蔑态度。但是，在《元史学》中，克罗齐对怀特早年智识发展所施加的决定性影响，此时已然消退。毫无疑问，对克罗齐的评价依然是很高的。他被称为"本世纪所有历史哲学家中最有才华的历史学家"，而在这本书的最后一页，他的那种所谓的"反讽性"态度，也得到了热情洋溢的称赞。② 但是，

---

① 参见 H. White, *Metahistory*, cit., p. 385。
② 出处同上，pp. 378, 434。

上面所提到的那些总体评价却充分证明，存在着一种与克罗齐
相当不同的理论视角。

正如我们已经见到的，怀特之所以不满意克罗齐的想法，
主要原因在于他"将艺术定义为对真实的如实表现"；换言之，
他的"现实主义的"态度。[1] 这一术语在此处有着认知上的
重要意义，而不仅仅是美学含义，当它被用来形容克罗齐这样
的新唯心主义哲学家时，多少有些自相矛盾的意味。但是，克
罗齐所持的新唯心主义，是一种相当特殊的唯心主义：对他
的作品做出最尖锐批判的一位学者，提出了"批判实证主义
（positivismo critico）"的说法，这个术语似乎更恰如其分。[2]
克罗齐思想中最显而易见的唯心主义言论，应当被追溯至对他
影响至深的乔瓦尼·秦梯利（Giovanni Gentile）那里，两人之
间保持了长达二十年的亲密智识关系。[3] 在《作为纯粹概念科
学的逻辑学》（*Logica come scienza del concetto puro*）的一条注
释中，克罗齐回顾了他的智识发展历程，自《艺术普遍概念下
的历史》那时起，他渐渐认识到了历史与哲学之间的同一性，
而这是在乔瓦尼·秦梯利（"我最亲爱的朋友……我的精神生
活从他那里得到了大量助益与激励"）的研究工作之启发下达

---

[1]　参见 H. White, *Metahistory*, cit., p. 407。

[2]　E. Colorni, *L'estetica di Benedetto Croce. Studio critico*, Milano 1934。

[3]　从这一点来看，克罗齐与秦梯利的书信往来（参见 B. Croce, *Lettere a Giovanni Gentile, 1896—1924*, a cura di A. Croce, introduzione di G. Sasso, Milano 1981 ）是内容丰富发人深省的。

成的。① 然而，几年后，这种同一性本质上的模棱两可（以及总的来讲，在克罗齐与秦梯利之间可能存在的理论分歧）便充分暴露出来。② 将哲学诠释为一种"史学方法论（metodologia della storia）"的克罗齐，似乎将前者化入了后者之中。秦梯利则转到了相反的方向。"缺乏事实的观念是空洞的"，他在一篇 1936 年的论文《历史中对时间的超越》（*Il superamento del tempo nella storia*）中写道，"哲学倘非历史，便是极其玄虚抽象之谈。但是，烦琐事实无非是自我意识的片刻化身，除此之外，并无真正的、建设性的思想。"因此，成就之事（*res gestae*）"必须不能成为关于成就之事的历史（*historia rerum gestarum*）的前提"。秦梯利强烈反对"历史的形而上学理论（或历史主义），这种形而上学恰恰源自那种历史书写以历史为先决条件的概念。这是一个荒谬的概念，正如所有其他的形而上学概念一样；但是，它在产生坏影响这一点上却是成果丰富的，因为那些设法混进房子里面、潜伏在那儿的敌人，总是更危

---

① 参见 B. Croce, *Logica come scienza del concetto puro*, Bari 1971, pp. 193—195。另参见 G. Gentile, *Frammenti di critica letteraria*, Lanciano 1921, pp. 379 以下页码（对克罗齐《在与艺术概念关系之中的历史概念》（*Il concetto della storia nelle sue relazioni col concetto dell'arte*）的评论）。秦梯利在 1897 年到 1900 年这关键几年中对克罗齐思想发展的影响，可参阅 G. Gentile, *Lettere a Benedetto Croce*, a cura di S. Giannantoni, vol. I, Firenze 1972。另参见 G. Galasso, *Teoria e storia della storiografia*（Milano 1989）, da lui curata, pp. 409 以下页码。

② 我在这里对皮耶罗·戈贝蒂（Piero Gobetti）富有洞察力的观察进行了发挥："Cattaneo", in P. Gobetti, *Scritti storici, letterari e filosofici*, Torino 1969, p. 199; 最早发表于 "L'Ordine Nuovo", 1922。

险的。"①

对于克罗齐刚刚发表的反法西斯檄文《反历史主义》（*Antistoricismo*），秦梯利作出的回应，是将出处不明的"历史的形而上学理论"与"历史主义"相提并论。② 秦梯利这

---

① 参见 G. Gentile, "Il superamento del tempo nella storia", in *Memorie italiane e problemi della filosofia e della vita*, Roma 1936, pp. 314, 308。30 年后，在一封写给克罗齐的信中，安东尼奥·拉布廖拉（Antonio Labriola）以类似的词语描述了克罗齐与秦梯利的关系（A. Labriola, *Lettere a Benedetto Croce*, 1885—1904, Napoli 1975, p. 376）[1904 年 1 月 2 日]："我不明白，为什么秦梯利这样一个像出家人那样猛烈抨击罪恶世界的人，却没有投身于首先劝你皈依的这项善功（而是让魔鬼潜入了他的家中）。"关于秦梯利对克罗齐的影射攻击，参见下一条注释。

② 参见前引 G. Gentile, *"Il superamento"*, p. 308："历史的形而上学理论（即历史主义）……"；这篇论文之前曾被发表于《意大利猞猁之眼国家科学院报告·道德科学类·1935 年第 6 期第 11 卷》（*Rendiconti della R. Accademia nazionale dei Lincei, classe di scienze morali*, serie sesta, vol. XI（1935）, pp. 752—769）。引文括号中"即历史主义"的这几个字，在几个月前发表的英文译本《哲学与历史：提交给厄恩斯特·卡西尔尔的论文》中没有出现（*The Transcending of Time in History*, in R. Klibansky, H. J. Paton [a cura di], *Philosophy and History. Essays Presented to Ernst Cassirer*, Oxford 1936, p. 95；本书编辑撰写的序言上标注的时间为"1936 年 2 月"）。这些文字可能是在克罗齐的《反历史主义》发表后添加上去的。克罗齐的《反历史主义》是 1930 年在牛津做的演讲，但直到 1935 年时才正式发表（*Ultimi saggi*, Bari 1935, pp. 246—258）。秦梯利于 1935 年 11 月 17 日在意大利猞猁之眼国家科学院发表了这次演讲，并于 1936 年 4 月 2 日提交了修改后的初稿（参见前引 *Rendiconti*, pp. 752, 769）。关于克罗齐对收录于《哲学与历史》中几篇文章的回应，参见《作为思想和行动的历史》（*La storia come pensiero e come azione*（1938）, Bari 1943, pp. 319—327），这部分在英译本《作为自由故事的历史》（*History as the Story of Liberty*, London 1941）中没有出现；在意大利文版的第 322 页，有一句是对秦梯利的尖锐影射（"一种试图把水搅浑的神秘化倾向……"）。另参见同一卷中关于"从历史中解放出来的历史书写"的几页文字（前引 *La storia*, pp. 30—32）："我们是过去的产物，而我们的生存浸没在过去之中，被它从四面八方挤压……"。秦梯利的唯心主义更要为激进，更加连贯一致，他曾断言，过去（正如时间一样）纯粹是抽象的概念，在实在的精神生活中已经被超越（参见前引 *Il superamento*, pp. 308 以下页码）。关于秦梯利《历史中对时间的超越》一文的重要性，参见 C. Garboli, *Scritti servili*, Torino 1989, p. 205。

篇论文的理论核心，可以追溯至他的《关于精神作为一种纯粹行为的普遍理论》(*Teoria generale dello spirito come atto puro*, 1918)，而这篇文章反过来又构成了对克罗齐《历史学的理论和历史》(*Teoria e storia della storiografia*) 的回应。[①] 但是，到 1924 年的时候，这两位老朋友之间的哲学争论已经变成了势不两立的政见冲突和个人矛盾。

如此显而易见的偏离主题，是为了澄清下面的几点：

一、要想理解海登·怀特的智识发展，我们必须将他少年时与意大利新唯心主义之间的关系纳入考虑。[②]

二、在怀特发表于 1978 年的论文集《话语的转义》(*Tropics of Discourse*) 中，他提出的那种"转义的"方法，其中依然有着明显的克罗齐思想的痕迹。1972 年，怀特写道，克罗齐

> 从仔细考察历史知识的认识论基础入手，逐渐形成了试图将历史置于艺术普遍概念之下的这一立场。而他的艺术理论反过来又成了一门作为"表现科学和一般语言学的科学"（这是《美学的理论》一书的副标题）。在对把握真

---

① 参见 G. Gentile, *Teoria generale dello spirito come atto puro*, seconda edizione riveduta e ampliata, Pisa 1918, pp. 50—52.

② 我的意思并不是说存在着一条简单的、直线发展的因果链。毫无疑问，怀特对意大利新唯心主义的回应，经过了一道独特的美国滤镜的过滤。但是，正如佩里·安德森（Perry Anderson）在洛杉矶会议（参见前引 *Probing*, p. 65）上提交论文的结尾处提到的，怀特个人的实用主义倾向或许被克罗齐著作中的那种实用主义色彩——在《作为纯粹概念科学的逻辑学》中尤其清晰可辨——所强化了，而乔瓦尼·瓦伊拉蒂（Giovanni Vailati）在其中充当了中介。

实的所有可能方式的语言学基础进行分析时，克罗齐几乎便把握住了一般意义上的阐释在本质上的转义性。让他未能系统表述这一理念的原因，极有可能是他所怀有的、针对所有人文科学体系的那种"冷嘲热讽"的怀疑态度。①

但这种方法虽然始自克罗齐，却走到了一个截然不同的方向上。当我们在《话语的转义》（1978）的导言中读到，"转义是这样一个过程，借助它，所有的话语*构成*（斜体为原文所加）了它宣称要如实描述、客观分析的对象"②，我们可以清楚地看到，这是对前面已经提到的克罗齐"实在主义"的批判。

三、在怀特接触到福柯的作品之后，这种主观主义的立场显然得到了强化。但是，值得注意的是，怀特试图透过詹巴蒂斯塔·维柯（Giambattista Vico）——所谓的意大利新唯心主义开山始祖——来"解码"福柯。③事实上，怀特关于话语本身生成其对象的说法，似乎与克罗齐对表现和一般语言学的坚持，加上秦梯利认为关于成就之事的历史（*historia rerum gestarum*）创造了作为其书写对象的成就之事（*res gestae*）的激进主观主义主张，恰好形成了唱和，而只有一个我会马上提到的本质差异。"事实永远无法超越其语言学存在（Le fait n'a jamais qu'une

---

① H. White, "Interpretation in History"（1972—73）, in *Tropics of Discourse*, Baltimore 1978, p. 75.

② 出处同上，p. 2。

③ 出处同上，"Foucault Decoded"（1973）, p. 254。

existence linguistique）"：罗兰·巴特的这段话，被怀特用作了《形式的内容》（*The Content of the Form*, 1987）一书的题记，我们完全可以认为，这便是我前面提到的那种对克罗齐和秦梯利的富有想象力的关联结合。就算是怀特在 20 世纪 80 年代早期对罗兰·巴特的解读（在《话语的转义》中，只是略为提及巴特之名①），也不过是对某个业已存在的范式的强化。

5. 在这个重新构建的过程中，存在着一个有待商榷的元素，那就是秦梯利所扮演的角色。据我所知，怀特从未分析过他的著作，事实上根本就不曾提及（只有一个重要的例外，我将在下文中集中讨论这一点）。然而，对于一个像怀特这样、借助卡洛·安东尼对意大利新唯心主义的哲学传统有所了解的学者来说，熟知秦梯利的研究工作似乎是想当然耳的一件事（与之相反，在罗兰·巴特那里，可以十分确定地排除直接知晓秦梯利研究工作的可能性。巴特在米歇尔·德塞尔托的智识发展历程中所扮演的决定性角色，则可以部分解释——虽然只是部分——后者与海登·怀特之间的部分意见趋同。）

在秦梯利悲剧性地被刺身亡之前，他与法西斯主义之间的紧密联系，从某种意义上埋没了他哲学生涯最初阶段的成就——至少在意大利以外的地方是这样。秦梯利对黑格尔唯心主义的信之不移，源自一篇对马克思早期哲学著作加以解读

---

① 巴特的名字只在索引中出现了一次；但可参见第 24 页的注释 2，在那里，他被与其他修辞学领域的学者相提并论，比如肯尼思·伯克（Kenneth Burke）、热拉尔·热奈特（Genette）、翁贝托·艾柯（Umberto Eco）和茨韦塔·托多罗夫（Tzvetan Todorov）。

的原创作品《马克思的哲学》(*La filosofia di Marx*, 1899) [1]。在对《关于费尔巴哈的提纲》(*Tesi su Feuerbach*) 进行分析时，秦梯利借助维柯的那句名言"真实即所成之事 (*verum ipsum facum*)"——或者更准确地说，借助新唯心主义对这句名言的阐释——对马克思主义实践进行了解读。实践被视为一个暗含将主体与客体等而为一之意的概念，因为精神（超验主体）创造了真实。[2] 秦梯利在很久之后才做出的关于历史书写创造历史的论断，不过是从这一原则推演而得的必然结论。这种将马克思当成一位本质上的唯心主义哲学家的提法，对意大利的政治和智识生活有着深远影响。当然了，在《狱中札记》(*Quaderni del carcere*) 中，在那些我们以为会出现"历史唯物主义 (materialismo storico)"这一表述的地方，葛兰西 (Gramsci) 使用了"实践哲学 (filosofia della prassi)"的说法，而这主要是出于绕过法西斯审查制度的目的。但是，在葛兰西这里，也能听到秦梯利的回声余响：秦梯利关于马克思的第二篇论文，标题便是《实践哲学》(*La filosofia della praxis*)，而更重要的是，他坚持认为，"实践"不过是一个概念，这极大程度上消解了（甚至是彻底移除了）唯物主义在马克思思想中的决定性地位。在葛兰西早期的马克思主义著作中——甚至在一篇成熟之作中——都能找到其他与秦梯利对马克思的阐释响应唱

---

① G. Gentile, "La filosofia della praxis", in *La filosofia di Marx. Studj critici*, Pisa 1899, pp. 51—157；这本书是献给克罗齐的。关于这一问题，可参见 E. 加林为秦梯利《哲学著作》一书撰写的长篇导言（E. Garin a G. Gentile, *Scritti filosofici*, 2 voll., Milano 1991）。

② G. Gentile, "La filosofia", cit., pp. 62—63.

和的痕迹。[1] 已经有人指出，就算是《狱中札记》里面那一认定秦梯利的哲学思想更接近未来主义（futurismo），而与克罗齐的哲学思想颇有距离的著名论断，也暗含着对秦梯利更有利的判断：在 1921 年的时候，葛兰西难道不是曾将未来主义视为一种能够回应"新的艺术、哲学、习俗和语言形式"之要求的革命运动吗？[2] 秦梯利的哲学思想与未来主义均被视为"反历史主义"的负面典型，但克罗齐却从自由保守派反法西斯主义的角度，含蓄地指出了二者之间这种相互类似、十分接近的关系。[3]

　　当从左翼角度对秦梯利的作品（至少是部分作品）进行解读时，自《历史的负担》(*The Burden of History*)———一个问世于 1966 年的现代主义基调的新史学宣言———开始，便在海登·怀特作品中变得清晰可辨的那种类似秦梯利的味道，就不那么反常了。[4] 我们可以轻而易举地理解，这种对自由主义和马克思主义史学正统的攻击，会产生怎样的影响（以及具有哪些内在缺陷）。在 20 世纪 60 年代末到 70 年代初的这段时间，主观主义——甚至包括极端的主观主义——带有一种独特的激

---

[1]　关于第一篇论文，参见 G. Bergami, *Il giovane Gramsci e il marxismo*, Milano 1977；关于第二篇，参见 A. Del Noce, *Il suicidio della rivoluzione*, Milano 1978, pp. 121—198（"秦梯利与葛兰西"）。

[2]　参见 S. Natoli, *Giovanni Gentile filosofo europeo*, Torino 1989, p. 94 以下页码（介绍相当浮皮潦草），有关葛兰西及《狱中札记》，参见 A. Gramsci, *Quaderni del carcere*, a cura di V. Gerratana, vol. III, Torino 1975, p. 2038. 关于葛兰西对未来主义的论断，参见 *Socialismo e fascismo. L'Ordine Nuovo 1919—1922*, Torino 1966, pp. 20—22.

[3]　参见前引 B. Croce, "Antistoricismo", in *Ultimi saggi*, pp. 246—258。

[4]　参见前引 H. White, *Tropics*, pp. 27—80。

进气息。在渴望（desiderio）被视为左翼词汇的情境之下，真实
（包括对"真有其事"的坚持）便带上了一种确然无疑的右翼色
彩。这种过分简单化的、简直是自寻死路的视角，如今在很大
程度上已经过时了：与逃避真实有关的各种态度，已经不再是
一小部分左翼分子的特权。任何试图对现时围绕着怀疑论意识
形态的某种奇思异想——哪怕是在学术圈之外的那些——做出
解释的做法，都需要将这些纳入考虑。与此同时，海登·怀特
宣称自己"反对革命：无论是自上而下式的，还是自下而上式
的……"[1]正如我们在脚注中读到的，这个表达来自一个事实，
那就是"许多理论家认为，相对主义这个通常被加在我身上的
罪名，牵涉到某种虚无主义，而这种虚无主义又会招致某种特
别不负责任的革命行动主义。在我看来，相对主义在道德上等
同于认识论意义上的怀疑主义；此外，我认为，相对主义是社
会宽容的基础，而不是'为所欲为'的通行证"。[2]

　　怀疑主义，相对主义，宽容：一眼看去，怀特自我表述的
个人思想与秦梯利理论观点之间的距离，实在远得不能再远。
秦梯利对实证主义历史学家攻击，并不含怀疑主义之意，因为
他的哲学立场预设了一个超验精神的存在，而不是多个经验主
体的并存。[3]秦梯利从来都不是一个相对主义者，相反，他渴

---

[1]　H. White, *The Content of the Form*, Baltimore 1987, p. 63。

[2]　出处同上，p. 227，注释 12。

[3]　参见前引 G. Gentile, "Il superamento", p. 314："历史科学以与观念截然相反的
'事实'而自傲，将其视作一个实在而具体的真实，而不是毫无客观一致性的精
神建构，但却懵然不知，在这些血肉丰满的事实呈现于历史直觉之前，它们从思
想中接受了哪些东西。"

望的，是一种宗教式的献身，在哲学和政治领域都决不让步。[1]
当然，他从来不曾将宽容上升至理论高度，这从他对法西斯主
义——甚至包括像黑衫军运动（squadrismo）这样最暴力的法西
斯主义表现形式——的支持中便可证明。[2] 秦梯利在 1924 年的
竞选集会中将纳粹暴徒手中的棍棒与教士布道相提并论，把这
定义为一种"道德力量"[3]，这与他严格的一元论理论一脉相承：
在一个由精神生成的真实之中，没有给在事实和价值之间作出

---

① 具体例子可参见 G. Gentile, "Caratteri religiosi della presente lotta politica", in *Che cosa è il fascismo. Discorsi e polemiche*, Firenze 1924（ma 1925），pp. 143—151。

② 具体例子可参见前引出处中题为"法西斯主义暴力"的那部分文字："La violenza fascista", in *Che cosa è il fascismo*（1925 年 3 月 8 日在佛罗伦萨举行的会议），pp. 29—32。

③ "国家和个人……是一体的；统治的艺术，就是令这两者协调一致的艺术，从而令最大限度的自由不仅与最大限度的外部公共秩序协调一致，还要与法律所允许以及国家正常运作所需的最大限度的统治权力协调一致。因为自由的极限总是与国家的实力极限相符的。什么实力？那些不接受这一力量概念的人，最喜欢在这个领域作出区分，而这种力量对于国家、对于自由，都是至关重要的。他们把道德力量与物质力量区分开来：自由投票表决并被接受通过的法律力量，以及与公民意志严格相对立的暴力力量。多么天真幼稚的区分！有点儿信心好不好！每一种力量，都是道德力量，因为它永远都要求诸于意志；不管使用哪种辩论方式——可能是布道，也可能是棍棒——其效果都不过是促使人们心有所思、说服自己。那么，这种辩论的性质，难就不就是一种抽象讨论吗……"（参见前引 G. Gentile, *Che cosa è il fascismo*, pp. 50—51）。秦梯利 1924 年 3 月 31 日在巴勒莫做的这个演讲，一开始被发表于《新自由主义政策》（La nuova politica liberale, II, 2, aprile 1924）这样的刊物上。一年后，在马泰奥蒂危机发生并以暴力告终之后，已经赢得"棍棒哲学家"称号的秦梯利在文章再版时加入了一个尴尬但却傲慢的注释。他在其中特别指出，被他视作道德力量的力量只有一种，那就是国家力量，而黑衫军的棍棒在发生危机的情境下是一种必要的代用品：参见前引 G. Gentile, *Che cosa è il fascismo*, pp. 50—51。秦梯利的论述算不上特别有原创性：例如 B. Mussolini, *Forza e consenso*, in "Gerarchia"（1923）（in *Opera omnia*, a cura di E. e D. Susmel, vol. XIX, Firenze 1956, pp. 195—196）。

区分留下余地。

这些并不是无足轻重的理论分歧。任何宣称在秦梯利的视角与怀特的视角之间存在某种理论上的接近性的人，都必须将这些不同之处纳入考虑。因此，我们必须追问，怀特在《历史阐释的政治学》(*The Politics of Historical Interpretation*) 一文中，如何能够坚称自己的历史观与"惯常与法西斯主义政权的意识形态联系在一起"的那些观点颇有共通之处？这些政权"在政治和社会层面上的所作所为"，可是被他斥为"无可否认的骇人听闻"的。

6. 这种显而易见的自相矛盾，将我们引向了怀特的论述中隐含的道德困境。他指出，"我们必须小心警惕那种感情用事的做法，它会让我们仅仅因为某种历史观曾与法西斯主义意识形态联系在一起，便对其加以拒绝。我们必须面对这个事实，那就是在历史记录中，我们找不到任何一种元素，只会让我们从一种意义上——而不是另外的一种意义上——构建其重大意义。"[1] 没有任何元素？事实上，在讨论福里松对灭绝犹太人的阐释时，怀特毫不犹豫地提出了一个用来评判彼此冲突的各种历史阐释的标准。让我们来回顾一下他的论证吧。

上面提到的怀特的论述，预先假定了：1) 克罗齐在其早年论著《艺术普遍概念下的历史》中提出的、那种存在于"实证主义历史研究 (ricerca storica positiva)" 与 "确如其实的历

---

[1] "The Politics of Historical Interpretation" (1982), in *The Content of the Form*, cit., pp. 74—75.

史（storia vera e propria）"——也即历史叙事——之间的区分（或者更确切地说，是一种析取关系），确实存在；2）对这种区分的怀疑主义阐释——它在许多地方与秦梯利的超验主观主义有交汇之处——确实存在。维达尔-纳凯"基于实证主义史学"对福里松有关灭绝犹太人的"谎言"进行了批驳，而怀特对此做出了回应，从他的回应中，上面提到的两个元素都清晰可见。怀特表示，福里松的说法"在道德上干犯众怒，在智识上昏聩糊涂"。但是，鉴于"谎言"这种说法必然牵连到"真实"和"证据"这样的概念，这就让怀特陷入了一个明显的尴尬处境。这段格外别扭的文字，便是明证："当我们面对不像大屠杀这样广为记载的历史事件的时候，想要追根究底，在一个谎言、一个错误和一种错误阐释之间做出区分，是更困难的。"事实上，即便是在后面这个大屠杀的例子中，怀特也没有接受维达尔-纳凯的结论。怀特辩称，"在'可能对大屠杀*的真实性*带来深远改变'的一种阐释与可能不会带来这一后果的另一种阐释之间，存在着巨大的差异。以色列人的阐释，让这一事件的'真实性'保持完好无损，而修正主义的阐释，则通过将其重新描述为某种与受害者所知的大屠杀不同的事件，形成了对这种'真实性'的嘲弄。"[1] 怀特指出，犹太复国主义者（sionisti）对大屠杀的历史阐释，并不像维达尔-纳凯认为的那样有悖真相（una contre-vérité），而是一种真相（una verità）："作为一

---

[1] "The Politics of Historical Interpretation"（1982），in *The Content of the Form*, cit., p. 77. 请注意，斜体字部分未出现于法文原文中。

种历史阐释，它的真实正在于这有效地证明了，以色列当前采取的一系列政治活动，在其政策制定者眼中，不仅对于犹太民族的安全至为重要，甚至关乎他们的基本生存。"同样的，"巴勒斯坦人在对以色列奉行的政策做出有效政治回应的过程中，也生成了一种同样有效的意识形态，对迄今为止意义阙如的他们自己的历史做出某种阐释。"① 我们可以得出结论，倘若福里松的叙事也能被证明为有效的话，怀特是会毫不犹豫地视其为真的。

　　这样的结论，是不是一种宽容态度的产物？正如我们已经见到的，怀特认为，怀疑主义和相对主义可以为宽容提供认识论基础和道德基础。② 但是，无论在历史上还是逻辑上，这一主张都是站不住脚的。它在历史上站不住脚，是因为提出宽容理论的那些人，有着强烈的智识和道德信念（伏尔泰的名言"我将誓死捍卫我不同意其意见的那些人的言论自由"便是一个典型）。它从逻辑的角度也站不住脚，是因为绝对怀疑主义倘若不扩展其外延，将宽容作为一个指导原则包含在内，则终将自相矛盾。不仅如此：当智识和道德分歧最终不与真相相关联的时候，将不复有可宽容之物。③ 事实上，怀特将真实性与有效性联系在一起的说法，不可避免地指向了宽容的

---

① "The Politics of Historical Interpretation"（1982），in *The Content of the Form*, cit., p. 80. 斜体字为本书作者所加。
② 出处同上，p. 227，注释 12。
③ 我要向斯特凡诺·莱维·德拉托雷（Stefano Levi Della Torre）在最后这一点上的启发性看法表示感谢。

反面——秦梯利关于棍棒作为一种道德力量的论断——而并非宽容本身。正如我们已经见到的，在同一篇论文中，怀特邀请我们不"感情用事"地考虑一下被他暗加称赞的那种历史观与"法西斯政权意识形态"之间的联系。他将这种联系称为"出于常例的（convenzionale）"。但是，在这一语境下提及秦梯利的名字（以及海德格尔的名字），看起来可一点儿都不寻常。①

7. 自从 20 世纪 60 年代末以来，我所谈及的这些怀疑主义的态度，已经在人文学科中变得越来越有影响力。这种四散流传只能被部分归因于其所谓的创新性。皮埃尔·维达尔-纳凯写道，"自那时（米歇尔·德塞尔托的《历史书写》于 1975 年出版）起，我们已经意识到这一事实，那就是历史学家书写，他生成了一个空间和一个时间，尽管他自身置于某个空间和某个时间之中。"对此我们只能理解为出于赞颂之意。因为维达尔-纳凯深知，（有时会引出怀疑主义结论的）同一立场曾被着重强调过，比如，爱德华·霍列特·卡尔（E.H.Carr）并不算特别大胆出格的方法论著作《历史是什么？》（*What is History?*, 1961），以及很久以前的贝内代托·克罗齐。

从历史角度来考虑这些问题，我们便能更好地把握住它们连带产生的理论影响。我建议，不妨从 1915 年便英年早逝的雷纳托·塞拉（Renato Serra）撰写于 1912 年、但直到 1927 年

---

① 参见前引 H. White, *The Content of the Form*, p. 74。

才发表的一篇短文入手。这篇文章的标题——《一群开往利比亚的士兵》(*Partenza di un gruppo di soldati per la Libia*) [1]——只是含糊地介绍了文中内容。文章一开始，是一段以非常大胆的实验风格写成、让人联想起那几年中画家波丘尼（Umberto Boccioni）的未来主义画作的文字，描述出了一个满是即将动身离开的士兵和围观人群的火车站。[2] 就在这个节点上，出现了一系列的反社会主义评论，然后是对历史和历史叙事的反思，最后以突如其来的、与尼采交相唱和的严肃形而上学讨论而达到高潮。这篇未竟之作显然值得加以长篇大论的深度分析，它反映出了这样一个人——不仅身为那一代人中最杰出的意大利批评家，还是一位拥有强烈哲学兴趣的学者——的复杂个性。在与克罗齐的书信往来中（他与克罗齐保持着非常紧密的私人关系，尽管并不是克罗齐的追随者），他对我提到的这几页文字的诞生做出了解释。[3] 它们是在克罗齐的《历史、编年史与伪历史》(*Storia, cronaca e false storie*, 1912) 的启发下写成的。这篇论文的修订版后来被收入了《历史学的理论和历史》一书。克罗齐曾提到，在真实事件——比如一场战斗——和作为历史

---

[1] 参见 R. Serra, *Scritti letterari, morali e politici*, a cura di M. Isnenghi, Torino 1974, pp. 278—288。切萨雷·加尔博利在《荷叶边：二十世纪的影像》中对塞拉的文章做出了类似的解读，参见 C. Garboli, *Falbalas*, Milano 1990, p. 150。

[2] 例如纽约大都会博物馆中那幅著名的三联画《那些离去的人》(*Quelli che partono*)，但并不仅限于此。

[3] 参见 R. Serra, *Epistolario*, a cura di L. Ambrosini, G. De Robertis, A. Grilli, Firenze 1953, pp. 454 以下页码。

学家记述之基础的、关于这一事件的零散扭曲记忆之间，存在着一个缺口，而这是托尔斯泰在《战争与和平》中所强调指出的。托尔斯泰的观点众所周知：要想填补这个缺口，就只能靠收集直接或间接参与到这场战斗中的所有个体（甚至是最卑微的一个小兵）的记忆来实现。克罗齐将这种解决办法以及在他看来其中所包含的怀疑主义斥为荒谬："任何时候，我们都知道那些重要性大到足以让人有所知的历史的全部。"这样一来，我们不知道的历史，也就等同于"'本有之事（cosa in sé）'的永恒幽灵"。① 自嘲为"本有之事之奴"的塞拉，写信给克罗齐说，他觉得自己与托尔斯泰的立场更接近。"只不过，"他补充道，"我的这些困难是——或在我看来是——更复杂的。"② 我们不能不同意他的看法：

> 确实有人出于善意，将文献设想为真实的表现……仿佛一份文献还能表现出与自身有异的别的什么东西一样……一份文献就是一个事实。这场战斗是另一个事实（其他事实的无限集合）。这两者不能成为一体……行事者为一事实。叙事者为另一事实……每一份证词，都只是对自身的见证；见证自身时刻，见证自身起源，见证自身意图，除此无他。③

---

① 参见 B. Croce, *Teoria e storia della storiografia*, Bari 1927, pp. 44—45。
② 参见前引 R. Serra, *Epistolario*, p. 459（1912 年 11 月 11 日）。
③ 参见前引 R. Serra, *Scritti letterari*, p. 286。

　　这些并不是一位纯理论家的反思。塞拉知道何为博闻强识。在他的尖锐批判中，并没有刻意地将历史叙事与其赖以建构的材料对立起来。塞拉深知，任何文献——无论在多大程度上属于直接材料——永远都与真实保持着一种问题重重的关系。但是真实（"本有之事"）的确存在。①

　　塞拉明确拒绝了一切幼稚的实证主义观点。但他的看法，也帮我们拒绝了一种叠加了实证主义（也即基于对文献字面解读的"实证主义历史研究"）和相对主义（也即基于无从比较、无可辩驳的寓意阐释的"历史叙事"）的观点。② 本文第一部分讨论到的那些基于单一证词的叙事，可以被视为驳斥此种斩截区分存在的实验性案例：对现有文献记载的不同解读，立刻便对叙事产生了影响。在一个更普遍的层面上，也可假定存在一种类似的关系，尽管通常不那么明显。因此，针对历史叙事的全然怀疑主义态度，是没有依据的。

　　8. 关于奥斯维辛，让-弗朗索瓦·利奥塔尔（Jean-François Lyotard）曾写道：

　　　　假设一场地震不仅摧毁了生命、建筑和物件，还摧

---

① 参见前引 R. Serra, *Scritti letterari*, p. 287。
② 参见上文摘引的海登·怀特书中段落（p. 220），以及前引《历史情节化与真实性问题》（"Historical Emplotment", in *Probing*）。

毁了用来直接或间接测量地震的仪器。不可能进行定量测量，并不会排除巨大地震力作用的可能，反而会向幸存者的理智证明这件事……在奥斯维辛这件事上，一些史无前例的事发生了——它们只是迹象（segno）而非事实（fatto）——这就是说，那些事实，那些保留着此地与此时之痕迹的证词，那些表明意义或事实之意义的文献，那些名字，以及各种各样的语句通过相互结合而生成真实的可能性，所有这一切，都已经被最大程度地摧毁了。这难道不是历史学家的责任，去考虑一下那些损失之外的坏事恶行？那些真实之外的元真实（meta-realtà）——也即对真实的摧毁？奥斯维辛这个名字，标志着历史知识的界限，在此界限之中，历史知识目睹了对其自身能力的质疑。①

　　我并不完全确定，最后这个看法是正确的。记忆和对记忆的摧毁，是在历史中反复出现的元素。"这种告诉'其他人'的需求，让'其他人'成为置身事内者的需求，"普里莫·莱维写道，"在我们获得自由前后占据了我们，它有一股直接而暴烈的冲劲儿，足以与其他基本需求一决高下。"② 正如本维尼斯特（Benveniste）业已指出的，拉丁语中意为"证人"的一个词是

---

① J.-F. Lyotard, *Le Différend*, Paris 1983（tr. it. *Il dissidio*, Milano 1985）。

② P. Levi, *Se questo è un uomo*, Torino 1958, pp. 9—10。

superstes——也即幸存者。①

　　＊本文是在 1990 年 4 月 25 日—29 日召开于加州大学洛杉矶分校的"对犹太人的灭绝和呈现的局限（The Extermination of the Jews and the Limits of Representation）"会议上提交的一篇论文的意大利文版（原标题为*"Just One Witness"*）。现可参见 F. 弗里德兰德（S.Friedlander）主编的《探寻呈现的局限：纳粹主义与"最终解决方案"》（*Probing the Limits of Representation. Nazism and the "Final Solution"*, a cura di S. Friedlander, Cambridge［Mass.］1992）。我在某些地方对原文做出了修改。

---

① 参见 É. Benveniste, *Il vocabolario delle istituzioni indoeuropee*, tr. it. di M. Liborio, Torino 1976, vol. II, pp. 492—495（对 *testis* 和 *superstes* 不同之处的分析在第 495 页）。

第 12 章　细节、特写与微观分析
——写在西格弗里德·克拉考尔身后之作的页边

1. 作为一本在西格弗里德·克拉考尔（Siegfried Kracauer）身后问世的未竟之作，《历史：终结之前的最终事》（*History: The Last Things before the Last*）于 1995 年首次出版了平装本。曾经在 1969 年该书首版时加以推介的保罗·奥斯卡·克里斯特勒（Paul Oskar Kristeller），特地为此撰写了一篇新的前言。在克拉考尔的这两版文本所间隔的 26 年里，出现了一场真正的克劳考尔复兴（Kracauer-Renaissance），他的作品被屡次再版、翻译，以多种语言撰写的各类论文亦层出不穷。但在 1995 年的克里斯特勒看来，这种迟来的认可，却受到了某种倾向的玷污，那便是从克拉考尔的形象中剔除一切不能归入法兰克福学派之物的倾向。克里斯特勒引用了格特鲁德·科赫（Gertrud Koch）和因卡·米尔德–巴赫（Inka Mülder-Bach）关于《历史：终结

之前的最终事》的两篇论文，来作为这种扭曲解读的例证，它
们刊登于 1991 年《新德意志评论》(New German Critique) 的克
拉考尔纪念专刊上。克里斯特勒写道："这两篇文章并没有总结
概括这本书的内容，也没有指出它与克拉考尔早期作品的根本
性不同。文中脚注所引用的书和文章并不为克拉考尔所知，而
且在说起克拉考尔早期作品时，就好像它们与这本有关历史的
书毫无冲突、完全一致一样。此外，他们并未提醒读者注意，
后者在注释和参考书目中引用最多的那些历史资料、文献学资
料和哲学资料；他们没有提及作者之前的作品；他们也几乎不
曾提到对那些作品有着至关重要影响的社会学家们。最后，也
是最严重的一点，这两篇论文或明或暗地指出，历史在克拉考
尔的智识兴趣中并不居于中心地位。以学者为对象的、对克拉
考尔最后一部作品的充分阐释，如今尚付阙如。"①

作为一名学者，克里斯特勒为我们留下了像《意大利之旅》
(_Iter Italicum_) 这样的严谨笃学的里程碑式作品。然而，他的
这个尖锐的论断，却包含着某些事实错误。只需扫一眼便能
发现，格特鲁德·科赫和因卡·米尔德-巴赫那两篇论文的注
释，引用的几乎只是克拉考尔的作品或者克拉考尔本人所知的
作品，仅有两到三处引用了关于其作品的近作。此外，与克里
斯特勒所言正相反，因卡·米尔德-巴赫的文章强调指出了这本
关于历史的身后之作与克拉考尔某些早期作品之间的分歧。对

---

① S. Kracauer, _History. The Last Things before the Last_，在作者去世后由 Paul Oskar
　　Kristeller 整理完成，Princeton 1995, pp. VIII—IX。Kristeller 的新版序言并未收
　　录于十年前问世的意大利文版中。

于克里斯特勒这些异乎寻常的不严谨之误，我们该归结于何种原因？答案，或许是出于某种愤愤不平。米尔德-巴赫在提及克拉考尔撰写这本《历史：终结之前的最终事》时所处的"极度文化与学术孤立状态"时，巧妙地忽略了克里斯特勒的宣称，即这本书诞生于他自己与这位老友多年的激烈讨论之中（对此我们并没有理由加以质疑）。[1]但是，我想要强调的却是另外一点，那就是克里斯特勒所持的那种《历史：终结之前的最终事》与克拉考尔此前作品截然不同的观点，事实上是无凭无据的。这本在克拉考尔逝世后出版的书，一开始便是一段自传性质的个人陈述。"直到最近，"他写道，"我才突然发现，大约一年前［即 1960 年］开始明确表现出来的我对历史主题的兴趣，那种我之前一直认为深受我当下思维方式影响的兴趣，实际上源自我在《电影理论》（*Theory of Film*）中试图表述的观点。在投身于历史的过程中，我所做的，无非是追随那些*已经存在于*那本书中的思路而已。"克拉考尔随即写道："我在灵光一现中意识到，在历史与摄影媒介、历史真实与影像真实之间，并存着许多可比之处。我最近偶然重读了自己关于摄影的文章，我惊讶地注意到，自这篇 20 年代［此文的准确发表时间为 1927 年］发表的文章起，我已经在对历史主义和摄影图像进行比

---

[1]　I. Mülder-Bach, *History as Autobiography: The Last Things before the Last*, in "New German Critique", 54（1991）, pp. 139—157，尤其是 p. 139（"the extreme cultural and scholarly isolation in which this book was written..."）；对照 Kristeller, introduzione a S. Kracauer, *History. The Last Things before the Last*, cit., pp. V—X。

较了。"①

对历史与摄影这种平行类比关系的认定，是存在于被流亡海外经历所打断的早年克拉考尔与晚年克拉考尔之间的一个连续性元素，而意识到这一点的，正是克拉考尔本人。此处提及的历史，是双重含义上的历史：既作为一种进程，亦即"成就之事（res gestae）"，也作为一种叙事，亦即"关于成就之事的历史（historia rerum gestarum）"。而所谓摄影，则是广义上的摄影，将电影也包括在内。这段陈述不容忽视，因为克拉考尔似乎是在暗中将这本身后出版的历史著作与他之前的著述相比较。然而，它也必须被加以校验，因为上面引用的那段文字，几乎是公然将历史与历史主义等量齐观：这种瓜葛牵连的接近性（contiguità），很难与克拉考尔对历史主义的屡次批判相容。在*已经*这个副词中集中体现出来的连续性与接近性，因此是有待商榷的。它到底是因手稿未完成而导致的前后不一致的小误，还是一个线索，暗示了克拉考尔思考中的一个未解难题？

2. 为了解决这个两难问题，我们必须从某些被克拉考尔本人提及的文本入手，近年来，围绕着这些文本的讨论已经澄清了一些真相，但也造成了许多误解。我们不妨从 1927 年发表于《法兰克福汇报》（Frankfurter Zeitung）上的一篇论摄影的文章开始，该文后来被克拉考尔收入了自选集《大众装饰》（*Die*

---

① S. Kracauer, *History*, cit., pp. 3—4（我引用的是 *Prima delle cose ultime*, tr. it. di S. Pennisi, Casale Monferrato 1985, p. 3，在这里"historism"被翻译成了"storia"而不是"storicismo"）。

Ornament der Masse, 1963)。[1] 在这篇文章里，克拉考尔评论道，历史主义"几乎是与现代摄影技术大约同时出现的"，从而明确指出这两者都是资本主义社会的产物。但是，在克拉考尔看来，二者的同时发生却掩盖了一种更深层次的相似之处。像狄尔泰（Dilthey）——克拉考尔在将文章收入选集时隐去了他的名字——这样的历史主义代言人认为，"他们可以单纯依据现象的起源解释任何现象。他们相信……按照时间顺序、毫无遗漏地重新建构事件的来龙去脉，就可以把握住历史真实。摄影提供了某种空间连续性，而历史主义则想要为时间连续性搭建桥梁。"对于历史主义和摄影，克拉考尔以记忆及其表象来作比。后者就其定义而言便是支离破碎的："记忆并不包含某个事件的全部空间影像，也不包含其整个时间历程。"[2] 便在此处，这种将历史主义与摄影、记忆与记忆表象对照比较的深远意义显露了出来："吞食世界的目标，正是对死亡之恐惧的标志。通过一张张地积攒照片，我们想要消除的是某种有关死亡的记忆，而在每一个记忆表象中，这种有关死亡的记忆都存在。"[3]

诚然，在这篇文章的结论部分，克拉考尔突然逆转了论证逻辑，想要把摄影从对事件的平面记录、从日常真实的鸡零狗碎中解放出来，而这种解放的可能性被寄托在电影身上——正

---

① S. Kracauer, *La massa come ornamento*, presentazione di R. Bodei, tr. it. di M. G. Amirante Pappalardo e F. Maione, Napoli 1982, pp. 111—127（另见 *The Mass Ornament. Weimar Essays*, a cura di T. Y. Levin, Cambridge［Mass.］1995, pp. 47—63 ）。

② S. Kracauer, *La massa*, cit., p. 114.

③ 出处同上，pp. 123—124。

如梦和卡夫卡的作品一样，电影也能以出乎预料的方式将真实的碎片重新组合起来，揭示更高一级的法则。但基本上，对于1927年的克拉考尔而言，摄影和历史主义是同样需要被谴责批判的。他把这两者与带引号的"历史"相比较：那是一种有待书写的历史，一种实际上尚未存在的历史。

3. 在这些反思之中，是否像克拉考尔后来指出的那样，必然能看到在他去世后才出版的那本历史著作的种子？答案既是肯定的，也是否定的：在这之间，存在着已经被人注意到的、曾被普鲁斯特——或者更确切地说，是普鲁斯特作品中的一段文字——总结为不连续性（discontinuità）的一段间隔。在这篇1927年发表的论摄影的文章中，甚至并未含蓄地提及普鲁斯特，尽管其中的确谈到了记忆和记忆表象。[1] 相反，在《电影理论》（*Theory of Film*, 1960）和《历史：终结之前的最终事》中，克拉考尔在分别分析电影和历史书写的特征时，却一次又一次地援引了《盖尔芒特那边》（*Le côté de Guermantes*）里的文字，在其中，中断旅行突然归家的叙述者，见到了他的外婆，但却没有被外婆看到，而有那么一瞬间，他竟然没能认出她来。[2] 让我们来重新阅读一下这段令人难忘的文字吧：

---

[1]　关于这一点，我不同意 I. Mülder-Bach 在 *History as Autobiography*, cit., p. 141 的说法。

[2]　参见 S. Kracauer, *Theory of Film. The Redemption of Physical Reality*, Princeton 1997, pp. 14—17, 20, 54 以下页码；*History*, cit., pp. 82—84。

　　而我……在那里只是个证人，是个头戴帽子一身行装的观察者，是个不属于这个家庭的陌生人，是个来为那些不复再见的地方拍照留念的摄影师。当我看到外婆时，被我的眼睛机械地记录下来的，实际上是一张照片……平生头一遭，也只是在那片刻之间——因为这个形象立时便消失了——我看见沙发上，台灯下，坐着一个我不认识的精疲力竭的老妇人，面色暗红，身材臃肿，病恹恹的，心不在焉，两只略带癫狂神气的眼睛上上下下地扫视着一本书。①

　　透过这种异化的、机械的凝视——普鲁斯特将其比作照相机无动于衷的镜头——叙述者突然不由自主地认识到一件事，而直到这一刻，爱一直阻止他看到这一点：那就是他的外婆即将离世。摄影在 1927 年的克拉考尔看来，相当于"对死亡之恐惧的标志"，但经过普鲁斯特的解读，它已经变成了一样让我们得以克服那种恐惧、直面死亡的工具。此外，死亡的预兆已经在圣西门的《回忆录》（*Mémoires*）居于中心地位，如果我没有搞错的话，普鲁斯特的灵感来源正是这本书。圣西门公爵进见王太子时，发现后者"坐在一张椅子上，身处侍从和两三名副官之中。我惊讶万分。我看见的这个男人，头颅低垂，面色紫

---

① M. Proust, *À la recherche du temps perdu*, a cura di p. Clarac e A. Ferré, Paris 1954, vol. II: *Le côté de Guermantes*, pp. 140—141（中文版所据的意大利文本系由本文作者译出）。

红，神气茫然，甚至没看到我正在走近"。[1] 除了借助类似的颜色（紫红，暗红）来暗示身体的衰朽，在这两段文字中，强调那种缺乏认知之感的常规手法也是相同的："我看见一个男人"（圣西门），"我看见……一个老妇人"（普鲁斯特）。在这张被改变的个体面容之后，人类的共同命运，那终有一死的人类处境，慢慢浮现了出来。

　　"电影中的脸倘若不带出下面的骷髅，那便毫无价值。'死亡之舞（*Danse macabre*）'。出于何种意图？这仍有待发现。"在这些谜一般的语句中，可以看到克拉考尔对普鲁斯特笔下文字的初始反思。这些句子摘引自一个笔记本，其中包含了一部电影论著的导论大纲：1940 年 11 月，身在马赛、苦苦等待自己与妻子移居美国的许可证获批的克拉考尔，便开始了这一项目。[2]1949 年，克拉考尔重启了这个始于马赛的项目，这一次是以英语写成的。它的开篇直接提到了普鲁斯特的文字，而这在此书的最终版本中又有所阐发。[3] 在马赛，克拉考尔曾与瓦

---

[1]　奥尔巴赫对此进行了评论，但没有提到普鲁斯特，参见 E. Auerbach, *Mimesis. Dargestellte Wirklichkeit in der abendländischen Literatur*, Tübingen-Basel 1994, p. 399（tr. it., II, pp. 192—193，文字略有改动）。

[2]　"Das Gesicht gilt dem Film nichts, wenn nicht der *Totenkopf* dahinter einbezogen ist. 'Danse macabre'. Zu welchem Ende? Das wird man sehen"：参见 M. Hansen, *"With Skin and Hair": Kracauer's Theory of Film, Marseille 1940*, in "Critical Inquiry", 1993, pp. 437—469，尤其是 p. 447。在同一位学者撰写的新版前言中（署名为 M.Bratu Hansen），上面引用的这段话被形容为"与本雅明《德意志悲苦剧的起源》中的讽喻冲动"堪可相提并论。参见 S. Kracauer, *Theory of Film*, cit., p. XXIV。

[3]　S. Kracauer, E. Panofsky, *Briefwechsel*, a cura di V. Breidecker, Berlin 1996, pp. 83—92: "Tentative Outline of a Book on Film Aesthetics"，尤其是 p. 83。

尔特·本雅明会面，后者几个月后逃亡到了西班牙，最终自杀。我们知道，在马赛一同度过的这段时间里，相交甚契的二人讨论过克拉考尔的这部电影论著。① 在我看来，假设在这些讨论的过程中，本雅明曾提及几年前他与弗朗茨·黑塞尔（Franz Hessel）一道翻译的普鲁斯特的那段文字，并不算大胆。② 在普鲁斯特笔下，叙述者的眼睛机械地记录下了他没认出来的外婆身体上的衰朽，而这种凝视被与照相机的无动于衷相对比。这种对照，澄清了本雅明在《摄影小史》（*Breve storia della fotografia*, 1931）中提到的"视觉无意识（iconscio ottico）"的意涵。③

4. 通过阅读普鲁斯特，或许还要加上本雅明的居间促成，克拉考尔将自己在 1927 年提出的摄影与历史主义的类比，替换成了全然不同、在某种程度上甚至截然相反的另一个类比，那便是摄影与历史——"关于成就之事的历史"意义上的历史，

---

① 除了 M. Hansen, *"With Skin and Hair"*，还可参考 K.Michael 著作中援引的一些证词，参见 K. Michael, *Vor dem Café: Walter Benjamin und Siegfried Kracauer in Marseille*, in M. Opitz, E. Wizisla（a cura di）, *"Aber ein Sturm weht vom Paradiese her". Texte zu Walter Benjamin*, Leipzig 1992, pp. 203—221。

② *Die Herzogin von Guermantes*, traduzione di W. Benjamin e F. Hessel, München 1930.

③ W. Benjamin, "Piccola storia della fotografia", in *L'opera d'arte nell'epoca della sua riproducibilità tecnica*, tr. it. di E. Filippini, Torino 1966, pp. 59—77, 尤其是 p. 63。再次出现的同一表述，参见 "L'opera d'arte nell'epoca della sua riproducibilità tecnica"（1936）, ivi, pp. 41—42。另参见 B. Balázs, "Physiognomie"（1923）, in *Schriften zum Film*, vol. I, a cura di H. H. Diedrichs, München 1982, pp. 205—208（转引自 M. Hansen, *Benjamin, Cinema and Experience: "The Blue Flower in the Land of Technology"*, in "New German Critique", 40［1987］, pp. 179—224, 尤其是 p. 208 nota 48）。

也即历史书写——的类比，而后者在《历史：终结之前的最终事》中被多次论及。但是，想要充分理解克拉考尔所提出的这种类比的意义，我们必须记住，在普鲁斯特的文字中，摄影师是一系列多少有些雷同的人物中排名最后的一个："是个证人，是个头戴帽子一身行装的观察者，是个不属于这个家庭的陌生人，是个来为那些不复再见的地方拍照留念的摄影师。"对于流亡他国的克拉考尔来说，与那个陌生人——甚至是出现在这本论历史的身后之作某个章节题目中的流浪犹太人亚哈随鲁（Ahasuerus）——产生认同感，可谓显而易见。① 但是，这种认同却是不求怜悯同情的（至少表面上如此）。克拉考尔强调指出，这个陌生人，这个身处边缘的人，这个"不属于这个家庭"的人，能够理解的东西更多，也更深刻。未能相认的那个时刻，为观看者的间离审视（sguardo estraniato）开辟了一条认知上的启示之路。② 克拉考尔评论道，从修昔底德到刘易斯·纳米尔（Lewis Namier），这些伟大的历史学家都是流放者，而这并非巧合："只有在这种自我泯灭之中，在这种去国无邦的存在状态，历史学家才能与他研究的材料契合共融……对于那个原始资料所再现的世界，他是一个陌生人，他必须面对的这项任务，是

---

① "Ahasuerus, or the riddle of time", in *History*, cit., pp. 139—163.

② 参见 V. Breidecker, *"'Ferne Nähe'. Kracauer, Panofsky, und 'the Warburg Tradition'"*, in S. Kracauer, E. Panofsky, *Briefwechsel*, cit., pp. 129—226，尤其是这一段 "Interpretation als Entfremdung"（pp. 165—176）；但整篇文章都极为重要。另参见本文作者的 "Straniamento. Preistoria di un procedimento letterario", in *Occhiacci di legno. Nove riflessioni sulla distanza*, Milano 1998, pp. 15—39。

流放者的典型任务，那就是穿透这个世界的表象，从而从内部理解这个世界。"[1]

　　所有这些，都有助于我们理解，为什么克拉考尔会在那本论历史的未竟之作中，发展了自己在《电影理论》中提出的论点。这种历史学家与流放者的身份认同，是对于摄影的漫长反思之顶峰。克拉考尔向历史学家建议的"积极的消极状态（passività attiva）"，是对《电影理论》中有关马维尔（Marville）或阿杰（Atget）拍摄的那些城市废墟之论述的重新阐释——沃尔克·布赖德克（Volker Breidecker）正确地指出了这一点。克拉考尔指出，在那些巴黎街景中被察知的"忧郁气质"，"有益于自我间离，而这转过来又要求与万事万物产生认同。很可能，这个抑郁的个体迷失在环境的随机布局之中，以一种不再由其个人偏好决定的、索然无趣的情绪，吸收着周遭信息。这种接受，让人想起普鲁斯特笔下那个以陌生人形象出现的摄影师。"但是，这也是一种与选择和构建相交织的接受：照片不仅仅是真实的镜像。克拉考尔指出，可以将这位摄影试比作"一个充满想象的读者，想要去研读和解密某个他无法理

---

[1] *Prima delle cose ultime*, cit., p. 68（*History*, cit., p. 84）. 对此的尖锐点评，参见 V. Breidecker, "'Ferne Nähe'", cit., p. 176 以下页码（关于"Das Exil als Text"的段落）。关于伟大的希腊历史学家都是流放者的观点，参见 A. Momigliano, "La traduzione e lo storico classico"（最初发表于 *History and Theory*, 1972）, in *La storiografia greca*, Torino 1982, pp. 42—63，尤其是 p. 60。

解其意义的文本"。^① 这些我们能在《电影理论》第一部分（也是迄今为止最重要的一部分）中读到的看法，解释了克拉考尔为什么会写信给阿多诺说，在那本书里，电影只不过是一个托词。^② 曾连续多年与青年时代的阿多诺一起阅读《纯粹理性批判》（*Critica della ragion pura*）的克拉考尔，想要在电影之中并借助电影这个介质，探索一种认知模式。^③ 这种探索，在他逝世后出版这本历史论著中得到了延续。这本书，是注定未能走完的一段智识之旅的最终阶段，尽管一路之上涉及了多个不同的研究领域，但他的道，却是一以贯之的。

5. 在潘诺夫斯基（Panofsky）关于电影的著名论文中，能够发现来自康德的启迪，这在提及"一种新的艺术媒介逐渐意识到自身的合法可能性与局限性"之处尤其明显。^④ 然而，汤姆·莱文（Tom Levin）一针见血地指出，这篇论文几乎立时便

---

① S. Kracauer, *Theory*, cit., pp. 16—17，该段文字评论了 B. Newhall, *Photography and the Development of Kinetic Visualization*, in "Journal of the Warburg and Courtauld Institutes", 1944, pp. 40—45。关于这一问题的详细讨论，参见 D. N. Rodowick, *The Last Things before the Last: Kracauer and History*, in "New German Critique", 41 (1987), pp. 109—139，尤其是 p. 123; V. Breidecker, "'Ferne Nähe'", cit., pp. 178—179。

② M. Hansen, *"With Skin and Hair"*, cit., p. 447.

③ T. W. Adorno, "Uno strano realista. Su Siegfried Kracauer", in *Note per la letteratura 1961—1968*, Torino 1979, pp. 68—88，尤其是 p. 68。

④ Erwin Panofsky, *Style and Medium in the Motion Pictures*, in Id., *Three Essays on Style*, a cura di Irving Lavin, MIT Press, Cambridge (Mass.)-London 1995, pp. 93—125（本文系 1936 年首次发表的一篇文章的修改版：出处同上，p. 204 nota 22）。引用的段落出自 p. 108。

走上了一条不同的、不那么野心勃勃的道路。[①] 莱文认为，更富有成果的针对电影的反思，是潘诺夫斯基 1927 年发表于《瓦尔堡讲座》(Warburg Vorträge) 上关于视角作为符号形式 (forma simbolica) 论文。[②] 已经有人注意到，在一封 1928 年本雅明写给克拉考尔的信中，间接地提到了这篇文章。[③] 但是，即便克拉考尔并未读过这篇关于视角的论文，他也可以通过潘诺夫斯基的其他作品掌握其精髓。沃尔克·布赖德克注意到，在《历史：终结之前的最终事》的准备资料中，有一页笔记，标题是"对细枝末节的强调——特写——微观分析"。在举例说明何为特写时，克拉考尔提到了潘诺夫斯基阐述的"分离原则 (principio di disgiunzione)"，也即中世纪艺术中典型的趋异现象 (divaricazione) —— 一条路，是以不符合历史年代的方式表现那些经典主题，而另一条路，则是将那些古代的图像基督教化。[④] 在《历史：终结之前的最终事》中，草草写下的笔记从两

---

① 参见 T. Y. Levin, *Iconology at the Movies, Panofsky's Film Theory,* in I. Lavin (a cura di), *Meaning in the Visual Arts: Views from the Outside. A Centennial Commemoration of Erwin Panofsky* (*1892—1968*), Princeton 1995, pp. 313—333，尤其是 p. 319 以下页码。

② E. Panofsky, *Die Perspektive als "symbolische Form"*, in "Bibliothek Warburg. Vorträge 1924—1925", 1927, pp. 258—330 (tr. it. *La prospettiva come "forma simbolica" e altri scritti*, a cura di G. D. Neri, con una nota di M. Dalai, Milano 1963).

③ W. Benjamin, *Briefe an Siegfried Kracauer*, a cura del Theodor W. Adorno Archiv, Marbach am Neckar 1987, pp. 65—66 (出 处 为 W. Breidecker, "'Ferne Nähe'", cit., pp. 186—187)。

④ E. Panofsky, *Renaissance and Renascences in Western Art*, Stockholm 1965, p. 82 以下页码。另见 V. Breidecker, "'Ferne Nähe'", cit., p. 175。

个方面得到了澄清。首先，潘诺夫斯基的"分离原则"与阿尔弗雷德·施蒂格利茨（Alfred Stieglitz）的照片一道，被当成了一个在"现实主义倾向"和"创造倾向"之间达成完美平衡的范例；随后，它又被当成了"微观史（microstoria）"或"小尺度历史（storia su scala ridotta）"的一个范例，与特写镜头相比较。[①] 在两个例子中，照片（fotografia 或 fotogramma）都以一个比较项的形式出现；但让我感兴趣的，却是第二种比较。[②]

　　不谈电影，不谈特写，克拉考尔有没有可能是在讨论微观史问题？对于这个问题，其实无需回答。克拉考尔援引了普多夫金（Pudovkin）关于以电影叙事来展示观点多重性的文字，来强调宏观历史调查与基于微观研究的特写式近距离观察之间存在着联系，而这并非巧合。[③] 正如昔日的直线透视法，摄影及其衍生产物（电影和电视）开启了一系列认知可能性：一种观看、讲述和思考的新方式。[④] 收录于《历史：终结之前的最终事》中的那些克拉考尔的反思，正是诞生于这种对一个新世界应运而生的觉悟，而今天——尤其是今天——的我们，仍身处这一世界。

　　一种新的观看之道：但这种新是何种程度上的？ T.S. 艾略

---

①　S. Kracauer, *History*, cit., pp. 56—57（tr. it. *Prima delle cose ultime*, cit., pp. 45—46）; *History*, cit., p. 105（tr. it. *Prima delle cose ultime*, cit., p. 85）; 另参见 *History*, cit., p. 123（tr. it. *Prima delle cose ultime*, cit., p. 99）。

②　关于第一个例子，参见 V.Breidecker 的精彩评论：V. Breidecker, "'Ferne Nähe'", cit., pp. 176—191。

③　S. Kracauer, *History*, cit., p. 122（tr. it. *Prima delle cose ultime*, cit., p. 98）。

④　"Distanza e prospettiva. Due metafore", in *Occhiacci di legno*, cit., pp. 171—193.

特（T.S.Eliot）曾写道，每一种表达上的创新，都会回溯式地建立起自己的家族系谱。电影也不例外。谢尔盖·爱森斯坦（Sergej Ejzenštejn）认为，大卫·格里菲思（Griffith）的早年计划有其文学原型，那便是狄更斯小说中别具一格的细节描写。① 在另外一篇论文中，爱森斯坦引用了《包法利夫人》中爱玛与鲁道夫见面的那段文字，作为对话交叉剪辑的优美范例。② 几年前，我曾对福楼拜在《情感教育》（L'éducation sentimentale）中使用的一系列常规手法进行分析，尤其是曾被普鲁斯特敬佩不已的留白（blanc），但我并没有注意到这一观点，未能将其放在由摄影、全景和序列所塑造的语境中解读。③ 我同样错过了《情感教育》刚问世时人们对它的某种反应，而我将在这里对此加以讨论——这段小插曲，或许能帮助我们更好地理解克拉考尔的反思。

6. 1869 年 12 月，一篇题为《厌世小说》（Le roman mysanthropique）的长文发表在《两个世界评论》（Revue des deux mondes）杂志上，对刚刚出版的《情感教育》进行了点评。④ 这篇文章的作者是圣勒内·塔扬迪耶（Saint-René Taillandier），他在青年时代，曾以黑格尔（Hegel）和谢林（Schelling）的视角撰写过一部题为《斯科特·爱留根纳及其经院哲学》（Scot Erigène et la philosophie scholastique, 1843）的

---

① S. M. Ejzenštejn, "Dickens, Griffith e noi", in *Forma e tecnica del film e lezioni di regia*, Torino 1964, pp. 172—221.

② 作者同上，"Dal teatro al cinema", in *Forma e tecnica del film*, cit., pp. 13—14。

③ C. Ginzburg, *Rapporti di forza. Storia, retorica, prova*, Milano 2000, pp. 109—126.

④ "Revue des deux mondes", 15 dicembre 1869, pp. 987—1004.

专著；随后，他在几所大学（斯特拉斯堡和蒙彼利埃）中教授
文学；这之后不久，他便结束了在法兰西学术院（Académie
française）的学术生涯。[1]1863 年，他又在《两个世界评论》上
发表了一篇关于《萨朗波》（*Salammbô*）的书评，题为《小说
中的史诗现实主义》（*Le réalisme épique dans le roman*）。[2] 对于
像塔扬迪耶这样有天主教背景、审美趣味温和节制的学院派批
评家，我们可以预料，他会对福楼拜的"有伤风化"和放肆文
风做出谴责。而这种谴责的确如期而至：但它却藏在一番让我
们这些习惯将《情感教育》视作经典的后人大吃一惊的严词抨
击之中。塔扬迪耶将其视为一个臭名昭著的作者最新炮制出来
的小说，而这出乎意料地让我们看到了这个新生事物所带来的
震惊。

让我们想象一位艺术家，他宣称要以最忠实的方式再
现真实，而他一起手，便给这种真实蒙上了一层自成体系
的古怪面纱。他徒劳地提出，要将一切都展示出来，而这
就像是一道阳光穿过摄影师的暗房……（第 988 页）。

这个福楼拜与摄影师的类比，看上去似乎微不足道。但真

---

[1]　Saint-René Taillandier, *Histoire et philosophie religieuse. Études et fragments*, Paris 1859; *Études littéraires*, Paris 1881.

[2]　"Revue des deux mondes", 15 febbraio 1863, pp. 840—860. 另参见同一作者关于 *La tentation de Saint-Antoine* 的评论文章（*Une sotie au dix-neuvième siècle*, in "Revue des deux mondes", 1° maggio 1874, pp. 205—223）。

相并非如此，因为我们接下来就会看到这一段：

> 他自负地追求着尖锐锋利，鞭辟入里，就像削石的利刃，腐蚀铜版的强酸：执迷于最终效果，他一心只想着程序、设备、工具和酸液的问题。自然的丰富多样被忘在脑后：被锁在了一间病态的实验室中。这个粗鲁的现实主义工匠，很快就会失去对真实世界的感知。他的眼前有那么几个模特，而这些疲惫、扭曲、无聊而又麻木的模特，对他而言，将成为人类命运的形象（第 988 页）。

塔扬迪耶承认，福楼拜"当然不是一个平庸作家"，"他的产量不高，但每一部作品都展示出了深思熟虑与字斟句酌"。但是，像《包法利夫人》这样的书，"是带着一种冷冰冰的无动于衷态度进行的学术解剖"，它的冒犯之处不在于其主题，而在于那种促成此书的"漠然的念头"（第 988—989 页）。"《萨朗波》的史诗现实主义具有同样不近人情异想天开的特征"（在前一篇文章中，塔扬迪耶曾直言不讳地提及"某种施虐狂想象的元素"）。① 这样一来，便引出了一个问题："那么，这个作者到底是何种存在？尽管他如此精心地创作自己的作品，但却依然保持着一种全然置身事外的间离立场。这种无动于衷的呈现，到底意味着什么？"（第 989 页）

---

① "Revue des deux mondes", 15 febbraio 1863, p. 860。

无动于衷，Impassibilité, impassible，这些词语反复地出现在这篇文章中，而它们源自一开始时对于作者和摄影师的比较。在这种无动于衷中，塔扬迪耶看到了"一个系统性结果，一种藏而不露的哲学表达"：一种最宽泛意义上的厌世。"如果我们承认，这个世界是受造而成的，那么，对人类施下如此暴行，就意味着对这个世界和这个世界的创造者施暴……这是一种无神论：这便是这本书的哲学（第 990 页）。"但是，这种哲学意图与"撰写历史一页篇章的渴望"结合在了一起。福楼拜似乎想要表明"某种理念，那就是在一部作品中，［过去 25 年里］的公共事件可以借助个人行为来解释。主人公所受的教育启迪，从而便与我们这个历史时期中巴黎社会所受的教育启迪产生了呼应"。

当我们意识到，作者显然是在模仿米什莱（Michelet）在《法国史》（Storia di Francia）最后几卷中的文风时，很难不去接受这种假设，不管它是多么的匪夷所思。我们发现了同样断断续续、前后跳跃的切入叙事，从一个场景突然转换到另一个场景，堆叠细节，省略过渡。小说从来不曾以这种语言讲述；读者会感觉到自己正面对着一部编年史，一份内容枯燥、草草写就的日记，一辑注解、符号和评语；但不同在于，在历史学家那里，符号是象征性的，评语是表达性的，而注解则是总结性的，只不过对相关事件的总结有时合宜得当，有时候不知所云，而在小说家这

里，这些精心构思设计的表现形式，却被用于呈现索然无味的日常生活。（第 993—994 页）

我稍后会继续讨论米什莱与福楼拜的类似之处。但塔扬迪耶意识到了，那种下意识地将历史学家描述的"相关事件"与小说家描述的"索然无味的日常生活"加以对比的做法，并不准确。打动《情感教育》读者的，并不是私人生活与公共事件的交织；在这一点上，塔扬迪耶看到了"一种将大事小事、严肃事件与荒谬奇闻混为一谈的企图，从而在这种杂乱无章的基础上建立起全盘蔑视的信条"（第 999 页）。每一件事，都被放在了同一水平之上："这不再是一种平平无奇的漠然态度，这是一种有意为之的强大意愿，务求让世界祛魅，人性沦丧。"（第 1002 页）祛魅（désenchanter）这个词，在文章结尾处再度出现：读完这本书时，"我们告诉自己，所有这一切都是假的，作者并未呈现出任何爱或行动，他只是在诋毁人性，生命确有价值，而当艺术坚持要令上帝的创造祛魅之时，它便否定了自身"。（第 1003 页）

7. 作者与其作品的间离；叙事常规手法本身即成为目的；无动于衷；漠然相对；公共事件与无关大局的私人生活混杂在一起构成历史；全面的无意义；对世界祛魅。在克拉考尔的《历史：终结之前的最终事》中，不难发现与塔扬迪耶在《情感教育》中察知的类似主题：间离，置身事外，微观史与宏观史的交织，对历史哲学——或是那种在人类历史中搜寻普遍意义的做法——的断然拒绝。或许，克拉考尔并不曾读过塔扬迪耶的文章；然而，他却读过福楼拜，在魏玛共和国时期视福楼拜的无动于衷为理想，并且在战争即将结束时，构思了一篇关于福楼拜和法兰西第三共和国知识分子的悲观主义的文章（这篇文章并未成篇）。[①] 但是，我在前面列出的那种趋同性，却表明了某些更复杂的内涵，而这不仅仅是两个相隔一个世纪的不同读者对同一位作者的解读而已。在这里，关键并不仅仅是接受的问题，而是接受与生成同时发生的问题。在一本精彩绝伦但迄今为止仍未得到充分利用的书中，迈克尔·巴克森德尔（Michael Baxandall）指出，15 世纪的意大利画家所面对的受众，之所以能够破解其画作中的秘密，是因为他们共享了一系列社会经验：算术书（libri d'abaco），教士布道，以及舞会。[②] 这项试验也可以通过选择一个特定时期的方法，以摄影手法来复制：19 世纪中期的法国，20 世纪头几十年的德国，21 世纪伊始的欧洲。让我们先说清楚一件事：这种研究视角与决定论无关。在众多可能定义中，倘若我们接受人是一种比喻意义上的动物的这种说法，那么，我们就可以说，算术书

---

① K. Witte, *"Light Sorrow". Siegfried Kracauer as Literary Critic*, in "New German Critique", 54（1991）, pp. 77—94, 尤其是 pp. 93—94（提到了 Hemingway, *In Our Time*）; Kracauer a Panofsky, 8 novembre 1944（S. Kracauer, E. Panofsky, *Briefwechsel*, cit., p. 38）。

② M. Baxandall, *Painting and Experience in Fifteenth Century Italy*, Oxford 1972（tr. it. *Pittura e esperienze sociali nell'Italia del Quattrocento*, a cura di M. P. e P. Dragone, Torino 1978）。

和照片这样的东西提供给艺术家及其观众的那种可被视为譬喻的体验，与真实世界所能提供的体验不相上下，因为这个虚构世界是被人出力构建而成的。在我们讨论的这个例子中，摄影为福楼拜提供了一种可能性，去有意地进行一系列认知和叙事实验，同时也为他的读者提供对其解码的可能性。塔扬迪耶在没有明确援引出处的情况下猜测，福楼拜是受到了米什莱晚期文风的启发——"这种相同的不连贯的、抽风般的风格，相同的中断叙事手法，从一幕骤然转至另一幕，堆积细节，忽略过渡"——这时候，我们很难不去联想到摄影和（后世的）电影剪辑。

那么，就让我们从米什莱《法国史》的最后一卷（第 19 卷）中随机抽取一段，来验证一下塔扬迪耶的猜测吧。这段文字，描述的是大革命之前的一次贵族叛乱：1788 年 6 月 7 日发生于格勒诺布尔（Grenoble）的所谓"砖瓦之日"（*journée des tuiles*）事件。米什莱手头掌握了十几份当天的目击证人证词："最好的一份来自一位头脑出奇简单的修士。"他对这些材料的重新组织（首先从标点符号开始），值得我们细察。但让我们先听听米什莱的叙述吧：

> 时为正午。不祥之音荡于深谷之中，特龙什（Tronche）及邻近村镇之彪悍农人，步枪在手，来势汹汹，继而狂奔暴走。然诸门皆被钉固。众人分头寻找架梯。惜皆短不足用。彼等终破一假门后墙。耗时固久矣：然彼众之势足证

城乡之勠力同心。[①]

这种连篇累牍的绘声绘色、急促有力、犹如连帧照片般的文字，可以与《情感教育》中杜萨迪埃（Dussardier）之死的精彩场景相对比。[②] 但我要引用的，却是一本文风平实的电影导演手册中的某个段落：

> 为了清楚精确地了解一场游行，旁观者必须首先爬到房顶上，看到整个行进队伍，清点其人数规模；然后，他必须爬下来，从一楼窗口看出去，读出游行者手持标语牌上的文字，最后，他还要混入人群之中，知道那些参与者长什么样子。

这段文字出自普多夫金笔下，它被克拉考尔引用，以此佐证自己关于宏观历史与微观历史、长镜头与特写镜头相互影响的论点。[③] 而我将反过来引用克拉考尔的文字，支持这样一个论点，那就是任何一种叙事，都会产生认知上（而不仅仅是修辞

---

① J. Michelet, *Histoire de France*, vol. XIX, Paris 1879（但前言的落款为巴黎，1855 年 10 月 1 日），pp. 360—361。最早的比较研究，参见 I. Sgard, *Les trente récits de la Journée des Tuiles*, Grenoble 1988, in particolare p. 93。

② 我对此的引用和评论，参见 *Rapporti di forza*, cit., pp. 113—114。

③ S. Kracauer, *History*, cit., p. 122（tr. it. *Prima delle cose ultime*, cit., p. 98）。

上和文风上）的影响。① 在这一点上，对于今天的我们来说，克拉考尔似乎比任何时候都更像是一个不可或缺的对话者。

8."银幕之上，没有宇宙。"罗歇・凯卢瓦（Roger Caillois）如是写道。克拉考尔深为赞许地引用了这段话，并进而强调说，"在电影院中，艺术是反动的，因为它象征着整体性。"② 这种对整体性的顽固拒绝，加剧了克拉考尔对历史哲学的不信任，而这为他在 1940 年 11 月写作于马赛的那些文字平添了一丝讽刺色彩："电影中的脸倘若不能让人联想起其下的骷髅，便没有价值。'死亡之舞（Danse macabre）'。意欲何为？这仍需拭目以待。""意欲何为（Zu welchem Ende）③？"这个问号，为我们留下了一种可能性，那就是在被视作理所当然的短期目标（fine）之外，还存在着某种终极目的（telos），一种心之所向（scopo）。但这部关于历史的未竟之作的略带讽刺意味的书名——《终结之前的最终事》——却激发了我们对或然世界（mondo della contingenza）的想象，那是一个祛魅的世界，一个福楼拜（正如塔扬迪耶所述）和马克斯・韦伯都曾为之奋斗的

---

① 关于这一点，请参考我的著作：*Rapporti di forza*。据 Peter Burke 考证，克拉考尔可能是第一个提出乔伊斯、普鲁斯特和伍尔夫的小说为历史叙事带来"挑战与机遇"的人（*Aby Warburg as Historical Anthropologist*, in H. Bredekamp, M. Diers, C. Schoell-Glass［a cura di］, *Aby Warburg. Akten des internationalen Symposions*, Hamburg 1991, p. 237, citato in S. Kracauer, E. Panofsky, *Briefwechsel*, cit., p. 147 nota 80）。但克拉考尔其实是在引述奥尔巴赫的观点（*Theory of Film*, cit., p. 219）。

② 出处同上，pp. 226 e nota, 301。

③ 译者注：这句德文出自席勒的一篇著名演讲《何为普遍历史及其意欲何为？》（*Was heißt und zu welchem Ende studiert man Universalgeschichte?*）。

世界。① 在我看来，所有这些都在建议我们，不要像某些人所做的那样，把克拉考尔列入弥赛亚主义（messianismo）② 的信徒之列，哪怕只是一个并不热衷的信徒。③ 在一本 1955 年出版的本雅明著作上，紧挨着第 7 篇关于历史哲学的论文，克拉考尔写下了一个大大的"不！"字，这表明了一种强烈的异议，即便是这位挚友悲剧性的死亡也无法将其打消。④ 我们有必要重读一下本雅明写下的句子：

> 甫斯特尔·德·库朗日（Fustel de Coulanges）建议想要重新经历一个时代的历史学家忘记他关于历史进程的一切知识。要对历史唯物主义打破各种联系的过程加以形容，再也没有比这更好的说法了。这是一个认同的过程。它的起源，是那种无所用其心（acedia）的状态，对把握住那些稍纵即逝的真实历史图像不抱任何希望。中世纪的神学家们将其视作悲伤的终极基础：对此熟知的福楼拜写道，"少有人能料到，怎样的悲伤，才能重起迦太基于地下（Peu de gens devineront combien il a fallu être triste pour ressusciter

---

① S. Kracauer, "The Hotel Lobby", in *The Mass Ornament*, cit., p. 178（本章为克拉考尔所撰，参见 S. Kracauer, *Le roman policier*, Paris 1971: p. 68）。根据 T. Clark 的考证，"mondo disincantato" 这一表述源自 Schiller（*Farewell to an Idea*, New Haven-London 1999, p. 7）。但 Schiller 或许知道 Balthasar Bekker 的同名著作。

② 译者注：对救世主终将降临拯救世界的信念。

③ M. Hansen, *"With Skin and Hair"*, cit.

④ W. Breidecker, "'Ferne Nähe'", cit., pp. 178—179.

Carthage）。"这种悲伤的本质，只有在我们扪心自问——信奉历史主义的历史学家到底"认同"的是哪些人？——的时候，才能得到澄清。而答案总是：胜利者。[1]

克拉考尔将自己定义为替那些失败之事业发声的代言人，他还把大卫与歌利亚的主题同特写镜头联系在了一起，也就是说，相信最意义重大的力量，往往彰显于最微不足道的所在。这样的他，是无法接受本雅明的结论的。[2]他也无法接受这一结论之前的那些内容：对于所谓的忧郁、共情以及福楼拜认同历史主义的说法，他都予以了谴责。在历史主义这件事上，他的评判是相当矛盾的。但是，狄尔泰表现出来的（尽管有时摇摆不定）那种进步信念，在他看来却不可接受。[3]福楼拜的悲观主义，要更合他的胃口。然而，在这种救赎真实存在（realtà fisica）的（反弥赛亚主义）理念之中，一丝被压抑的乌托邦气息却依然流露了出来。[4]

*这篇论文的法文版曾在 2003 年 6 月举行的克拉考尔史学反思专题会议上宣读。

---

[1] 我使用了 R. Solmi 的译文（W. Benjamin, *Angelus Novus. Saggi e frammenti*, Torino 1962, p. 75）。

[2] S. Kracauer, E. Panofsky, *Briefwechsel*, cit., p. 91. 另参见 *History*, cit., p. 219（后记）。

[3] 出处同上，p. 202（tr. it. *Prima delle cose ultime*, cit., pp. 160—161）。

[4] 参见 *Theory of Film. The Redemption of Physical Reality*, cit., pp. 300—311（其中提到了奥尔巴赫《摹仿论》的结尾部分）。

第13章　微观史：我所了解的二三事

1. "微观史（microstoria）"这个表述，我应该是在 1977 年或 1978 年的时候从乔瓦尼·莱维那里第一次听来的。我想，我大概是没有搞明白它的字面意思，就挪用了这个之前从未听说过的词："微观（micro）"这一前缀所暗示的那种缩小观察尺度的意涵，想必曾让我颇为满意。不过，我记得很清楚，在我们那时的交谈中，说到"微观史"时，是把它当成了一个标签，而它贴在某个有待装满的史学容器之上。①

过了一些时候，乔瓦尼·莱维、西蒙娜·切鲁蒂（Simona Cerutti）和我开始编写一套系列丛书，它由埃诺迪出版社出版，丛书名称恰好便是"微观史"。自那时起，这套丛书已经出版了 20 多本，执笔者有意大利人，也有外国人；有几本意大利文版

---

① 莱维回忆说，他与我及朱利奥·埃诺迪最早讨论该系列丛书是在"1974、1975 和 1976 年前后"（参见 *Il piccolo, il grande, il piccolo. Intervista a Giovanni Levi*, in "Meridiana", settembre 1990, p. 229 ），但他记错了。

的作品，已经被翻译成多种语言；已经有人开始谈及"意大利微观史学派"。但最近，因为一项小规模的回顾性术语调查，①我这才发现，我们原以为不带任何内涵意义的这个词，之前已经被其他人使用过了。

2. 据我所知，第一个提出"微观史"这种说法、并将其视为一个有自身定义之词语的人，是美国学者乔治·R. 斯图尔特（George R. Stewart），而时间是在 1959 年。生于 1895 年、去世于 1980 年的斯图尔特，曾在伯克利大学担任教授多年，想必不是个无足轻重的小人物。这位笔耕不辍的*自由主义者*著作颇丰，在多部我未曾拜读的小说之外，还包括一部早期生态学宣言《没你想的那么富足》（*Not so Rich as You Think*, 1968）、一本以人类自传形式撰写的简明普遍史《人类：一部自传》（*Man: An Autobiography*, 1946），以及一部与他人合著的年代记《宣誓效忠之年》（*The Year of the Oath*, 1950）。最后这本书，记载了斯图尔特本人与包括恩斯特·坎托罗维奇（Ernst Kantorowicz）在内的其他教授在麦卡锡时期反对伯克利大学行政部门强制要求教员宣誓效忠的经过。②斯图尔特最广为人知的著作，是

---

① 加州大学洛杉矶分校研究图书馆（YRL）计算机编目所使用的 ORION 程序，令这项调查得以实现。

② 在斯图尔特的叙述中惊鸿一现的坎托罗维奇，并没有被提名道姓，但很容易就能分辨出他是谁：参见 *The Year of the Oath*, Berkeley 1950（rist. 1971）, p. 90。另参见 E. H. Kantorowicz, *The Fundamental Issue. Documents and Marginal Notes on the University of California Loyalty Oath*, San Francisco 1950, p. 1："这本书并不打算讲述'宣誓效忠之年'的历史。乔治·R. 斯图尔特教授已经就这一问题进行了令人敬佩的研究。"

《地上之名》（*Names on the Land*, 1945, 1967）和《美国地名》
（*American Place Names*, 1970），两部美国地名学专著。① 在某
次讲座中，他以贺拉斯一首颂诗中提到的地名开始，指出要想
解读某个书面文本（un testo letterario），首先必须破译其中包
含的那些环境参照物——地点、植被和天气状况。② 这种对微
观细节的激情，也促成了我在本文中关注的一本书：《皮克特冲
锋：1863 年 7 月 3 日葛底斯堡最后一次猛攻的微观史》（*Pickett's
Charge. A Microhistory of the Final Charge at Gettysburg, July 3,
1863*, 1959）。在这本书中，斯图尔特用 300 多页的篇幅，详细
地分析了美国南北战争中的这场决定性战斗。书名所指的事件，
仅持续了大约 20 分钟：南方军的一个营在陆军少将乔治·爱德
华·皮克特（George Edward Pickett）率领下，发起了一次孤注
一掷的猛攻。叙述展开于一个狭小的空间中，时间跨度只有 15
个小时。与文本相辅相成的地图和图表，配有诸如"炮击（下
午 1 点 10 分—2 点 55 分）"一类的图注。葛底斯堡战役的命定
结局，便在几秒之内、在一丛树林和一堵石墙之间见了分晓。③

① 参见 M. S. Beeler, *George R. Stewart, Toponymist*, in "Names", 2（1976：该期杂
志的标题为乔治·R. 斯图尔特教授纪念文集：*Festschrift in Honor of Professor
George R. Stewart*），pp. 77—85。另参见 *George R. Stewart on Names and Characters*,
un'intervista apparsa sulla stessa rivista, 9（1961），pp. 51—57; J. Caldwell, *George
R. Stewart*, Boise（Id.）1981。
② 参见 G. R. Stewart, *The Regional Approach to Literature*, in "College English", 9
（1948），pp. 370—375。
③ G. R. Stewart, *Pickett's Charge. A Microhistory of the Final Attack at Gettysburg,
July 3, 1863*（1959），Dayton（Ohio）1983, pp. IX, 211—212.

通过放大时间和压缩空间，斯图尔特带着一种近于沉迷细节的态度，分析了他定义的"这场战争的高潮时刻，我们历史的关键时刻"——也即普遍史之一部分。斯图尔特断言，倘若乔治·爱德华·皮克特这次失败的猛攻侥幸获胜，葛底斯堡战役的结局很可能会完全不同："两个对立的共和国的存在，或许会阻止美国对两次世界大战的决定性介入，而正是这种介入，令美国转变为一个全球大国。"①斯图尔特的微观史，最后以对克莱奥帕特拉鼻子的反思而结束。

3. 几年后，一位与斯图尔特完全没有关系的墨西哥学者路易斯·冈萨雷斯-冈萨雷斯（Luis González y González），在一部专著——《动乱中的村庄：圣何塞-德格拉西亚微观史》（*Pueblo en vilo. Microhistoria de San José de Gracia*, México 1968）——的副标题中加入了"微观史"这个词。该书考察了一个"不起眼的"小村庄在 4 个世纪中的历次转变。但微小的维度被其典型性所弥补：正是这一要素，成为了选择圣何塞-德格拉西亚而不是一千个其他类似村庄的正当理由（此外还因为冈萨雷斯-冈萨雷斯生于斯长于斯）。在这里，正如冈萨雷斯-冈萨雷斯引用保罗·勒耶（Paul Leuilliot）的话所强调的，微观史是地方史的同义词，以定性研究而非定量研究的视角写成。②《动

---

① G. R. Stewart, *Pickett's Charge. A Microhistory of the Final Attack at Gettysburg, July 3, 1863*（1959），Dayton（Ohio）1983, p. IX。

② L. Gonzáles y González, *Pueblo en vilo. Microhistoria de San José de Gracia*, México 1968, p. 2（"La pequeñez, pero la pequeñez típica"）；在 p. 3 提到了勒耶。

乱中的村庄》得以再版，后来又被翻译成法文，它的成功促使其作者在两篇论文中对其方法进行了理论阐述。这两篇论文——"微观史的艺术"（El arte de la microhistoria）和"微观史理论"（Teoria de la microhistoria）——分别被收入了《微观史的号召》（*Invitación a la microhistoria*, 1973）和《微观史的新号召》（*Nueva invitación a la microhistoria*, 1982）两本文集中。在这些已经在同一时期的其他墨西哥出版物中有所响应[①]的文章里，冈萨雷斯-冈萨雷斯把微观史与小史（petite histoire）、轶史（aneddotica）和伪史（screditata）区分了开来；他再度确认了，微观史就等同于英国、法国和美国的所谓地方史，以及尼采定义的"古文物研究史或考古史（storia antiquaria o archeologica）"。最后，为了消除因"微观史"一词而生出的反对意见，他提出了两个变通方案："母性（matria）"史，专指那种对"微小、柔弱、女性和感性的母性"世界的历史研究，比如以家庭或村庄为中心的研究；或是"阴史（storia yin）"这个让人联想起一切有关"女性、保守、朴质、甘美、幽深和疼痛"[②]之事的道家名词。[③]

---

① 参见 L. Aboites, *La revolución mexicana en Espita: 1910—1940. Microhistoria de la formación del Estado de la revolución*, México 1982（Centro de Investigaciones y Estudios Superiores en Antropologia Social. Cuadernos de la Casa Chata, 62 ）。

② 译者注：此处原文为"femminile, conservatore, terrestre, dolce, oscuro e doloroso"，疑似源自某个不甚准确的《道德经》译本或介绍文本。因系二次引用且原作者冈萨雷斯-冈萨雷斯已于 2003 年去世，为忠实原文起见，以直译处理。

③ L. González y González, "El arte de la microhistoria", in *Invitación a la microhistoria*, México 1973, pp. 12—14。

4. 虽然冈萨雷斯-冈萨雷斯主张，"微观史"这个词本质上是父性的（sostanziale paternità），但他也回忆道，它已经出现在布罗代尔（Braudel）为乔治·古尔维奇（Georges Gurvitch）主编的《论社会学》（*Traité de sociologie*, 1958）而撰写的导言中，但却"不带任何公认的切实含义"。[①] 事实上，对于布罗代尔来说，微观史有着十分明确但却负面的含义：它是*事件史*（*histoire événementielle*）的同义词，是那种"传统历史（storia tradizionale）"的同义词，在这种历史看来，类似于交响乐团指挥的大腕儿们（protagonisti）主导了"所谓的世界史"。布罗代尔认为，在短时段和阵发性时段（tempo breve e spasmodico）的语境下，这种传统历史既不如微观社会学有趣，也逊色于计量经济学。

众所周知，布罗代尔自打撰写《地中海与菲利普二世时代的地中海世界》（*Méditerranée*, 1949）那时起，便亮明了他对等同于政治史的*事件史*的敌意。10 年后，布罗代尔再一次尖刻地表明了他一如既往的不耐烦。但他的学识太渊博，性子也太急躁，以至于无法满足于依仗自身权威，去重复那些到这时已经被许多人信受奉行的既成事实。把如今在他看来已是"陈年争论"的东西突然撂到一边，布罗代尔写道："社会新闻（除了那种确属事件的社会剧）无非是重复、一成不变和以多取胜（*multitude*），这绝不是说这种水平的东西搞不出什么成果，或

---

① 这篇导言的一部分被重新冠以"历史与社会学（Histoire et sociologie）"的题目，收入了 F. Braudel, *Écrits sur l'Histoire*, Paris 1969, pp. 97—122。

是没有科学价值。它应当被近距离观察。"[1] 需要再等上 25 年，
这句话的内涵才得以被领会。[2]

对于布罗代尔来说，那种对特殊性（singolarità）予以科学
认知的可能性，依然被排除在外：社会新闻有可能实现自我救
赎，只是因为人们视它为重复的（ripetitivo）——在冈萨雷斯-
冈萨雷斯的著作中，这个形容词变成了"典型的（tipico）"。
但微观史依然命定不祥。[3] 这个显然与微观经济学和微观社
会学同享一个词根的词，被一个技术性的光环所笼罩，而这
一点，可以从下面这段文字——摘自（或许是）雷蒙·格诺
（Raymond Queneau）文笔最优美的小说《蓝花》（Les fleurs
bleues）——中清楚地看出。两名对话者，是欧日公爵（duca
d'Auge）和他的私人礼拜堂神父：

　　——你到底想知道些什么？
　　——你怎么看一般意义上的普遍史（storia universale

① F. Braudel, *Écrits sur l'Histoire*, Paris 1969, pp. 122 及其后页码："Le fait divers
（sinon l'événement, ce socio-drame）est répétition, regularité, multitude et rien ne
dit, de façon absolue, que son niveau soit sans fertilité, ou valeur, scientifique. Il
faudrait y regarder de prés"。

② 参见 *Fait divers, fait d'histoire*（contributi di M. P. Di Bella, M. Bée, R. Comaschi,
L. Valensi, M. Perrot），in "Annales E.S.C.", 38（1983）。在介绍这些论文时，
M.Ferro 比较了对"社会新闻（*fait divers*）"的分析和微观史著作，他认为这
二者是既相似又相反、但却相辅相成的研究（p. 825）。在同一期中（p. 917），
M.Perrot 的 *Fait divers et histoire au XIXe siècle* 一文提到了上文中引用的布罗代
尔的那段话。

③ 直至今日，这个词依然无法摆脱某种讽刺的意味，比如在 G. Charachidzé 的作品中
（*La mémoire indo-européenne du Caucase*, Paris 1987, pp. 131—132），便有所流露：
"我想要戏称其为微观史（ce que j'avais voulu appeler, par jeu, micro-histoire...）"。

in generale）和特殊意义上的一般史（storia generale in particolare）? 我听你的。

——我真的累了，神父说。

——你晚点儿再休息。告诉我，这次巴塞尔大公会议是普遍史吗?

——当然是了：它是一般意义上的普遍史。

——那我的小加农炮呢（cannoncini）?

——特殊意义上的一般史。

——我那些女儿的婚礼又怎么说?

——连"事件"史都算不上。最多不过是微观史罢了。

——啥史? 欧日公爵喊道。这是什么鬼话连篇。今天是什么日子? 五旬节吗?

——恕我无礼，先生。太累了就会这样，你看。①

---

① 参见 R. Queneau, *I fiori blu*, tr. it. di I. Calvino, Torino 1967, p. 69（*Les fleurs bleues*, Paris 1965, pp. 84—85:

"Que voulez-vous savoir au juste?

–Ce que tu penses de l'histoire universelle en général et de l'histoire générale en particulier. J'écoute.

–Je suis bien fatigué, dit le chapelain.

–Tu te reposeras plus tard. Dis-moi, ce Concile de Bâle, est-ce de l'histoire universelle?

–Oui-da. De l'histoire universelle en général.

–Et mes petits canons?

–De l'histoire générale en particulier.

–Et le mariage de mes filles?

–A peine de l'histoire événementielle. De la microhistoire, tout au plus.

–De la quoi? hurle le duc d'Auge. Quel diable de langage est-ce là? Serait-ce aujourd'hui ta Pentecôte?

（转下页）

欧日公爵（以及 1965 年时许多格诺的读者）此前从来没听说过微观史。或许出于这个原因，1977 年，冈萨雷斯-冈萨雷斯的《动乱中的村庄》发行法文版时，出版商忽略了神父给出的精确界定，毫不犹豫地将副标题和文本中的"微观史"替换成了"普遍史"，而这不由自主地产生了某种喜剧效果。[1]

5. 斯图尔特笔下英文的 *Microhistory*，冈萨雷斯-冈萨雷斯笔下西班牙文的 *microhistoria*，布罗代尔笔下法文的 *microhistoire*：意大利的"微观史（*microstoria*）"到底与这些完全独立的传统中的哪一个有关？从我已经深入讨论的严格的术语层面上来说，答案是毫无疑问的：与法文的微观史（*microhistoire*）有关。我首先想到的，便是伊塔洛·卡尔维诺着手翻译并于 1967 年付梓的《蓝花》的精彩译本（我刚刚便摘录了其中一段）。其次，是普里莫·莱维的一段文字，在其中，"*microstoria*"这个词第一次以一个意大利词语的形式独立出现（至少我是这么认为的）。[2] 这段文字，是《元素周期表》（*Il sistema periodico*, 1975）最后一章"碳"的开头部分：

（接上页）-Veuillez m'excuser, messire. C'est, voyez-vous, la fatigue").

如果我没搞错的话，在 R. Romano, *Un modèle pour l'histoire*, in A. Bergens（a cura di）, *Raymond Queneau*, "L'Herne", Paris 1975, p. 288 中，引用的与此段文字相关的布罗代尔的话，讨论的是*事件史*而非*微观史*。

[1] 参见 L. Gonzales [sic], *Les barrières de la solitude. Histoire universelle de San José de Gracia village mexicain*, tr. fr. di A. Meyer, Paris 1977, p. 11。

[2] 在 S. Battaglia, *Grande dizionario della lingua italiana*, vol. X（1978）关于"微观史"（被定义为"某种学术声音"）的定义中，提到了这段文字。其后的这个定义——"特指那些简明扼要、提纲挈领的历史"——显然是不够充分的。（但请参见本文"附言"部分）

　　此时此刻，读者应当已经意识到，这不是一篇化学论
文：我还不至于那么冒昧无礼，"*我的声音是微弱的，甚至
有些鄙俗*"①。它也不是一部自传，尽管就片面性和象征性这
些局限而言，每一部书面作品，事实上，是每一项人类创
作，都是自传：但它在某种程度上亦是一部历史。它是，或
者说想要成为，一部微观史，一部关于某个行业及其失败、
辉煌与苦难的历史，一部每个人在感觉职业生涯将尽、技艺
不再长久流传时想要讲述的历史。②

　　在这些平静且忧郁的话语中，并没有任何迹象表明，12 年
后，其作者将自杀身亡。对局限（存在的局限和自身能力的局
限）的接受主导了这段文字的基调，而"微观史"一词所暗含
的缩小尺度之意，亦包含于这种接受之中。普里莫·莱维必
定是在卡尔维诺翻译的《蓝花》的意大利文版中见到了这个
词，他或许还核对过格诺的原文。在我看来，鉴于普里莫·莱
维和卡尔维诺之间的密切关系，对《蓝花》的这个译本有所了
解是显而易见之事：不说别的，作为《元素周期表》一书的结
尾，"碳"这一章的最后一页，便与《树上的男爵》（*Il barone
rampante*）的最后一页桴鼓相应。③ 通过格诺，卡尔维诺和普里

---

① 译者注：原文为法文 "ma voix est faible, et même un peu profane"。
② 参见 P. Levi, *Il sistema periodico*, in *Opere*, Torino 1987, vol. I, p. 641。
③ 这种相似性没有逃过 C. Cases 的眼睛，参见 P. Levi, *Opere*, cit., vol. I,（转下页）

莫·莱维几年后又有过一次交集，这回是因《小型袖珍本天体演化论》(*Petite cosmogonie portative*) 的意大利文版而促成的。①

在"微观史"一词出现于《元素周期表》中后不久，它进入了意大利史学界的行话之中，并像惯常发生的那样，失去了一开始带有的负面含义。乔瓦尼·莱维（普里莫·莱维的三代表亲）很可能是这种移用的首作俑者。②"微观史"很快便取代了那些年中曾被爱德华多·格伦迪（Edoardo Grendi）用过的、含义大致相同的"微观分析（micro-analisi）"。③

6. 还有一件重要的事需要明确指出：显然，一个词语的历史只不过部分决定了其可能的用法。这在 1976 年理查德·科布（Richard Cobb）关于雷蒙·格诺的"扎哈罗夫讲座"中得到了间接证明：作为一个史学宣言，它不同于迄今为止被讨论过的任何史学趋势。科布在一开始指出，格诺对自己小说中那些羞

（接上页）p. XVII 的导言部分。关于卡尔维诺对莱维作为一名新手作家的评价，参见 I. Calvino, *I libri degli altri*, Torino 1991, pp. 382—383, 以及关于《元素周期表》修订版的信件（口气十分不同）：*Il sistema periodico*, ivi, p. 606。另参见 S. Cesari, *Colloquio con Giulio Einaudi*, Roma 1991, p. 173。

① 参见 R. Queneau, *Piccola cosmogonia portatile*, tr. it. di S. Solmi, seguita da *Piccola guida alla Piccola Cosmogonia* di I. Calvino, Torino 1982, p. 162。另参见 P. Levi, *L'altrui mestiere*, Torino 1955, pp. 150—154, 以及 Carlo Carena 的陈述，参见 Cesari, *Colloquio*, cit., p. 172。

② 然而，这是一次无意识的唱和：在回答"'微观史'这个词从何而来？"的问题时，乔瓦尼·莱维表示（1991 年 12 月 29 日），他只知道格诺用过这个词。上文中引用的格诺的那段文字，最后一部分曾被 Raul Merzario 用作《狭隘的乡土》（*Il paese stretto*）的卷首引语，而这本书是埃诺迪 1981 年在都灵出版的"微观史"系列丛书的首批作品之一。

③ 参见 E. Grendi, *Micro-analisi e storia sociale*, in "Quaderni storici", 35（1977），pp. 506—520。

涩、朴实的外省人物，有着一种语含讥讽的同情；他挪用了他
们的词语，将日常琐事——有趣的那些——与政治事件相对比；
他还把扎姬（Zazie）[1] 对拿破仑的嬉笑怒骂当成自己的格言，用
以结束讲座。[2] 本质上，对小史学（storiografia minore）——科
布并没有使用"微观史"这个词——的颂扬，是在同以大人物
和当权者为中心的历史书写唱反调。这种解读的天真幼稚，是
显而易见的。格诺并不全然认同他笔下的人物。对于勒阿弗尔
的外省生活，他固然满怀温情，但对于那些不可测知的知识，
他也同时抱有一种兼收并蓄的、百科全书派的激情，这二者是
并存的。他对社会新闻的那种略带戏谑的好奇，并没有妨碍他
针对历史书写落后于科学进步的问题开出一剂猛方，提出一个
将人类行动的一代代无序传承包括在内的严谨数学模型。[3] 但
是，作为《模范故事》（Une histoire modèle）之作者的格诺，以
及听过亚历山大·科耶夫（Alexandre Kojève）的黑格尔现象学
课程、后来又将其编纂成书的那个格诺，并没有出现在科布绘
制的这幅简化到变形的写真之中。在这幅画里，贯穿了格诺全
部作品的那种张力，那种叙事者饱含温情的凝视与科学家冷漠

---

[1] 译者注：扎姬是雷蒙·格诺小说《地铁姑娘扎姬》（Zazie dans le Métro）中的主
人公，一个从外省来巴黎游玩的小姑娘。当她的舅舅提议带她去看拿破仑墓时，
扎姬说，"拿破仑个屁，这个戴着屁帽的傻瓜，我才不感兴趣呢！"

[2] 参见 R. Cobb, Raymond Queneau, "The Zaharoff Lecture for 1976", Oxford 1976.

[3] 参见 R. Queneau, Une histoire modèle, Paris 1966（但实际写作于 1942 年）；作者
同上, Bâtons, chiffres et lettres, edizione aumentata, Paris 1965, pp. 170—172（这
是 1945 年 1 月 5 日发表的一篇关于"国民阵线（Front National）"的文章）。

无情的打量之间的张力，荡然无存。①

　　这并不奇怪。科布是一位自称不屑于俯就理论问题的经验主义者；而格诺对他来说，充其量不过是个托辞。②但是，以格诺之名提出的关于小史学的主张，有着某种洞见症结的重要意义，而对自己的异于常人深信不疑的科布，或许会第一个对此表示反对。把大写的史学和扎姬口中的"拿破仑个屁"并为一谈，会让我们联想起路易斯·冈萨雷斯-冈萨雷斯提出的那种"父性史（storia patria）"与"母性史（storia matria）"的并行存在，尽管语气上有着明显的差异。当然，后者的*微观史*（microhistoria）坚持以典型现象为研究对象；科布的小史（la petite histoire）则以不可测知、不具重复性的*社会新闻*（fait divers）为研究对象。但在两者中，对一种限制性和近距离视角的选择，揭示出了对宏观定量模型的不满（在科布的例子中，这种不满是明确的、咄咄逼人的，在冈萨雷斯-冈萨雷斯那里，则是谨慎和几乎难以察觉的③）。这种宏观定量模型借助费尔南·布罗代尔以及一干年鉴学派历史学家的活动，在 20 世纪 50

① 可以另行读一下卡尔维诺为格诺的文集（R. Queneau, *Segni, cifre e lettere e altri saggi*, Torino 1981）所撰写的优美导言（尤其是 pp. XIX—XX）。该文集收录的篇目与同名法文版不甚一致，覆盖面要更广.

② 参见 R. Cobb, *A Sense of Place*, London 1975，就此可参考 E. Grendi, *Lo storico e la didattica incosciente*（*Replica a una discussione*）, in "Quaderni storici", 46（1981）, pp. 339—340。

③ 冈萨雷斯对科学史学（storiografia scientifica）各种主张的不耐烦，在一篇论文中表现得最为明显。该文标题与尼采在《不合时宜的沉思》（*Unzeitgemässe Betrachtungen*）中的第二篇文章密切呼应：*De la múltiple utilización de la historia*, nella raccolta *Historia? para qué?*（1980）, México 1990, pp. 55—74。

年代末到 20 世纪 70 年代中期的国际史学界中占据了支配地位。

　　7. 没有任何一个意大利微观史学者（一个成员相当多样化的群体），会在乔治·斯图尔特的特写式*事件史*、路易斯·冈萨雷斯-冈萨雷斯的地方史或理查德·科布的*小史*中辨识出自己的身影。然而，不可否认的是，即便意大利微观史如此不同（头一桩便是其理论野心），它依然诞生于对刚刚提到的那种史学模式的反对之中。70 年代中期，在布罗代尔的首肯下，它被推为结构功能主义的最高境界：一个至高无上的历史书写范式，以希罗多德为起点的、长达两千多年的史学进程中出现的第三大范式。[①] 但是，几年前，诸如《布罗代尔纪念文集》(*Mélanges en l'honneur de Fernand Braudel*) 出版这样的纪念活动，却在欢庆胜利的同时，暴露出了潜滋暗长的张力与焦虑。在二十年后的今天，对照阅读一下当时发表的两篇文章——皮埃尔·肖尼（Pierre Chaunu）的《系列史的新领域：第三阶段的计量史学》(*Un nouveau champ pour l'histoire sérielle: le quantitatif au troisième niveau*) 以及弗朗索瓦·菲雷（François Furet）和雅克·勒高夫（Jacques Le Goff）的《历史与民族学》(*Histoire et*

[①]　参见 T. Stoianovich, *French Historical Method. The Annales Paradigm*, introduzione di F. Braudel, Ithaca (N.Y.) 1976, 其中将前两个范式分别称为 "典型范式" 和 "发展范式"。关于微观史是对 "马克思主义和功能主义理论体系" 之危机的回应这一点，参见 G. Levi, *On Microhistory*, in P. Burke (a cura di), *New Perspectives on Historical Writing*, Oxford 1991, pp. 93—113, 尤其是 pp. 93—94。另参见 Levi 的另一部作品 *L'eredità immateriale. Carriera di un esorcista nel Piemonte del Seicento*, Torino 1985, 导言部分。

ethnologie）——是颇具启发性的。同时，也因为这两篇文章都
提出了一个史学工作计划，并以一个概要的历史反思来说明其
正当合理。① 肖尼提到了非殖民化战争（仅指法国）的结束和
发生于美国和欧洲的学生运动，提到了第二次梵蒂冈大公会议
后罗马教会的分裂，提到了在那些最发达的国家中爆发的、让
人对发展理念本身产生质疑的经济危机，也提到了对启蒙思想
的抗议——而这被他合情合理地阐释为一种末世论理想的世俗
化变调版本。在一段我们可以认定勒高夫也表示赞同文字中，
菲雷指出，非殖民化这一全球现象，已经将伟大的 19 世纪史学
传统分成了曼彻斯特主义（manchesteriana）② 的版本和马克思主
义的版本，而作为其对立面的，则是非历史（non-storia）：发
展和变化与惰性和不变发生了冲撞。因此，两篇论文的共同之
处，便在于它们对现代化理论的明确拒绝。比如，菲雷和勒高
夫都提到了当时流行的、由 W.W. 罗斯托（W. W. Rostow）提

---

① 参见 *Mélanges en l'honneur de Fernand Braudel*, vol. II: *Méthodologie de l'histoire et
　des sciences humaines*, Toulouse 1973, pp. 105—125, 227—243。菲雷和勒高夫的文
　本被分成了两部分，并发展为两篇 "联手准备（préparées en collaboration）" 的
　交流式论文，分别题为 "历史与 '野蛮人'"（*L'histoire et "l'homme sauvage"*）
　和 "历史学家与 '寻常人'"（*L'historien et "l'homme quotidien"*）。在第一篇论
　文中，菲雷勾勒出了一个概要图景，在第二篇论文中，勒高夫提出了一个工作计
　划，并举中世纪研究领域的例子加以说明。即便在展开讨论时我会对这两个文
　本加以区分，除非另外注明，我仍将假设，两位作者所宣称的基本共识确实存
　在。关于肖尼和勒高夫，参考阅读他们的自传，收录于 P. Nora（a cura di），*Essais
　d'ego-histoire*, Paris 1987。

② 译者注：又称自由贸易主义。源自 1820 年的曼彻斯特商会会议的一种政治经济
　学主张，倡导贸易自由、竞争自由、缔约自由，但对外国事务采取孤立主义立
　场。其追随者被称为曼彻斯特学派。

出的现代化理论，而在肖尼的文章中，它被嫁接到了对现代性的索性拒绝之上。由此而产生的研究项目，自然也就相当多样化。肖尼提议对旧制度下的传统社会进行分析，他指出，"拉丁基督教世界（cristianità Latina）在不知不觉间转变为西方欧洲（Europa occidentale）的过程中所表现出来的超乎寻常的连续性，绝对要比南比克瓦拉人（Nambikwara）或多贡人（Dogon）更富吸引力"：彼此相距甚远的各个学科领域，曾经各自对克洛德·列维-斯特劳斯（Claude Lévi-Strauss）和马塞尔·格里奥尔（Marcel Griaule）等民族学家研究的不同大陆上的人群表示过轻蔑鄙夷，肖尼的这个表述，堪称此类不屑之词的集大成者。[1]与之相反，菲雷和勒高夫则建议，把历史与民族学之间久已断掉的纽带重新连接起来，采用一种视野广阔的比较视角，而这种视角，建立在对欧洲中心论观点的明确摒弃之上（勒高夫）。但在这一点上，不同的立场再次会合：肖尼和菲雷的目标，都是建立于现象分析基础上的系列史，而这些现象，是"根据其重复性而被选中和建构起来的"（菲雷）。[2]民族学家排斥单一事件，关注"重复性和可预见的事件"，勒高夫对此是表示认同的：勒华拉杜里对罗芒狂欢节的分析尽管受到表扬，但却显然被当成了一个例外。肖尼宣称，在经济层面和社会层面之后，已经是时候运用相似的方法来解决第三个层面——也即文

---

[1] 参见 *Mélanges en l'honneur de Fernand Braudel*, vol. II: *Méthodologie de l'histoire et des sciences humaines*, Toulouse 1973, p. 109. 众所周知，"民族学家（ethnologue）"这个词在法语中要比其同义词"人类学家（anthropologue）"更常用。

[2] 出处同上，p. 231。

明层面——的问题了：他热忱地称许了米歇尔·沃韦勒（Michel Vovelle）对普罗旺斯地区遗嘱的研究。勒高夫强调指出，民族学倡导的那种对普通人的关注，"自然而然地导向心态研究，而这些心态，被理解为历史演进过程中'变化最小'的那些东西。"[①] 两篇文章的结尾，都重申了布罗代尔范式的正确性，尽管各自扩张了它的应用范围。

8. 评估这个"尽管"的分量并非易事。在所有的制度中，革新——确切地说是断裂——总是通过重新确认与过往的连续性而开路前行的。在接下来的几年里，就在布罗代尔的作品被翻译成新的语言（从英语开始）、赢得专业人士以外的广大读者之同时，被我出于方便起见而称作布罗代尔范式的这种方法，却在迅速退潮。勒华拉杜里先是宣称，由布洛赫和费弗尔建立起来的法国史学学派必须以转向*计算机*来迎接美国史学学派的挑战。这之后，他发表了大获成功的《蒙塔尤》(*Montaillou*)。在这本书中，他以高超的史学技艺，对一个两百名个体居住其中的中世纪乡村进行了调查。[②] 菲雷则投身到了在他看来本质上无法被*系列史*所驾驭的政治史和观念史主题的研究。[③] 以往被视为边缘性的问题跃上了学科的中心舞台，而原本位于中心的，则退居边缘。勒高夫在 1973 年提出的那些主题——家庭、身

---

① 参见 *Mélanges en l'honneur de Fernand Braudel*, vol. II: *Méthodologie de l'histoire et des sciences humaines*, Toulouse 1973, p. 237。

② 参见 E. Le Roy Ladurie, "L'historien et l'ordinateur" (1968), in *Le territoire de l'historien*, Paris 1973, p. 14; 同一作者，*Montaillou, village occitan de 1294 à 1314*, Paris 1975。

③ 参见 F. Furet, *L'histoire et "l'homme sauvage"* , cit., p. 232。

体、两性关系、年龄组、派系斗争、领袖气质（i carismi）——侵占了《年鉴》杂志（以及世界各地众多期刊）的版面。对物价史的研究，则呈现出急剧衰退之势。[①]

　　这种学术风向的转变，与始于 1945 年的长期经济发展的结束有着显著的重合性，而为了描述它，在法国出现了*新史学*（*nouvelle histoire*）的说法。[②]这个术语可资商榷，但该现象的基本特征却清清楚楚：在 20 世纪 70 年代和 80 年代，被布罗代尔归于边缘地位的心态史以历史人类学（*anthropologie historique*）的名义获得了越来越大的分量。[③]勒高夫在 1974 年时强调的意识形态上的"模棱两可"无疑促成了这种成功。[④]菲利普·阿里

---

① 关于这一史学变化的不同视角，参见 J. Revel, *L'histoire au ras du sol*, introduzione a G. Levi, *Le pouvoir au village*（*L'eredità immateriale*, Torino 1985），Paris 1989, pp. I—XXXIII，以及在此基础上发展而成的 *Micro-analyse et reconstitution du social*, Ministère de la Recherche et de la Technologie, Colloque "Anthropologie contemporaine et anthropologie historique", n. 2, pp. 24—37（为 1992 年 9 月 24—26 日的马赛会议而准备的文本）。

② 概要介绍参见 J. Le Goff, R. Chartier, J. Revel（a cura di），*La nouvelle histoire*, Paris 1978。还可参见 Burke 的介绍性文章 *New Perspectives* cit., pp. 1—23。

③ 参见 G. Duby, *Le dimanche de Bouvines. 27 juillet 1214*（1973），Paris 1985，新版序言，pp. 7—8: "L'histoire［…］qu'on devait dire, plus tard et abusivement, 'nouvelle'（je dis abusivement, car la plupart des interrogations que nous fûmes si fiers de forger, nos prédécesseurs, avant que ne s'appesantisse la chape du positivisme, les avaient formulées dans le second tiers du XIXe siècle）（被我们后来武断地称为'新'史学的那种历史：之所以说它武断，是因为被我们如此骄傲地提出来的大多数问题，我们的前辈在实证主义的长篇大论出现之前的 19 世纪第二个三十年中，便已经进行过系统阐述。）"就这一问题的另一部极具启发性的著作，参见 Ch. Rearick, *Beyond Enlightenment. Historians and Folklore in Nineteenth Century France*, Bloomington-London 1974。

④ 参见 J. Le Goff, *Les mentalités: une histoire ambiguë*, in J. Le Goff, P. Nora（a cura di），*Faire de l'histoire*, vol. III, Paris 1974, pp. 76 以下页码。

耶斯（Philippe Ariès）就这一主题写下了十分有见地的文字：

> 　　对进步的批判从保守主义的右派（说到底，他们已经
> 将这抛诸脑后）转向了左派，或者说是界限并不确定、混
> 乱但却充满活力的左派观点。我相信（这只是一个假设），
> 20 世纪 60 年代涌现出的对发展、进步和现代性的缄默不
> 语，以及青年历史学家对研究前工业社会及其心态的热情，
> 二者之间存在着某种联系。①

　　这些话是在含蓄地自我表白：阿里耶斯年轻时曾经是莫拉
斯（Maurras）的追随者，是法兰西行动派（Action Française）
的一员。从 20 世纪 70 年代起，这位 "星期天的历史学家"（阿
里耶斯对自己的谑称）逐渐融入了年鉴派历史学家的圈子，②
直到被选入法国高等研究实践学院（École Pratique des Hautes
Études）。这一学术事件可以被视作一个波及面更广的变革的诸
多表征之一，其影响范围不只是法国，也不仅限于学术圈。譬
如左倾生态运动所主张的那种浪漫主义反资本主义主题的复兴
（经常是出于无意识的），便包括在其中。③

---

① 参见 Ph. Ariès, *L'histoire des mentalités*, in J. Le Goff, R. Chartier, J. Revel（a cura
di), *La nouvelle histoire*, cit., p. 411。

② Ph. Ariès（与 M. Winock 合著), *Un historien du dimanche*, Paris 1980。

③ 参见 A. Lüdtke（a cura di), *Alltagsgeschichte. Zur Rekonstruktion historischer Erfahrungen
und Lebensweisen*, Frankfurt a.M. 1989; G. Eley, *Labor History, Social History,
Alltagsgeschichte: Experience, Culture, and the Politics of the Everyday—A New
Direction for German Social History?*, in "Journal of Modern History", 61（1989),
pp. 297—343。

阿里耶斯提到的这种"新的缄默不语"可以转化为不同的态度。我们记得，菲雷曾提议过，用民族学这剂良药来对抗各种现代化理论民族中心主义的抽象论述。[①] 肖尼则建议，把与启蒙运动联系在一起的那些现代性理念与各种现代化理论一道丢进汪洋大海。第二种选项显然要更加激进——至少从意识形态的角度来看是这样——它拒绝对历史学家所使用的工具进行质疑。第一种选项走向了这个方向，但却半途而废。回头看去，我个人认为（从现在起，我将更偏重于发表我个人的见解），作为意大利微观史研究出发点的那个诊断，其实与菲雷所阐述的观点是部分重合的，但其预后却与他的截然不同。

9. 菲雷注意到，从 19 世纪传承至今的历史书写，是以民族中心主义和目的论为特征的，而对这两者的拒绝，构成了一个趋同要素。民族实体的确认，资产阶级的出现，白人的文明宣教，以及经济发展，在不同时代为持不同观点、采取不同观察尺度的历史学家提供了一个大一统原则（un principio unificatore），该原则就其本质而言，兼具概念性和叙事性两种特性。系列民族志意在打破这一传统。在这里，系列史与微观史走上了不同的道路：这种分道扬镳既是智识意义上的，也是政治意义上的。

只选择那些重复性的、因此可以被系列化的知识客体，意

---

① 参见 F. Furet, *L'histoire et "l'homme sauvage"*, cit., p. 230："毫不令人意外的一个事实是，就在［19 世纪的伟大历史］勠力拯救帝国主义、将其视作'现代化'的顶梁柱的同时，它也在意识到自己的失败后回到了民族学的路上。"

味着在认知方面付出高昂的代价。首先，从年代学的层面上来
看，正如菲雷本人所论，古代史排除了此种研究的可能[①]；中世
纪史通常也会让这变得困难（对于勒高夫指出的大多数主题，
档案文献都是支离破碎的）。其次，在主题研究的层面上：譬
如观念史和政治史这些领域，就其定义而言，便与此类调查擦
身而过（菲雷再一次强调了这一点）。但是，系列史最重大的局
限，却恰恰体现在它的基本意图之中："将个体等同于他们扮演
的经济或社会文化角色"。这种"等同"具有双重欺骗性。一方
面，它包括了一个显而易见的元素：鉴于参与文献生产的限制
条件与权力位置的相关性，在任何一个社会中，档案文献本质
上都是扭曲失真的，因此也是不平衡的。另一方面，它消除了
现存档案文献中的特异之处，而偏好那些同质化和可比较的东
西。带着一丝科学主义的自豪，菲雷表示："文献——也即'事
实'——不再作为其本身而存在，而是存在于同之前和之后的
系列事件的关系之中；变得客观如实的是其相对价值，而不是
它们与某个不可企及的'真实'实在之间的关系。"[②]

　　历史知识意味着文献系列的构建，这一点显而易见。不那
么明显的，是历史学家在面对文献中冒出来的那些反常现象时
必须采取的态度。[③]菲雷建议忽略它们，他指出，从系列史的角

---

① 参见 F. Furet, *L'histoire et "l'homme sauvage"*, cit., p. 233。
② 出处同上，p. 232。
③ 我在论文中讨论过这个问题，参见 "Spie. Radici di un paradigma indiziario"
　（1979），后被收入 *Miti emblemi spie*, Torino 1986。

度来看，这种"孤例（hapax）"——在文献中仅出现过一次的东西——不足为用。但是，严格地说，"孤例"并不存在。每一份文献，即便是最异乎寻常的那种，也可以被纳入某个系列之中，不仅如此，如果得到充分的分析，它还可以让我们进一步了解某个更大的文献系列。

　　10. 20 世纪 60 年代伊始，我开始研究宗教法庭的审判，试图在法官的态度之外进一步重构被控行巫术的那些男男女女的态度。我立即意识到，这种非民族中心主义的视角，意味着与人类学家（首先便是克洛德·列维-斯特劳斯）的研究相比较。但是，这种选择在史学上、概念上和叙事上的影响，却是慢慢才被我认清的，中间跨越了从《夜间的战斗》（1966）到《夜间史》（1989）的许多年。[1] 在这段旅程的中途，我写了一本书，试图在书中重构一位被宗教法庭审讯、随即判处死刑的 16 世纪弗留利磨坊主的观念与态度（《奶酪与蛆虫》, 1976）。对民族中心主义的拒绝，没有把我引向系列史，反而引到了其对立面：对一份有局限性的、与某个若非如此便默默无闻的个体相关的文献进行近距离分析。在这本书的前言中，我对发表于《年鉴》上的一篇论文提出了争议，菲雷在该文中主张，前工业社会中下层阶级的历史充其量只能从统计学的角度加以分析。[2]

---

[1]　*I benandanti. Stregoneria e culti agrari tra Cinquecento e Seicento*, Torino 1966; *Storia notturna. Una decifrazione del sabba*, Torino 1989.

[2]　参见 *Il formaggio e i vermi*, Torino 1976, p. XIX。在《夜间的战斗》中，针对"集体心态"这一无差别概念，我已经坚决指出了对某些个体的特定信念进行详尽阐述的重要性。

米歇尔·沃韦勒近来表示，拒绝对个人传记和系列调查进行非此即彼的区分，认为这是假设出来的。① 原则上，我也是这么认为。但在实践中，选择的确会出现：这是一个从实践层面和智识层面上（后者尤为重要）评估成本与收益的问题。罗歇·沙尔捷（Roger Chartier）写道，"在这个缩小的尺度上，*当然也只是在这个尺度上*，我们才能不受决定论的归纳简化之影响，一方面理解信仰体系、价值体系和表现体系之间的关系，另一方面理解各种社会归属。"② 即便是那些不愿意接受这一强硬结论的人，也会承认，这种实验不仅具有合法性，也是适当的，即便只是为了分析那些结果。

缩小观察尺度，意味着把另一位学者可能会在某部关于弗留利地区新教改革的专著中当成脚注的材料转化为一本书。当时促使我做出那一选择的动机，我并不完全清楚。我对那些如今能想起来的动机（自然有很多很多）持谨慎态度，因为我不想把这些年来逐渐发展成熟的意图投射到过去。慢慢地，我意识到，一些我完全不曾觉察的事件和关联，促使我转向了那些曾被我认定为独立自主的决定：这件事本身无关紧要，但却一

---

① 参见 M. Vovelle, *Histoire sérielle ou "case studies": vrai ou faux dilemme en histoire des mentalités*, in *Histoire sociale, sensibilités collectives et mentalités. Mélanges Robert Mandrou*, Paris 1985, pp. 39—49。

② 参见 R. Chartier, *Histoire intellectuelle et histoire des mentalités. Trajectoires et questions*（最初以英文发表于 1982 年）, in R. Chartier *et al.*, *La sensibilité dans l'histoire*, Clamecy 1987, p. 26（其中提到了娜塔莉·戴维斯和本文作者）。斜体为本文作者所加。

直都让我吃惊，因为它与我们孤芳自赏的幻想相矛盾。就以我的书为例，它在多大程度上要归功于 20 世纪 70 年代上半段盛行于意大利的政治氛围？有一些，或许还很多：但在我的印象中，那些个人选择的根源，必须要向别处探寻。

　　为了试着至少追寻其中一部分，我将从一个或许看起来并不那么明显的事实入手。《奶酪与蛆虫》不仅是对个人事迹（vicenda individuale）的重构：它讲故事（racconta）。菲雷拒绝将叙事——尤其是文学叙事——作为事件史（histoire événementielle）的表现形式（通常都带有目的论的色彩），因为事件史的时间"是由一系列以连续的方式加以描述的不连续内容构成的：这是故事（racconto）的经典素材"。[1] 菲雷将这种文学叙事与问题导向的系列民族志研究相对比。但这样一来，他便将一个至今仍广为流传的陈词滥调当成了他自己的观点，这种观点在不声不响之中，把以 19 世纪晚期自然主义小说为典范的某种特定叙事形式与历史叙事本身等为一谈。[2] 诚然：无所不知的历史学家兼叙事者的这个形象，已经逐渐确立起了自身的地位，他揭示出某个事件最微小的细节，阐明了引发个体、社会群体或国家行为的隐秘动机。但这只是诸多可能中的一种，正如马塞尔·普鲁斯特、弗吉尼亚·伍尔芙、罗伯特·穆齐尔

---

[1]　F. Furet, *L'histoire et "l'homme sauvage"*, cit., p. 231.

[2]　这种不明言的等为一谈，在 L.Stone 的一篇著名论文中也有所体现，参见 L. Stone, *The Revival of Narrative: Reflections on a New Old History*, in "Past and Present", 85（1979），pp. 3—24：这无助于接下来的讨论。

的读者所熟知或应当熟知的那样。①

　　在开始撰写《奶酪与蛆虫》之前，我曾经对研究假设与
叙事策略之间的关系反复思考了很久（刚读完格诺的《风格
练习》，极大地促进了我放手一试的意愿）。② 借助那些将磨
坊主梅诺基奥送上火刑柱的人所生成的档案文献，我着手对
他的智识、道德与幻想的世界进行了重构。这个在某种程度
上自相矛盾的项目，能够转化为一个故事（racconto），将文
献中的残缺空白转变为一个平滑表面。③ 这么做是可行的，但
却显然不应如此，其原因同时包括认知、伦理和美学上的考
量。挡在研究路上的障碍，是档案文献的构成元素，因此必
须成为故事的一部分；正如故事的主人公在面对其迫害者的
问题——或是我的问题——时表现出来的犹疑与沉默。④ 如此
一来，假设、怀疑与不确定，便成为了叙事的一部分；寻找

---

① 针对勒高夫的《试谈另一个中世纪》（J. Le Goff, *Pour un autre Moyen Age*），我曾
　　在一篇书评（"Critique", 395 [1980], pp. 345—354）中阐述了一些观点，此处
　　是对那些观点的拓展。
② 理查德·科布在同一时间也意识到了《风格练习》的方法论意义："除了它作为
　　令人耳目一新的戏仿作品和对话体作品的辉煌成就，我们也可以将它描述为一篇
　　论文，文中对相互冲突或部分重合的历史证据的相对价值与诠释进行了讨论。"
　　（R. Cobb, *Raymond Queneau*, cit., p. 7）。
③ 我讨论的残缺空白是相对意义上的，而不是绝对意义上的（历史文献就其定义而
　　言，永远都是不完整的）。但新的研究问题会生成新的残缺空白。
④ 关于梅诺基奥的沉默，参见 *Il formaggio*, cit., pp. 128—130。这句话的结尾提
　　到了本书第 14 章"作为人类学家的宗教法庭审判官"。《年鉴》杂志上的一篇
　　未署名的编者按，敏锐地察觉到了被当作"重大问题"的"分析尺度（échelle
　　d'analyse）"与"历史书写（écriture de l'histoire）"之间的关系，参见 *Histoire
　　et sciences sociales. Un tournant critique?* apparso in "Annales. E.S.C.", 43（1988），
　　pp. 292—293。

真相，则变成了对已经获取的真相（必定是不完整的）进行阐释的一部分。其结果还能被称为"叙事史"吗？对于一个哪怕只是稍知 20 世纪小说之一二的读者来说，答案是显而易见的。

11. 但是，驱使我转向此种叙事（更宽泛地说，驱使我以历史为业）的动力，却来自更远的地方：来自《战争与和平》，来自托尔斯泰表达出来的那种信念，即只有通过重构某个历史现象的所有参与者的活动，该现象才能被我们所理解。[①] 我意识到，从这一论述，以及促成了它的那些情绪（民粹主义情绪，对历史学家撰写的那种空洞而墨守成规的历史的愤懑唾弃），在我初次读到时便给我留下了不可磨灭的印象。《奶酪与蛆虫》讲述了一个磨坊主的故事，他的死亡，是由某个遥远的、一分钟前还从未听说他的人（教皇）所决定的。这个故事可以被视为一枚小小的歪瓜裂枣，它结自托尔斯泰的那个宏大而本质上不可实现的项目：对连起了拿破仑在博罗季诺之战前的那场感冒、军队的排兵布阵以及所有战斗参与者（包括最卑微的小兵）之人生的千万重关系进行重构。

在托尔斯泰的小说中，私人世界（和平）与公共世界（战争）时而并行，时而交汇：安德烈公爵参加了奥斯特利茨之战，皮埃尔则投身于博罗季诺之战。通过借助德法布里奇奥·德尔东戈（Fabrizio del Dongo）的眼来描述滑铁卢战役，司汤达开

---

① 参见 I. Berlin, *The Hedgehog and the Fox. An Essay on Tolstoy's View of History*（1953），in H. Hardy, A. Kelly（a cura di），*Russian Thinkers*, London 1978, pp. 22—81。

辟了一条光明大道，而托尔斯泰则以这种方式在这条路上继续前行。[1] 这些虚构的人物让我们看到了，历史学家在竭尽全力接近历史事件时痛苦的力不从心。这是一个真实的智识挑战。它似乎属于一个已经流逝的过去，正如战争史（histoire-bataille）以及针对战争史的那些反对意见。[2] 但是，对战争作为一个历史书写主题的反思，却依然是有益的：历史学家这一行的一个根本性难题（aporia）[3] 便从中浮现了出来。

12. 为了描绘"亚历山大与大流士在伊索河边的战斗"（la Battaglia tra Alessandro e Dario presso il fiume Isso，藏于慕尼黑老绘画陈列馆，作于 1529 年）这幅画，阿尔布雷希特·阿尔特多费（Albrecht Altdorfer）选择了一个又高又远、堪与飞鹰之眼相比的视角。他以鹰眼般的敏锐，绘出了盔甲、马具和马衣上的反光，旗帜的五彩斑斓，头盔上飘动的白羽，手持长矛、形如豪猪的骑士们的捉对厮杀，随即慢慢隐入战场、营寨、河流、迷雾后的群山，弧形的地平线预示着地球的形状，还有日落月升于其间的浩瀚天际。没有任何一个人类的眼睛，能够像阿尔特多费这样，同时聚焦于一场战斗——无论是

---

① 托尔斯泰深知这一渊源：参见 Paul Boyer（1864—1949）*chez Tolstoï. Entretiens à Iasnaïa Poliana,* Paris 1950, p. 40（另见 Berlin, *The Hedgehog*, cit., p. 56）。另参见 N. Chiaromonte, *Credere o non credere*, Milano 1971（感谢 Claudio Fogu 向我指出了这本著作）。

② 参见 G. Duby, *Le dimanche de Bouvines, cit*。

③ 译者注：亚里士多德哲学术语，专指那种在思考过程中会出现相互矛盾的两个结论的命题，又称意义死角。

真是假——在历史层面上的特殊性与在宇宙层面上的无关大局（图 10 ）。[①]

严格地说，一场战斗是不可见的，正如海湾战争时拍摄的电视画面所提醒我们的（而这并不全因军队审查制度使然）。只有抽象的示意图，或是像阿尔特多费的画这样的视觉想象作品，才能传达一幅全景。将这一结论扩展到任何事件，似乎都是合情合理的，而尤以历史进程为然：近距离观察让我们得以捕捉到全景中疏漏的东西，反之亦然。

这一悖论，是在西格弗里德·克拉考尔去世后出版的他的最后一本书——《历史：终结之前的最终事》（1969 ）——其中一章（"历史宇宙的结构"）的核心内容。尽管宣称自己在这一点上要比好友克拉考尔更乐观，克里斯特勒还是承认道，"一般史（storia generale）与特殊史（storia speciale）——或是*用他所用的术语来说*，微观史与宏观史——之间的歧异，构成了一

---

① 参见 O. Benesch, *Der Maler Albrecht Altdorfer*, Wien 1940, p. 31："宏观宇宙与微观宇宙合为一体"。我在讨论老勃鲁盖尔（Pieter Bruegel）的一幅风景画（*Giornata scura*, 藏于维也纳）以及罗塞利尼（Rossellini）的电影《战火》（Paisà）结尾的那场战斗时，已经提到过这个主题：参见 *Spurensicherungen*, Berlin 1983, pp. 14—15; *Di tutti i doni che porto a Kaisàre... Leggere il film scrivere la storia*, in "Storie e storia", 9（1983）, pp. 5—17。关于电影《战火》的结尾，另参见曾在该片中担任罗塞利尼副导演的费代里科·费利尼（Federico Fellini）提到的一则轶事：*Intervista sul cinema*, a cura di G. Grazzini, Bari 1983, p. 55。关于阿尔特多费的"亚历山大与大流士在伊索河边的战斗"这幅画，参见 R. Koselleck, *Vergangene Zukunft. Zur Semantik geschichtlicher Zeiten*, Frankfurt a.M. 1979（tr. it. *Futuro passato: per una semantica dei tempi storici*, Casale Monferrato 1986, pp. 11—29），该论文所持观点与本文十分不同。

图 10　阿尔布雷希特·阿尔特多费，亚历山大与大流士在伊索河边的战斗
（慕尼黑，老绘画陈列馆，作于 1529 年）

个真正的二难困境。"① 格诺的《蓝花》出版于 1967 年，克拉考尔一年前便已去世。在这种情况下，我们面对的很可能是一个独立性的创造。但关键的并不是"微观史（microstoria）"这个词，而是它在克拉考尔的反思中逐渐获得的词义。

一开始的时候，"微观史"对他来说似乎只不过是"专题研究（ricerca monografica）"的同义词。但是，在这位著有《从卡尔加利到希特勒》（*From Caligari to Hitler*）和《电影理论》（*Theory of Film*）的作者看来，"微观史"与电影特写镜头的相似性是很明显的，而这种相提并论引入了新的元素。克拉考尔指出，一些特殊性质的研究，比如胡贝特·耶丁（Hubert Jedin）关于康斯坦茨大公会议和巴塞尔大公会议的研究，可以修改宏观史所描绘的历史全景。我们是否因此必须得出和阿比·瓦尔堡（Aby Warburg）一致的结论，也即"神在特异之中（Dio è nel particolare）"？ 这一假设，得到了两位"伟大的历史学家"的支持，他们是写下《战争与和平》的托尔斯泰，以及刘易斯·内米尔爵士（sir Lewis Namier）（克拉考尔对这两人的相提并论有着重大意义）。但是，尽管心中赞同这些立场，克拉考尔却意识到，有些现象只能通过宏观角度来把握。这意味着，宏观史和微观史的和谐一致并非必然（汤因比错误地如此认为）。

---

① 参见 P. O. Kristeller, introduzione a S. Kracauer, *History. The Last Things Before the Last*, New York 1969, p. VIII（斜体为本文作者所加）；总体上参见克拉考尔未及完成的第 5 章"历史宇宙的结构"（The structure of historical universe），pp. 104—138（以及本书第 12 章）。

然而，这种和谐一致是必须去追求的。在克拉考尔看来，最佳解决方案是马克·布洛赫在《封建社会》中遵循的那条道路：在微观史与宏观史、特写镜头与长镜头或超长镜头之间连续切入切出，从而不断地借助那些明显的特例和短时段事件来对历史进程的全景发出疑问。这剂方法学上的药方所产生的结果，是一个具有决定性本体论的声明：真实从根本上是断断续续、异彩纷呈的。因此，没有任何一个关于特定领域的结论，可以自动转嫁到另一个更宽泛的领域之中，这被克拉考尔称为"层级法则（law of levels）"。

在我看来，尽管克拉考尔并非一名职业历史学家，但他身后发表的这些文字，却是对微观史最好的介绍。就我所知，这些文字与此种史学潮流的出现并无关联。[1] 当然，它们与我也并无关联，我与这些文字相见恨晚，直到几年前才知道其存在。但当我阅读这些文字时，它们却似乎格外熟悉。我想，原因或许是双重的。一方面，这些文字的回声余响，很早以前就通过我与《最低限度的道德》（Minima moralia）的决定性邂逅而间接传到了我这里。在这本杰作中，尽管阿多诺从不否认他对总体性的坚持，但却含蓄地吸收借鉴了由齐美尔开创、并在与他

---

[1] 这些文字总体上并未得到广泛响应，但可参考 Martin Jay 的深入分析，其中有力地表明了，"在很多方面，《历史：终结之前的最终事》都是克拉考尔最引人注目、最具原创性的作品之一，借用他的原话来说，本不应被遗忘的这本书，值得加以'救赎'。"（The Extraterritorial Life of Siegfried Kracauer, in "Salmagundi", 10［autunno 1975-inverno 1976］, pp. 49—106; 引用段落见 p. 87。）

亦师亦友的克拉考尔那里得到传承的微观学传统。[①] 另一方面，克拉考尔基于真实的非连续性这一关键理念而发展出来的历史观，是对一些 20 世纪文化首要现象——从普鲁斯特到电影——的明确而有意识的重新思考。毕竟，特定观念已经甚嚣尘上的这一事实，意味着从同一假设出发，不同的人有可能各自独立地得出类似的结论。

13. 一方面要证明存在着智识上的趋同性，同时又要证明不存在直接接触，这通常都远非易举。因此，如果我没搞错的话，我迄今为止试图重构的这一系谱的重要性，远远超过了其切身利益：它一部分是真实的，一部分是虚构的，有些是有意识的，还有些是无意识的。从远处打量，我发现，我们的研究不过是一个大趋势的一鳞半爪，而这个趋势的轮廓在当时几乎完全不曾被我注意到。或许，"微观史（microstoria）"这个词之所以第一次被用在一本细致入微地描述某场战斗的书的标题中，并非巧合（尽管乔治·斯图尔特这本关于葛底斯堡战役的书，其

[①] 参见 M. Jay, *The Extraterritorial Life*, cit., p. 62（关于《最低限度的道德》），p. 63（关于克拉考尔对"总体性"这一范畴的质疑），p. 50（关于克拉考尔对"整体性与死亡"之间关系的思考）。另参见 Jay 的其他作品 *Adorno and Kracauer: Notes on a Troubled Friendship*, in "Salmagundi", 40（inverno 1978）；*Marxism and Totality, The Adventures of a Concept from Lukács to Habermas*, Berkeley-Los Angeles 1984, pp. 245—246 及以下页码。阿多诺年轻时曾在克拉考尔的指导下阅读康德的作品：R. Bodei, introduzione a Th. W. Adorno, *Il gergo dell'autenticità*（*Jargon der Eigentlichkeit. Zur deutschen Ideologie*）, tr. it. di P. Lauro, Torino 1989, pp. VII 及其后。我曾提及我对《最低限度的道德》的借鉴，参见 *Miti emblemi spie*, cit., p. XII。 Hans Medick 对我指出，在《否定辩证法》（*Dialettica negativa*）的结尾，阿多诺认为"微观凝视"具有决定性的功能。

结尾更容易让人联想起康拉德而不是托尔斯泰）。不那么巧合的，是短短几年之后，克拉考尔独自将微观史与托尔斯泰扯上了联系：我必须承认，在读到他的这段文字时，我在欣喜中混杂着一丝失望（因此，我所走的这条道路，根本就没那么独辟蹊径）。

我意识到了一个困难。托尔斯泰拥有一种非同寻常的能力，可以将实实在在、触手可及的真实确定性传递给读者，而这看起来与被我置于微观史中心的整个 20 世纪理念——也就是说，挡在研究路上的那些以文献残缺空白和扭曲失真形式出现的障碍，必须成为故事的一部分——并不兼容。在《战争与和平》中，截然相反的情况发生了：在每一个叙事行为——从个体的怀旧，到对拿破仑时代的集体追思——之前，发生的每一件事都被吸纳和消融了，从而令读者可以进入到与各个角色的特殊亲密关系之中，直接参与到他们的事件中去。[1] 托尔斯泰一举越过了横亘于某个事件（比如说一场战斗）所留下的那些只鳞片爪、扭曲失真的痕迹与事件本身之间的鸿沟。但这种跨越，这种与真实的直接关联，却只能发生于虚构的领域（即便并不必然如此）：对于仅有蛛丝马迹和档案文献可凭的历史学家，这种做法从定义上便被预先排除在外。试图与读者交流沟通的那些以史笔绘成的画卷，通常都带着平庸的牵强附会，它们不过是一种业已褪色的真实之幻影，悄悄地去掉了历史学家这门

---

[1] 参见 V. Sklovskij, *Materiali e leggi di trasformazione stilistica. Saggio su* Guerra e pace, tr. it. di M. Guerrini, Parma 1978。

职业与生俱来的限制。微观史选择了截然相反的路径：它接受这种限制，探索它对领悟真知所产生的影响（le implicazioni gnoseologiche），并将其转化为一种叙事元素。

这条路径在某种程度上已经为意大利评论家雷纳托·塞拉所预见。它出现在一篇撰写于 1912 年、在他去世后发表的短小精悍的随笔中，那便是《一群开往利比亚的士兵》（*Partenza di un gruppo di soldati per la Libia*）。[①] 在一封写给贝内代托·克罗齐的信中，塞拉提及，他的出发点，是托尔斯泰在《战争与和平》中表述的历史观念。[②] 在后来被收入《历史学的理论和历史》的一篇随笔中，克罗齐拒绝了托尔斯泰的立场，认定它既荒谬又可疑："任何时候，我们都知道那些重要性大到足以让人有所知的历史的全部"；因此，我们所不知道的历史，也就等同于"本有之事"的永恒幽灵。[③] 自嘲为"本有之事之奴"的塞拉对克罗齐坦率地指出，他觉得自己与托尔斯泰的立场更接近："只不过，"他补充道，"我的这些困难是——或在我看来是——更复杂的。"[④]

事实上，《一群开往利比亚的士兵》继承了托尔斯泰的反思

[①] 参见 R. Serra, *Scritti letterari, morali e politici*, a cura di M. Isnenghi, Torino 1974, pp. 278—288。我在这里重申了一些已经在本书第 11 章 "孤证" 中表述的观点。

[②] 参见 R. Serra, *Epistolario*, a cura di L. Ambrosini, G. De Robertis, A. Grilli, Firenze 1953, pp. 454 以下页码。

[③] 参见 B. Croce, *Storia, cronaca e false storie*（1912），后被收入 *Teoria e storia della storiografia*, Bari 1927, pp. 44—45。

[④] 参见 R. Serra, *Epistolario*, cit., p. 459（1912 年 11 月 11 日）。E.Garin 强调指出了塞拉与克罗齐的意见分歧，参见 E. Garin, *Serra e Croce*, in *Scritti in onore di Renato Serra per il cinquantenario della morte*, Firenze 1974, pp. 85—88。

（尽管并未指名道姓），但却朝着一个完全不同的方向发展了它们。士兵寄给家人的文字拙劣的信件，为了取悦远方读者而撰写的报纸新闻，某个不耐烦的上尉匆匆草就的战况报告，以及充满了对这些文献的膜拜之情的历史学家的再度创作：所有这些叙事，不管其本质特征如何，根据塞拉的解读，它们与真实之间的关系都存在很大问题。在一段逐渐变得急切甚至狂热的文字中，塞拉记录下了某种思想的跌宕起伏。这种思想围绕着一个悬而未决的矛盾命题而产生，矛盾的一方面，是"本有之事"的确定存在，而另一方面，则是对借助证据描述这种"本有之事"的可能性的怀疑：

> 确实有人出于善意，将文献设想为真实的表现……仿佛一份文献还能表现出与自身有异的别的什么东西一样……一份文献就是一个事实。这场战斗是另一个事实（其他事实的无限集合）。这两者不能成为一体……行事者为一事实。叙事者为另一事实……每一份证词，都只是对自身的见证；见证自身时刻，见证自身起源，见证自身意图，除此无他……我们对历史的所有批评，都隐含着一个概念前提，即真实历史和绝对真实的概念。记忆的问题必须被着手解决；不因其被遗忘，而因其成为了记忆。本有之事是存在的。[1]

---

① 参见 R. Serra, *Scritti letterari*, cit., pp. 286—287。

14. 我是在 20 世纪 80 年代初，才读到了这些文字。但因着阿塞尼奥·弗鲁戈尼在比萨大学授课的机缘，它们的要义却在 20 多年前便为我所知。在《12 世纪史料中的阿尔纳多·达布雷夏》(*Arnaldo da Brescia nelle fonti del secolo XII*, 1954) 一书中，弗鲁戈尼表明了，每一份叙事材料的特定视角如何促成了对同一人物的不同呈现。[①] 今时今日，在我看来，弗鲁戈尼对实证主义学者幼稚可笑的组合艺术的嘲讽，其出发点便是塞拉的反实证主义论断（"每一份证词，都只是对自身的见证；见证自身时刻，见证自身起源，见证自身意图，除此无他"），并试图超越其产生的怀疑论后果。

我并不确定弗鲁戈尼是否知道《一群开往利比亚的士兵》。但在一部完全不属于同一类型的作品中，我却能清晰地感受到对此的全新解读（或再解读）：这部作品，便是伊塔洛·卡尔维诺的《记一场战斗》(*Ricordo di una battaglia,* 1974)。[②] 塞拉写道："记忆的问题必须被着手解决。"卡尔维诺从那里接过了讲述，尽管他经历的是另一场战斗：他试图在近 30 年后昭示出来的意大利内战（guerra partigiana）中的一个小插曲。一开始，每件事似乎都清清楚楚，触手可及："我并不是不记得任何事情，那些记录仍在那里，藏在我的大脑灰质之中……"但

---

① 参见后文"附录：证明与可能性"。

② 卡尔维诺的这一文本首次发表于 1974 年 4 月 25 日的《晚邮报》(Corriere della Sera) 上 (解放周年纪念日)，现被收入文集《圣约翰之路》(*La strada di San Giovanni*, Milano 1991, pp. 75—85)。由 Isnenghi 主编、埃诺迪出版社出版的这本文集，于"1974 年 2 月 16 日"完成印刷。

是，"我并不是"这个否定式表述，却已经受到了怀疑的影响，而随着记忆（la memoria）逐渐被昭示，这种怀疑动摇了那些记录（i ricordi）："我如今担心的是，一旦某个记录（un ricordo）浮现出来，它就立即蒙上了一道不尽不实、矫揉造作、多愁善感的光，就像战争和青春通常所呈现的那样，它会成为以那个时代的风格讲述的一则故事，并不能告诉我们事情本身到底如何，而只是我们自以为自己看到和说过的那些东西。"记忆（la memoria）是否能消除我们对昔日自我之颠倒梦想的从中作梗，从而抵达"事"之本身（"本有之事"）呢？带着一丝苦涩的讽刺意味，这篇文章的结尾呼应了开头的虚假自信："到目前为止，我所写的这一切，都帮助我意识到，关于那个早上，我几乎什么都不记得。"

《记一场战斗》的最后一句（"对一切的知觉，都方生方灭"）强调指出，我们与过去的关系是多么的靠不住。然而，"几乎"这个词（"几乎什么都不记得"）却也表明了，过去——尽管并非过去的一切——不是不可抵达的。对于从卡尔维诺那里获益匪浅的我来说，这个结论在主观上十分重要。但它也具有客观意义，因为这破除了当前加诸卡尔维诺（终极版的卡尔维诺）身上的后现代主义作家的形象。他在《记一场战斗》中苦心孤诣的反躬自省，为我们留下了一个十分不同的形象，迥异于今时今日那个大行其道的怀疑主义乐天派的形象。

15. 在一篇最近发表于《历史与理论》（History and Theory）的论文中，荷兰史学理论研究者F.R.安克斯米特（F.R.

Ankersmit）指出，关注零碎片段而非更大的整体，是"后现代史学"最典型的表现。[1] 为了澄清自己的观点，安克斯米特用植物来作比（其渊源实际上可追溯至内米尔，或许还有托尔斯泰）。[2] 以往，历史学家研究的是树干或枝杈；他们的后现代传人则只研究树叶，也即过去的微小片段，而他们的研究方式是孤立的，不顾这些零碎片段所从属的更广阔的背景（枝杈和树干）。安克斯米特坚持海登·怀特于 20 世纪 70 年代初提出的怀疑论立场，他对这种转向碎片的趋势青眼有加。在他看来，这表达了一种反本质主义（anti-essenzialista）或反基础主义（antifondazionalista）的态度，它将"史学最基本的后现代属性"昭示了出来（安克斯米特并不太关心形式上的矛盾）：它是一种艺术活动，由此产生的各种叙事是不可等量齐观的。想要了解过去的雄心壮志业已消退：零碎片段的意义要在当下寻

---

[1]　参见 F. R. Ankersmit, *Historiography and Postmodernism*, in "History and Theory", 28（1989），pp. 137—153（尤其是 pp. 143, 149—150）。另参见同一杂志上的回应文章 P. Zagorin, *Historiography and Postmodernism: Reconsiderations*, ivi, 29（1990），pp. 263—274 以及安克斯米特对此的回应 Ankersmit, *Reply to Professor Zagorin*, ivi, pp. 275—296。在最后一个文本中，我们读到了一段典型的表述（关于 M. Oakeshott、L. Goldstein 和 M. Stanford 等结构主义史学理论家）："作为全部历史文本之复合指涉对象的过去，在史学辩论中并无一席之地。从史学实践的角度来看，这个被指涉的过去就其认识论意义而言，是一个无用的概念……我们所拥有的，就只是文本，而我们也只能用文本来比较文本"（p. 281）。

[2]　内米尔或许会对汤因比说："我研究单片树叶，你研究那棵树，其他历史学家研究枝杈：我们都知道，他们是错误的"（转引自 Kracauer, *History*, cit., p. 11）。另参见托尔斯泰日记中的段落，转引自 Berlin, *The Hedgehog*, cit., p. 30。关于内米尔研究"单片树叶"（众议院中的议员）的早期论述，参见 "The biography of ordinary men"（1928），in *Skyscrapers and Other Essays*, London 1931, pp. 44—53。

求，从而"令其构造可以适应现存的各种文明形式"。安克斯米特列举了几本书作为这一史学趋势的范例，其中包括两本法国著作（埃马纽埃尔·勒华拉杜里的《蒙塔尤》和乔治·杜比的《布汶的星期天》），一本美国著作（娜塔莉·泽蒙·戴维斯的《马丁·盖尔归来》），以及一本并不存在的书（据说为区区不才所著的《微观史》）。

在过去十年中，乔瓦尼·莱维和我曾尖锐地批判过各种相对主义立场，其中就包括得到安克斯米特热忱认可的那种将历史书写简化至文本维度、剥除任何其他认知价值的立场。[1] 这种争论，与我在前文中提到的对卡尔维诺（以及 19 世纪和 20 世纪小说）的借鉴，并不矛盾。在 20 世纪 70 年代末，被佛朗哥·文图里语含讥讽地定义为"含有添加剂的一种历史（una storia com additivi）"的微观史，是凭着某种实验态度将一群意大利学者凝聚在一起的，这种态度建立在一个深切的认知基础之上，那便是各种研究阶段，都不过是*建构*（*costruite*）而成，并非*给定*（*date*）。所有一切都是如此：确定研究对象及其相关性；在阐释范畴的同时运用这些范畴进行分析；证明的标准；将研究结果传播到读者时借助的风格和叙事模型。但这种

---

[1] 莱维的作品，参见 *I pericoli del geertzismo*, in "Quaderni storici", 58（1985），pp. 269—277; *On Microhistory*, cit.；区区不才的拙作，参见本书附录"证明与可能性"、第 1 章"描述与引用"、第 14 章"作为人类学家的宗教法庭审判官"、第 11 章"孤证"；*Checking the Evidence. The Judge and the Historian*, in "Critical Inquiry", 18（1991），pp. 79—92。

对研究固有的建构环节的强调，是与明确拒绝怀疑论的种种意涵（也可以说是后现代的意涵）结合在一起的，而这种怀疑论，在 80 年代和 90 年代初曾普遍存在于欧洲及美国的史学界中。在我看来，意大利微观史的独特之处，必须向这一认知博弈中寻求。[①] 我还想补充一点：我近年来的研究工作，虽然大部分专注于一本运用微观史框架的书（《夜间史》），但至少就其意图而言，仍延续着双轨前行。

16. 皮耶罗·德拉弗朗切斯卡（Piero della Francesca），伽利略，某个 19 世纪皮埃蒙特地区纺织工社团，以及 16 世纪时的利古里亚山谷：这些随机选择的例子表明了，意大利的微观史研究既关注那些业已确立其重要性、甚至被视作理所当然的主题，也关注那些此前被忽略的、或是被贬入所谓低级浅薄之研究领域——比如说地方史——的主题。[②] 这些研究从程式的角度看，共同点在于其对语境的坚持，这与安克斯米特赞赏的

---

① 彼得·伯克在其著作的前言中强调了"新史"的文化相对主义，参见 Peter Burke，*New Perspectives on Historical Writing*, cit., pp. 3—4。

② 分别参见 C. Ginzburg, *Indagini su Piero. Il Battesimo, il ciclo di Arezzo, la Flagellazione*, Torino 1981（nuova ed. 1994）; P. Redondi, *Galileo eretico*, Torino 1983; F. Ramella, *Terra e telai. Sistemi di parentela e manifattura nel Biellese dell'Ottocento*, Torino 1984; O. Raggio, *Faide e parentele. Lo stato genovese visto dalla Fontanabuona*, Torino 1990. A.M.Banti 坚持认为，意大利微观史存在着两股趋势，分别侧重于社会结构分析和文化意义分析，参见 A. M. Banti, *Storie e microstorie: l'histoire sociale contemporaine en Italie（1972—1989）*, in "Genèses"（marzo 1991）, pp. 134—147，尤其是 p. 145。Banti 认为，微观史范式（真正的范式，应当指的是上述两种趋势中的前一种）的失败，一部分要归咎于我的文章"线索：一种推定性范式的根源"。

那种对零碎片段的孤立研究是截然相反的。但是，尽管伽利略在选择时不需要预设其正当性，我们却不可避免地会追问：为什么正好是那个社团？正好是那个山谷？在这些案例中，或明或暗地以某个可比较的维度作为参照，是不可避免的。佛朗哥·拉梅拉（Franco Ramella）的《土地与织机》（*Terra e telai*, 1984），奥斯瓦尔多·拉焦（Osvaldo Raggio）的《世仇与亲族》（*Faide e parentele*, 1990），这两者充分表明，对莫索山谷（Val di Mosso）和丰塔纳波那（Fontanabuona）这两个地区的深入研究，可以强迫我们以不同的视角来看待一些问题，比如原始工业和现代国家的诞生。但是，对这些丰富研究结果之重要性的认识，依然是相当含糊的。正如我们已经看到的，一个研究对象被选中，原因可以是它的典型性（冈萨雷斯-冈萨雷斯），也可以是它的重复性和系列性（布罗代尔对于社会新闻的态度）。意大利微观史研究在面对比较的问题时，选择了一种不同的、在某种意义上甚至是背道而驰的路径：着眼于异常例外，而不是相似类比。这首先便意味着，假设那些最靠不住的文献可能隐藏着更丰富的内涵：爱德华多·格伦迪那句著名玩笑中所谓的"例外的常态"。[①] 其次，还要像乔瓦尼·莱维在《无形的遗产》（*L'eredità immateriale*, 1985）和西蒙娜·切鲁蒂在《城市与行业》（*La ville et les métiers*, 1990）中率先垂范的那样，表明每一种社会构造都是不计其数的个体策略交互作用的结果：一

---

① 参见 E. Grendi, *Micro-analisi*, cit., p. 512。

个只有通过近距离观察才能重构出来的错综复杂的交织体。[①] 值得注意的是，微观维度与宏观背景之间的关系，在两个例子中尽管如此不同，但却同样成为了叙事的组织原则。[②] 正如克拉考尔已经预见到的，我们不能将在宏观领域中获得的研究结果自动转化到微观领域之中（反之亦然）。这种异质性的种种牵连后果，我们才刚刚开始认识到，而这种异质性既构成了微观史最大的困难，也是最大的潜力。[③]

　　17. 最近，乔瓦尼·莱维提及微观史时总结道：“这是一幅自画像，不是群像。”[④] 我曾打算这样做过，但却未能成功。回头

---

① 这两本书的副标题分别是“17 世纪皮埃蒙特地区一位驱魔师的生涯（*Carriera di un esorcista nel Piemonte del Seicento*）”和“17 至 18 世纪都灵的一种行话的诞生（*Naissance d'un langage corporatif*（*Turin, 17e—18e siècles*）（tr. it. *La città e i mestieri*, Torino 1992））”。想要清楚地了解这种研究所带来的智识和政治后果，可以参阅 1982 年出版、同属“微观史系列丛书”的另一部著作，既 Vittorio Foa 和 Pietro Marcenaro 的对话录《夺回时间》（*Riprendere tempo*）。这二人并不是历史学家，尽管 E.Muir 曾在一本书的前言中作出过错误的论述（E. Muir, G. Ruggiero［a cura di］, *Microhistory and the Lost People of Europe*, Baltimore 1991, p. XXII nota 7）。但身为政治家和工联主义者的 Vittorio Foa, 的确撰写过一部历史著作（*La Gerusalemme rimandata. Domande di oggi agli inglesi del primo Novecento*, Torino 1985）。曾经当过一段管理者的 Pietro Marcenaro, 重又成为一名工联主义者。

② 另参见 J. Revel, *L'histoire au ras du sol*, cit., p. XXXII, 以及 *Micro-analyse*, cit., pp. 34—35。

③ 克拉考尔提到了 Martin Jay 对这种困难的强调（*Of Plots, Witnesses, and Judgments*, in S. Friedlander［a cura di］, *Probing the Limits of Representation: Nazism and the "Final Solution"*, Cambridge［Mass.］, 1992, cit., p. 103）。Gwyn Prins 把“微小尺度”定义为“牢笼”, 他指出：“无法在那里找到历史学家各种解释理论的助推力”（P. Burke［a cura di］, *New Perspectives*, cit., p. 134）。

④ 参见 G. Levi, *On Microhistory*, cit., p. 111。了解一下与此相关的其他学者的观点将会是有益的, 排在首位的便是爱德华多·格伦迪。（如今还可参见 *Ripensare la microstoria?*, in "Quaderni storici", n. s., 86［1994］, pp. 539—549）。

看去，我作为其中一部分的那个群体的边界，以及我自身的边界，似乎都是变动不定的。我很诧异地发现，我没有读过的那些书，我根本不知其存在的那些事件与人物，竟然在我一无所知的情况下，对我产生了相当重要的影响。如果这是一幅自画像的话，那么，它的范本将是博乔尼（Boccioni）的那些画作，在其中，街道穿入了房屋，风景进入了人脸，外部侵入了内部，而自我是孔状的、能够被渗透的。

后　记

我想向多梅尼科·斯卡尔帕（Domenico Scarpa）致以诚挚的感谢，他向我指出，"微观史"这个词早在 20 世纪 60 年代便出现于安德烈亚·赞佐托（Andrea Zanzotto）的一些文本之中，例如：

1. *Retorica su: lo sbandamento, il principio "resistenza"*（VI）中的一段文字，该篇被收录于诗集《美人》（*La beltà*, 1968）中，其中包括了作者写于 1961 年到 1967 年的诗作（"绝大多数写于后四年"：参见 *Le poesie e prose scelte*, a cura di S. Dal Bianco e G. M. Villalta, Milano 1999, p. 309），原文如下：

> *Ma... La staffetta valica le forre e gl'incendi*
> *le rovine che vorrebbero prendere forma di rovine*
> *i mosaici laggiù i piumaggi,*
> *fortemente storicizzato*

nel senso della microstoria

è questo suo affannarsi e retorico e fuori tempo massimo.

Va'corri. Spera una zuppa di fagioli

Spera arrivare possedere entrare

Nel templum-tempus

2. 在作者手记（p. 352）中，赞佐托写道："这是进入到一段历史之时间圣殿（*templum-tempus*）的一种方式，这段历史终于是'真实'的历史，然而从某个特定的视角来看，它却显得脱离时代，身处如今盛行的历史虚无主义的阴影之中。在这个阴影中，每一件事都变得扁平干瘪，变成了微观史（microstoria）。时间圣殿这个海德格尔哲学主题，在这里得到了充分体现。"

3. 意思相近的"微观史"一词，也出现在或许写作于同一时期的文章中，参见 *Alcune prospettive sulla poesia oggi* in "L'Approdo Letterario", 35, 1966, ivi, p. 1137："科学与技术制造了一场交通堵塞，一场'启示'（发明与发现）的大塞车，结果在很大程度上反而坐实了被加诸于我们这个时代的末世之名。这种最终的揭示，这种消除神秘、打破神话的做法，尤其有一个打击对象，那便是逐渐化入无历史性（astoricità）的'微观史'，而这种微观史是由直到昨天还当成'宏观史'的、以超验或辩证为导向那种历史摇身一变而来的。"

在这些文字中，赞佐托在使用"微观史"这个词时，其含义与意大利历史学家后来赋予这个词的含义十分不同。但斯卡尔帕正确地指出，从 1962 年起，赞佐托在对《新人作品集》(*I novissimi*) 的尖锐批评中，把圣圭内蒂（Sanguineti）笔下的"大历史（arcistoria）"与旨在"采用传奇、小品和探幽录的表现形式"的那种历史进行了对比（*Le poesie e prose scelte*, cit., p. 1110）。赞佐托显然曾经就宏大历史消亡、转为小史传奇的问题思索了一段时间，我猜，他或许并不是从格诺那里借鉴了"微观史"这个词（*Les fleurs bleues*, 1965）：但正如吉安·马里奥·比利亚尔塔（Gian Mario Villalta）所指出的，这只能是一个如今已无法证实的猜想。

　　*在我撰写此文的过程中，帕特里克·弗里登森（Patrick Fridenson）与我进行了成果丰富的讨论，对此深表感谢。佩里·安德森（Perry Anderson）在文章最终成型之前仔细阅读并给出了批评意见，我想再一次向他致以感激之情。

第14章 作为人类学家的宗教法庭审判官

　　本文标题中的这个类比[①]第一次闪现在我念头里，还是在十年前举行于博洛尼亚的一次有关口头历史的学术会议期间。研究当代欧洲的历史学家、人类学家以及像杰克·古迪（Jack Goody）和让·范西纳（Jean Vansina）这样的非洲史学者，在会上讨论了使用口头证据的不同方式。我突然想到，即便是研究更古远的那些社会（比如中世纪晚期或早期现代欧洲）的历史学家，有时候也会用到口头证据——或者更确切地说，是口头证词的书面记录——而关于那些社会，我们事实上拥有相当可观、甚至是异常众多的书面文献。世俗法庭和宗教法庭生成的那些程序性文书，事实上可以被比作人类学家的笔记本，其

[①] 关于与之不同的一个观点，参见 R. Rosaldo, *From the Door of His Tent: The Fieldworker and the Inquisitor*, in J. Clifford e G. E. Marcus（a cura di），*Writing Culture. The Poetics and Politcs of Ethnography*, Berkeley-Los Angeles 1986, pp. 77—97（整本书都值得一看）。

中记录了几个世纪以前进行的田野工作。

宗教法庭审判官与人类学家之间的差异十分明显，不值得花时间去一一指出。但那些相似之处——其中包括被告与"土著人（indigeni）"之间的相似之处——在我看来，却不那么显而易见，因此也就更加有趣。我所做的研究，主要是使用宗教法庭审判文献来查考中世纪和早期现代欧洲的巫术历史。借助由此得来的灵感，我想对这种类比连带产生的后果影响作一分析。

研究者迟迟才意识到宗教法庭原始资料无可估量的史学价值，这实在是一件令人吃惊的事。众所周知，一开始针对宗教法庭审判历史进行的研究（几乎总是以激烈反对的态度），完全是出于法理学制度研究的视角。后来，那些意在颂扬其前辈先驱面对天主教迫害时展示出的英雄气概的新教历史学家，也开始使用宗教法庭审判记录。像出版于 19 世纪末、埃米利奥·孔巴（Emilio Comba）所著的《我辈新教徒》（*I nostri protestanti*）① 这样的书，可以被视为由克雷斯潘（Crespin）开创于 16 世纪、以其《殉道者史》（*Histoire des Martyrs*）为肇端的那一传统在档案记录层面上的延续。而在另一方面，天主教的历史学家却十分不愿在他们的研究中使用宗教法庭审判文献：一个原因，是那种或多或少地想要弱化宗教改革影响的意识倾向；另一个原因，则是对一个即便在罗马教会自身语境下也已

---

① 　威尼斯 1897 年版。

被视为日益尴尬的机构，终归有种不安之感。皮奥·帕斯基尼（Pio Paschini）是一位学识渊博的弗留利教士，三十年前，正是在他的帮助下，我才得以使用当时不对外开放的乌迪内大主教教廷档案馆（Curia arcivescovile di Udine）的馆藏文献。但像他这样的人，在自己的研究中，却压根没有用到档案中保存的那些意大利东部边境地区与异端和反宗教改革相关的宗教法庭审判记录。[①] 当我第一次进入那间四周摆满文件柜（里面井然有序地保存着近两千起宗教法庭审判的档案）的大房间时，我的感觉，就像是一个淘金者意外发现了一个未经开采的矿脉。

　　然而，必须指出的是，在巫术审判这件事上，对使用宗教法庭审判记录的不情不愿，在很长一段时间里是隶属于各个教派（既有天主教也有新教）的历史学家以及接受过人文学科训练的历史学家所共有的一种态度。原因显而易见。在两种情况下，都缺乏从信仰上、智识上或情感上与审判对象达成认同的元素。通常而言，巫术审判的文献记录都被视为神学怪论和农民迷信的大杂烩。后者从本质上便被视为无关紧要；而要研究其他的那些东西，以刊行的鬼魔学论文为依据，效果会更好，也没那么困难。在那些被指控行巫术的男男女女冗长且（至少看起来）重复絮叨的供词上做水磨工夫，对于那些仅把巫术审判视为可接受的史学研究问题、而对巫术审判的对象不屑一顾

_____

① 参见 A. Del Col, *La Riforma cattolica nel Friuli vista da Paschini*, in G. Fornasir（a cura di）, *Atti del convegno di studio su Pio Paschini nel centenario della nascita*, s. l. s. d., pp. 123 以后页码，尤其是 p. 134。

的学者来说，实在没什么吸引力。

今时今日，这种态度显得颇为陈旧过时——但请不要忘记，就在 20 多年以前，这还是像休·特雷弗-罗佩尔（Hugh Trevor-Roper）这样的史学泰斗共同的看法。[①] 但与此同时，情况也已经发生了深远的改变。在国际史学舞台上，巫术已经从边缘走向中心地带，成为了不仅值得尊敬、甚至颇为时髦的主题。这是一个业已根深蒂固的史学潮流的诸多表征之一，早在几年前，阿纳尔多·莫米利亚诺（Arnaldo Momigliano）便及时地指出了这一点：研究兴趣落到了那些在所谓的官方原始资料中通常未得到充分呈现的性别群体或社会群体（女性和农民）上。[②] 关于这些群体，"镇压档案"提供了尤为丰富的证词。但是，一个更具体的元素（尽管与前一个元素也有关联）也增加了巫术事件的重要性，那就是日益增长的人类学对史学的影响。埃文斯-普里查德（Evans-Pritchard）发表于 50 多年以前的关于阿赞德人（Azande）巫术实践的经典著作，为艾伦·麦克法兰（Alan Macfarlane）和基思·托马斯（Keith Thomas）提供了研究 17 世纪巫术的理论框架，这并非出于偶然。[③]

---

① *The European Witch-Craze of the 16th and 17th Centuries*, London 1969, p. 9.

② 参见 A. Momigliano, *Linee per una valutazione della storiografia del quindicennio 1961—1976*, in "Rivista storica italiana", LXXXIX（1977）, pp. 585 以后页码。

③ 参见 E. E. Evans-Pritchard, *Witchcraft, Oracles and Magic among the Azande*, London 1937; A. Macfarlane, *Witchcraft in Tudor and Stuart England*, London 1970; K. Thomas, *Religion and the Decline of Magic*, London 1971（tr. it. *La religione e il declino della magia*, Milano 1985）。

毫无疑问，从埃文斯−普里查德的著作中，可以得到从多个方面加以阐释的灵感。但在将 17 世纪英格兰女巫与她们的阿赞德女巫或男巫同行相提并论时，还应当加上一种比较才算完整，那就是在近代研究中被系统性回避的、与同一时期在欧洲大陆上遭受迫害的女巫的比较。人们想当然地认为，英格兰巫术审判的千人一面千篇一律（首先便体现为几乎完全没有与女巫夜间集会相关的供词），必定要归因于这个岛国上独特的法律体系。当然了，对于有意再现平民百姓所共有的巫术信仰的历史学家来说，在欧洲大陆上进行的那些巫术审判，的确提供了远比英格兰巫术审判更丰富的材料。

便是在这一点上，人类学家与宗教法庭审判官（以及历史学家）这个类比所带来的多方面后果开始浮现出来。宗教法庭审判官试图从被告口中得出的罪证，为研究者提供了他们孜孜以求的信息——当然是出于迥然不同的目的。但是，在阅读那些宗教法庭审判记录时，我经常会生出这样的感受，那就是我正躲在这些审判官的身后，偷偷窥探着他们的一举一动，和他们一样，希望那些被控有罪的人会对他们的信仰畅所欲言——自然，这会让他们自己陷入险境。

这种与宗教法庭审判官的接近性，在某种程度上与我对被告人的情感认同相抵触。但在认知层面上，这种抵触是以另外一种方式体现出来的。宗教法庭审判官急于查明真相（当然是他们自以为的真相）的冲动，确实带给我们极其丰富的文献记录，但在巫术审判中十分典型的、施加于被告人肉体和精神上的重重压力，也令这些文献记录深受扭曲。在与女巫夜间集会——这一鬼魔学者眼中构成巫术实践基本要素的独特事件——相关的讯问中，法官的诱导格外明显。在这种情形下，被告或多或少都会主动附和那些宗教法庭审判官的刻板印象，而这是已经被传教士、神学家和法学家们传遍整个欧洲的。

宗教法庭审判文献的这些模棱两可、含糊不明的特性，或许解释了许多历史学家的决定：专注于研究对巫术的迫害，潜心分析区域模式、审判类型和其他内容。与试图重现被告的信仰相比，这是一个更传统但也更安全的角度。然而，对阿赞德巫师的偶尔援引，并不能掩盖一个明显的事实，那就是在过去20年中针对欧洲巫术历史的众多研究之中，只有很少几个真正从人类学研究中汲取了灵感。几年前发生于基斯·托马斯和希尔德雷德·吉尔茨（Hildred Geertz）之间的讨论表明，历史学家与人类学家的对话涉及许多困难。① 在这一语境下，文献记录的问题似乎是决定性的。与人类学家不同，研究昔日社会的历史学家无法生成自己的原始资料。从这个观点来看，档案文件当然不能与录音带等量齐观。但是，历史学家所拥有的文献记录，是否让他们有可能超越宗教法庭审判官的刻板印象，再现中世纪和早期现代遍布欧洲的巫术信仰？答案必须要在质的层面上寻求，而不能只看数量。在一本偏离了巫术研究主流的著作中，理查德·基克希弗（Richard Kieckhefer）基于对 1500

---

① 参见 H. Geertz, K. Thomas, *An Anthropology of Religion and Magic*, in "Journal of Interdisciplinary History", VI（1975），pp. 71—109。

年以前文献记录（他错误地认为这个时间之后的文献都是重复性的）的细加参详，在学者的刻板印象与大众巫术实践之间做出了区分。他坚持认为，有两种文献极其重要，一是认为自己被错误指控为行巫术的那些人的申辩，二是在巫术审判中被传唤到庭作证的那些人的供述。[①] 基克希弗认为，被告申辩和证人证词对大众巫术信仰的描绘，要比被告认罪供述中所呈现的样貌更加忠实可靠。从这个角度来看，宗教法庭审判记录与人类学家田野工作笔记之间的类比，对历史学家而言也有着相当负面的含义：那些很久以前的人类学家，其存在也可能是一个巨大的障碍，妨碍我们去了解那些被拘提到庭的不快乐的土著人的信仰和思想。

这个结论在我看来有些过分悲观，而我将通过继续从头反思这一类比的办法来加以证明。这个类比的基础是文本性的（testuali）。在两种情形下，我们面对的本质上都是*对话体文本*（dialogici）。对话结构可能是显性的，比如在宗教法庭审判记录或人类学家与其信息提供者的对话文字记录中频繁出现的一系列问题与回答。但它也可能是隐性的，藏在描述一场仪式、一个神话或一件器具的人种志笔记之中。所谓的"人类学态度"，也就是不同文化之间持续的比较对照，其本质在于预先设定存在某个对话视角。其理论基础从语言学（而不是心理学）的角度来看，正是罗曼·雅各布森（Roman Jakobson）在试图定义

---

① 参见 R. Kieckhefer, *European Witch-Trials. Their Foundations in Popular and Learned Culture, 1300—1500*, Berkeley（Ca.）1976。

"言语行为（comportamento verbale）的两个关键且互补特征"
的一段文字中着重强调的："内心言语本质上是一种对话，而任
何引述都经过了转述者的*添油加醋*（*fatto proprio*）和改头换面，
无论这是在转述其他人的话，还是转述*自己*（*ego*）以前说过的
话（*我说过*）"。[1] 而从一个不那么泛泛而谈的角度上，另一位
伟大的俄国学者米哈伊尔·巴赫金（Michail Bachtin）则坚持认
为，对话元素在陀思妥耶夫斯基的小说中扮演着重要角色。[2]
巴赫金指出，这些小说的共同特点是一种对话或复调结构，在
其中，单个人物被视为彼此冲撞的力量：没有任何一个人是在
替作者说话，或是与作者持有相同的观点。在这里讨论巴赫金
对陀思妥耶夫斯基小说属于何种特定文学类型的看法，似乎有
些离题。但我认为，巴赫金关于对话体文本的观点，却有助于
我们理解宗教法庭巫术审判中偶尔会浮现出来的某些特征。

我们在这些文本中看到的这些冲突对立的人物，当然并不
是处于同一层次的（同理，人类学家与其信息提供者也是如此，
尽管是不同意义上的差别）。这种（真实和象征性的）权力层级
上的不平等，解释了为什么宗教法庭审判官在向被告施压以获
取他们想要得到的真相时，通常都能大功告成。这些审判在我
们看来既重复又单调（monologici，这是巴赫金特别喜欢使用的
术语之一），通常而言，被告给出的回答只不过是在随声附和审

---

[1]   参见 R. Jakobson, *Language in Operation, in Mélanges Alexandre Koyré, vol. II: L'aventure de l'esprit*, Paris 1964, p. 273。斜体字为原文所加。

[2]   参见 M. Bachtin, *Dostoevskij* tr. it. di G. Garritano, Torino 1968。

判官所提出的问题。然而，在某些例外的案件中，我们却能见到真正的对话：我们能够察觉到那些独树一帜、与众不同、甚至是针锋相对的声音。在我多年前研究过的弗留利地区宗教法庭审判记录中，本南丹蒂（benandanti）长篇大论地描述了他们为祈求丰产而在夜间以灵魂出窍方式与女巫们进行的战斗。在审判官眼中，这些惊险故事不过是对巫术实践中女巫夜间集会的掩饰之词。但饶是煞费苦心百般操作，存在于宗教法庭审判官所期待的答案与本南丹蒂的主动供述之间的差距分歧，依然用了半个世纪的时间才被抹平。这种差距分歧，以及本南丹蒂对宗教法庭审判官施加的重重压力的抗拒，表明了我们正面对着一个深层次的文化，而它是与宗教法庭审判官所属之文化迥然有异的。就连"本南丹蒂"这个词，也不为他们所知：它的含义（到底是"巫师"的同义词？还是正好相反，意味着"反巫师"？）在某种特定意义上，成为 1570 年到 1650 年间弗留利地区宗教法庭审判官和本南丹蒂们长期争执不休的关键所在。最终，这个语义学上的争执，被那个拥有最大权力的人解决了（读过《爱丽丝镜中奇遇记》的人都知道，事情向来如此）。本南丹蒂变成了巫师。①

　　这些弗留利审判记录对于人种学研究的价值是非同寻常的。不仅是话语，还有手势，沉默，以及像突然脸上一红这样几乎难以察觉的反应，全都被宗教法庭的书记员们一丝不苟地记录在案。在这些宗教法庭审判官疑虑重重的眼中，每一个最微小

————————

① 参见本文作者的《夜间的战斗》：*I benandanti. Stregoneria e culti agrari tra Cinquecento e Seicento*, Torino 1966。

的线索，都可能意味着抵达真相的一条路径。当然，这些文献并非中性；它们提供给我们的信息，绝不"客观"。必须将它们视为一种独特且极不平等之关系的产物来解读。为了解读它们，我们必须学会把握藏在四平八稳、滴水不漏的文本表面之下的勾心斗角，那种微妙的威胁与恐惧、进攻与退守的交互作用。我们必须学会解开构成了这些对话的错综复杂的线索。

近年来，人类学家日益意识到自身研究活动中文本性的那一面，这已经不用多说。对于经常（但并非一直）只能同文本打交道的历史学家而言，第一眼看去，这似乎没什么特别新奇之处。但这件事并没有那么简单。克利福德·格尔茨（Clifford Geertz）曾带着讽刺之意写道，"人种志学者是干嘛的？"[①] 意识到人种志学者研究工作的文本性层面，意味着克服了今天仍被许多历史学家信受奉行的那种幼稚的实证主义认识论。并不存在中性的文本：即便是一份公证财产清单，也暗含着一个密码，而我们必须进行解码。正如雅各布森所指出的，"任何引述都经过了转述者的添油加醋和改头换面"。如果只是这样，倒也没什么。但像近来的某些历史学家和人类学家（以及许多哲学家和文学批评家）那样，进一步公开宣称，由此可以得出文本只能记录其本身、是文本自身赖以构成的密码基础的结论，又是否合情合理？在这种析精剖微的怀疑主义的驱使下，通向死胡同的那些所谓"指涉错误（errore referenziale）"被断然加以拒绝，而且不只如此：事实上，它是无法证实的。对于这种

---

① 参见 C. Geertz, *The Interpretation of Cultures*, New York 1973, p. 19。

观点，在宗教法庭审判官与人类学家之间进行比较也是足以发人深省的。我们已经看到，即便是在像宗教法庭审判记录这样被严加控制的文本之中，一个与之相对立的文化现实（realtà culturale）也能浮现出来。同一结论也适用于人种志报告的文本。

一个激进的怀疑论者或许在这一点上会提出反对意见，认为像"真实（realtà）"（或"文化现实"）这样的术语是不合规范的：他会认为，关键在于同一文本之中只有不同的声音，而不是不同的现实。对这种反对意见加以回复，在某些人看来纯属浪费时间：毕竟，将不同文本整合为一个历史文本或人种志文本，所依据的是这些文本的共同所指，而在缺乏更佳方案（*faute de mieux*）的情况下，我们必须将这个共同所指称作"外部现实（realtà esterna）"。然而，这些怀疑主义的反对意见，却也以某种扭曲的方式指向了一个真实的困难。让我们试着用一个例子来说明这一点。

在 1384 年和 1390 年，两名女子——西比利亚（Sibillia）和皮耶里娜（Pierina）——受到了米兰宗教法庭的审判。审判程序记录已经遗失；只留下了两份十分详尽的判决（其中一份判决大量摘引了前一份判决的内容）。这些文献是在上个世纪末被埃托雷·韦尔加（Ettore Verga）发现的，他在一篇富有洞察力的论文中对其进行了分析。① 从那时起，这些文献已经被

---

① 参见 E. Verga, *Intorno a due inediti documenti di stregheria milanese del secolo XIV*, in "Rendiconti del R. Istituto storico lombardo di scienze e lettere", seconda（转下页）

从多个不同角度研究了许多次。理查德·基克希弗在前面提到过的《欧洲巫术审判》中将这些审判与"一种大众仪式或节日"联系在了一起。[1] 这种说法听起来，像是在致敬玛格利特·默里（Margaret Murray）的那些业已被学术界推翻的、支持女巫夜间集会真实存在的理论观点：这是一种令人惊讶的致敬，因为这两名米兰女子的供述在细看之下，充满了笼罩着神秘光环的细节。每个星期四，她们都会前去参加一位神秘的东方圣母（Madonna Horiente）所主持的集会。在那里能看到所有的动物，只有驴子和狐狸除外；与会者包括曾经被斩首或吊死的人；被杀死的牛将在集会上被复活；诸如此类。1390 年，名叫西比利亚的那个女子对宗教法庭审判官贝尔特拉米诺·达塞努斯库洛（Beltramino da Cernuscullo）说，六年前，她向另一位宗教法庭审判官鲁杰罗·达卡萨莱（Ruggero da Casale）供认，自己曾"参加被他们称作希罗底[2]的狄安娜[3]的赛会（ad ludum Diane quam appellant Herodiadem）"，并在向这位女神致意时口称"东方圣母永保安康（bene stage Madona Horiente）"。这一系列的头衔（狄安娜女神、希罗底、东方圣母）第一眼看去似乎乱成一团毫无章法：但解答其实很简单。西比利亚和皮耶

（接上页）serie, 32（1899），pp. 165—188。也可参考本文作者的《夜间史：解开女巫夜间集会之谜》(*Storia notturna. Una decifrazione del sabba*, Torino 1989, pp. 68—70 各处内容）。

[1] 参见前引 R. Kieckhefer, *European Witch-Trials*，pp. 21—22。

[2] 译者注：《圣经》人物，希律王之妻，曾设计令施洗约翰被斩首。

[3] 译者注：罗马神话中的月亮和狩猎女神。

里娜都只提到了东方圣母，将其与狄安娜女神和希罗底混为一谈的，是审判官鲁杰罗·达卡萨莱。而他反过来又是受到了著名的《主教教规》(*Canon Episcopi*) 的影响。在这个撰写于 10 世纪初（但历史或许可以一直追溯至某个法兰克王国时期的教规）的文本中，提到了某些迷信妇女并将她们定义为狄安娜女神或希罗底的追随者。这种混为一谈，被第二位宗教法庭审判官贝尔特拉米诺·达塞努斯库洛视作理所当然地接受下来，而他不动声色地将这个罪名加到了皮耶里娜头上：在判决中，我们读到，皮耶里娜前去参加"或被诸位称作希罗底的狄安娜的赛会 (*ad ludum Diane quam vos appelatis Herodiadem*)"。[①] 显然，我们面对的是一种惯常发生的投射现象，宗教法庭审判官的刻板印象被投射到了民间信仰的表面。但是，这里的情况要更加复杂。这些民间信仰中的不同女性角色，指向了一个无可置疑地秘密存在于地下的统一体。光明女神珀沙塔（Perchta）、慈爱女神霍尔达（Holda）、丰饶女神哈邦德（dame Habonde）以及东方圣母，都是与亡者世界有着深切联系的同一个女神的本地化身。宗教法庭审判官做出的基于罗马神话或圣经经文的解读（狄安娜女神或希罗底），难道不也是在试图理解这个秘密存在于地下的统一体到底为何物吗？

　　要据此论证这些宗教法庭审判官是在进行比较神话学研究，显然过于荒谬。但是，在我们如今进行的比较神话学研

---

① 　参见前引 *Storia notturna*, p. 68。

究与宗教法庭审判官的解读之间，存在着某种连续性，却是无可否认的。他们将那些迥然有异于其自身文化的信仰翻译（traducevano）——或者更确切地说是改写（trasponevano）——成了不那么难以理解的不同的编码。说到底，我们现在做的也并没有很大分别：不仅是在理论上，有时候在实践中也是如此。例如，在我们讨论的这个案例中，我们所拥有的，是已经被宗教法庭审判官的阐释污染了的文献记录。与研究本南丹蒂的案例时一样，当宗教法庭审判官无法理解时，我们作为阐释者的任务似乎要容易得多。而反过来，当他们理解了（或至少理解程度高一些）的时候，审判的对话性便被冲淡甚至消失不见了。对于那些想要重现被指控者所持信仰的人来说，这些文献记录便显得不那么有价值，不那么纯粹了。

但是，"被……阐释污染了"的说法，意味着并没有对宗教法庭审判官的人类学敏感度给予公正评价；我们必须再加上一句，那就是"但也启发了"。宗教法庭审判官、传教士和宗教法规学者所给出的那些零零碎碎的阐释意见，为我们提供了得以弥补档案文献中那些空白之处的宝贵元素。让我们来看一下另外一个例子。约翰内斯·赫罗尔特（Johannes Herolt）是一位多明我会修士，在 15 世纪中期，他曾经四处传教，并在自己的布道文集中收入了一份长长的迷信民众名单。在这些人里，就有"于夜间崇信（credunt）狄安娜者，即系本地方言中之温霍德（Unholde），或蒙福夫人（la donna beata），彼所至之处，众军相随，遮地漫天（cum exercitu suo de nocte ambulet per multa spacia）"。这段文字摘引自 1474 年首次印刷于科隆的赫罗尔特《布道文集》(*Sermones*)。在 1478 年和 1484 年流传于斯特拉斯堡（Strasburgo）的晚近版本中，又出现了贝尔特夫人（Fraw Berthe）和黑尔特夫人（Fraw Helt）的字样（后者取代了温霍德）。[①] 赫罗尔特的文本中，有着明显的来自《主教教规》的回声余响：它们都提到了一类女人，根据后者的记载，"彼众于夜间崇信且效忠异教女神狄安娜，不计其数之妇人驾驭群兽，于暗夜中寂然远引（*credunt se et profitentur nocturnis horis cum Diana paganorum dea et innumera multitudine mulierum equitare super quasdam bestias, et multa terrarum spatia intempestae noctis silentio pertransire*）。"[②] 但是，赫罗尔特并没有逐字引用《主教教规》，他把它当成了一个纲要，在个人经验——我们可以将其称作他的田野工作——的基础上增添或删减细节。驾驭群兽的说法消失了；与本地日耳曼信仰有关的一些狄安娜女神的异名词，先是被作者加入和替换，随后印刷商也参与了改动；狄安娜被赋予了一支军队（"众军相随"）。在所有的细节之中，最后的这一个是最独特的。就我所知，它在古代和中世纪的文本中都并未出现。然而，如果把它放在与"狂猎"（意大利文：caccia selvaggia，英文：wild hunt，德文：wilde Jagd，法文：chasse sauvage）或"怒军"（意大利文：esercito furioso，德文：

---

① 参见前引 *Storia notturna*, pp. 78—79。

② 参见 *Reginonis abbatis Prumiensis libri duo de synodalibus causis et disciplinis ecclesiasticis...*, a cura di F. W. H. Wasserschleben, Lipsiae 1840, p. 355。

wütischend Heer，法文：mesnie furieuse）联系在一起的、遍布
整个欧洲的民间信仰的语境之下，就很容易解释了。在赫罗尔
特的文本中，狄安娜是以众灵之军首领（testa di un esercito di
anime）的形象出现的。这个相对早期的文献，证实了我已经在
其他地方阐述过的一个猜想，那就是在这一于《主教教规》中
已有据可考，后又融入女巫夜间集会之中的多种信仰并存的层
面与亡者世界之间，存在着某种联系。① 有人会说，这种阐释
在某种意义上与宗教法庭审判官或赫罗尔特这样的传教士的阐
释有所重合。但他们并不是不偏不倚、置身事外的学者：他们
的目的是诱使其他人（被告、听众和一般信众）相信他们所认
定的真相，而这个目的未能实现的情况微乎其微。这种原始资
料与最初阐释之间的连续性，是否意味着不可能逃脱那些古代
的人类学家——传教士和宗教法庭审判官——所使用的重重范
畴之网？

　　这个问题，似乎是对前面提到过的那种源自对"指涉错误"
的拒绝、带着激进怀疑主义态度的反对意见的老调重提。的确，
在这个案例中，我们面对的是一个相对有限的怀疑主义，它源
自我们所讨论的档案文献的某些具体特征。但即便是这种温和
的怀疑主义，也显得无凭无据。通过对那些宗教法庭审判官并
不拥有的资料进行更广泛的比较研究，我们的阐释可以被核对
校验。此外，我们也可以利用那些宗教法庭审判官与被告缺乏

---

① 参见上文提到过的《夜间史》一书。

文化层面上的交流的案例，它们反而能让真正的对话浮现出来。而它们正如巴赫金所言，是彼此分歧对立的声音难分难解地冲撞在一起时形成的对话。我在前面提到本南丹蒂的案例时，将其称为"例外"。然而，这并不是一个独特的案例：几年前，丹麦民俗学研究者古斯塔夫·亨宁森（Gustav Henningsen）在马德里国家历史档案馆（Archivo Histórico Nacional di Madrid）中发现了关于西西里地区"客妇（donne di fuora）"的精彩文献，其中表明，在 16 世纪的欧洲，存在着其他不受宗教法庭审判官刻板印象影响的有关信仰的档案文献。[①] 而在更普遍的意义上，我们应当强调的是，或许是以支离破碎的方式被记录下来的某种现象的扩散，不应仅被当成其历史重要性的一个指标。对寥寥无几，或许与某个遭到压制的信仰内核相关的档案文献的透彻解读，可能要比阅读一大堆千篇一律的文献更能阐幽明微。当然了，研究往昔社会的历史学家无法像今天的人类学家或当年的宗教法庭审判官那样，生成自己的文献。但如果他们想要对这些文献做出阐释的话，他们是可以从二者身上学到某些东西的。

后　记

近来，有人从我未预见到的角度对这些思考进行了解读。

---

① 参见 G. Henningsen, *'The Ladies from Outside': An Archaic Pattern of the Witches' Sabbath,* in B. Ankarloo, G. Henningsen（a cura di）, *Early Modern European Witchcraft*, Oxford 1990, pp. 191—215。

2003 年 11 月，在访问莫斯科途中，我受邀列席了在纪念协会
（*Memorial*）总部举行的一场公开研讨会。这个组织在意大利也
颇有名气，多年来，它一直以巨大的能量和勇气研究着斯大林
时期的迫害史和车臣共和国的民权问题。在讨论这些 16 世纪宗
教法庭审判的衍生产物时，与我对话的听众指出，也有可能在
斯大林时期的审判活动中捕捉到各种声音的冲撞。

＊这篇文章先前的版本曾在以下两个场合被宣读过：1985
年 10 月举行于伊利诺伊州迪卡尔布的宗教法庭专题会议，以及
1988 年 4 月应欧内斯特·盖尔纳（Ernest Gellner）之邀参加的
剑桥大学人类学系研讨会。

第 15 章　女巫与萨满

　　我的学术之路颇为漫长崎岖：它始于意大利东北部，我对巫术的研究便在那里起步，而后则一直延伸到了中亚的大草原。本文是对这条路径的一个总结回顾。

　　伟大的法国汉学家葛兰言（Marcel Granet）曾说过，"方法就是我们走过后留下的道路（la méthode, c'est la voie après qu'on l'a parcourue）。"① "方法（metodo）"这个词，实际上源自希腊文，尽管葛兰言所给出的这个词源解释——*meta-hodos*，走过后留下的道路——或许要更加形象。但是，葛兰言的这句谐谑之言，却有着一个严肃的、甚至是可以引发激烈争论的内核：在任何一个科学领域，关于方法的长篇大论，都只有在对某项具体研究进行反思时才有价值，而不是在研究进行的当下（迄今为止，这都是最常见的一种情形）预先设下一系列的规

---

① 这句话系由 Georges Dumézil 转述：参见 J. Bonnet（a cura di），*Georges Dumézil*, Paris 1981, p. 25。

矩。我希望，接下来我对自身研究来龙去脉的方法论回顾，无论本身如何无足轻重，都能有助于重申葛兰言的这一讽喻。

对于一项如今已得出结论（尽管就其定义而言只是一个暂时结论）的研究，详述其步骤流程自然永远都会伴随着某种风险，那就是目的论的风险。回头看去，各种不确定性和错误全都消失了，或是转化成了笔直通向目的地的阶梯上的一级：这个历史学家从一开始就知道自己想要什么，他上下求索，终有所获。但在现实的研究中，却根本不是这么一回事。就拿布鲁诺·拉图尔（Bruno Latour）这样拥有人类学背景的科学史家来说，他笔下所描述的实验室生活，就更令人困惑，也更错综复杂。①

1. 我将要在此描述的经验，很可能也是混乱无序的，即便它只牵涉到一个人——我自己——而不是一群人。一切缘起于50年代末，一个研究题目（巫术）突然闪现于一个20岁的比萨大学学生眼前。直到那一刻之前，我都并不确定，是否想要成为一名历史学家；但当这个主题浮现于脑海之中时，我已别无疑惑。这就是我的研究主题，一个我准备为其投入多年心血的研究主题（我当时并不知道，那会是多少年）。

我曾经问过自己许多次，这突如其来的激情，这回头看去具备了陷入爱河的全部特征——迅如电光石火，狂若神魂颠倒，不知所起但却一往而深（至少表面上如此）——的冲动，到底

---

① B. Latour, S. Woolgar, *Laboratory Life: The Social Construction of Scientific Facts*, introduzione di J. Salk, Beverly Hills (Ca.) 1979.

是出于哪些原因。我当时对巫术历史一无所知。我做的第一件事，就是在《意大利百科全书》(*Enciclopedia italiana*) 中查找"巫术"这个词条，以获取某些基本信息（这种做法我后来在研究其他题目时又重复了许多次）。或许，这是我第一次真正体验到那种"无知的欣悦（euforia dell'ignoranza）"——那种一无所知而又即将开始学习某些东西的感觉。我想，正是与这一时刻联系在一起的那种强烈快感，令我没能成为一名专家，没能在某一确定的研究领域深耕细作。那种阶段性地涉足一些我完全一无所知的研究主题和研究领域的冲动，不仅一直保留了下来，而且多年来变得越来越强烈。

一个大二学生选择了自己一无所知的研究题目，这种事可谓稀松平常。但或许不那么寻常的，是一种觉察，那便是在一个人的存在过程中，所有或几乎所有真正重要的选择，都有一个共同特征：对于那个十分重要的目标，我们往往知之甚少或是一无所知。（我们在回望过去时，将这种不相称叫做命中注定。）但是，又是什么让我们做出了选择？如今想来，在我当时对这个突然出现在眼前的研究题目的激情背后，或许藏着一团乱麻般的儿时记忆与经验，而它们又和后来的激情与偏见缠绕在一起。

那些在我孩童之时讲给我听的童话故事，在我的选择中占到多大分量？我的母亲从前经常给我读童话故事，它们是西西里作家路易吉·卡普阿纳（Luigi Capuana）在 19 世纪末收集整理而成的，其中尽是各式各样的魔幻和恐怖故事：母龙的血盆

大口中，塞满了"形似小儿的羔羊"之肉；貌似无辜、头戴羽
饰巾帽的小家伙，翻过一页就变成了张牙舞爪的狼人。我们一
家人曾经在阿布鲁齐住了三年，一个名叫克罗切塔（Crocetta）
的当地小姑娘给我和我弟弟讲过一些故事，它们与卡普阿纳收
集的那些并没有太大差别（我是从母亲纳塔利娅·金茨堡的作
品《阿布鲁齐的冬天》中得知这一点的）。在其中一则故事中，
一个孩子被后母杀死，然后被当成食物喂给了他的父亲。便在
那时，他的骨头开始唱歌："哦，我那邪恶的妈，把我放到热汤
里熬，而我那馋嘴的爸，把我当成了美味佳肴。"[1] 透过这些童话
故事中隐含的邪恶，我和所有的孩子一样，开始对现实做出解
读，而首当其冲的现实，便是成年人的神秘世界。

　　在《夜间史》(*Storia notturna*) 一书中处于中心位置的，是人
兽同感（antropofagia）和兽化变身（metamorfosi animalesche）。
对我来说，决定研究巫术，马上就意味着把注意力聚焦在女巫
的供词之上，它在某种程度上与我童年时听到的童话故事十分
相似。但当时仅为我模糊感知的、做出此种选择的动机，其上
却嫁接了情绪和意识形态的其他原因。我生于一个政治上左倾
的家庭。我的父亲莱昂内·金茨堡（Leone Ginzburg）生而为俄
国人（他出生于敖德萨），后来随家人移居到了意大利。1934 年
时，因为拒绝向法西斯政权宣誓效忠，我父亲失去了都灵大学
俄罗斯文学教授的职位。当时他只有 25 岁。没过多久，他就因

---

[1]　参见 N. Ginzburg, "Inverno in Abruzzo"（1944）, in *Le piccole virtù*, Torino 1962, p. 18。

为从事反法西斯活动而被捕判刑，在狱中度过了两年时间。当意大利于 1940 年与纳粹德国一道参战时，作为一名犹太人和反法西斯分子，他被囚禁于皮佐利（Pizzoli），这是阿布鲁齐地区的一个小镇，离拉奎拉（L'Aquila）不远。他在那里得以与妻儿会合。法西斯政权垮台时，我父亲前往罗马，重新开始从事政治活动，随即被捕并被认出身份，于 1944 年死于纳粹控制下的圣母监狱。佛朗哥·文图里（Franco Venturi）在他的著作《俄国民粹主义》（*Il populismo russo*）中，提到了我父亲的为文与为人。两人在流亡巴黎的意大利反法西斯分子小圈子中结识并成为密友，而这个圈子是俄国民粹派（narodniki）精神的"全新化身"。[①] 正如我们所知，在俄罗斯民粹主义者的经验中居于中心地位的，是一种对农民社会所表现出的价值观的强烈道德同情与智识同情。在一本战后出版并马上被译成多种语言的书中，我发现了同样的态度，这本书便是《基督停留在埃博利》（*Cristo si è fermato a Eboli*）。此书作者——作家和画家卡洛·莱维（Carlo Levi）——是我父亲的老朋友，两人曾一道参加了反法西斯抵抗运动团体"正义与自由"（Giustizia e Libertà），一起被法西斯政权囚禁于卢卡尼亚的一个小镇。[②] 我相信，正是这些平行轨迹，让《基督停留在埃博利》在少年时阅读此书的我身上留下了深刻的印记。一种认同感油然而生，即便莱维描述

---

① 参见 F. Venturi, *Il populismo russo*, Torino 1952, vol. II, p. 1163。

② 参见 C. Levi, "Ricordo di Leone Ginzburg", in *Le tracce della memoria*, a cura di M. Pagliara, Roma 2002, pp. 101—103。

的那个乡下，要比我度过部分童年时光的地方更闭塞荒凉。但是，打动我的，不只是这本书设置的故事背景。莱维丝毫没有掩饰他与那些南部农民在思想和信仰上的差异之处，但他从未采取一种高高在上的态度来对待他们：他严肃认真地对待每一件事，连咒语（incantesimi）和符箓（formule magiche）也包括在内。从《基督停留在埃博利》中，我想我学到了如何在智识上置身事外而在情感上身处其中，如何在满怀激情地追求理性的同时尊重文化的多样性，这些态度不仅是可以和睦共存的，而且能够彼此滋养。从我母亲那里，我还学到了一些更重要的事情（而且其重要意义不仅关乎我的研究工作），那就是智力无关于社会和文化特权。

回头看去，我认为，童年时听到的那些童话故事以及从家庭环境中吸收的民粹主义思想，都给我留下了深远的烙印，而这从很早的时候，便将我的研究导向了对被迫害者的考察，而不是只着眼于迫害本身。这是一个在双重意义上不走寻常路的历史书写选择。在 20 世纪 50 年代后期，长久以来作为人类学家经典研究主题的巫术，依然被大多数历史学家（比如曾对此冷眼旁观、嘲讽有加的英国历史学家基思·托马斯）认为是一个边缘且怪异的研究题目。[①] 即便想为分析巫术迫害的正当合法性辩护，最多也只能将其认定为中世纪晚期和早期现代欧洲

---

① 参见 K. Thomas, *The Relevance of Social Anthropology to the Historical Study of Witchcraft*, in M. Douglas（a cura di）, *Witchcraft: Confessions and Accusations*, London 1970, p. 47。

智识史上一个偏离正轨的小插曲。在 70 年代和 80 年代期间，巫术居然变成了历史书写的一个流行主题：但历史学家的兴趣即便从形式上表现得比以往更多样，却依然近乎一边倒地聚焦在迫害及其文化与社会机制上。被迫害者依然一直身处阴影之中。①

　　我已经列出了一些将我推向这一方向的原因。但在此我必须再加上另外一个原因，那便是这种研究的难度。几年中，一些最重大的障碍逐渐浮出水面。而在当时，我看到的最突出的障碍，乃是这些巫术实践虽然发生在相距甚远的不同时间地点，可从表面上看其形式却十分雷同（但对巫术的迫害并非如此）。我当时便想，有必要将巫术重新引入历史，把它那些看似没有时间性的特性放到历史之中考量。这种想要发起某种认知挑战的渴望，毫无疑问带着一丝少年心气：想要向其他人证明，最重要的是对自己证明，在那道被康拉德（Conrad）称为阴影线的临界之上，一个人到底能有何种作为。

　　我还遗漏了一个因素，而这是几年后我才意识到的。当时，一个朋友向我指出，选择研究巫术，尤其是巫术迫害的受害者，对于一个知道迫害为何物的犹太人来说，并没有什么好奇怪的。② 这个简单明了的观察令我震惊。我怎么会忽略掉了如此明显的一个事实？然而多年来，犹太人与女巫之间的相似之处，以及由此而来的那种我与自己的研究对象产生认同感的可能性，

---

① 在接下来的几十年中，这种情况已经得到了部分改变。

② 这位友人是 Paolo Fossati。

从来都没有出现在我的意识中。如今，我倾向于在这一切之中看到压抑效应（effetto della rimozione）。弗洛伊德教导我们，那些明确存在但却隐而未现的，正是一个人不想看到的那些东西。

2. 我要为如此长篇大论地讲述个人境遇而道歉。我很想克服那种自我凝视的诱惑，那种藏在每个人心中的、视自己为某项体外试验（esperimento in vitro）之数据的诱惑。一位历史学家的生平——从他的家庭环境，到他所受的教育，再到他的亲朋好友——对于理解其作品而言并非无关轻重，这是显而易见的事，或者至少应当被泰然处之。但通常来说我们都不会越过这条线。而我想要做的，是在身份认同（identità）这个经常被我们说起的词上做些文章（即便"接近［contiguità］"这个词或许要合适）：这种身份认同，既是生理上的，也是个人意义上的。我想要回头细察一下，在如今的这个我与当时的那个我之间，那些与身份认同有关的因素，是如何介入到了我的具体研究之中。我已经列出的那些因素，帮助我选择了一个从某一特定角度（被迫害者）出发的主题（巫术）。但这些因素——无论是那些最受压抑的（身为犹太人），还是那些最清楚知晓的（想要跨学科的冲动）——都并不必然包含一个特定的研究猜想。我开始进行研究所依据的那个猜想——也即巫术可能在某些情况下是阶级斗争的一种原始初级形式——在今天的我看来，不过是在试图向自己和他人证明，某种缺乏真正历史书写正统性的研究确有必要而已。简而言之，我想要跨学科的那种冲动，并不是不受限制的。

在我的研究猜想之后，是对艾瑞克·霍布斯鲍姆（Eric Hobsbawm）几篇文章的阅读：有两篇收录于《原始的叛乱》（*Primitive Rebels*，1959），还有一篇最重要的，是他1960年发表在意大利共产党党刊《社会》（*Società*）上的研究综述。这篇文章的标题是《为了下层阶级的历史》（*Per la storia delle classi subalterne*），显然是在呼应安东尼奥·葛兰西（Antonio Gramsci）在《狱中札记》里使用的术语。对我和我那一代的许多其他意大利学者而言，阅读葛兰西的作品都是一个具有决定性意义的事件。霍布斯鲍姆文中呈现的葛兰西，是一个透过了英国社会人类学滤镜解读和诠释的葛兰西。[1] 但是，我在那些年里接触到的人类学著作却另有出处：首先便是列维-斯特劳斯（Lévi-Strauss）的那些作品，三十年后，他成了《夜间史》这本书的主要对话者。

我开始阅读保存在摩德纳国家档案馆中的宗教法庭审判记录。在这些故纸堆中，我偶然发现了一起1519年的案子，其被告是一位名叫阿纳斯塔西娅·拉弗拉波纳（Anastasia la Frappona）的农妇，她被控企图以咒语谋杀一位将她和丈夫从

---

[1] E. Hobsbawm, *Primitive Rebels: Studies in the Archaic Forms of Social Movement in the Nineteenth and Twentieth Centuries*, Manchester 1959（tr. it. I ribelli: forme primitive di rivolta sociale, Torino 1965）；同一作者，*Per lo studio delle classi subalterne*, in "Società", 16（1960）, pp. 436—449（《奶酪与蛆虫》中提到了这篇文章，参见 *Il formaggio e i vermi*, Torino 1976, p. XXVI）。

其耕作的土地上逐出的女主人。①"历史学家通常都会发现他们
正在寻找的东西——这一事实让我颇感窘迫。"研究犹太教和基
督教起源的美国历史学家莫顿·史密斯（Morton Smith）如是
写道。②我并不确定，在发现这个对我的研究猜想——巫术作
为阶级斗争基本手段——出乎意料的印证之时，我是否也感到
了一丝窘迫。但事实上，我的研究随即便转向了另一条道路。③
这种斗争和对峙依然处于中心位置，但却转移到了文化层面之
上，而这可以借助对文本的细读来破译。一些小说语文学家，
比如埃里克·奥尔巴赫（Erich Auerbach）、莱奥·施皮策（Leo
Spitzer）、詹弗兰科·孔蒂尼（Gianfranco Contini），他们的作
品进一步将我推向了这个方向。从他们身上，我尝试着学到了
将"慢读"［罗曼·雅各布森（Roman Jakobson）提醒我们，这
才是语文学④］应用于非文学性文本之上的艺术。

　　我说的所有这一切，都带着后见之明：我并不想将某种当
时我并不具备的清楚了然投射到过去。1961年到1962年间，我
在意大利各地游历，追寻着宗教法庭档案的线索痕迹。我经历

① *Stregoneria e pietà popolare. Note a proposito di un processo modenese del 1519*
（1961），后被收录于 *Miti emblemi spie. Morfologia e storia*, Torino 1986, pp. 3—28。

② M. Smith, *The Secret Gospel. The Discovery and Interpretation of the Secret Gospel
according to Mark*, New York 1973, p. 96. 因为我的健忘，未能在讲稿中提及这一
句话的出处。参见 C. Ginzburg, A. Prosperi, *Giochi di pazienza. Un seminario sul
"Beneficio di Cristo"*, Torino 1975, p. 183。

③ *Stregoneria e pietà popolare*, cit., p. 21.

④ 参见 R. Jakobson, *Autoritratto di un linguista*, tr. it. di G. Banti e B. Bruno, Bologna
1987, p. 138, 其中提到了 L.V. Scerba（但这其实是尼采为《朝霞》一书所写的序
言，参见 Nietzsche, prefazione a *Aurora*）。

了一些自疑和自责的时刻；我感觉自己是在浪费时间。我最开始的那个关于巫术作为阶级斗争基本形式的猜想，已经不再能够令我满意；但我也没办法代之以一个更让我满意的猜想。我最后到了威尼斯，那里的国家档案馆中，保存着最丰富的宗教法庭审判记录：150 多个卷宗里，汇集了各种各样的审讯和审判记录，其时间跨度长达两个半世纪（从 16 世纪中期一直到宗教审判被废止的 18 世纪末）。每个学者每天都能请求调阅有限数目的卷宗：我记得当时对我的限制是 3 卷。因为一开始时并不知道自己在找些什么，我便随机提出调阅请求——比如卷宗 8、15 和 37——然后把审判记录浏览一遍。那感觉，就像是在玩某个梵蒂冈主题的轮盘赌游戏。之所以强调这些琐碎的细节，是因为它们让我得以着重指出，我的发现——1591 年时针对一个来自拉蒂萨纳（威尼斯附近的一个小镇）的牛倌的审讯——具有绝对的随机性。这位名叫梅尼基诺·德拉诺塔（Menichino della Nota）的牛倌供称，每年四次，他会在晚上灵魂出窍，与其他那些和他一样出生时带有胎膜、人称本南丹蒂（benandanti，当时我对这个词一无所知，而且完全无法理解）的人一道，在一大片遍生玫瑰的草地——约萨法特之原（prato di Josaphat）——上与巫师作战。倘若本南丹蒂们获胜了，当年便会五谷丰登；假如巫师获胜了，饥荒就将来临。

　　我清清楚楚地记得，读完这份文献（不超过三到四页）之后，我进入了一种狂躁状态，以至于不得不停止工作。我在档案馆前走来走去，一根接一根地抽着烟，心里想着，这可真是撞上了大运。我依然是这么想的，但今时今日，光是这种就事论事已经不再能够令我满足。这件案子，让我置身于一份完全出乎意料的文献之前：为什么我的反应会是如此的热情洋溢？就好像是我在突然之间，辨识出了这样一份直到前一刻还完全不为我所知的文献的重大意义。不止如此，与我迄今为止接触到的所有宗教法庭审判程序记录相比，它都迥然不同。而我想要反思的，恰恰便是这一点。

在我还是一名大学生的时候，有幸参加过詹弗兰科·孔蒂尼主持的一个研讨班。孔蒂尼突然停下来，开始讲起一则趣事。有两位小说语文学家，他们都是法国人，但除此之外则大相径庭。第一位留着长须，对形态学、语法学和句法学上的不规则变化情有独钟；每当发现一个这样的不规则变化时，他便会拈须欣然，念念有词曰："怪哉怪哉（C'est bizarre）。"第二位作为笛卡尔哲学的正统传人，则是一个不仅头脑灵光而且头顶光光的学者，他想尽一切办法，要把每一种语言学现象都纳入规则之中。每当做到这一点时，他便会搓着手说："诚赏心乐事也（C'est satisfaisant pour l'esprit）。"我很乐于承认，孔蒂尼提到的这两位语文学家所体现出的那种异常与类似的反差，只不过是一种表面上的反差，而这种反差，在两千多年前亚历山大时代的语法学家身上就已经存在。然而，我必须忏悔的一件事是，我倾向于认同那位留胡子的语文学家——那个热爱不规则变化的家伙——的冲动。然而，出于某种心理习性，我也会想要从理性上加以证明。此外，对规则的违背，本身就包含了对规则的认可（因为这是以规则为先决条件的）；但反过来却未必如此。在研究某个社会运转状况的时候，有些人会从这个社会的一整套规则入手，或者始于根据统计数据虚构出来的一般意义上的男性女性，那些人不可避免地会停留于浅表。我认为，对一个异常案例的深入分析，可以产生更丰硕的成果（但我对苦思冥想孤立的异常事件并不感兴趣）。

　　我便是这样研究起了这起巫术案件。我从一个异乎寻常的文献（对本南丹蒂梅尼基诺·德拉诺塔的审讯）出发，重新构建了一个异乎寻常而且处于边缘地带的现象（弗留利地区本南丹蒂的信仰），而这反过来又给了我一个密钥，让我得以据此破译遍布整个欧亚大陆的大范围巫师夜间集会实践（sabba stregonesco）的起源。① 不夸张地说，无论是《夜间史》，还是出版于 20 年前的《夜间的战斗》(*I benandanti*)，都诞生于多年前在威尼斯国家档案馆中偶然发现的这三页纸。是什么让我对这样一份全然出乎意料的文献做出如此热情洋溢的反应？我曾

————————

① 在《夜间的战斗》1966 年版前言中，我是这样描述这种异常的："这些农民的声音直接传到了我们这里，未经过滤，不假人手，不像通常发生的那样，不是那种支离破碎的间接证词，不曾被一道截然不同且扭曲失真的心态滤镜先行筛过一遍。"最近，这段话被斥为幼稚（F. Nardon, *Benandanti e inquisitori nel Friuli del Seicento*, Trieste 1999, pp. 36, 106；另见 A. Del Col 撰写的序言, p. 6）。但是，引用这段话来批判我的人，却忘了提及紧随其后的那句话："这个陈述看起来有些自相矛盾。正是在这一点上，此项研究才特别有趣。""法官在审讯中给出的那个形象，与被告提供的那个形象"之间存在着"歧异"和"差距"，这"让我们得以触及一个真正的大众信仰层面，它在后来因为人为的、有计划的高层施压而变得面目全非，甚至遭到彻底抹杀"（*I benandanti. Stregoneria e culti agrari tra Cinquecento e Seicento*, Torino 1966, pp. VIII—IX）。

如此自问。我想，我现在可以回答了：原因，恰恰便是这份文
献所具有的那些会让其他人视其为无足轻重、甚至索性弃之不
顾的特征。今时今日，一个 16 世纪牛倌讲述的关于其出神体验
的故事，一个充满童话色彩而且绝对异乎寻常的故事，很可能
会被严肃的历史学家当成一份生动形象的证词，用来证明那些
对教会权威制定的指令坚决避之不及的人是何等愚昧无知，而
在三十年前，就更是如此。[①]

　　与本南丹蒂梅尼基诺·德拉诺塔审讯记录的邂逅，完全有
可能从未发生。然而，有时候我会想，这份文献就是在那儿等
着我，而我的全部往昔经历，都在准备着这一次相遇。我坚信，
在这个荒谬的想法之中，含有一个真相内核。正如柏拉图教导
我们的，求知（conoscere）永远都是一种辨识（riconoscere）。
那些我们已经知道的东西，那些已经成为我们经验财富一部分
的东西，只有借助它们，我们才得以获取新知，将这些新的知
识从不断掉落的那些无序、随机的海量信息中厘清辨明。

　　3. 在这些始于 15 世纪初、止于 17 世纪中叶后、时间跨度
长达两个半世纪的欧洲巫术审判中，我们几乎一直都能看到某
种单向交流的存在，这种交流是在强迫下进行的，辅之以心理

---

① 　一个富有启发性的例子，参见 K. Thomas, *Religion and the Decline of Magic*,
　　London 1971, pp. 163—165, 以及 E. P. Thompson 的尖锐点评：E. P. Thompson,
　　Anthropology and the Discipline of Historical Context, in "Midland History",
　　3（1972），pp. 41—45（tr. it. *Società patrizia e cultura plebea. Otto saggi di
　　antropologia storica sull' Inghilterra del Seicento*, Torino 1981, pp. 251—273, 尤其
　　是 pp. 259 以下页码）。

诱导和肉体折磨。那些法官，无论是世俗法官还是教会法官，都知道自己应当从被告人口中得到何种答案，而且会用诱导式的提问或强制力量来促使后者招供。他们并不总是能够得到自己寻找的答案：有时候，被指控的男犯女犯一直宣称自己无辜，或是熬刑不过而瘐死。当然，并不是被告人所供述的每一件事，都是法官施压所致：对那些求爱咒或索命咒的描述，显然来自一个不同的文化，一个专属于被告人的文化。但在巫师夜间集会——伴随着纵酒、宴乐、崇敬魔鬼等活动的夜间聚会——这件事上，那些被控行巫术的男男女女，似乎却在异口同声地重复着同一个阴谋计划，而只有少许出入。这个阴谋计划，似乎是由鬼魔学家们精心设计出来的，而后被发生在欧洲大部分地区以及美洲殖民地的巫术审判强加到了这些被告的身上。

从对本南丹蒂的审判中浮现出来的一连串的景象，却是完全不同的。法官与被告之间沟通交流的全然阙如，构成了这些审判（尤其是年代最久远的那些）的主旋律。通常无需诱供，这些本南丹蒂就会说起他们在夜间以灵魂出窍形式进行的那些以祈求丰产为目的的战斗：他们会以茴香秆为武器，与手持高粱秆的女巫男巫作战。所有这些，对于宗教法庭审判官来说都是不可理喻的；就连"本南丹蒂"这个词，他们也一无所知。而在 50 多年的过程中，他们反复地询问这个词的含义。正是这种缺乏交流，让一个深藏地下的信仰层得以显露出来：这是一种以丰产为中心的出神崇拜（culto estatico），其受众为意大利东北部边境的弗留利地区以及威尼斯共和国下辖部分地区的农民，而它在 16 到 17 世纪时依然生机勃勃。

在最初的晕头转向之后，宗教法庭审判官们试图帮自己确定方位。因为这些为祈求丰产而在夜间战斗的故事令其联想起巫师夜间集会，他们便努力迫使（并未诉诸刑讯）本南丹蒂们承认自己是巫师。本南丹蒂面对这些施压，激烈地予以反抗，但接下来，一点一点地，他们屈服了。在他们时间跨度长达 50年的供述中，我们可以看到，巫术实践中巫师夜间集会的形象一点一点地渐渐出现。我们可以一步步地追踪这一缓慢的变形过程，而它让我产生猜测：一种类似现象——将巫师夜间集会的形象强加于某个居于其外部的信仰层之上——可能也曾发生于弗留利以外的地区。

但我试图在《夜间史》中证实的这种猜测，依然没有告诉我们任何有关出神体验的事，而本南丹蒂们曾以栩栩如生的细节讲述过这些体验。与宗教法庭审判官不同，我没办法对本南丹蒂们讲述的故事施加影响。但我和宗教法庭审判官一样，试图对我遇到的这种异常现象进行归纳类比，把它放到一个恰如其分的系列之中。便是在这里，本南丹蒂与萨满之间的相似之处，给我提供了不容反驳的证据。在两种情形下，这些个体的身体或心理特征——通常与其出身有关——令他们得以成为专业的出神者。在两种情形下，出神都伴随着灵魂出窍，而且通常是以某种动物的形式。在两种情形下，萨满或本南丹蒂的灵魂都会有涉险体验，而社群的身体健康或物质丰裕有赖于这些体验。

　　我在《夜间史》的前言中解释过，我并未探讨本南丹蒂与萨满之间在我看来"不容置疑"的联系，以免跌落到纯粹类型比较的层面。我宣称，这样做是在效法马克·布洛赫（Marc Bloch）的榜样，他在《国王神迹》（*Rois thaumaturges*）中，曾对比了两种比较研究：一种是严格史学意义上的比较，比较历史上发生过接触的各个社会中的现象；另一种则是人类学意义上的比较，比较那些并不存在历史文献纽带的社会中的现象。布洛赫在 1924 年的文章中，引用了弗雷泽（Frazer）作为第二种比较的范例。但在几乎半个世纪后，这个问题依然无法以同样的办法予以解决。我们不得不着手进行的这种非历史性的比较（comparazione astorica），在我看来，是与列维-斯特劳斯一个路数的。在我撰写《夜间的战斗》时，有时候，我会试想着以两种不同的方式来呈现我的文献证据：一种是历史性的，另一种则是形式-结构性的。我的感觉是，选择第一种（正如我后来的确这么做的），我将无法充分论述那些看起来于史无凭的元素：首当其冲的，便是本南丹蒂与萨满之间的类似之处。

　　这种"历史或结构"的两难选择，在 70 年代中期再度浮现，当时，我决定去面对那些在《夜间的战斗》中悬而未决的、涉及范围大过弗留利地区的问题。与此同时，我的态度也在两个显然相反的方向上发生了转变。一方面，我不再想从自己的研究中排除掉那些非历史性的关联。另一方面，我不再那么确定，本南丹蒂与萨满之间的关联只是单纯的类型关联。第一条路径让我跳出了历史书写；第二条路径则将我又带回了历史书写，只不过借助了一个任何一位历史学家都可能会判断为不可能的问题。

我最终写出来的这本书——《夜间史》——正是这些相互对立的压力所产生的结果。这本书开篇的第一部分确然无疑是历史性的，它以一个阴谋论的出现为中心，而这个阴谋论正是宗教法庭对巫师夜间集会刻板印象的基石。其后的第二部分，则按照纯粹的形态学标准来组织编排，对一系列在欧洲大部分地区有文献记录的萨满教类型出神崇拜进行了分析。在这一语境中，弗留利的本南丹蒂们再度现身，但他们只不过是万木丛林中的几株而已，而林中之树还包括巴尔干半岛上的克雷斯尼基（kresniki）、高加索地区的布尔库扎塔（burkudzäutä）、匈牙利的塔尔托什（táltos）和拉普兰的诺阿伊迪（noajdi）。其中包括的匈牙利和拉普兰那部分内容尤其重要，因为这些地区属于芬兰-乌戈尔语族，居住在那里的人，其祖先来自（或可能来自）中亚地区。在匈牙利塔尔托什和拉普兰诺阿伊迪的例子中，与萨满的相似性尤为紧密。我们可以视其为一座桥梁，连接了中亚与弗留利、巴尔干半岛或高加索奥塞梯这些说印欧语系语言的人所居住的地区。如何解释这种地理分布？这本书第三部分的第一章提出了一个历史解释，认为萨满教信仰与实践很可能是借助锡西厄人而从亚洲散布到了欧洲。锡西厄人所说语言是伊朗语族中的一个分支（因此也就从属于印欧语系），他们很可能来自中亚，在公元前数世纪时定居在黑海以北地区，并先后与希腊人和凯尔特人发生了接触。但是，题为"欧亚猜想"

的这一章，在结尾处却强调了这些传播理论的局限：正如克洛德·列维-斯特劳斯所言，文化传播可以用外部关联来解释，但只有内部关联，才能够解释这种文化传播如何得以长期持续。这一反对意见，将"历史与结构"的两难选择再度引至前台。有很长一段时间，在我看来，这种从中取舍的不可能，与我内心深处以及周围意识形态动机的逐渐减弱有关。过去，在这些意识形态动机的推动下，我曾带着偏见得出了某个历史性的解释。我经常在胡思乱想中把自己比作布里丹之驴，纠结于两种同样站得住脚的文献阐释之间，竟把自己活活饿死（放弃把自己的书写完）。

　　这种两难选择，近来以新的方式出现在了我眼前。它是一种可能性：在我关于巫师夜间集会的书中，阿德里亚诺·索弗里（Adriano Sofri）发现了一个句子，提到打算以实验方式展示人性的存在，而他将这与我母亲所谓的"个人自然法（personale giusnaturalismo）"联系起来，并建议我考虑这样的一种可能。[①] 我问自己，或许，那个与此相对的、被我 25 年前作为起点的研究猜想，可以追溯至我父亲的历史决定论？我并不打算排除这种可能，即便这种一开始为我的研究指出方向的历史决定论，并不是克罗齐的历史决定论（我在父亲的藏书中读到过他的作品，我父亲曾是他的紧密追随者），而是一种更激进的、因此被克罗齐否认与己有关的历史决定论，这种历史决

---

① 参见 A. Sofri, *Il segreto di Natalia*, in "l'Unità", 16 novembre 1992。另参见 *Storia notturna*, cit., p. XXXVII。

定论是由埃内斯托·德马蒂诺（Ernesto De Martino）在《魔法世界》（*Il mondo magico*）一书中提出来的。[①] 这个我此前绝对未曾意识到的心理维度的存在，很可能从两方面影响了我的研究。首先，它让我在面对这个长久与之缠斗的两难选择时手足无措（正如一个小孩在被问到是更喜欢妈妈还是更喜欢爸爸时会变得手足无措）；其次，它也推动我去寻求一个不仅能与文献资料提出的要求相容、也与我的心理需求相符的解决方案。

4. 让我来澄清一点：我并不认为，我给出的这些关于自身研究的具体答案，都是由心理因素决定的。但我想，这些答案要想被接受采纳的话，必须不能与无意识中的心理否决对着干，而这种心理否决，完全可以将它们视作荒谬绝伦或无凭无据而加以拒绝。如果这种否决像我所认为的那样确实存在（肯定并不仅仅存在于我的个例之中），我便能够回过头来理解，当初面对两难选择绕道而行的那个决定，为什么会被接受采纳。这本书第三部分的第二章，是整本书中篇幅最长的一章，它试图将历史的视角与结构或形态学的视角结合起来，对汇聚于巫师夜间集会这个刻板印象中的信仰复合体的一个单一元素进行分析，这个元素，便是魔鬼的软弱无力。我没有办法对这非常复杂的论证过程进行简单概述，但这个论证过程的确让我找到了一根共同的线索，将俄狄浦斯和灰姑娘这些表面上看起来相差悬殊的人物连在了一起。但是，即便是对《夜间史》如此浮光掠影

---

① 参见 C. Ginzburg, *Momigliano e De Martino*, in "Rivista storica italiana", 100（1988），pp. 400—413。

的简单介绍，也足以表明，历史和形态学在书中并非对立并置
（比如在那个后来被我放弃了的《夜间的战斗》双重版计划中），
而是相互交织：两个声音此起彼伏，探讨对话，最终寻求某种
和谐一致。这个选择，映射出了在我撰写《夜间史》的这 15 年
中一直在我心中进行着的探讨对话。

　　＊本文根据 1992 年《夜间史：破译巫师夜间集会》日文版
出版时在东京所作的报告修订而成。

附录　证明与可能性

——《马丁·盖尔归来》意大利文版后记

1. 非同凡响，乃至于惊世骇俗，这便是纳塔莉·泽蒙·戴维斯（Natalie Zemon Davis）讲述的这个故事留给其同时代人的印象。第一个如此形容这桩奇事的，正是身为调查者和叙述者的法官让·德科拉斯（Jean de Coras）。而蒙田也很快便在其随笔《论瘸子》（*Des boyteux*）中提到了这件事："我记得……当时我认为，科拉斯把他——那个被科拉斯宣判为罪犯的人——的冒名顶替行为描绘得那样不可思议，那样超乎我们的理解力和他身为法官的理解力，以致我发现将那个人判处绞刑的判决甚为鲁莽。"[①] 这是一个颇为严苛的评断，并由此引出了那段著名

[①] M. de Montaigne, *Essais*, a cura di A. Thibaudet, Paris 1950, III, 11, p. 1156（"Mi ricordo [...] che mi sembrò che egli avesse reso l'impostura di colui che giudicò colpevole così piena di prodigi ed eccedente a tal punto le nostre conoscenze, e quelle di lui medesimo che era giudice, che trovai molto dura la sentenza che lo aveva condannato a essere impiccato", *Saggi*, tr. it. di F. Garavini, Milano 1966, vol. II, p. 1376 ）.

的关于"我家附近的女巫们"的文字。蒙田认为，对这些女巫的罪行指控要更不尽不实、无凭无据。将女巫判处死刑的那些法官的草菅人命之举，被含蓄地与科拉斯的所作所为相提并论："毕竟，仅凭某人的臆测就把一个人活活烧死，这臆测的代价未免过于高昂。"[①] 清醒，对局限的认识：这些被蒙田极为看重的主题，构成了这篇随笔的主导线索。受其启发，便在突然提及科拉斯的那一处之前，蒙田写下了这段优美的文字："这让我痛恨那些千篇一律的东西，那些被以移花接木的手段呈现为绝无谬误的事物。我喜欢下面这些词语，它们缓和了我们信口开河中的鲁莽轻率：'从情势上看'，'不太可能'，'无论如何'，'据说'，'我琢磨着'，诸如此类。"[②]

　　带着一种蒙田或有同感的不安，纳塔莉·泽蒙·戴维斯写道，在她参与制作的那部关于马丁·盖尔的电影中，她也感觉到了某种缺失。缺少的，是"历史学家在文献证据不足或模棱两可时，可资运用的那些'或有其事'的假设和'理当如此'的推演"。如果将这句话仅仅视为在档案馆和图书馆中积年累月、皓首穷经而习得的审慎周密，那未免就误解了其中深意。

---

① Montaigne, *Essais*, cit., p. 1159 ("Dopo tutto, è mettere le proprie congetture a ben alto prezzo, il voler, per esse, far arrostire vivo un uomo", *Saggi*, cit., p. 1380)。L.Sciascia 在《难忘的审判》(*La sentenza memorabile*, Palermo 1982, p. 11) 中，按照年代次序回顾了与马丁·盖尔一案相关的各种叙事版本。

② Montaigne, *Essais*, cit., p. 1155 ("Mi si fanno odiare le cose verosimili quando mi vengono date per infallibili. Mi piacciono queste parole, che addolciscono e moderano la temerità delle nostre dichiarazioni: 'Forse', 'In certo modo', 'Qualche', 'Si dice', 'Io penso', e simili", *Saggi*, cit., pp. 1375—1376)。

恰恰相反，戴维斯指出，正是在制作这部电影的过程中，目睹着"罗歇·普朗雄（Roger Planchon）在电影剪辑阶段用不同声调念着这位法官［科拉斯］的台词……我想到，我拥有了一间真正的史学实验室，在这个实验室中进行的实验，生成的并不是无可辩驳的证明，而是历史的可能性"。

"史学实验室"的这个表述，自然是比喻意义上的。如果说实验室是一个进行科学实验的地方，那么历史学家就其定义而言，便是一个被排除了进行任何真正意义上的实验之可能的研究者。复制一场革命，一次颠覆事件，一场宗教运动，从实践上和原则上都是不可能的，因为对于这门学科来说，研究的乃是那些暂时不可逆的现象，也就是所谓的既成事实（*in quanto tali*）。[1] 这一特性并非史学所独有——只要想一下天体物理学或古生物学，便可了然。而不可能进行真正意义上的实验，并没有阻碍这些学科在通常所理解的证明之基础上，发展出一套自成一体的科学标准。[2]

此种观念最早生发于法学领域的这一事实，被同时代的历史学家们欣然置之不顾。直到最近，以重新构建更广阔的经济、社会和文化现象之名义，针对事件史（*histoire événementielle*）的激烈争论在历史研究和司法调查之间挖开了一道看似不可弥

---

① 参见本书作者在《国王神迹》意大利文版（*I re taumaturghi*, Torino 1973）前言中对马克·布洛赫之见解的讨论。

② 参见本书作者的《线索：一种推定性范式的根源》（"Spie. Radici di un paradigma indiziario"），收录于论文集《神话·寓意·线索》（*Miti emblemi spie*, cit., pp. 183—184）中。

合的鸿沟。的确，后者常常被视为旧政治史学所宣扬的那一套说教控诉的反面典型。但近年来，事件（甚至是一场决定性的战斗，比如杜比研究的布汶之战）被重新发现为一个拥有地形优势的战场，可以在其中分析那些影响深远的历史趋势的相互作用，而这对一些似乎已有定论的事实含蓄地提出了质疑。[①] 此外，更确切地说，在戴维斯这本书中亦得以彰显的这种企图——企图通过重新构建并非出身特权阶级的那些男男女女的生活，去领会社会进程的实在性——事实上已经重新定义了历史视角与法官视角之间的那种部分接近性，哪怕原因仅仅是此类研究所仰仗的最丰富的原始资料，恰恰便出自世俗和宗教法庭的判决。在这些情况下，历史学家会产生一种借助第三方——也即宗教和世俗法庭的法官们——开展调查的感觉。那些能够被直接查阅或间接获取（比如在戴维斯的这个案例中）的审判程序记录，可以比作人类学家在田野工作中收集的第一手资料，即便它的残缺不全是不可避免的：这位历史学家向自己提出的问题，以及倘若拥有一台时间机器的话，他想要提给那些被告和证人的问题，都是无穷无尽的，而这些无穷无尽的问题，并没有被昔日的世俗和宗教法庭法官问出来——他们也根本做不到。这不仅是一个文化距离的问题，还关乎目的的多样性。历史学家与今天的人类学家和昔日的法官之间，存在着一种尴尬的专业接近性，而这种接近在某一点上终于让位于方

---

① 参见 G. Duby, *La domenica di Bouvines*, tr. it. di C. Vivanti, Torino 1977。

法和目的上的分道扬镳。但这无法抹杀存在于两种观点之间的部分交叠，而当历史学家和法官发现他们事实上肩并肩地工作在同一个社会之中，研究着同样的现象的时候，这些交叠便清清楚楚地提醒着我们其自身存在。① 这一个关于历史研究与司法调查之间关系的经典问题，看起来似乎已有定论，但却揭示出了某些出乎意料的理论上和政治上的连带影响。

收藏在图卢兹的那些针对重婚及冒名顶替者阿诺·迪蒂（Arnaud du Tilh）的审判文书，很不幸地已经逸失。戴维斯不得不求诸于一些文学再创作，比如法官让·德科拉斯的《难忘的判决》（*Arrest memorable*）和勒叙厄尔（Le Sueur）的《惊奇故事》（*Admiranda historia*）。尽管这些证据十分丰富，但在她对它们的细致解读中，依然能够感觉到审判资料缺失的遗憾（而这得到了读者的充分认同）。我们很难想象，审判记录所能提供的那个宝藏，那个藏着众多并非法官刻意搜求、而是在无心中留下之数据的信息库，对于戴维斯这样的学者来说意味着什么。但她提出的一系列问题，四个世纪之前的让·德科拉斯和他在图卢兹最高法院（Il parlamento di Tolosa）的同事也曾试图为其找出答案。阿诺·迪蒂如何竟能如此成功地假扮真正的丈夫马丁·盖尔？这二人之前是否曾有约定？他的妻子贝特朗又在何种程度上协助了这位冒名顶替者？当然，如果戴维斯仅限于考

---

① 一些发人深省的见解，参见 L. Ferrajoli 关于 "4 月 7 日事件" 的文章（ "*il manifesto*", 1983 年 2 月 23 日和 24 日；第一部分尤其值得注意）。但其中提到的 "法律史学" 的问题，还可进一步深入。

察这些问题的话，她能得到的不过是一些奇闻逸事而已。但重要之处在于，随着问题的层层递进，答案也在逐次深入。那些16世纪的法官对事实的重新构建，几乎被戴维斯全盘接受，只有一个值得注意的例外。图卢兹最高法院判处贝特朗无罪，而她在第二次婚姻中所生的儿子，也被认定为合法继承人，因为他是在贝特朗认定阿诺为自己真正丈夫的情况下受孕出生的（在司法上，这是一个非常微妙的问题，科拉斯在《难忘的判决》中引经据典地对此进行了论证）。然而，在戴维斯看来，贝特朗打从一开始——或者几乎一开始——便意识到，这个自称为马丁·盖尔的人，实际上是个陌生人，并不是她的丈夫：因此，如果她接受了这种说辞，那么一定是主动选择使然，而并非因为她是一场骗局的不知情受害者。

这是一个凭空臆测得出的结论（很不幸，我们无从得知贝特朗的想法和感觉），但是，就证据来看，这几乎是一件显而易见的事。戴维斯词锋尖锐地指出，有些历史学家倾向于将这一时期的农民（尤其是农妇）描绘为几乎没有任何选择自由的个体。对于这个案例，他们会反对说，这是一个特例，因此并没有太多代表性，并在（真实或预设的）统计意义上的代表性和历史代表性之间的模棱两可问题上大玩文字游戏。但实际上，这场辩论必须被逆转方向：马丁·盖尔这起案子的异乎寻常，恰恰让我们得以窥见文献难以记载下来的一种常态（normalità）。反过来，类似的情景则在某种程度上帮助我们弥补了戴维斯试图重构的这个故事中的缺口："当我无法找到我正在寻找的那个男人或女人的时候，我会尽可能远地转向同一时间、同一地点的其他原始资料，发现那个他们必定熟知的世界，探寻他们可能会做出的反应。就算我讲述的故事一部分是我的捏造，它却牢牢地锚定于过去的声音。"（第6—7页）

使用"捏造（invenzione）"这个说法，就是为了引起争议的——但这毕竟会产生误导。戴维斯的研究（以及叙事）并不建立在"真实"与"捏造"的对立之上，而重在"真实"与（复数形式的）"可能性"的结合，而她始终都会准确指出这种结合之处。因此，在她书中大量出现了"或许"、"必定"、"可以被假定"、"当然"（这个词在史学语言中通常意味着"极有可能"）这样的表述。在这一点上，法官的观点与历史学家的观点之间的分歧，变得清晰起来。对于前者，存在不确定性的可能只有负面含义，而且可能导致案情不明（non liquet）——换言之，因为证据不足而令被告无罪获释。对于后者，它却引发了调查的深入，而这将该起特定案例与其背景联系了起来。在这里，这个背景可以被理解为某个地方，其中包含了由历史决定的众多可能性。有时，戴维斯笔下人物的生平传记，变成了其他生活在"同一时间、同一地点的男男女女"的生平传记，而这是她运用自己的敏锐洞察和细致耐心、借助公证文书、司法文件和文学资料而再现出来的。"真实"与"或然"、"证明"与"可能性"交织在了一起，但又依然是条理分明的。

我们已经提到了戴维斯这本书的"叙事"问题。有一种观点认为，所有的历史著作——其中包括那些依据统计数据、图表和地图写成的——本质上都存在叙事成分，而这种观点受到了许多人的驳斥（在我看来是错误的驳斥）。然而，所有人都乐于承认，一些历史著作——其中毫无疑问就包括了这本《马丁·盖尔归来》——要比另外一些历史书看上去更具叙事性。马丁·盖尔的故事是如此的富有戏剧性，如此的曲折离奇，做出如此显而易见的选择几乎是不言自明的。它被一代又一代的法官、小说家、历史学家和电影导演一再讲述，这一事实令其成为了一个宝贵的案例，让我们去据此反思一个如今大有争议的问题，那就是常规叙事（narrazioni in generale）与历史叙事（narrazioni storiografiche）之间的关系。

戴维斯注意到了，这个故事最早的两个流传版本——勒叙厄尔的《惊奇故事》和让·德科拉斯的《难忘的判决》——看上去颇为不同，尽管两本书都是由专业法官写成。坚持认为这桩假丈夫案有着某种闻所未闻的新奇性，是二者的共同之处：但尽管《惊奇故事》从当时广为流行的浪子回头故事中汲取了灵感，《难忘的判决》却是一个一反常态的文本。这种讲一会故事、随即引经据典展开论证的交叉叙事，遵循的是法律文书的结构。在献给瓦朗斯主教让·德蒙吕克（Jean de Monluc）的第一版前言中，科拉斯谦逊地指出了这部弄笔之作的文学缺陷——"我承认，这个故事很短，杂乱无章，草草成篇，而且文风粗陋不堪"——但却对其主题大加宣扬："这是一个极其优美、极其引人入胜、极其怪诞离奇的主题。"① 几乎与此同时，在勒叙厄尔《惊奇故事》法文版（*Histoire admirable d'un faux et supposé mary*）开篇的十四行诗中，他着重指出，这个故事有可能超过基督徒或异教徒作家写的那些"浪子回头的故事"，超过古代诗人们的"传奇杰作"（这之后不久便引用了奥维德《变形记》中的诗句），超过那些"怪诞画（pitture mostruose）"，超过普劳图斯（Plauto）、泰伦齐奥（Terenzio）或"一干新喜剧人"的花样把戏，超过"最奇异的悲剧主题作品"。② 与古典喜剧中典型人物的类比是显而易见的：科拉斯本人便曾将假马丁·盖尔的故事与普劳图斯的《安菲特律昂》（*Anfitrione*）相比。而在另一方面，勒叙厄尔则两次提到了"悲剧"。在 1565 年补充进新版《难忘的判决》（该版注释从 100 条增加到了 111 条）的一段文字中，科拉斯也加以效仿。在提出"悲剧"这个说法之后，他随即评论道："对于这个文雅的乡野汉（*gentil rustre*），这诚然是一出悲剧，因为最终结果对他来说是致命且悲惨的。因为没人知道，悲剧与喜剧之间的不同。"最后的这一句，一眼看去似乎与科拉斯接下来的一段离题论述自相矛

---

①   J. de Coras, *Arrest memorable...*, Lyon 1561, dedica.

②   除了戴维斯提到的这个版本，法国国家图书馆（Bibliothèque Nationale）中还保存着另外一个标题中存在印刷错误（Histoire 被拼成了 Histoite）的版本（索书号：Rés. Z. Fontanieu, 171, 12）。在戴维斯未提到的晚出版本（*Recit veritable d'un faux et supposé mary, arrivé à une Femme notable, au pays de Languedoc, en ces derniers troubles*, à Paris chez Jean Brunet, ruë neufve sainct Louys, à la Crosse d'Or, MDCXXXVI: BN. 8° . Ln27. 27815）中，这首十四行诗并未出现。

盾。在那段话文字中，科拉斯遵循西塞罗的公式，将喜剧和悲剧进行了对比：前者"用低俗、浅白的文风，描述和表现男人们的私生活，比如恋爱和哄骗女孩"，而后者则是"以高尚、庄严的文风，展现王侯将相们的习俗规范、灾厄逆境和苦难人生"。[①] 文字风格高下与社会等级高下之间的紧密对应，是这种传统比较的灵感来源，但它却遭到了科拉斯的驳斥，他所接受的，就只是喜剧的幸福结局与悲剧的悲伤结局二者之间的对等性，而这一点如今依然为我们所熟知。他之所以会对自己知之甚稔的传统教条置之不顾，原因在于这个故事的超凡脱俗，尤其是那个非同寻常的主人公——人称"大肚汉（Pansette）"的阿诺·迪蒂，"那个文雅的乡野汉"。科拉斯笔下的这位主人公，被担任法官的他亲手送上了绞刑架，但对科拉斯来说，这个人也具有一种矛盾的吸引力，而戴维斯对此进行了极其细致的

[①]　J. de Coras, *Arrest memorable...*, Paris 1572, arrest CIIII。在这个增补版的前言中，印刷商（Gaillot du Pré）除了像戴维斯所指出的那样将这部作品定义为"悲剧"，还宣称自己没有"对作者的措辞有丝毫改动，以至于读者可以轻松分辨出这一版本与之前刊印的其他版本的不同：那个作者十分喜爱 Amadizer，所以他宁愿对事实真相一笔带过（原文：changé un iota du langaige de l'autheur, à fin que plus facilement on puisse discerner cette presente coppie, avec plusieurs autres imprimées parcidevant: l'autheur desquelles s'estoit tellement pleu à Amadizer, qu'il avoit assez maigrement récité la verité du fait）"。这句话的含义并不清晰：所谓的"这一版本（coppie）"，似乎表明科拉斯的文本之前曾经存在过盗版；而"Amadizer"这个词似乎表明，马丁·盖尔的故事以传奇故事《高卢王子阿马迪斯》（*Amadigi di Gaula*）为模版进行了改编。支持第二个猜测的事实在于，《高卢王子阿马迪斯》法文版的前 12 卷，曾在 1555 年到 1560 年间被 Vincent Sertenas 和 Estienne Groulleau 再版过，而 Sertenas 正是勒叙厄尔《惊奇故事》的出版商。那个"对事实真相一笔带过（maigrement récité la verité du fait）"的人，因此可以被认定为是后者。

分析。值得补充的是，这种矛盾情绪，恰恰是通过"文雅的乡野汉"这一被科拉斯重复使用两次的矛盾修辞而突出表现出来的。[①]一个农民是否具备"温文尔雅（gentilezza）"——一种被定义为与某种社会特权联系在一起的美德——的能力？如何描述这件自相矛盾的奇事？到底是与"文雅"这个形容词保持一致，运用悲剧"高尚、庄严"的文风，还是就合着"乡野汉"的这个名词，使用"低俗、浅白"的文风？即便是勒叙厄尔，也在某一点上感觉到，有必要让自己故事中的角色更加体面，比如，在言及马丁·盖尔与年仅十岁的贝特朗早早成婚的这件事时，他评论道，对多子多福的追求十分普遍，"不仅对大人物们如此，对平头百姓们（mechaniques）亦然。"[②]在共情的冲动之下，科拉斯甚至表示，面对阿诺·迪蒂在审判期间表现出来的"如此超凡脱俗的记忆力"，法官们竟然一度将他与"西庇阿（Scipione）、居鲁士（Ciro）、迪奥迪克底（Teodete）、米特里达梯（Mitridate）、地米斯托克利（Temistocle）、齐纳斯（Cinea）、迈特罗多鲁斯（Metrodoro）或卢库鲁斯（Lucullo）"相提并论——也就是那些作为悲剧英雄的"王侯将相"。但是，阿诺的"悲惨结局"——科拉斯仿如大梦初醒般评论道——本来是会为这些光辉形象平添阴翳的。[③]卑微低贱的一生和绞刑架上名誉扫地的死亡，让这个人称"大肚汉"的阿诺·迪蒂无法被视作传

---

①   J. de Coras, *Arrest memorable* (ed. 1572), cit., pp. 146 和 149。

②   [Guillaume Le Sueur], *Histoite* [!] *admirable*, cit., c. A IIr.

③   J. de Coras, *Arrest memorable* (ed. 1572), cit., p. 39.

统意义上的悲剧角色；但在另一种意义上——科拉斯所认为的
那一种意义，也是如今被我们所传承接受的那一种意义——正
因为死亡的结局，他的故事才得以被定义为悲剧。这个冒名顶
替的农民阿诺，即便看上去被一圈恶魔光环所环绕，但科拉斯
却突破了以文学风格区分为依据的经典教条的牢笼，辨识出了
这个人身上固有的尊严。这种尊严，源自共同的人类处境，而
这个主题，正是与科拉斯生活在同一时代、并对科拉斯提出批
评的蒙田所进行的一系列反思的中心问题。正如纳塔莉·戴维
斯所洞察到的，法官在某种程度上与自己的受害人达成了认同。
很难说，秉持这两种身份的可能，在何种程度上与接受宗教改
革后的新教信仰有关。但在写作《难忘的判决》时，科拉斯并
不怀疑，自己也注定将面对一个"悲惨结局"——被处绞刑——
正如他曾经加诸于阿诺的判决。

　　在埃里克·奥尔巴赫关于西欧文学中真实呈现问题的杰作
中，做为主线的，正是文学风格区分的经典教条以及基督教信
仰对这一教条的僭越。通过分析历史著作——既包括古典时代
全盛时期和晚期的历史学家（塔西陀和阿米亚诺·马尔切利诺）
的作品，也包括中世纪历史学家（图尔的格列高利）——以及
诗作、剧作和小说文本，奥尔巴赫指出了一条从未被人探寻过
的道路。分析一下讲述轶闻奇事的异闻录和介绍遥远国度的游
记作品，看看它们如何促成了小说的诞生，又如何促成了借助
小说这一决定性媒介而实现的现代历史书写的诞生，将会是值
得一做的。如此一来，让·德科拉斯对阿诺·迪蒂的这个故事

中所隐含的悲剧维度的认识，便将找到自己恰如其分的立足之
地——每当一种僵化的等级观念在社会、文化或自然多样性的
冲击下分崩离析，总会留下众多证据，他的这种认识，便是证
据之一。①

　　2. 正如前文所述，近年来，历史书写的叙事维度已经被许
多哲学家、方法论学者和新近加入的史学权威激烈讨论过了。②
但是，这些学者之间并未形成对话，而这一不足迄今为止妨碍
了我们获得令人满意的学术成果。哲学家对个别的、通常都脱
离了语境的历史书写主题进行分析，忽略了令其成为可能的前
期准备工作。③历史学家们疑惑着近来是否出现了叙事历史的回
归，无视多种类型的叙事所带来的认知上的影响。④前面讨论
过的科拉斯的那段文字，提醒了我们，接受某种风格规范，也
就意味着选择了真实的某些特定层面，强调了某些联系，确立
了某些等级关系，而并非其他层面、其他联系和其他关系。所

①　这种调查研究是由 T. Todorov 开创的，参见其精彩的著作 *La conquête de
l'Amérique: la question de l'autre*, Paris 1982。

②　两篇近期发表的总结性文章，参见 J. Kocka, T. Nipperdey（a cura di），*Theorie und
Erzählung in der Geschichte*, München 1979（*Theorie der Geschichte*, vol. III）; H.
White, *La questione della narrazione nella teoria contemporanea della storiografia*,
in P. Rossi（a cura di），*La teoria della storiografia oggi*, Milano 1983, pp. 33—78。
另参见 P. Ricœur 充满野心的著作 *Temps et récit*, Paris 1983, I vol（迄今为止仅出
版了一卷）。

③　参见 W. J. Mommsen e J. Rüsen, in P. Rossi（a cura di），*La teoria*, cit., pp. 109 和
200，但并未进一步对通常所提问题的范围进行重新阐释。

④　参见 L. Stone, *The Revival of Narrative: Reflections on a New Old History*, in "Past
and Present", 85（1979），pp. 3—24; E. J. Hobsbawm, *The Revival of Narrative:
Some Comments*, in ivi, 86（1980），pp. 3—8。

有这些，都与过去两千五百年间历史叙事与其他类型叙事——从史诗、小说到电影——之间不断变化的关系有关，而这似乎是显而易见的。对这些关系进行历史分析，分析那些时时变化的信息交换、融会、针锋相对和单向影响，将要比提出抽象的、规范化的理论阐述更有助益。

仅举一例，便足见其理。《鲁滨逊漂流记》(*The Life and Surprising Adventures of Robinson Crusoe of York, Mariner*) 是布尔乔亚小说 (romanzo borghese) 这一类型中的第一部杰作。笛福在这本书的序言中着重指出了这个故事的真实性，并对历史与虚构进行了比较："这个故事的讲述谦逊而肃穆……编者相信，这里所讲述的事情都是历史事实；里面没有任何虚构的痕迹……"[1] 而在另一方面，菲尔丁则给自己的重要作品冠名为《弃儿汤姆·琼斯的历史》(*The History of Tom Jones, a Foundling*)，他解释说，他更喜欢使用"历史"这个词，而不是"生平 (life)"或"评传 (an apology for a life)"，是受了历史学家的启发：但他所指的，是哪些历史学家呢？

> 我们在这里宁愿追随那些以揭示各国鼎革变迁为己任的作家所采用的方法，而不去效仿那些苦心孤诣、下笔万言的历史学家，他们为了保持各卷著作的整齐划一，就自

---

[1]　1719 年伦敦版前言 ("La storia è raccontata con sobrietà, serietà [...]. L'editore crede che questa sia una verace storia di fatti, né v'è in essa sembianza di menzogna..." *Robinson Crusoe*, tr. it di A. Meo, Torino 1963, p. 3)。

以为，在那些没什么大事发生的岁月里，也必须用细枝末
节填满尽一样多的书页，就像对待那些人类历史舞台上精
彩纷呈的重大时期时一样。①

菲尔丁所师法的，是《叛乱史》（*History of the Rebellion*）
的作者克拉伦登伯爵（Clarendon）②：他从后者那里学到了如何
对叙事时间加以压缩或延展，从而打断编年史或史诗的那种似
乎被一只隐形节拍器所设定的均一节奏。③ 这种借鉴对菲尔丁
来说十分重要，以至于从《弃儿汤姆·琼斯的历史》的第四卷
开始，他在每一卷的标题中都指出了时间长度，而一直到第十
卷为止，每卷的历时都在急剧变短：一年，半年，三星期，三
天，两天，12个小时，约12个小时……两个爱尔兰人——劳
伦斯·斯特恩（Laurence Sterne）④ 和詹姆斯·乔伊斯（James
Joyce）——将会把这种叙事时间相对于历法时间的延展发挥到
极致：我们将看到，一整本小说都被用来描述都柏林城里的漫
长一天。便是这样，在这场值得铭记的叙事革命的开端，我们

---

① H. Fielding, *Tom Jones*, tr. di D. Pettoello, 2 vol., Milano 1995, I, p. 40, 有改动。

② 译者注：即英国查理一世和查理二世时期的保王党重臣爱德华·海德（Edward
Hyde）。

③ 在第八卷第一章明确提到了克拉伦登的《叛乱史》（出处同上，vol. I, p. 417）。关
于编年史和史诗叙事时间与小说叙事时间之对比的精彩概述，参见 W. Benjamin,
"Il narratore. Considerazioni sull' opera di Nicola Ljeskov", in *Angelus Novus*, tr.
it. di R. Solmi, Torino 1963, p. 247, 该篇文章也启发了 K. Stierle, *Erfahrung und
narrative Form*, in J. Kocka, T. Nipperdey（a cura di）, *Theorie und Erzählung in der
Geschichte*, cit., pp. 85 以下页码。

④ 参见 I. Watt, *The Rise of the Novel*, London 1967, p. 292。

也发现了现代纪年（età moderna）的第一场伟大革命的历史。

　　过去的几十年里，历史学家一直在就历史的节奏问题争论不休；但值得注意的是，他们却很少谈及历史叙事的节奏，甚至对此绝口不提。由菲尔丁开创的这种叙事模型，对于 20 世纪的历史书写可能有着怎样的影响？在我看来，对这个问题的深入调查依然有待进行。而在另一方面，逆"哥特文学"潮流而兴起的英国小说对早期或当代历史书写的借鉴倚仗——并不限于对时间流的处理方式——则是一清二楚的。在笼罩于历史书写之上的尊荣光环中，像笛福和菲尔丁这样的作家，试图为一种刚刚诞生、依然不被社会认可的文学体裁寻找其合法性来源。我们会想起笛福言简意赅的陈述，即鲁滨逊的冒险被表现为一个"历史事实"，没有任何"虚构的痕迹"。而菲尔丁则更雄辩地宣称，他小心翼翼地回避了事实上可能更适合用来定义《弃儿汤姆·琼斯的历史》的"传奇小说（romance）这一术语"，以免陷入争议，而"所有不从文献记录中获取素材的历史作家"，都被这种争议所包围。菲尔丁断言，《弃儿汤姆·琼斯的历史》诚然当得起标题中的历史二字：所有的角色都有据可考，因为他们来自"鸿篇巨制、真实无虚的自然之书（自然的末日审判书）"。[①]将征服者威廉下令编制的土地清册与"自然之书"的传统意象精彩地结合在一起，菲尔丁等于是在宣称，自己的著作在历史真实性上足以同档案研究著作相媲美。历史学家既

---

① 　参见 H. Fielding, *The History of Tom Jones*, cit., vol. I, p. 516。

可以是那些关注"公共事件"的人，也可以是那些和他一样、只关心"私人生活场景"人。① 而在另一方面，对于吉本来说，即便他对《弃儿汤姆·琼斯的历史》不吝赞美之词（"那种对人类风俗习惯的精心描述，将比埃斯科里亚尔宫和奥地利帝国雄鹰更经得起时代变迁"），但这本被冠以历史之名的书，却依然不过是一部讲述传奇故事的小说而已。②

　　但是，随着小说的声誉不断增加，情况发生了变化。在继续自比为历史学家的同时，小说作家逐渐摆脱了低人一等的地位。在《人间喜剧》（*Comédie humaine*）的前言中，巴尔扎克佯作谦逊（实则倨傲）地表示，"法国社会才是真正的作者，而我只不过是一个代笔之人"，这番话中的辛辣讽刺之意，在紧接其后的几个句子中表露无遗："或许，我能写出被许多历史学家所遗忘的历史，也即风俗史。满怀耐心与勇气，我或许可以为 19 世纪的法国写出这样的一本文明之书，而这样一本书，是罗马、雅典、苏尔、孟菲斯、波斯和印度诸文明都很遗憾地未能留给我们的……"③ 这样一个宏大的挑战，遂被提交于那些宣称对某

---

① 参见 H. Fielding, *The History of Tom Jones*, cit., vol. I, pp. 417—418。

② 引自 L. Braudy, *Narrative Form in History and Finction*, Princeton 1970, p. 13。

③ Paris 1951, p. 7（H. de Balzac, *La commedia umana*, in *La casa del gatto che gioca a palla. Il ballo di Sceaux*, tr. it. di A. Finamore, Lanciano 1914, pp. V—VI: "La società francese sarebbe stata lo storico, io il segretario. [...] Forse sarei riuscito a scrivere la storia dimenticata da tanti storici, quella dei costumi. Con molta pazienza e molto coraggio avrei compiuto per la Francia del secolo XIX quel libro che, purtroppo, disgraziatamente per tutti, né Roma, né Atene, né Memfi, né la Persia, né l'India ci hanno lasciato dei loro costumi..."）。

个研究领域拥有主权、但却尸位素餐的历史学家面前："我认为，那些或隐秘或昭彰的日常事件，那些个人生活中的一举一动，以及导致它们发生的原因和主要作用力，与历史学家所关注的国家大事同样重要。"①

巴尔扎克是在 1842 年写下的这番话。大约十年前，詹巴蒂斯塔·巴佐尼（Giambattista Bazzoni）在《峭壁雄鹰，或穆索之战》（*Falco della Rupe, o la guerra di Musso*）的前言中以类似的语言表达了自己的观点：

> 历史小说是一个大滤镜，它被加诸于历史学家绘成的、其中充满大人物的巨幅画卷的某一点上；这样一来，那些几乎难以看见的东西，便获得了其自然维度；轻描淡写的轮廓变成了正常的、完满的画作，或是一幅所有物件都呈现出真实颜色的画作。不再只有帝王将相，而是包括妇孺在内的芸芸众生皆得以粉墨登场；我们看到了行动中的邪恶与美德，看到公共制度如何影响着私人习惯，影响着日常所需与人生幸福，而这正是人类普遍关心的终极问题。②

---

① Paris 1951, pp. 12—13（tr. it. cit., p. XII: "...io accordo ai fatti costanti, quotidiani, segreti o palesi, agli atti della vita individuale, alle loro cause e ai loro principi, quell' importanza che gli storici fino a quel tempo han dato agli avvenimenti della vita pubblica delle nazioni"）.

② R. Bertacchini（a cura di），*Documenti e prefazioni del romanzo italiano dell' Ottocento*，Roma 1969, pp. 32 以下页码，该处收录了《峭壁雄鹰》（*Falco della Rupe*，Milano 1831）第三版的导言。

巴佐尼的这一番思考，显然是由曼佐尼的小说《约婚夫妇》（*I promessi sposi*）所引发的。然而，曼佐尼是在很久之后，才决定公开发表对这个问题加以详细阐述的《论历史小说以及历史与捏造的杂糅》（*Del romanzo storico e, in genere, de' componimenti misti di storia e d'invenzione*）一文。他在文中对一位想象出来的对话者描述了历史小说的特征属性，这种表现形式不仅有别于当前的历史书写，甚至还要更胜一筹：

> 你的作品，是要以一种求新立异的方式，在我眼前呈现出一段更丰满、更多彩、更完整的历史，远远胜过那些常见的泛泛之作。我们期待从你这里看到的历史，不是仅仅罗列军国大事的编年史，或是关于外族异类的奇闻逸事，而是对人类生活状态的更全面的呈现，这种处于某时某地的生活状态，自然要比通常意义上的历史作品所惯常展现的那种生活状态受到更多条件限制。在某种程度上，这些通常意义上的历史作品和你的生活状态之间同样存在差异，正如一幅仅仅标明一大片地区中山脉、河流、城市、村镇和主要道路的地图，也不同于一幅将某个小地方的地理信息尽收其中的地图，后者中的一切都更具体而微，哪怕是那些微不足道的高低起伏，或是无足轻重的地形变化，诸如阴沟水池、村落人家、羊肠小径，皆历历在目。（我们期待看到）各种风俗习惯和群情议论，无论是普遍的还是专

属于某一社会阶层的；（我们期待看到）那些通常被称为历史的公共事件，那些法律法规，那些以各种方式呈现出来的当权者的意志，对私人生活产生了怎样的影响；简而言之，在一个特定时间的特定社会之中，在各种人际关系与各种生命处境之下，一切最具代表性的事物；而这便是你意在为人所知的……

对于这位想象中的对话者，在这个项目中，捏造成分的存在是具有矛盾性的。曼佐尼如何回答这一类对历史小说的反对意见，其实在这里并不重要。相反，需要强调指出的是，他最终把历史小说比作了一种"可能的"历史，即便这种观点已经在许多"不甚在意讲述某一部分人的大政方针，而力图让某一时间中不同的、多层面的生存方式得以为人所知的作品"中得到了表达。这种含糊其辞随即变成了略加掩饰的坚定主张：历史已经"落后于这种目的的要求，落后于材料所能提供的可能，而这些材料，是带着更宽泛、更深刻的哲学意图寻找出来并观察分析的……"。这样一来，对未来的历史学家的劝诫，便成了去"翻找各种各样可能成为文献的文字记录"，"即便其作者压根不曾想过，他们是在为子孙后代留下书面证据……"①

当巴尔扎克宣称个体的私人生活与国家民族的公共生活同样重要时，他想到了《幽谷百合》（ _Lys dans la vallée_ ）："在安德

① 参见 A. Manzoni, _Opere_, a cura di R. Bacchelli, Milano-Napoli 1953, pp. 1056, 1068—1069。

尔河谷中，发生于德莫绍夫夫人内心的那场不为人知的天人交战，或许同最著名的战役一样意义重大。"① 而当曼佐尼想象中的对话者言及"那些通常被称为历史的公共事件，那些法律法规，那些以各种方式呈现出来的当权者的意志，对私人生活产生了怎样的影响"时，他自然是在暗指《约婚夫妇》。但是，考虑到二人都加以阐述的一个普遍特征，很难不在回顾时发现，这预示了近几十年来历史研究最显著的那些特征——对政治和军事专门史局限性的争论，为个人及社会群体的心态史张目，以及如曼佐尼文中所述的对微观历史的理论化和对新文献资料的系统运用。正如前面所述，这是一种事后诸葛亮式的重新解读，也就是说，并不符合年代次序：但出于此种原因，它也并非全然武断专行。历史学家们花了一个世纪的时间，才开始挺身接受那些伟大的 19 世纪小说作家发出的挑战，从巴尔扎克到曼佐尼，从司汤达到托尔斯泰，他们借助比传统工具更精妙、更复杂的解释模型，走进了那些之前被人忽视的研究领域。历史学家越来越偏爱之前专为小说作家保留的主题（以及各种表现形式），这一现象被不恰当地定义为"叙事历史的重生"，但这充其量不过是向真知之域（terreno della conoscenza della realtà）发起的漫长挑战中的一个回合。与菲尔丁的时代相比，钟摆如今正在向着相反的方向摆动。

---

① 参见 H. de Balzac, *La Comédie humaine*, cit. vol. I, p. 13（tr. it. cit., p. XII: "L'ignota battaglia che si combatte nella valle dell' Indre tra la signora di Mortsauf e la passione, è forse grande quanto la più celebre di quelle conosciute..."）。

直到最近，在大多数历史学家眼中，对（常常被同化到社会科学之中的）历史书写科学性的强调与对其文学性的认可，两者并不相容。然而，后一种认可如今日益扩展到人类学或社会学著作上，但却并不必然意味着对那些践行者做出负面评价。不过，通常被着重强调的，并不是虚构叙事——比如传奇小说——中的认知内核（nucleo conoscitivo），而是各种自命清高的学术叙事——首当其冲便是历史叙事——中的寓言内核（nucleo fabulatorio）。人们追求的是两类叙事在艺术层面上的交汇，而不是在科学层面上的相融。例如，海登·怀特就曾把米什莱、兰克、托克维尔和布克哈特等人的作品当成历史想象的范例来加以分析。① 独立于海登·怀特，很可能受米歇尔·德塞尔托著作启发的弗朗索瓦·哈尔托赫（François Hartog），对希罗多德《历史》第四卷中关于锡西厄人的那部分进行了分析，他将其视作一种自说自话（un discorso autosufficiente），是对一个想象世界的自圆其说的描述。在这两个例子中，历史叙事里真有其事的宣称（pretese di verità），都从分析中被排除了出去。诚然，哈尔托赫原则上并不反对以希罗多德笔下描述文字为对象的比较研究，比如，将其与黑海北部地区的考古发掘结果或是针对奥塞梯人——锡西厄人的远房后裔——的民俗学研究进行比对校验。但是，他只不过随随便便地核对了一下19世纪晚期俄国民俗学家收集的奥塞梯文献记录，便仓促得出结

---

① H. White, *Metahistory. The Historical Imagination in Nineteenth-Century Europe*, Baltimore-London 1973。

论，认定希罗多德在一个关键点上"弱化和误解"了锡西厄占卜术的"他者性（alterità）"。① 哈尔托赫的书《希罗多德的镜子》，副标题为"试论对他者的呈现"（*Essai sur la représentation de l'autre*），我们如何能够不就此得出结论，这种试论必然意味着在希罗多德的文本与其他文献系列之间进行不那么片段式的比较？同样，怀特宣称，他想要将自己的调查限于以米什莱、兰克、托克维尔等人为代表的19世纪"现实主义"历史书写的"艺术"成分，在这里，"现实主义"这个说法的源头，可以明确追溯到奥尔巴赫（《摹仿论》）和贡布里希（《艺术与错觉》）。② 但这两本巨著尽管内容丰富多元（怀特正确地强调了这一点），却都建立在一种信念之上，那就是有可能在与历史真实或自然真实相校验之后，判断一部小说或一幅画作从呈现的角度看是否比另一部小说或另一幅画作更恰切。拒绝进入这一领域的做法，本质上是相对主义的，它让怀特使用的"现实主义"这一范畴变成了没有内容的空洞公式。③ 校验历史叙事中固有的那种真有其事的宣称是否名副其实，意味着讨论那些实实在在的问题，比如每个历史学家在撰写著作时使用的原始资料以及研究手段。如果像怀特所做的那样，忽略掉这些要素，历史书写便从形式上落入了空谈意识形态文章的窠臼。

---

① F. Hartog, *Le miroir d'Hérodote*, Paris 1980, pp. 23 以下页码，141—142。

② 参见 H. White, *Metahistory*, cit., p. 3 nota。

③ 出处同上，pp. 432—433。在一篇论文的开始部分（*La questione della narrazione*, cit., p. 33 nota 1）重又提及了贡布里希以及"现实主义"，但随即转向了其他路径。

　　这个批评意见，是阿纳尔多·莫米利亚诺（Arnaldo Momigliano）针对怀特的最新立场而做出的（但它也可以在作出必要区分的情况下适用于哈尔托赫）。莫米利亚诺针锋相对地提醒道，存在着某些基本真相（verità elementari）：一方面，历史学家要与原始资料打交道，它们或者已经被发现，或者即将被发现；另一方面，意识形态固然有助于启动研究，但却必须与之保持一定距离。① 但最后的这个药方，未免将问题过于简化了。恰恰是莫米利亚诺本人，比任何其他人都更出色地表明了，真实性原则和意识形态宣传、文字审查（controllo filologico）与借古讽今（proiezione nel passato dei problemi del presente）之间的关系是盘根错节、互为条件的，而这存在于历史书写的每时每刻——从研究对象的确定，到对文献证据、调查方法、检验标准和文学表现形式的选择。将如此复杂周密的构思计划，片面地简化为丝毫不受怀特和哈尔托赫主张的历史想象阻挠限制的行动，显得既轻描淡写，终究亦事倍功半。正是因为受到了因真实性原则（或者别的什么名目）而产生的阻挠限制，才令自希罗多德以降的历史学家最终大量地将"他者"借为己用（l'appropriarsi largamente dell'"altro"），这种借为己用，有时候表现为采风的形式（in forma addomesticata），但也有时候，

① A. Momigliano, *L'histoire dans l'âge des idéologies*, in "Le Débat", 23（1983）, pp. 129—146; 作者同上, *Biblical Studies and Classical Studies. Simple Reflections upon Historical Method*, in "Annali della Scuola Normale Superiore di Pisa", terza serie, XI（1981）, pp. 25—32。

表现为对自己最初认知体系的深刻改变。借用贡布里希的说法，"病态呈现（patologia della rappresentazione）"并没有穷尽后者的一切可能。倘若我们不能根据外部世界的那些（有时令人生厌的）迹象修正自己的想象、期待或意识形态，则智人这个物种恐怕早就灭绝了。毕竟，历史书写也应被包括在人类用以适应周围环境（自然的和社会的）并逐渐对其加以改造的智识工具之中。

3. 正如我们已经看到的，如今，坚持认为任何一种历史书写均不同程度地拥有叙事层面的观点，伴随着各种相对主义的态度立场，而这些态度都倾向于取消在虚构与历史、纯出想象的叙事与宣称确有其事的叙事之间作出任何区分。然而，针对这些趋势，我们应当强调指出，更多地意识到叙事层面的存在，并不意味着削弱历史书写的认知可能性，恰恰相反，这会强化这些可能性。事实上，针对我们刚刚有所了解的那种历史书写语言的根本性批判，正应当从这里开始。

多赖莫米利亚诺，我们才得以知道，古文物研究对现代史学的诞生做出了何等决定性的贡献。[1] 但是，被莫米利亚诺称为古文物研究与历史哲学相结合之典范的爱德华·吉本（Edward Gibbon），却在《罗马帝国衰亡史》(*History of the Decline and Fall of the Roman Empire*) 第 31 章的一则注释中对自己做出了批评。这部分内容，讲述的是 5 世纪上半叶不列颠的形势状况，

---

[1] A. Momigliano, *Ancient History and the Antiquarian*（现被收入 *Sui fondamenti della storia antica*, cit. ）。

吉本在注释中指出了叙事手法对研究结果呈现的影响。他写道，"无论是本着自己的良心，还是出于历史真相的需要，我都认为有必要说明，这段文字中的某些情况全凭臆测和类推得出。我们的语言不善变通，这迫使我有时候不得不偏离了条件语气，而径直使用陈述语气。"① 曼佐尼也相应地在《论历史小说以及历史与捏造的杂糅》中提出了一个不同的解决方案。他先是形象地用地理图（carta geografica）和地形图（carta topografica）与传统历史书写和历史小说作比，后者"以一种求新立异的方式，在我眼前呈现出一段更丰满、更多彩、更完整的历史"。随后，曼佐尼将这个比喻进一步复杂化了，他邀请我们明确地区分出地图中那些确凿无疑的部分和纯属臆测的部分。这个提议本身并不算新：类似的常规手法，良久以来即已为语文学家和古文物研究者所用，只不过，正如前面引用的那段吉本的文字所表明，将其扩展到叙事历史领域的做法，却还远非显而易见之举。于是，曼佐尼写道：

> 这么说或许并不算离谱：即便是那种历史的或然

---

① E. Gibbon, *Storia della decadenza e caduta dell' impero romano*, tr. it. di G. Frizzi, introduzione di A. Momigliano, vol. II, Torino 1967, p. 1166 nota 4: "Il dovere verso me stesso e la verità storica mi obbligano a dichiarare che in questo paragrafo alcune *circostanze* non sono fondate che sulle congetture e sull' analogia. La durezza della nostra lingua mi ha talvolta costretto a deviare *dal condizionale all' indicativo*"（译文引自 E. Pais, Torino 1926, vol. II, I, p. 230 nota 178，第二句被禁止发表）。这段文字的重要性在一个不同的语境下得到了强调，参见 Braudy, *Narrative Form*, cit., p. 216。

（verosimile la storia），有时候也能被用来呈现历史而无伤真实，因为运用的方式是正确的，也就是说，这种或然是以适当的形式被展示出来的，因此便与真实区分了开来……人的痛苦之处在于，即便在他自己的那个小世界中，所知也无法超出所在；而人的高贵与力量在于，有能力超出个人所能知道的范围做出臆测。当历史求诸于或然时，所做的无非是顺从或推动这一大势所趋而已。于是，它暂时停止了据实而述——因为在这种情况下，据实而述并不是一种好的手段——而是转为使用归纳手段：这样一来，通过满足不同的逻辑推理所需，它也得以满足自身的全新意图。事实上，为了能够辨识出实话实说（il positivo raccontato）与或有其事（il verosimile proposto）之间的关系，这两者必须要看起来泾渭分明才行。这多少有些类似一个正在绘制城市规划图的人，他用不同的颜色标示出街道、广场和计划中的建筑物；通过将既有部分（parti che sono）与或有部分（che potrebbero essere）区分开来，反而让人看到了将这两者结合起来加以思考的理由。我想说的是，历史在这时的确放弃了据实而述，但这是为了去接近——以唯一一种可能的方式——据实而述所要达到的目的。基于臆测的作（congetturando）与基于证据的述（raccontando）一样，永远旨在真实：二者在此合而为一。①

---

① 参见 A. Manzoni, *Opere*, cit., pp. 1066—1067。

　　被吉本实现了（而又旋即加以指斥）的这种弥合，可以比作一种旨在大举重绘的画像修复；而曼佐尼提议的那种对历史臆测进行系统标注的做法，则可比作以水平影线法（rigatino）修复残缺部分的做法。从任何一种意义上讲，这种解决方案都是领先于时代的；曼佐尼的文字，依然没有得到任何响应。在《异想天开与历史想象》（*Immaginazione, aneddotica e storiografia*）一文中，克罗齐十分敏锐地指出了一些出于"组合想象（immaginazione combinatoria）"的真伪难辨、虚实相混的叙事范例，但在其中没有留下曼佐尼的一丝痕迹。[1]此外，克罗齐的评论仅仅针对那些与历史小说相近似的异闻录，这就令他的观察分量大打折扣：在他看来，最严格定义上的历史书写，天然就免于这些风险。但正如我们所见，像吉本这样的历史学家并不这么看。

　　阿塞尼奥·弗鲁戈尼（Arsenio Frugoni）对克罗齐这篇论文的连带影响有着更激进的理解。[2]在弗鲁戈尼的《阿尔纳多·达布雷夏》（*Arnaldo da Brescia*）[3]中，他对学者们对待 12

---

[1]　参见 B. Croce, *La storia come pensiero e come azione*, Bari 1938, pp. 122—128（另参见 *La storia ridotta sotto il concetto*, cit., pp. 39—40）。

[2]　参见 P. Zerbi, *A proposito di tre recenti libri di storia. Riflessioni sopra alcuni problemi di metodo*, in "Aevum", XXXI（1957）, p. 524 nota 17，在这里，弗鲁戈尼对克罗齐文章的借鉴是以一种谨慎质疑的形式提出来的（感谢 Giovanni Kral 在博洛尼亚的一次研讨会期间提醒我注意到这一点）。

[3]　译者注：Arnaldo da Brescia，又译为布雷夏的阿尔纳多，生于 1090 年，是意大利伦巴第地区的律修会修士，主张教会放弃财产，返朴归贫，并参与了罗马公社运动。曾被多次放逐，最终被教皇下令逮捕，于 1155 年处以绞刑。

世纪文献资料时牵强附会的"语文组合法（metodo filologico-combinatorio）"进行了激烈抨击，那些学者固执且幼稚地相信，以往留下的证据注定会彼此佐证。这种盲信制造出了一个虚假而不可靠的阿尔纳多的形象，而弗鲁戈尼通过对每一份原始资料中不具重复性的孤证（irripetibile singolarità）进行洞幽烛微式的解读分析，最终消解了那个形象。从圣伯纳德（san Bernardo）、弗莱辛的奥托（Ottone di Frisinga）、赖谢斯堡的格霍（Gerhoh di Reichersberg）等人的文字中，从多种视角捕捉到的阿尔纳多·达布雷夏的不同画像浮现了出来。但这种"复原（restauro）"，是通过尽可能地重建"真实的"阿尔纳多这个人来实现的："我们的画像看起来就像是由古代雕塑残片拼合而成，只不过它的特色——我是在自欺欺人吗？——是强烈的暗示性，而不是出于后世的伪造妄添。"①

出版于 1954 年的《阿尔纳多·达布雷夏》，只得到了专业学者的讨论。但很明显，它的针对对象，并不仅仅是从事异教研究和 12 世纪宗教运动研究的学者。在 30 年后的今天，我们可以将它视为一本预卜未来之书，它未能不留情面地将一开始的批判进行到底，而这很可能伤害了其自身价值。回头看去，很明显，弗鲁戈尼攻击的对象，并不仅仅是那种"语文组合法"，还包括传统的历史叙事，这种叙事常常不由自主地便倾向于将文献证据中的漏洞弥补缝缀到一起（比如添上个动词、

---

① 参见 A. Frugoni, *Arnaldo da Brescia nelle fonti del secolo XII*, Roma 1954, p. IX。

介词或形容词，添上一个陈述语气的动词而不是条件语气的动词），把一个残缺不全的躯干拼成一具完整的雕像。

身为一名目光敏锐的评论家，泽尔比（Zerbi）在弗鲁戈尼的书中看到了一种值得忧虑的"历史不可知论（agnosticismo storiografico）"倾向，稍稍能抵消这种倾向的，是"渴望呈现真实历史心态的雄心壮志，但这些雄心壮志终成泡影，因为发现所看到的一切无非尘屑而已，即便是金尘玉屑"。[①] 这并不是一种无凭无据的忧虑：在弗鲁戈尼（以及如今被完全不同的文化背景所定义的哈尔托赫）身上，可以清楚地看到对叙事性原始资料的过分看重，这就埋下了史学史中唯心主义历史消解论（una dissoluzione idealistica della storia nella storia della storiografia）的祸根。但总的来说，弗鲁戈尼对证据的精妙批判，不但没有排除对不同文献资料的整合运用，反而因为拥有了一种旧的组合法所不具备的证据意识，而促进了这种整合运用。在这个方向上，还有很多值得一做之事。

4. 曼佐尼提出，要将明确标示出来的历史臆测纳入到历史叙事之中，这样做的时候，他感觉有必要重申一下："历史在这时的确放弃了据实而述，但这是为了去接近——以唯一一种可能的方式——据实而述所要达到的目的。"在曼佐尼的眼中，历史臆测与被理解为真事实录（esposizione di verità positive）的历史叙事之间存在着一种显而易见的不相容。然而今时今日，

[①]　参见 P. Zerbi, *A proposito*, cit., p. 504。

把真实事件与可能情况混杂交织在一起，讨论相互对立的不同研究假设，间或插入重构历史的文字，所有这些都已经不再令人惊恐失措。我们作为读者的敏感性发生了变化，这要归功于罗斯托夫采夫（Rostovzev）和布洛赫——但也要归功于普鲁斯特和穆齐尔（Musil）。被改变的，不仅仅是历史叙事的范畴，而是叙事本身（narrazione *tout court*）的范畴。讲述者和真实之间的关系看起来更不确定、更疑窦重重了。

　　然而，历史学家有时却很难承认这一点。在这一点上，我们更深入地理解了，为什么纳塔莉·泽蒙·戴维斯能够将电影《马丁·盖尔归来》的剪辑房定义为一间真正的"史学实验室"。罗歇·普朗雄试图用不同声调念出法官科拉斯的同一句台词，这种场景的切换，或许会被吉本形容为骤然间将历史叙事的陈述语气切换为条件语气。而在电影《8½》的一个场景中，多位女演员在摄影棚中接连登场饰演同一个角色，对着身为导演的男主人公，用倦怠或尴尬的语气念出同一个笑话，看到这一幕的所有观众（无论是否身为历史学家），恐怕都经历过多少类似的体验。在费里尼的电影中，这种失真效应（l'effetto di derealizzazione）得到了强化，那是因为观众已经看到了这些女演员努力想要扮演的那个"真实"人物——而这个"真实"人物反过来又是一个电影角色。这个令人目眩神迷的镜像游戏，提醒我们注意到一个已经广为人知的事实，那便是真实与虚构、真相与可能性的交织，正是本世纪艺术创作之核心所在。而纳塔莉·泽蒙·戴维斯则提醒我们，历史学家可以从这些作品中收获多么丰硕的成果。

诸如"虚构"或"可能性"一类的术语，不应误导我们。证明的问题依然处于历史研究的中心，甚至更胜于以往：但是，在面对不同于以往的主题、借助不同于以往的文献资料时，它的既有地位不可避免地要被修正。[1] 纳塔莉·泽蒙·戴维斯所做的尝试，力求借助在空间和时间上具有邻近性的档案文献，来绕过那些业已佚失或从未被保存下来的材料空白，这只是许多可能的解决方案之一（所涉范围到底能够扩大到何种程度？这是一个值得讨论的问题）。而在那些要被排除的解决方案中，捏造肯定为其一。这种字面意义上的捏造不仅荒谬，而且与前面讨论的内容互相矛盾。原因之一便在于，一些最著名的 19 世纪小说作家曾对捏造颇多不屑之词，并将其归为历史学家的惯用行径。"这种捏造是最轻而易举、庸俗下流的一种脑力劳动，它几乎不需要什么反思，甚至也很少需要想象力。"曼佐尼在《致肖韦先生书》(*Lettre à M. Chauvet*) 中写道。他宣称，诗所探求的那个激情世界，是被历史排除在外的，而历史则"幸运地"惯于臆测，正如《约婚夫妇》中那句名言所云。[2] "为什么历史这么枯燥无聊啊，"简·奥斯丁笔下的一个人物疑惑不解道，

---

[1]　关于这个与艺术史相关的问题，我参考了 A.Pinelli 与作者的讨论，见 "Quaderni storici", 50 (1982), pp. 682 以下页码。

[2]　参见 A. Manzoni, *La "Lettre à M. Chauvet"*, a cura di N. Sapegno, Roma 1947, pp. 59—60: "Quest' invenzione è ciò che vi ha di più facile e volgare nel lavoro dello spirito, ciò che richiede minor riflessione, e perfino minor immaginazione"; 作者同上，*I promessi sposi*, cap. XIII.

"反正大部分内容想必都是捏造出来的。"① "呈现和描绘过去的众
生百态，既是历史学家的任务，也是小说家的使命；我能看到
的唯一不同在于，"亨利·詹姆斯在世纪之交时写道，"值得小
说作家骄傲的，乃是其成功往往与他收集证据时的难度成正比，
而这些证据远远不是纯文学性的。"② 如此之论，不一而足。

　　而在另一方面，对于一个半世纪之前的小说作家来说，历
史书写的声誉是建立在一种绝对真实、不涉臆测的意象之上的。
在把那些关注"公共事件"的历史学家与像他这样只关心"私
人生活场景"的作家相比较时，菲尔丁不情愿地指出，前者的
可信性更高，因为其依据是"公文文献，以及出自多人之手
的趋同证词"：换言之，依据的是那些一致的档案资料和叙事
资料。③ 对历史学家和小说家的这种比较，如今看起来实属老
套。今天的历史学家认为自己固然有权关注图拉真（Traiano）、
安东尼·庇护（Antonino Pio）、尼禄（Nerone）和卡利古拉
（Caligola）（这些都是菲尔丁所举的例子）的公务壮举，但也有
权关心像人称"大肚汉"的阿诺·迪蒂、马丁·盖尔以及他的
妻子贝特朗这种小人物的私人生活场景。将学养与想象力、证
明与可能性巧妙地结合在一起，纳塔莉·泽蒙·戴维斯向我们
表明了，这些寻常男女的历史，也可以被书写出来。

---

① 简·奥斯丁的这段话（出自《诺桑觉寺》）被 E. H. Carr 用作了《历史是什么？》
　　（*What is History?*, London 1961）一书的题词。

② 参见 H. James, *L'arte del romanzo*, a cura di A. Lombardo, tr. it. di A. Fabris, Milano
　　1959, p. 38（这段文字节选自一篇随笔，与 1888 年结集出版的意大利文随笔集
　　同名）。

③ 参见 H. Fielding, *The History of Tom Jones*, cit., vol. I, p. 418。

后 记

本书收录的文章最早发表于以下各处：

1. *Ekphrasis and Quotation*, in "Tijdschrift voor Filosofie", 20（1988）, pp. 3—19.

2. *La conversione degli ebrei di Minorca（417—418）*, in "Quaderni storici", 79（1992）, pp. 277—289.

3. *Montaigne, Cannibals and Grottoes*, in "History and Anthropology", 6（1993）, pp. 125—155.

4. *Fiction as Historical Evidence. A Dialogue in Paris, 1646*, in "The Yale Journal of Criticism", 5（1992）, pp. 165—178.

5. *Gli europei scoprono（o riscoprono）gli sciamani*, in F. Graf（a cura di）, *Klassische Antike und neue Wege der Kulturwissenschaften. Symposium Karl Meuli（Basel, 11.—13. September 1991）*, Basel 1992, pp. 111—128.

6. *Tolleranza e commercio. Auerbach legge Voltaire*, in

"Quaderni storici", 109（2002）, pp. 259—283.

7. *Anacharsis interroga gli indigeni. Una nuova lettura di un vecchio best-seller*, in A. Burguière, J. Goy, M.-J. Tits-Dieuaide（a cura di）, *L'Histoire grande ouverte. Hommages à Emmanuel Le Roy Ladurie*, Paris 1997, pp. 337—346（apparso privo di note）.

8. *Sulle orme di Israël Bertuccio*（未发表）.

9. *L'aspra verità. Sulla sfida di Stendhal agli storici*（未发表）.

10. *Rappresentare il nemico. Sulla preistoria francese dei Protocolli*（未发表）.

11. Unus testis.*Lo sterminio degli ebrei e il principio di realtà*, in "Quaderni storici", 80（1992）, pp. 529—548.

12. *Particolari, primi piani, microanalisi. In margine a un libro di Siegfried Kracauer*, in "Paragone", LIV, 642-644-646（agosto-dicembre 2003）, pp. 20—37.

13. *Microstoria: due o tre cose che so di lei*, in "Quaderni storici", 86（1994）, pp. 511—539.

14. *L'inquisitore come antropologo*, in R. Pozzi e A. Prosperi（a cura di）, *Studi in onore di Armando Saitta dei suoi allievi pisani*, Pisa 1989, pp. 23—33.

15. *Witches and Shamans*, in "New Left Review", 200（luglio-agosto 1993）, pp. 75—85.

16. Appendice.*Prove e possibilità*, postfazione a N. Zemon Davis, *Il ritorno di Martin Guerre. Un caso di doppia identità nella*

Francia del Cinquecento, Torino 1984, pp. 129—154.

　　所有文本均经修订（或大量改写，如第 1 章和第 4 章）。第 10 章的英文版将被收录于即将由剑桥大学出版社出版的文集《证据》（*Evidence*）中。

　　本书收录的 16 篇作品中，有 6 篇（分别为第 1 章、第 3 章、第 11 章、第 14 章和第 15 章）已被译成日文，它们与另外一篇之前以意大利文发表的论文和一篇专门撰写的前言一道，被收入了上村忠男编选的《历史的逆向解读》（歴史を逆なでに読む）于 2003 年在东京出版。我欣然接受了这位编辑的编选提议，原因亦在于，这与我当时所从事的项目有部分重合之处。

中译本说明

　　这个中译本，是以米兰詹贾科莫·费尔特里内利出版社（Giangiacomo Feltrinelli Editore Milano）2005年出版的意大利文版《线索与痕迹》（*Il Filo e Le Tracce: Vero falso finto*）为蓝本进行翻译的，其间参考了2012年加州大学出版社的英文版（*Treads and Traces: True False Fictive*）。在中译本的审校过程中，也根据作者卡洛·金茨堡提供的2023年意大利文重印修订版（Quodibet，2023）补充和校正了部分内容。由于中译者对意大利文仍属初窥门径，在理解原文主旨和厘清语句结构时，得益于两位英译者安妮·C.泰代斯基（Anne C. Tedeschi）和约翰·泰代斯基（John Tedeschi）良多，对于前人耕耘之德，深表感激。但在意大利文与英文文本有歧义之处，除特别注明，皆以意大利文本为准，并征求了作者本人的意见。

　　本书的意大利文版和英文版在章节编排和注释体例上略有不同。英文版中，将金茨堡为《马丁·盖尔归来》意大利文版撰写的后记《证明与可能性》("Proofs and Possibilities")从本书意大利文版的附录部分提出，列为第 4 章，以下章节序号顺延加一。而意大利文版中的第 14 章《作为人类学家的宗教法庭审判官》("L'inquisitore come antropologo")，则未收入本书英文版中。此外，英文版将所有注释列于全书正文内容之后，而意大利文版则采取了章末加注的做法。两种注释体例各有考量，难分优劣，经与本书责任编辑讨论，中译本选择了原注与译者注以脚注形式呈现、每页单独排序的做法。

书中出现人名地名，如非特例，均以《世界人名翻译大辞典》及《世界地名翻译大辞典》为准。需要特别指出的是，意大利文版中古典时代人物名字的拼法，与英文版中的拉丁化拼法不同。中译本对于中文中已有约定俗成译名者，如阿喀琉斯、狄俄尼索斯、革利乌斯等，基本上予以沿用。但对于事迹或作品并不广为人知者，以意大利文版中的拼法为准译出。此外，引用的《圣经》段落及《圣经》人物，则以中国基督教两会出版部 2007 年版的《中文圣经和合本》为据，并参考了香港圣经公会 2010 年版的《圣经和合本修订版》。中译者此前在金茨堡另一部作品《奶酪与蛆虫》的"中译本说明"中解释过，诚然，在与中世纪神学有关的学术著作的中译实践中，许多译者都会在内容涉及天主教时选用中国天主教主教团出版发行的《中文圣经思高本》。但从不给读者额外增加阅读负担的角度，自 1919 年出版以来对现代汉语影响最大、发行最多流传最广、人名翻译与通行规范译名表也更接近的和合本，似乎依然是更好的选择，尽管一些专业读者或许对此持有异议。对于和合本中未收入的次经内容，则参考了思高本的译文。

在这本论文集中，金茨堡以一些西方经典著作的拉丁文、法文和意大利文译本为基础，进行了极其细致的文本分析，而对标点、断句等细节的析精剖微、寻根究底，亦是作者尽显其文献学家的功底与历史学家的想象力之处。尽管许多经典在国内早已有信达雅兼备的译本问世，但行文上却与金茨堡所据文本颇有出入，同一人物的译名在各译本中往往也不尽相同。而在另一方面，由于译者身处海外，查考中文书籍亦多有不便。故此，出于忠实原文和避免混淆的考虑，正文和注释中引用的文本除少部分外，均为中译者依据意大利原文并参考英文版后自行译出，并无不尊重前辈译者成果之意。倘有错漏，自然亦皆为中译者一人之责。

鲁伊

2024 年 1 月

图书在版编目(CIP)数据

线索与痕迹：真的、假的、虚构的/(意)卡洛·金茨堡著；鲁伊译. —上海：上海三联书店，2025.3
ISBN 978 - 7 - 5426 - 8547 - 6

Ⅰ.①线… Ⅱ.①卡… ②鲁… Ⅲ.①史学-文集
Ⅳ.①K0 - 53

中国国家版本馆 CIP 数据核字(2024)第 111520 号

著作权合同登记图字：09 - 2024 - 0128

线索与痕迹：真的、假的、虚构的

著　　者／[意]卡洛·金茨堡
译　　者／鲁　伊

责任编辑／苗苏以
装帧设计／陈岚圆
监　　制／姚　军
责任校对／王凌霄

出版发行／上海三联书店
　　　　　(200041)中国上海市静安区威海路 755 号 30 楼
邮　　箱／sdxsanlian@sina.com
联系电话／编辑部：021 - 22895517
　　　　　发行部：021 - 22895559
印　　刷／上海展强印刷有限公司

版　　次／2025 年 3 月第 1 版
印　　次／2025 年 3 月第 1 次印刷
开　　本／890mm×1240mm　1/32
字　　数／310 千字
印　　张／15.75
书　　号／ISBN 978 - 7 - 5426 - 8547 - 6/K·788
定　　价／118.00 元

敬启读者，如发现本书有印装质量问题，请与印刷厂联系 021 - 66366565